U0678670

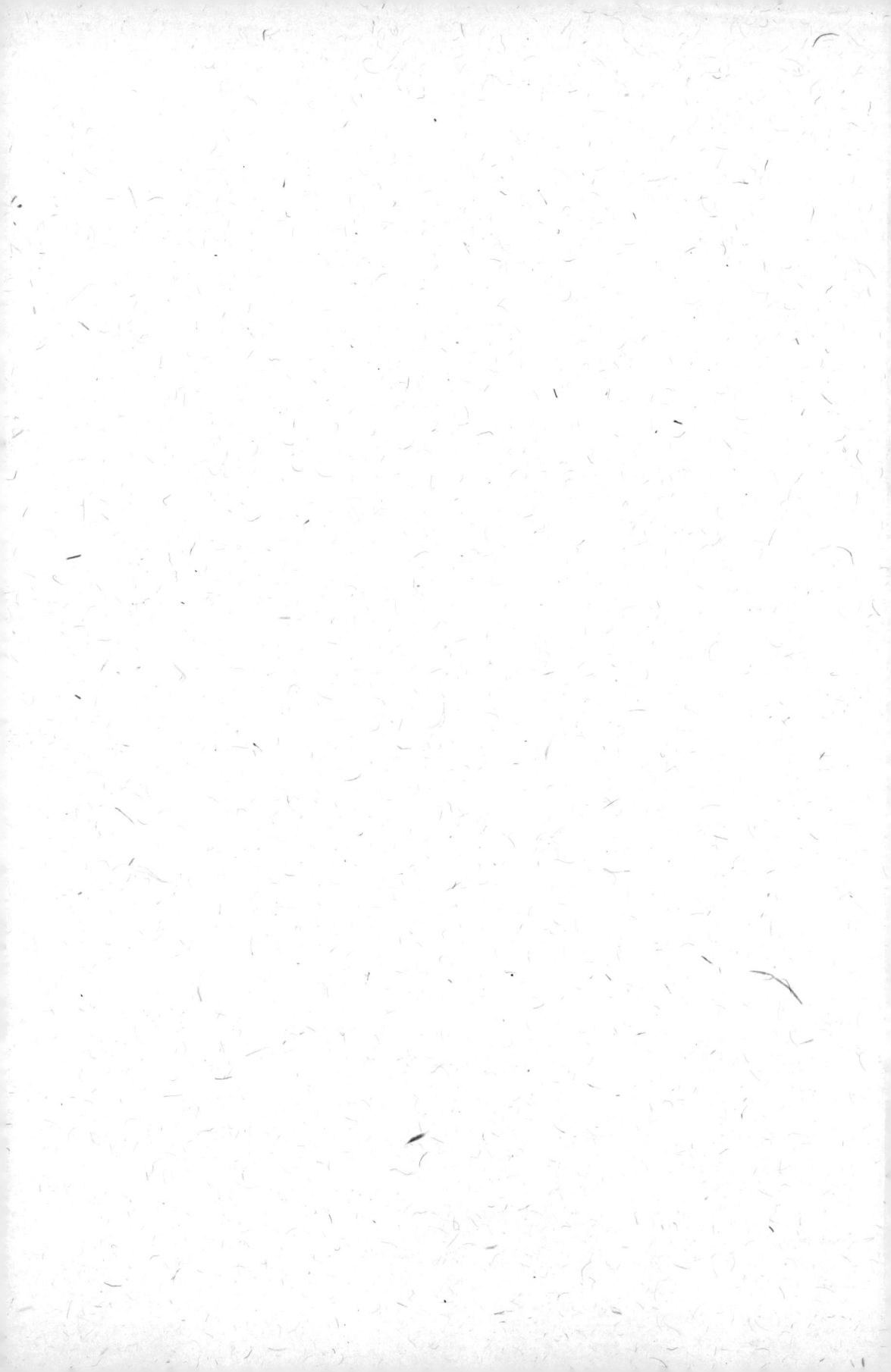

公司转型：
中国公司制度改革的新视角

Corporate Transformation:
A New Perspective on Reforms to Chinese Companies' Regime

安青松 著

经济管理出版社
ECONOMY & MANAGEMENT PUBLISHING HOUSE

图书在版编目（CIP）数据

公司转型：中国公司制度改革的新视角/安青松著. —北京：经济管理出版社，2012.7
ISBN 978-7-5096-2031-1

Ⅰ.①公…　Ⅱ.①安…　Ⅲ.①上市公司–企业管理–研究　　Ⅳ.①F276

中国版本图书馆 CIP 数据核字（2012）第 144681 号

组稿编辑：宋　娜
责任编辑：孙　宇
责任印制：黄　铄
责任校对：曹　平

出版发行：经济管理出版社
　　　　　（北京市海淀区北蜂窝 8 号中雅大厦 A 座 11 层　100038）
网　　址：www.E-mp.com.cn
电　　话：（010）51915602
印　　刷：北京银祥印刷厂
经　　销：新华书店
开　　本：720mm×1000mm/16
印　　张：20.75
字　　数：412 千字
版　　次：2012 年 12 月第 1 版　　2012 年 12 月第 1 次印刷
书　　号：ISBN 978-7-5096-2031-1
定　　价：80.00 元

·版权所有　翻印必究·

凡购本社图书，如有印装错误，由本社读者服务部负责调换。
联系地址：北京阜外月坛北小街 2 号
电话：（010）68022974　　邮编：100836

编委会及编辑部成员名单

（一）编委会

主　任： 李　扬　王晓初

副主任： 晋保平　张冠梓　孙建立　夏文峰

秘书长： 朝　克　吴剑英　邱春雷　胡　滨（执行）

成　员（按姓氏笔画排序）：

卜宪群	王利明	王国刚	王建朗	王巍	厉声	刘伟
朱光磊	朱佳木	吴玉章	吴恩远	吴振武	张世贤	张宇燕
张伯里	张昌东	张顺洪	李平	李汉林	李向阳	李周
李林	李培林	李薇	杨光	杨忠	陆建德	陈众议
陈泽宪	陈春声	卓新平	周五一	周弘	房宁	罗卫东
郑秉文	金碚	赵天晓	赵剑英	高培勇	黄平	朝戈金
程恩富	谢地坤	谢红星	谢寿光	谢维和	韩震	蔡文兰
蔡昉	裴长洪	潘家华				

（二）编辑部

主　任： 张国春　刘连军　薛增朝　李晓琳

副主任： 宋　娜　卢小生　高传杰

成　员（按姓氏笔画排序）：

刘丹华　孙大伟　金　烨　陈　颖　袁　媛　曹　靖　薛万里

序　一

　　博士后制度是 19 世纪下半叶首先在若干发达国家逐渐形成的一种培养高级优秀专业人才的制度，至今已有一百多年历史。

　　20 世纪 80 年代初，由著名物理学家李政道先生积极倡导，在邓小平同志大力支持下，中国开始酝酿实施博士后制度。1985 年，首批博士后研究人员进站。

　　中国的博士后制度最初仅覆盖了自然科学诸领域。经过若干年实践，为了适应国家加快改革开放和建设社会主义市场经济制度的需要，全国博士后管理委员会决定，将设站领域拓展至社会科学。1992 年，首批社会科学博士后人员进站，至今已整整 20 年。

　　20 世纪 90 年代初期，正是中国经济社会发展和改革开放突飞猛进之时。理论突破和实践跨越的双重需求，使中国的社会科学工作者们获得了前所未有的发展空间。毋庸讳言，与发达国家相比，中国的社会科学在理论体系、研究方法乃至研究手段上均存在较大的差距。正是这种差距，激励中国的社会科学界正视国外，大量引进，兼收并蓄，同时，不忘植根本土，深究国情，开拓创新，从而开创了中国社会科学发展历史上最为繁荣的时期。在短短 20 余年内，随着学术交流渠道的拓宽、交流方式的创新和交流频率的提高，中国的社会科学不仅基本完成了理论上从传统体制向社会主义市场经济体制的转换，而且在中国丰富实践的基础上展开了自己的伟大创造。中国的社会科学和社会科学工作者们在改革开放和现代化建设事业中发挥了不可替代的重要作用。在这个波澜壮阔的历史进程中，中国社会科学博士后制度功不可没。

值此中国实施社会科学博士后制度创设 20 周年之际，为了充分展示中国社会科学博士后的研究成果，推动中国社会科学博士后制度进一步发展，全国博士后管理委员会和中国社会科学院经反复磋商，并征求了多家设站单位的意见，决定推出《中国社会科学博士后文库》（以下简称《文库》）。作为一个集中、系统、全面展示社会科学领域博士后优秀成果的学术平台，《文库》将成为展示中国社会科学博士后学术风采、扩大博士后群体的学术影响力和社会影响力的园地，成为调动广大博士后科研人员的积极性和创造力的加速器，成为培养中国社会科学领域各学科领军人才的孵化器。

创新、影响和规范，是《文库》的基本追求。

我们提倡创新，首先就是要求，入选的著作应能提供经过严密论证的新结论，或者提供有助于对所述论题进一步深入研究的新材料、新方法和新思路。与当前社会上一些机构对学术成果的要求不同，我们不提倡在一部著作中提出多少观点，一般地，我们甚至也不追求观点之"新"。我们需要的是有翔实的资料支撑，经过科学论证，而且能够被证实或证伪的论点。对于那些缺少严格的前提设定，没有充分的资料支撑，缺乏合乎逻辑的推理过程，仅仅凭借少数来路模糊的资料和数据，便一下子导出几个很"强"的结论的论著，我们概不收录。因为，在我们看来，提出一种观点和论证一种观点相比较，后者可能更为重要：观点未经论证，至多只是天才的猜测；经过论证的观点，才能成为科学。

我们提倡创新，还表现在研究方法之新上。这里所说的方法，显然不是指那种在时下的课题论证书中常见的老调重弹，诸如"历史与逻辑并重"、"演绎与归纳统一"之类；也不是我们在很多论文中见到的那种敷衍塞责的表述，诸如"理论研究与实证分析的统一"等等。

我们所说的方法，就理论研究而论，指的是在某一研究领域中确定或建立基本事实以及这些事实之间关系的假设、模型、推论及其检验；就应用研究而言，则指的是根据某一理论假设，为了完成一个既定目标，所使用的具体模型、技术、工具或程序。众所周知，在方法上求新如同在理论上创新一样，殊非易事。因此，我们亦不强求提出全新的理论方法，我们的最低要求，是要按照现代社会科学的研究规范来展开研究并构造论著。

我们支持那些有影响力的著述入选。这里说的影响力，既包括学术影响力，也包括社会影响力和国际影响力。就学术影响力而言，入选的成果应达到公认的学科高水平，要在本学科领域得到学术界的普遍认可，还要经得起历史和时间的检验，若干年后仍然能够为学者引用或参考。就社会影响力而言，入选的成果应能向正在进行着的社会经济进程转化。哲学社会科学与自然科学一样，也有一个转化问题。其研究成果要向现实生产力转化，要向现实政策转化，要向和谐社会建设转化，要向文化产业转化，要向人才培养转化。就国际影响力而言，中国哲学社会科学要想发挥巨大影响，就要瞄准国际一流水平，站在学术高峰，为世界文明的发展作出贡献。

我们尊奉严谨治学、实事求是的学风。我们强调恪守学术规范，尊重知识产权，坚决抵制各种学术不端之风，自觉维护哲学社会科学工作者的良好形象。当此学术界世风日下之时，我们希望本《文库》能通过自己良好的学术形象，为整肃不良学风贡献力量。

李扬

中国社会科学院副院长

中国社会科学院博士后管理委员会主任

2012 年 9 月

序 二

在 21 世纪的全球化时代，人才已成为国家的核心竞争力之一。从人才培养和学科发展的历史来看，哲学社会科学的发展水平体现着一个国家或民族的思维能力、精神状况和文明素质。

培养优秀的哲学社会科学人才，是我国可持续发展战略的重要内容之一。哲学社会科学的人才队伍、科研能力和研究成果作为国家的"软实力"，在综合国力体系中占据越来越重要的地位。在全面建设小康社会、加快推进社会主义现代化、实现中华民族伟大复兴的历史进程中，哲学社会科学具有不可替代的重大作用。胡锦涛同志强调，一定要从党和国家事业发展全局的战略高度，把繁荣发展哲学社会科学作为一项重大而紧迫的战略任务切实抓紧抓好，推动我国哲学社会科学新的更大的发展，为中国特色社会主义事业提供强有力的思想保证、精神动力和智力支持。因此，国家与社会要实现可持续健康发展，必须切实重视哲学社会科学，"努力建设具有中国特色、中国风格、中国气派的哲学社会科学"，充分展示当代中国哲学社会科学的本土情怀与世界眼光，力争在当代世界思想与学术的舞台上赢得应有的尊严与地位。

在培养和造就哲学社会科学人才的战略与实践上，博士后制度发挥了重要作用。我国的博士后制度是在世界著名物理学家、诺贝尔奖获得者李政道先生的建议下，由邓小平同志亲自决策，经国务院批准于 1985 年开始实施的。这也是我国有计划、有目的地培养高层次青年人才的一项重要制度。二十多年来，在党中央、国务院的领导下，经过各方共同努力，我国已建立了科学、完备的博士后制度体系，同时，形成了培养和使用相结合，产学研相结合，政府调控和社会参与相结合，服务物质文明与精神文明建设的鲜明特色。通过实施博士后制度，我国培养了一支优秀的高素质哲学社会科学人才队伍。他们在科研机构或高等院校依托自身优势和兴趣，自主从事开拓性、创新性研究工作，从而具有宽广的学术视野、突出的研究能力和强烈的探索精神。其中，一些出站博士后已成为哲学社会科学领域的科研骨干和学术带头人，在"长江学者"、"新世纪百千万人才工程"等国家重大科研人才梯队中占据越来越大的比重。可以说，博士后制度已成为国家培养哲学社会科学拔尖人才的重要途径，而且为哲学社会科学的发展造就了一支新的生力军。

哲学社会科学领域部分博士后的优秀研究成果不仅具有重要的学术价值，而且具有解决当前社会问题的现实意义，但往往因为一些客观因素，这些成果不能尽快问世，不能发挥其应有的现实作用，着实令人痛惜。

可喜的是，今天我们在支持哲学社会科学领域博士后研究成果出版方面迈出了坚实的一步。全国博士后管理委员会与中国社会科学院共同设立了《中国社会科学博士后文库》，每年在全国范围内择优出版哲学社会科学博士后的科研成果，并为其提供出版资助。这一举措不仅在建立以质量为导向的人才培养机制上具有积极的示范作用，而且有益于提升博士后青年科研人才的学术地位，扩大其学术影响力和社会影响力，更有益于人才强国战略的实施。

今天，借《中国社会科学博士后文库》出版之际，我衷心地希望更多的人、更多的部门与机构能够了解和关心哲学社会科学领域博士后及其研究成果，积极支持博士后工作。可以预见，我国的博士后事业也将取得新的更大的发展。让我们携起手来，共同努力，推动实现社会主义现代化事业的可持续发展与中华民族的伟大复兴。

人力资源和社会保障部副部长

全国博士后管理委员会主任

2012 年 9 月

摘　要

　　公司转型是指转轨经济中企业组织形式、治理结构再造及其契约、制度、机制、文化、传统的变革创新过程。近代中国发生的千年未遇的大变局根源于经济社会的深刻转型；最近33年来市场导向、发展导向的改革开放，使得中国经济社会转型更加广泛深入，并仍在继续进行之中。在中国资本市场推动下的公司转型，奠定了中国经济持续增长和发展方式转变的微观基础。

　　发端于国有企业改革的中国现代企业制度建设，大致经历了探索、改造和转型三个阶段。在探索阶段，主要围绕规范国家与国有企业之间的委托经营关系，以放权让利、承包经营责任制、转换经营机制等方式在旧体制下寻求激发微观主体活力的途径。在改造阶段，主要围绕调整规范国家与国有企业的产权关系，在国有企业推行现代企业制度和战略性重组，完成国有企业公司制的初步改造。在转型阶段，以上市公司的实践创新为标志，推动中国经济在微观领域向法制化、市场化、民主化和国际化转型。

　　公司转型在价值导向、问题导向的上市公司实践中践行渐进。其内容包括公司治理与股东共同利益基础的建立，法人人格属性和法人财产制度的健全，资源配置与发展方式、价值创造和企业文化的市场化转变，企业组织形式、治理结构的法制化、民主化重构。最近10年中国资本市场发生的5个典型事件——股权分置改革、规范公司治理、清理资金占用、控制权市场形成和退市机制建设，对促进公司转型具有决定性的战略影响。在相关问题的产生、发展和最终解决过程中，一套全新的理念、观念和制度不断得以确立和健全，契约平等、民主自治、股权文化等市场经济基因得以潜移默化。5个事件、5条线索、5道路径，殊途同归，其系统作用的直接后果是推动和促进了我国公司制度和公司文化的深刻转型。公司转型是转轨经济中特有的经济现象，反映了转轨经济的特殊规律性；公司转型是系统工程，是若干经济事件相互作用、新旧体制碰撞磨合带来的根本性变化。经济学产生于活跃的经济之中，本书以事件亲历者的视角，从概念分析入手，俯察发现问题、解决问题的过程，仰观制度创新的成果和效应，以实证性分析为质，以史实性表述为文，以上市公司股权分置改革为主线，以问题解决和制度创新为经纬，全景展示了中国公司转型的丰富内涵。

关键词：改革　创新　公司转型　上市公司

Abstract

Enterprise transformation refers to a series of changing and updating processes, in terms of organizational format, governance structure as well as contract, mechanism, policy, culture and tradition, for an enterprise in the transitional economy. In modern China, we experienced an unprecedented upheaval, largely driven by the profound change in China's economy and society. In the recent 33 years, China has undergone an economic and social transformation in an extensive manner promoted by the market—oriented and development—focused reform and opening—up wave, which is still underway. The enterprise transformation, led by China's capital market, has laid a solid foundation for China's ongoing economic growth and the transformation of its growth pattern.

The modern enterprise system development for Chinese enterprises, initiated by reform on state—owned enterprises, has gone through three phases, namely, the exploration phase, the improvement phase and the transportation phase. In the exploration phase, the focus was placed on the entrusted business management relationship between the state and state—owned enterprises. The initiatives at the micro entity level were brought into play in the existing system via measures, such as, a shift of power and benefits, contract and responsibility system, a shift of operating mechanism, etc. In the improvement phass, the ownership relationship between the state and state—owned enterprises was standardized and streamlined; the modern enterprise system and strategic reorganization was promoted in state—owned enterprises to complete the initial transformation. In the transformation phase, innovative measures were adopted, with the IPO execution as a milestone, to promote China's economy to go through the transformation process at the micro level, featuring legally compliant, market—oriented, democratically structured and internationally accepted.

The enterprise transformation has been gradually put into practice in the IPO execution which aims at valuation rationalization with solutions to existing bottlenecks. The enterprise transformation includes developing a corporate governance framework and a common ground for shareholder interests, improving the legal representative mecha nism and the independence of legal representative property, transforming the asset allocation and development approach, changing the value creation manner and corporate culture, improving the legal framework for corporate organizational structure and corporate governance structure, and reshuffling a democratic system. In the past decade, there are five milestone events in China's capital market with significant and strategic impact on the enterprise transformation, namely the Share Segregation Reform, stan dardization of corporate governance, elimination of improper capital employment, formation of a market for controlling rights and introduction of a delisting mechanism. In the process when relevant problems emerge, develop and are resolved, we can formulate a series of innovative ideas, philosophies and policies, and the elements of market economy, such as contract equality, democracy, autonomy and shareholding culture, etc., will exert a subtle and ongoing influence on the process. Five events, five clues and five approaches lead us to the same destination, directly promoting the transformation of corporate system and corporate culture. The enterprise transformation is a unique economic phenomenon in a transitional economy, reflecting the special regularities for transitional economy. The enterprise transformation is also a systematic process with fundamental changes resulting from interactions among different economic events and conflicts between the old and new mechanisms. Economics derives from vibrant economic activities. The book provides a unique perspective from witnesses of the tremendous economic development in China. It starts from detailed analysis of concepts to identify problems and explore solutions to such problems. Based on factual statements and solid evidences, the book offers a panoramic view of China's enterprise transformation process, as it takes the Share Segregation Reform as the story line with vivid descriptions of the solutions to traditional bottlenecks and the innovative initiatives in policies.

Key Words: Reform; Innovation; Corporate Transformation; Public Company

目　录

Contents

第一章 导 论

经济学意义上的转型，是指经济社会的结构形态、运行模式、发展方式和文化观念的根本性转变过程，是制度、体制、机制、文化、传统变革创新的过程。近代中国发生的千年未遇的大变局，就是经济社会的深刻转型，由农业社会向工业社会、信息社会转变，由传统社会向现代社会转变。这一转型过程延续了上百年时间，尤其是以最近30多年来推行市场导向、发展导向的改革开放，使得中国经济社会转型取得长足进步，并仍在继续进行之中。正如公司的出现，被喻为同蒸汽机的发明一起，革命性推动了西方经济社会的现代化转型。无独有偶，公司的兴起，带动了当代中国经济社会在微观领域的根本性转型。道格拉斯·诺斯认为，经济增长的关键在于制度因素，"一个有效率的经济组织在西方的发展，是西方兴起的原因所在"。在中国资本市场推动下的公司转型，无疑奠定了中国经济持续增长和发展方式转变的微观基础。

公司转型是指转轨经济中企业组织形式再造及其带来的契约、制度、机制、文化、传统的转变过程。公司转型是经济社会转型的重要组成部分，也是经济社会转型的微观基础和战略引擎。当代中国经济社会的转型发端于改革开放，始于宏观领域，自上而下，循序渐进次第展开，并随着市场导向、发展导向的经济体制改革而不断深化。与西方市场经济国家不同，中国现代企业制度的建立，是政府部门推动下在以价值导向、问题导向的持续改革中探索前行的，大致经历了三个阶段：一是探索阶段，以放权让利、承包经营责任制、转换经营机制等方式，激发企业经营活力；二是改造阶段，以推行现代企业制度、战略性重组（脱困）等实践活动为代表，中国企业全面展开公司制改造；三是转型阶段，是在中国资本市场推动下，以上市公司的探索和实践为示范，实现公司转型，促进契约精神、法人制度、公司治理、民主自治、股权文化等市场经济的核心理念广泛植入中国经济社会的土壤之中，形成深远的战略影响。公司转型是本书探讨和研究的重点。

第一节　国有企业改革的探索

新中国诞生后，国家为尽快完成初期工业化、保证各行业部门的均衡发展、整个经济有机体的平衡运作，企业制度的选择只能是统一计划、直接经营。具体方式为"完全的"国营方式，即国家既拥有企业的财产所有权也拥有全部的经营决策权，是所有者也是经营者；国家控制着企业经济活动的各个具体环节和步骤，企业只作为经济有机体中的"生产车间"，所有权与经营权"二权合一"共属一个经济实体。在当时社会生产力、生产关系、上层建筑等诸因素共同作用下，1956 年社会主义改造全面完成，工业总产值中，国有经济已经达到 80%。随后，国家集中大量人力、物力、财力，建立和发展了一大批国有企业，国有经济历史性地成为中国工业化的主力军。

传统的国有企业经营管理模式存在两个基本矛盾：一是企业经营管理的复杂性与政府管理能力的局限性矛盾突出；二是国有企业预算约束软化与政府财政能力不足的矛盾尖锐。在这两个基本矛盾作用下，1956~1977 年，国有独立核算企业经济效益状况呈现两个特点：一是主要经济效益指标都呈现下降的整体趋势；二是主要经济效益指标在政府决策失误和政局动乱时期下降趋势更加明显。两个矛盾和两个特点表明：一方面，政府不具备直接管理大量国有企业的能力；另一方面，企业预算约束的软化迫使国家以数倍的投资换取企业的回报。[①] 由于国有部门是传统计划经济体制下财政收入的主要来源，国有部门提供的财政收入增长缓慢制约了整个财政收入的增长。[②] 1974~1977 年，中国陷入了继"大跃进"时期以后又一个财政困难时期，1974 年和 1976 年两年出现财政收入的负增长。1977 年前后，国家财政能力已难以承受国有企业经济效益低下的沉重负担。因此，中国面临一个选择，要么继续采用原有模式，国家承担企业全部投资，直接控制生产经营活动，以追求企业产出最大化；要么放松对企业的控制，让企业有一部分投资、生产、经营决策权和收益享有权，促使企业追求利润最大化，国家通过利税形式获得一部分收益。实践证明，单纯利用国家财政投入支持国有企业发展的

[①] 国有企业经济效益下降使得国家对国有企业的投资与国有企业的利税回报不相称。1956~1977 年，国家投资形成的国有企业固定资产原值增长 9.2 倍，而国有企业利润总额只增长 5.5 倍，利润和税金总额只增长 6.3 倍，整个国有部门提供的财政收入只增长 2.5 倍。

[②] 1957 年以后，中国财政状况的总体演变趋势是，财政收入增长速度逐渐下降，财政困难状况逐渐加剧。财政收入年均增长速度，"一五"时期为 11.0%，"二五"时期为 0.2%，1963~1965 年为 14.7%，"三五"时期为 7.0%，"四五"时期为 4.2%。

模式办法已经走到尽头，国有企业改革成为中国经济体制改革的核心问题，国有企业改革目标的选择，也逐步向建立以公司制为主体的现代企业制度聚焦。

第二节 公司制度改革的实践

我国公司制度在价值导向、问题导向的改革实践中不断取得进步。在探索阶段，主要围绕调整规范国家与国有企业之间的委托经营关系，以放权让利、承包经营责任制、转换经营机制等方式，在旧体制下寻求激发微观主体活力的途径。在改造阶段，主要围绕调整规范国家与国有企业的产权关系，在国有企业推行现代企业制度和战略性重组，完成了国有企业公司制的初步改造。在转型阶段，随着资本市场规范发展，在价值导向、问题导向的改革实践中，上市公司成为公司转型的战略引擎，推动中国经济在微观领域向规范化、市场化、民主化、国际化转型。

一、探索阶段：放权让利和承包经营责任制（1978~1992 年）

在探索阶段，主要是通过放权让利和承包经营责任制，探索所有权与经营权的适度分离，提高企业经济效益。这一阶段改革的核心是调整规范国家与企业之间的委托经营关系，主要包含两方面的内容：一是在原有产权制度基础上，下放企业的经营权，让企业成为自主经营的主体；二是改革国家与企业的利益分配关系，激活企业的动力。

1. 放权让利（1978~1984 年）

1978~1984 年，国有企业改革主要探索调整国家与企业的权利分配关系，实行企业利润留成制度，向企业放权让利。针对政企不分的弊端，中共十一届三中全会后，政府颁布了一系列扩大企业自主权的文件，推动了国企经营权层面的改革。1979 年 4 月中央工作会议做出了扩大企业自主权的决定，同年国务院颁布了《关于扩大国营工业企业经营管理自主权的若干规定》等 5 个文件，根据不同行业、不同企业的具体情况，实行不同的利润留成比例。企业用利润留成建立生产发展基金、集体福利基金和职工奖励基金。到 1980 年 6 月底，除西藏外，全国实施扩权试点的企业总数超过 6000 家。试点企业总数占全国预算内国营工业企业数的 15%，产值占 60%，利润占 70%。国务院批转国家经委《关于扩大企业自主权试点工作情况和今后意见的报告》，要求从 1981 年起，把扩大企业自主权的工作在国有工业企业中全面推广。由此国有企业改革开始全面铺开。

这些改革措施的目标是，在给予企业自主权和独立利益的同时，能够不断提高国有资产的收益以及增加财政收入。然而，在实践中由于国家与企业之间的信息不对称，只负盈不负亏的"利润留成"导致了"工资侵蚀利润"的现象，在宏观层面上给国家财政收入计划的完成带来了一定困难。1980年1月22日，国务院批转了国家经委、财政部《关于国营工业企业利润留成的试行办法》，提出在国家给予企业自主权的同时，要求企业承担一定的经济责任。为了进一步确保国家的财政收入，划清政府财政收入和企业可支配收入的界限，我国于1983年和1984年实行了两步"利改税"，形成国家财政收入与税收挂钩，企业收入与利润挂钩的机制。1984年5月，国务院发布了《关于进一步扩大工业企业自主权的暂行规定》，从生产计划、产品销售、产品价格、物资选购、资金使用、资产处置、机构设置、劳动人事、工资奖金、联合经营10个方面进一步扩大了企业自主权。1985年，为加强企业的经济责任，促使企业在投资以及资金使用上树立经济核算意识，我国对国有企业实行"拨改贷"，将企业所需的投资由国家财政计划内的无偿预算拨款改为企业向银行贷款。

虽然"放权让利"阶段的国有企业改革是浅层次的，采取的也是权宜之计，但是，在制度层面触及了所有权与经营权表层关系的调整，同时在实践中对于提高企业积极性和保证国家财政收入都具有非常重要的意义。这一阶段改革之所以取得成效，主要是因为：第一，企业经营权的部分让渡意味着企业的经营者具有了一定程度的剩余产品的控制权和索取权，一定程度上提高了企业的生产积极性。第二，这种改革是在不改变原有产权框架内进行的，只在政府和国企之间进行利益调整，这种调整并不涉及"姓公姓私"或"姓资姓社"的问题，因而阻力较小，改革能够被全社会所接受，进行比较顺利。第三，这种改革虽然表现为政府利益的部分损失，但国民经济总量是增加的，中央政府收益的绝对量也是增加的；同时，它能使各利益主体在改革中获得程度不同的利益，具有普惠性质，从而带来社会成员收入的提高和生活的改善。因此，以扩权让利为内容的国企经营权层面的改革，是一种社会绝大多数成员都能接受并受益的"帕累托改进"。

2. 承包经营责任制（1984~1992年）

1984~1992年，国有企业改革推行承包经营责任制，以确立企业的市场主体地位为目标，进一步深入到企业所有权与经营权适当分离的制度层面。1984年10月，党的十二届三中全会做出了《中共中央关于经济体制改革的决定》（以下简称《决定》），指出"增强企业活力，特别是增强全民所有制的大、中型企业的活力，是以城市为重点的整个经济体制改革的中心环节"。《决定》提出了政企分开，所有权与经营权分离的改革原则，明确企业改革的目标是政府不再经营企业，使企业成为自主经营、自负盈亏的社会主义商品生产者和经营者，具有自我积累、自我改造、自我发展能力，成为相对独立的市场主体和法人实体，并在此基础上建立多种形式的经济责任制。1988年4月七届全国人大一次会议通过的

《全民所有制工业企业法》，明确了国有企业的法人地位，规定企业实行厂长（经理）负责制，进一步确立了国有企业改革"两权分离"的原则。"两权分离"的提出表明，我国对国有企业改革的思路已经从传统计划经济体制下的中央和地方行政权力关系的调整，演变为对政府与企业之间关系的调整。

1987 年 8 月 31 日，国家有关部门发布《关于深化企业改革完善承包经营责任制的意见》，提出坚持"包死基数、确保上交、超收多留、歉收自补"的原则，合理确定承包要素，招标选聘经营者，投资主体逐步转向企业，控制工资奖金过快增长等要求。为了完善承包经营责任制，依法保障企业承包经营责任制规范运行，国务院于 1988 年 2 月 27 日颁布了《全民所有制工业企业承包经营责任制暂行条例》，对承包经营责任制的内容和形式、承包合同、承包经营合同双方的权利和义务等做出了规定，确立了承包经营责任制"两保一挂"原则，即一保上缴税利，二保企业的技术改造，实行职工工资总额与企业经济效益挂钩。从 1987 年开始，在原国家经济贸易委员会的主导下，全国的国有企业陆续开始实施承包经营责任制，到 1992 年经历了两轮承包，国有大中型企业的 98% 都实行了不同程度的承包经营责任制。

经营承包责任制是国有企业改革初期探索"两权分离"的主要形式，推动了所有权和经营权的分离，在一定程度上调动了企业的积极性，增加了国家财政收入。然而，经营承包责任制本质上是企业向国家上缴利润的一种契约，是解决国家与企业权利分配关系的一种探索，从这个意义上看，它与"放权让利"并没有本质区别。作为一种制度安排的承包经营责任制具有本质性缺陷，仍存在产权关系不清等问题，没有也不可能使企业获得充分的自主经营权，也不可能实现政企分开和企业间的平等竞争，同时它还带来了经营者（承包者）的短期行为，在一定程度上固化了已经形成的体制，加大了改革的难度。这种状况表明，经营承包责任制不能作为公司制度改革和规范国家与企业权利分配关系的主要形式。公司制度改革还需进一步探索新的形式，具体来说，必须从原有单单调整国家与企业之间的权利关系转向产权制度改革与企业制度改革阶段。

二、改造阶段：建立现代企业制度和战略性重组（1992~2004 年）

在改造阶段，以探索国有企业产权制度改革为主线，推动国有企业建立现代企业制度，行政推行国有企业战略性重组，着力点在于调整规范国家与企业之间的产权关系。

1. 明确建立现代企业制度的目标

1992 年 10 月，党的十四大确立了"中国经济体制改革的目标是建立社会主义市场经济体制"，必然要求建立与社会主义市场经济体制相适应的企业制度。1993 年 11 月，中共十四届三中全会通过了《中共中央关于建立社会主义市场经济体制若干问题的决定》（以下简称《决定》），要求通过产权结构的改革，"进一步转换国有企业经营机制，建立适应市场经济要求，产权清晰、权责明确、政企分开、管理科学的现代企业制度"。自此，现代企业制度成为我国国有企业改革的基本目标和方向。

为落实党的十四届三中全会的《决定》，1994年初开始，国务院确定组织100家大中型企业进行建立现代企业制度的试点，各地根据本地区的实际情况，先后选定了2500多家国有企业参与现代企业制度试点。试点企业按照现代企业制度的要求，在七个方面开展试点工作：确定企业法人财产权，健全企业法人制度；建立、明确国有产权运营主体；建立和完善企业组织制度；完善企业领导体制和组织管理体制；健全适应市场经济要求的企业财务会计制度；建立新的企业内部劳动人事制度；实行政企分开，建立新型的政企关系。试点企业分别按三种类型改制：多元股东持股的有限责任公司和股份公司；国有独资的集团公司；国有投资控股公司。据1996年的统计，当时国务院确定的100家试点企业中，有81%的企业选择了国有独资公司的形式。

2. 我国公司制度的形成和发展

从实践上看，国有企业股份制改造试点始于1986年，但是由于缺乏市场化、社会化的资金本金增加机制，并涉及诸多深层次的矛盾而举步维艰，成效甚微。1992年国家体改委颁布了《股份制企业试点办法》、《股份有限公司规范意见》、《有限责任公司规范意见》、《股份制试点企业财务管理若干问题的暂行规定》等11个法规，带动新一轮国有企业股份制改造的试点工作。1993年12月八届全国人大常委会通过《中华人民共和国公司法》（以下简称《公司法》），《公司法》进行了一系列制度创新：一是明确国家作为出资人与其他出资人一样，依法享有资产收益、参与重大决策和选择管理者等权利，以出资额为限对公司债务承担有限责任。二是以法人财产权代替企业经营权，实现国有股权与企业法人财产权相互独立，公司依法享有法人财产权，独立对外承担责任，进一步完善了企业法人制度，使国有企业通过公司化改造转化为独立的市场主体。三是在企业组织体制上，建立股东会、董事会、监事会和经理层各负其责、协调运转、有效制衡的公司治理结构，代替过去的厂长负责制。《公司法》的制定，为规范引导国有企业向公司制改造提供了重要法律依据。

1997年，党的十五大提出要调整和完善所有制结构，探索公有制的多种实现形式，对国有大中型企业实行规范的公司制改造。公有制多种实现形式的理论突破，为国有企业全面按照《公司法》要求建立规范运作的公司制度清除了体制束缚，加快了现代企业制度的建设进程。1999年9月22日，党的十五届四中全会通过《中共中央关于国有企业改革和发展若干重大问题的决定》(以下简称《决定》)。该《决定》指出，"公司制是现代企业制度的一种有效组织形式。公司法人治理结构是公司制的核心。股权多元化有利于形成规范的公司法人治理结构，除极少数有必要由国家垄断经营的企业外，要积极发展多元投资主体公司"，要求"积极探索公有制的多种有效实现形式"，提出"国有资本通过股份制可以吸引和组织更多的社会资本，放大国有资本的概念，提高国有经济的控制力、影响力和带动力。国有大中型企业尤其是优势企业，宜实行股份制的，要通过规范上市、中外合资和企业互相参股等形式，改为股份制企业，发展混合所有制经济，重要的企业由国家控股"。在《决定》精神指引下，国有大中型企业特别是国有大型骨干企业开始着力进行规范的公司制和股份制改革，积极推进主辅分离、改制重组和主业整体上市，进一步加强和改善公司治理结构。

3. 国有企业战略性重组

国有企业战略性重组的基本方式是"抓大放小"与"有进有退"。随着国有企业建立现代企业制度改革的深入，对国有企业的布局和结构进行战略性调整势在必行。1995 年 9 月，中共十四届五中全会明确指出："要着眼于搞好整个国有经济，通过存量资产的流动和重组，对国有企业实施战略性改组。这种改组要以市场和产业政策为导向，搞好大的，放活小的，把优化国有资产分布结构、企业结构同优化投资结构有机结合起来，择优扶强、优胜劣汰"。在改革实践中，抓大方面针对 1000 家重点企业制定了分类指导的方案；放小方面采取改组、联合、兼并、股份合作、租赁、承包经营和出售等多种形式，把小企业直接推向市场，使一大批小企业机制得到转换，效益得到提高。一批新型的民营企业通过兼并、收购、投资控股、承包、租赁、委托经营等方式参与国有企业改革，将非公有制经济的管理理念和管理方式融入国有经济运行中，盘活了大量的国有资产。

中共十五大的报告中进一步强调要从战略上调整国有经济布局，即在坚持国有制为主体、国有经济起主导作用的前提下，缩小国有企业的范围。1999 年 9 月，中共十五届四中全会通过的《关于国有企业改革和发展若干重大问题的决定》，确立了国有企业"有进有退"的主要原则。所谓"进"，就是要加强，增加投入，提高经济效益。该决定明确指出："三大行业"、"两类企业"是国有企业的主要进入领域。"三大行业"是国家安全行业、自然垄断行业、提供公共产品的公益性事业。"两类企业"是高新技术产业中少数几家关键性的企业；支柱产业中的骨干企业。所谓"退"就是国有企业从市场充分竞争领域逐步退出，为民营经济腾出广阔的发展空间。与此同时，为了使国有企业摆脱经营困境，国家推出了包括兼并重组、主辅分离和债转股等多项政策支持。1997~2000 年，大多数国有大中型亏损企业逐步走出困境。其中 580 户国有大中型企业实施债权转股权，涉及债转股总金额 4050 亿元。实施债转股的企业，资产负债率明显下降，由原来的 70% 以上下降到 50% 以下，这些企业每年减少利息支出 200 亿元。1997年，国有及国有控股大中型工业企业为 16874 户，其中亏损的为 6599 户，占

39.1%；到 2000 年底，亏损户为 1800 户，减少近 3/4。国有企业的经济效益明显提高，国有企业的科技开发能力、市场竞争能力和抗御风险能力明显增强，国有经济在国民经济中更好地发挥了主导作用。到 2002 年，15.9 万户国有企业中的 50%以上实行了公司制改革。

三、转型阶段：基于上市公司的探索和实践（2005 年以后）

上市公司是公司的高级形态。在资本市场的推动下，我国上市公司历史性地成为公司转型的主力军，代表了我国经济体制改革在微观领域最重要的创新成果，对经济社会转型带来深远的战略影响。公司转型的内涵，包括公司治理与股东共同利益基础的建立，法人人格属性和法人财产独立性的健全，资源配置与发展方式、价值创造和企业文化的根本性转变等，是企业组织形式重新构建的过程。我国早期股份制经济的积极倡导者厉以宁教授，把上市公司股权分置改革称为我国"股份制进行的第二次改革"，表明上市公司股权分置改革是我国公司转型的重要标志之一。

始于 20 世纪 90 年代的国有企业大规模公司制改造，10 年间跨越了西方公司发展上百年的历史沿革。发端于转轨经济中的公司制改造，不可避免地沿袭着旧体制的特征和惯性，"穿新鞋走老路"，"形似而神不至"比比皆是。改造之于转型，有形与质、皮与瓤之别。没有契约精神与股权文化的历史土壤，股份制经济必然缺乏灵魂和活力，成为无源之水、无本之木。上市公司代表了中国企业公司制改革的先进成果，同时资本市场的透明度要求和公众监督机制，也使得上市公司改造不彻底、制度不规范、基础不健全的问题，暴露得最快、暴露得最早、暴露得最充分，影响的利益相关者最多。问题暴露出来了，就到了解决问题的时候。我国资本市场最近 10 年发生了一系列与公司转型密切相关的典型事件，如公司治理、资金占用、股权分置、并购重组市场化和退市机制等问题的凸显与解决。这些问题的产生既有公司制度与股权文化先天不足的根源，也有旧体制惯性作用和旧观念蒂固根深的影响，既涉及法人人格属性和法人财产独立性的制度保障，也涉及股东与股东之间、股东与管理层之间的产权关系。这些问题的揭示和解决，推动和促进了公司制度的深刻转型。

1. 股权分置问题

股权分置是经济转轨中形成的过渡性制度安排。股权分置是指 A 股市场的上市公司股份按照能否在证券交易所上市交易被区分并设置为非流通股和流通股。1990 年，我国股票市场开办之初，我国尚处于计划经济体制向市场经济体制转轨的初期，对公司制度和公有制实现形式的认识，在理论和实践中都处于萌芽状态，为了保障国有绝对控股地位和国有股份不因企业改制上市而流失，管理层做出了国有股份暂不上市流通的制度安排，即"股权分置"。股权分置的制度安排在其后的新股发行与上市实践中被固定下来，形成了我国资本市场股票发行与交易中流通股和非流通股并存的"二元股权结构"。截至股权分置改革前的 2004 年底，非流通股达 4462.59 亿股，占总股本的 63.93%，已流通股为 2516.85 亿股，占总股本的 36.06%。其中国有股高达 3393.69 亿股，占非流通股股本的 76.05%，占总股本的 48.62%。股权分置是转轨经济改革中实行双轨制的产物，也是国有企业改制不彻底的弊端，随着我国经济体制改革和资本市场发展的深入，股权分置造成的契约不公平、权益不平等、价格发现不充分等问题，成为制约我国资本市场健康发展的基础性制度缺陷，使得公司制度的基本规范出现矛盾。

2. 公司治理问题

公司制度中，公司治理是所有权与经营权分离的基础，委托代理和分权制衡是公司治理运转的重要机制。在国有企业改制的上市公司中，政企不分、产权不清问题难以消除，在民营企业改制的上市公司中，家族控制、产权不清问题惯性存在，因此，虽然早期上市公司按照《公司法》建立了股东会、董事会、监事会、经理层的治理结构，但在实际中仍然沿用旧体制运作，实行"一元化领导"和"关键人控制"，被称为"形似而神不至"。尤其是在股权分置下，公司治理缺乏股东共同的利益基础，形成了"内部人控制下的一股独大"的公司治理问题，一方面，控股股东滥用"有限责任"，破坏法人人格独立，侵害公司利益、损害中小股东权益；另一方面，公司治理的内外部机制不健全，加大了委托代理关系中的道德风险，虚化了分权制衡的制度安排。

3. 资金占用问题

上市公司资金占用问题是指我国资本市场在特定阶段，较为普遍存在的控股股东滥用权利侵占上市公司资金的行为。上市公司资金占用行为是对法人财产权的严重侵害，动摇了公司制度中最基本的原则——法人和法人财产的独立性原则。控股股东这种滥用权利占有上市公司财产的行为，往往表现为控股股东及其关联方与上市公司之间的资金往来以及因此形成的债权债务关系。上市公司资金占用问题是我国经济体制转轨过程中形成的特殊问题，随着新兴的中国资本市场成长而滋生，并在 2001 年底达到了最高峰值，已成为制约我国股市健康发展的"顽疾"，引起了市场各方高度关注。上市公司资金占用问题，既是"内部人控制下一股独大"的公司治理缺陷的必然后果，也是公司治理缺乏股东共同利益基础的直接结果。资金占用问题的产生，是我国公司制改革不彻底的突出表现，表明公司法人人格属性和法人财产独立性没有法制保障，从根本上动摇了公司制度规范发展的根基。

4. 并购重组市场化问题

在国有企业战略性重组期间（1995~2000 年），我国企业兼并重组主要是政府行政推动的，没有发挥市场在配置资源方面的基础作用。一方面，在股权分置下，我国资本市场规模偏小、功能不健全，不能承担通过市场化并购配置资源的能力；另一方面，在计划经济体制的惯性下，使得企业也习惯于行政主导下的被动兼并重组，无法实现市场导向、公司自主的并购重组。股权分置改革完成，实现了资本市场基础性制度变革，在全流通市场上，并购重组的功能和效用得到有效发挥，2006年以来上市公司并购重组规模、绩效大幅提升，相关制度安排的市场化程度不足问题逐渐暴露出来。一是随着市场规模的逐步扩大，上市公司数量特别是并购重组业务不断增多，内幕信息涉及范围越来越广泛，防控和打击内幕交易的问题更加复杂和工作更加繁重；二是并购重组创新能力和支持力度不足，并购融资渠道单一；三是首次公开发行股票（IPO）与借壳上市的监管失衡；四是现行并购重组法规体系亟待健全；五是并购重组的定价机制需要进一步体现市场化和商事主体自治原则；六是需要进一步改进和规范行政审批，减少环节，提高效率，增强透明度。这些问题严重制约着并购重组市场化进程。

5. 退市制度问题

退市制度是公司外部治理和市场约束机制的重要组成部分。在公司制度中，股东与法人之间是风险隔离的，法人作为经营实体和市场竞争主体，必然要独立承担经营风险、债务风险和市场风险，与此相应，法人所承担的经营风险、债务风险和市场风险，也构成了对法人权利和义务的激励和约束。退市制度是市场机制的自我完善，在市场约束机制发挥自我规范作用的同时，督导公司审慎经营、持续发展、规范行为、控制风险。对于一个规范化的资本市场来说，退出制度是公司治理的重要外部机制，是市场优胜劣汰的必然结果。在成熟资本市场上，退市制度已成为重要的市场机制，如纽约、纳斯达克、东京、中国香港等主要资本市场，均明确规定了上市公司退市（De-listing）的情形。退市机制体现了市场对上市公司质量的选择和评价，形成市场激励和约束机制。我国企业长期在计划经济体制下运行，习惯于"负盈不负亏"，市场风险意识淡薄，同时在计划经济体制下政企不分，政府与市场边界不清晰，退市制度形成了对传统企业制度的挑战，形成了新旧体制的碰撞与磨合。

上述问题的揭示和解决，是我国资本市场最近10年来具有里程碑意义的5个重要事件。有破有立，不破不立，在上述问题的产生、发展和最终解决过程中，一套全新的理念、观念和制度不断得以确立和健全，契约平等、民主自治、股权文化等市场经济基因得以潜移默化。5个事件、5条线索、5道路径，殊途同归，其系统作用的直接后果是推动和促进了我国公司制度和公司文化的深刻转型。越来越多的经济学家认为，尽管第二次世界大战后，日本在政治制度和经济制度方面全面复制了美国模式，但是，成就日本经济奇迹的体制和机制，包括企业制度、金融体制、财政体系、宏观调控模式、政府作用等，均与西方经济学指引的道路有重大差别，存在着有别于西方经济学的日本式经济学（李扬，2008）。

公司转型是转轨经济中特有的经济现象，反映了转轨经济的特殊规律性；公司转型是系统工程，是若干经济事件相互作用、新旧体制碰撞磨合带来的根本性变化。经济学产生于活跃的经济之中，本书以事件亲历者的视角，从概念分析入手，俯察发现问题、解决问题的过程，仰观制度创新的成果和效应，以实证性分析为质，以基础性、史实性表述为文，全面阐释我国资本市场最近 10 年具有里程碑意义的 5 个重大事件，以上市公司股权分置改革为"分水岭"，全景展示了中国公司转型的丰富内涵。

基于上述问题的研究和探索，形成了本书的主要研究路径，如图 1-1 所示。

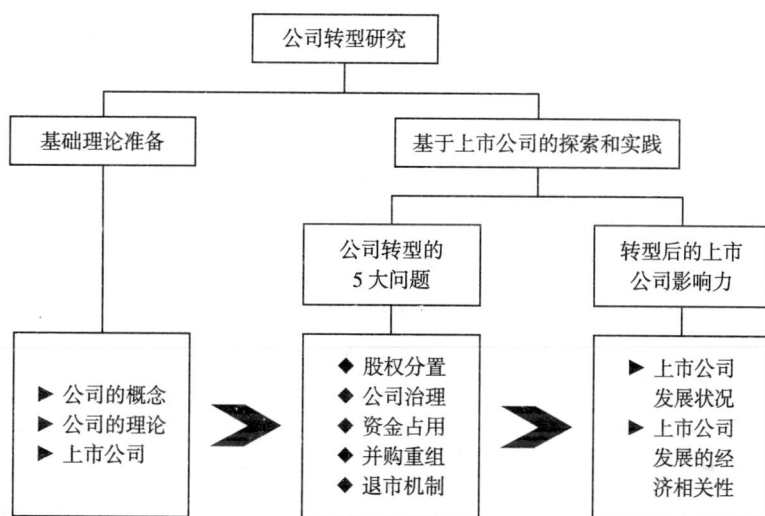

图 1-1 本书研究路径

第二章　公司的概念分析

概念的继承、统一和稳定，是经济学研究的基础。研究中国经济学的公司转型，首先应当建立在公司概念分析的基础上。19 世纪中叶，集聚资本、持续经营和控制风险三大契机推动了公司的创立，公司制度逐步取代单人业主制，开创了工业资本主义的先河。19 世纪末，英国法典最早规定了现代公司制度的"三原则"：有限责任、合股经营、法人资格。法人资格原则作为公司制度的重要基石，具有三层含义：一是公司法人是一个独立于成员（股东）而存在的经济实体，它不因其设立人或者成员或者经理的死亡而终止，它的生命具有相对的稳定性和持久性；二是它可以以法人资格起诉其中的任何一个成员（股东），也可以被其中任何一个成员（股东）作为法人起诉；三是它可以以自己的名义对出资人提供包括动产和不动产在内的所有财产享有所有权，内含占有、使用、处置、收益分配等权利。公司概念的继承、统一和稳定，是法律沿革、经济实践、制度演进不断积累的成果，本章对公司相关的法人属性、法人财权、股东责任、公司类型、公司契约、委托代理关系等基本概念进行了系统分析。

第一节　公司概论

一、公司概念

公司是当代世界各国普遍采用的一种企业组织形式，在不同的国家存在不同的理解，境外公司立法对公司概念的表述也存在着一些差异。大陆法系立法例归纳起来主要有两种方式：一是以概括的方式揭示公司的实质意义，对公司做出定义。例如，《日本商法典》第五十二条规定，"本法所称的公司，谓以实施商行为为目的而设立的社团；依本篇规定设立的以营利为目的的社团，虽不以实施商行为为业，也视为公司"；《韩国商法典》第一百六十九条规定，"本法所称的公司是指以商行为及其他营利目的而设立的社团"；我国台湾地区《公司法》第一条规定，"本法所称公司，谓以营利为目的，依照本法组织、登记、成立之社团法人"。这种立法例通常还会进一步规定各种类型公司的具体含义或核心特征。二是只规定各种类型公司的核心特征，但并没有做出总括性的明确定义。这种方式下，需要对散布在各法典或单行法之中的各有关法条进行总结归纳，方能做出界定。例如，《德国商法典》第 105 条和第 161 条分别规定了无限公司和两合公司的概念，其中两合公司是指"一个公司具有以共同的商号经营营业的目的，在股东中的一人或数人对公司的债权人的责任限于一定的财产出资的数额（有限责任股东），而股东中的其他人的责任不受限制"；同时，《德国股份公司法》第 1 条规定，"股份有限公司是具有自己的法律人格的公司，对于公司的债务，只以公司的财产向债权人负责，股份有限公司具有分割成等额股份的股本"；《德国有限责任公司法》第 13 条规定，"有限责任公司独立地享有公司的权利和承担公司的义务，可以取得所有权和其他土地物权，可以起诉和应诉；对于公司的债务，只以公司的财产向公司的债权人负责"。

从上述大陆法系国家或地区对公司的界定中① 我们可以看出：大陆法系代表性立法中，公司主要是指依法定程序设立的以营利为目的的社团法人，依法设立、以营利为目的、社团法人是界定公司的几个核心标准。

从英美法系看，该法系虽又称为判例法系，但其在公司法方面却多有成文法规范，这些成文法规范也不同程度涉及了对公司含义的界定，也有概括式与分类描述式的表述模式。例如，美国的《示范公司法》第 1.40 节第（4）项规定，"公司或者本州公司都指为营利而组织的非外州（国）公司，它是按本法组织的或是受本法制约的公司"。我国香港的《公司条例》第一条规定，"公司（Company）是指根据本条例组成及注册的公司或指现有公司"。在英美法系的法学理论中，对公司定义所做的界定十分宽泛，几乎与社团组织同义。《布莱克法律词典》、《牛津法律大辞典》中与公司对应的用语是"Company"和"Corporation"，② 英国多称公司为"Company"，美国则多称之为"Corporation"，在用于描述通常的商业公司

---

① 法国作为大陆法系主要代表国家，其立法对公司的界定较为特殊。《法国民法典》第 1832 条规定，公司是由两人或数人依据契约约定，将其财产或技艺用于共同事业，以期分享利润或获取由此可以得到的经济利益而设立；同时，法国《公司法典》又详细规定了商事公司、民事公司等各种类型的公司。法语中 Société 一词是个多义词，通常有"社会"、"社团"、"公司"之意。法国的《公司法典》将公司分为"商事公司"、"民事公司"（也有人译为"民事合伙"）与其他公司等几大类型。其中的民事公司主要包括建筑师公司、律师公司、会计监察公司、法律顾问公司、专利顾问公司、公证人公司等，这些公司的合伙性质是显而易见的，但并不都是民法典界定的"合伙"。由此可以说，在法国法律中"合伙"只是"公司"的一种形式。除商事公司与民事公司外，法国《公司法典》还有关于特殊公司的规定，主要是指无法人资格的公司（如隐名合伙、事实公司）、可变资本公司以及专门标的公司（如农业公司、农业利益混合公司，土地整治公司、农业开发有限责任公司、林业生产组合、合作保险公司、工人参与性股份有限公司、地方混合经济公司、国有化的公司以及雷诺汽车国家管理局等）。
② 《布莱克法律词典》1979 年版，第 255、307 页；《牛津法律大辞典》1989 年版，第 188、189、211 页。

时只是习惯上的差异。总体上，英美公司法立法和理论大多强调公司是有别于合伙组织的企业形态，强调它具有法人性质和出资人承担有限责任的特征。

我国《公司法》并未对公司的含义作出概括性的界定，大致上采取了分类描述式的立法例，因此需要从《公司法》总则中的一些条款中去归纳公司的定义。现行《公司法》第二条规定了境内公司的法定形态，第三条规定了公司的法律性质，第五条规定了公司及其股东承担责任的形式。根据这些规定，有学者对公司做出了以下界定："我国《公司法》意义上的公司是指股东依照《公司法》的规定，以出资的方式设立，股东以其认缴的出资额或认购的股份为限对公司承担责任，公司以其全部财产对公司债务承担责任的企业法人。"① 笔者认为这种界定较为全面，值得认同。

需要注意的是，上述界定使用了"企业法人"的表述，而非大陆法系传统的"社团法人"概念。大陆法系的传统公司法理论认为，公司是社团法人，其渊源在于，大陆法系国家或地区的民法将法人分为社团法人（以人的组合为成立基础的法人）和财团法人（以财产的集合为成立基础的法人）。但是，我国民法通则对民事主体的分类至今没有采取大陆法系的这种传统分类，即除自然人以外，没有将其他民事组织（主体）区分为社团和财团两类，而是将之划分为企业、机关、事业单位、社会团体等。其中，我国民法通则中的"社会团体法人"与传统大陆法系民法中的"社团法人"内涵完全不同，营利性的公司显然只能归类为企业法人，而非社会团体法人。并且，随着境内外一人（股东）公司的出现，尤其是一人股份有限公司形态的诞生，对公司属性的传统理论提出了现实挑战。随着一人公司的地位逐渐被更多的国家所承认，将公司的本质仍一概表述为社团法人，是明显与实践相背离的，理论上迫切要求对传统理论作出修正。综上，根据我国现行的法律规则体系和公司法律实践的演变趋势，我们认为将公司的本质含义界定为一种企业法人，在理论和现实中都更具有合理性。

二、法人属性及法人财产权

法人一词最早入法是 1896 年的《德国民法典》，随后法人这一概念逐渐为现代成文法国家的法律所采用。我国《民法通则》第三十六条规定："法人是具有民事权利能力和民事行为能力，依法独立享有民事权利和承担民事义务的组织。"与生物意义上的自然人相对，法人是法律拟制的人格。

现代意义上的公司，在法律上被界定为法人的一种形式。但公司的存在是仅限于法律语境中，还是作为一种社会的实体而存在，能否像自然人一样具有行为

---

① 冯果：《公司法》，武汉大学出版社 2007 年第 2 版。

意识并对自己的行为承担责任，这些关于法人本质的探讨，法学界从来也没有取得共识，主要观点有法人"拟制说"、法人"否认说"和法人"实在说"。

持法人"拟制说"的代表人物是萨维尼。他认为，只有具备自由意识的自然人才能成为法律的主体，要将自然人以外的事物认同为权利义务主体，只有依赖法律将其拟制为自然人，即"法人是人为的单纯拟制主体，仅因法律上之目的而被承认其人格"。法人"否认说"分为"目的财产说"、"受益者主体说"和"管理人主体说"。"目的财产说"代表人物布林兹认为，任何财产有的属于特定的个人，有的属于特定的目的；法人本身不具有独立的人格，而是为了一定的目的而存在的财产，即"目的财产"。"受益人主体说"创立人耶林认为，"意思行为是个人的意思。至于集合体的意思是没有，至少是无从证实的。被集合目的所决定的个人意思仍旧是个人的意思"。该说将法人等同于享有法人财产利益的多数个人。"管理人主体说"的创立人胥耳德尔和宾德尔认为，法人的财产不属于法人本身，而属于管理法人财产的自然人；只有管理法人财产的自然人才是法律上所称的法人。法人"实在说"分为法人"有机体说"和"组织体说"。法人"有机体说"的主要倡导者基尔克认为，法人是社会有机体，它的存在是客观的，不需要特许。法人"组织体说"的倡导者，法国的米修和沙累优从法社会学的角度研究法人的本质。他们认为，法人是法律生活的主体，并不是作为社会有机体而存在，法人成为法律上的实在是法律赋予的结果。[1]

从历史源流考查，至少在罗马法时代及更早期，"公司"与"法人"并无关系，在"公司"繁衍存续相当长的一段时期内，法人的概念还未浮出水面。有学者研究指出：[2] 希腊、罗马的公司始终依事实而存在，从未依法律而存在；罗马法中，除了私法上的合伙以外，一切社会组织都被称为公司，甚至罗马国家也被认为是一个公司；在历史上，不是罗马国家的法律产生了公司，而是公司组成了罗马国家；在罗马立法中，没有任何迹象表明设立公司要经国家许可，这种许可只是现代公司而不是当时的公司设立的必要条件；法人理论应是注释法学派在14世纪建立起来的学说，在此之前，只有"公司"概念，而无"法人"的学说。

公司开始作为法人存在的标志是公司的特许设立；从12世纪到19世纪，无论在欧洲还是北美，占支配地位的公司形式都是特许公司。大陆法系学者一般都认为，特许状是批准法人成立的国家法令，公司的"法律人格"即由此而生。尽管当代大陆法系学者关于现代公司的法人属性的阐述仍众说纷纭，但大体上都接受了一种结论——公司是国家制定法的产物，法律赋予公司以法人资格，使其具备权利能力并限定其权利范围，同时使其股东承担有限责任。而在19世纪，英

---

[1] 王红一：《公司法功能与结构的法社会学分析》，北京大学出版社2002年版，第24—27页。
[2] 罗培新：《公司法的合同解释》，北京大学出版社2004年版，第40—41页。

美国家的主流观点也认为，公司是法律的创造、人造的实体，这一点显著区别于个人和合伙，合伙只是合同型的联合体。

在英美法系国家，一般意义上"公司（Company）"与"法人社团（Corporation）"有较明确的界限。"Company"一词并无确切的法律含义，人们为一定目标而组成的社团（Association）都可以叫做"Company"，不管该社团是否以盈利为目标、是否具有法人身份。社团的特性在于它是由若干自然人组合而成，而不在于这些成员以何种形式、为何种目的而组合。具有法人资格的大公司和几个合伙人的集合体都被称为"Company"，这在英美法系中是极为普遍的现象。而"Corporation"一词专指法人社团，它大致有以下四种含义：[①] ①市政当局（Municipal Corporation）。它是根据国家授权设立，由当地居民和市政官员组成，具有公法主体和私法主体双重身份。②独体法人（Corporation Sole）。它是为了取得某种法律行为能力或特权，根据法律创设，由一人或他的继承人组成的法律实体。例如，君主、红衣主教、教长等。③具有法人资格的非营利性公司（Nonprofit Corporation）。它是为了推进慈善、宗教、教育、科学、文化、农业等事业而组建，其收益不在公司成员之间进行分配的法人社团。④具有法人资格的商业性公司（Business Corporation）。它是以获得经济利益为目标，其收益在公司成员之间进行分配的法人社团。由此不难发现，英美法系的"Corporation"与大陆法系的"（商事）公司"概念相对应的部分仅仅是具有法人资格的商业公司。

当代法学理论认为，与一般的社会组织相区别，法人具有三个基本特征：①独立的组织。法人与组成法人的自然人之间彼此独立，它有其自身健全的组织机构，无须依靠其他组织或单位而独立存在。②独立的财产。法人独立的财产主要是指法人财产独立于其自身成员的个人财产。③独立的责任，即法人独立责任，是指法人以自己所有的或经营管理的财产独立负担由自己的活动所产生的民事责任，这是它拥有独立财产的必然反映和结果。[②] 在法人这三个基本特征中，独立的财产是最为核心的。我国《公司法》第三条第一款规定："公司是企业法人，有独立的法人财产，享有法人财产权。公司以其全部财产对公司的债务承担责任。"法人的独立财产，是指由法人享有的、独立于其他社会组织、法人、发起人以及法人成员的财产。

法人财产权的独立性毋庸置疑，但是公司的法人财产权属于怎样的性质，我国学界却存在争议，主要有以下三种观点：①经营权说。这一观点认为无论是将法人财产权认定为所有权或者其他权利均没有明确的法律依据，从务实的角度考虑将其认定为法人经营权更为合理。②结合权说。这种学说认为，法人财产权是

---

① 江平、方流芳：《新编公司法教程》，法律出版社 2003 年版，第 54～55 页。
② 马俊驹、余延满：《民法原论》，法律出版社 2005 年版，第 113 页。

经营权与法人制度的结合。③所有权说。持此观点的学者认为法人财产权即为所有权，法人成员所有的财产通过出资将个人财产所有权转化为股权，企业法人在股东出资的基础上形成其财产所有权。① 我们认为，出资者的有限责任和法人的独立人格是建立在法人的独立财产的基础之上的，将法人财产权认定为法人所有权更有利于保护出资人以及与法人进行交易的各类相对人的利益。

具体而言，公司具有独立的法人财产权至少包含以下两层含义：①公司的财产来自股东的投资。公司的股东一旦把自己的投资财产交付给公司，就丧失了对该财产的所有权，而相应取得了股权，股东个人不存在任何直接处置公司财产的权利。公司对自己的财产享有充分、完整的支配权，换言之，公司对自己的财产享有所有权。从我国《公司法》第 28 条规定也可以明确这一点，即"股东应当按期足额缴纳公司章程中规定的各自所认缴的出资额。股东以货币出资的，应当将货币出资足额存入有限责任公司在银行开设的账户；以非货币财产出资的，应当依法办理其财产权的转移手续"。可见，股东无论货币或非货币形式的出资均应当转为公司所有，而不能继续由股东自己所有。②在公司存续期间，股东投资于公司的财产既然已属于公司所有，股东就无权抽回这部分财产。公司的注册资本就是公司的自有资本，自有资本非经严格的法定程序不能减少，这是资本真实原则的一项重要内容，但公司因经营活动导致财产的减少不属于自有资本的减少。我国《公司法》第 36 条规定："公司成立后，股东不得抽逃出资。"只有当公司依法定程序终止解散后，股东才能取得剩余的财产。

三、公司类型

西方国家《公司法》中依照股东承担责任的不同形式，将公司形式分为无限责任公司、两合公司、股份有限公司、股份两合公司和有限责任公司。公司以外的商业性企业组织形式，还包括个人独资（Sole Proprietorship）、普通合伙（General Partnership）、有限责任合伙（Limited Liability Partnership）、有限合伙（Limited Partnership）、有限责任有限合伙（Limited Liability Limited Partnership）、有限责任企业（Limited Liability Company）。

无限责任公司是最早出现的公司形式，一般是指由两个以上的股东组成的、全体股东对公司债务承担无限连带清偿责任的公司，与合伙并没有本质的区别。最早的无限责任公司可以追溯到优士丁尼法中的"商业合伙"（Societas Quaestuaria）。英国 1948 年《公司法》规定，无限责任公司是"股东对公司的责任没有任何限制的公司"。无限责任公司的股东有权直接参加管理公司事务，公司所有权和行政

---

① 冯果：《公司法》，武汉大学出版社 2007 年版，第 149-151 页。

管理权融为一体，公司股本可以任意增加或减少，设立和解散手续均较为简单。无限责任公司的缺点是股东承担风险过大，不利于保护出资人的利益，公司经营也不够灵活有效。

两合公司是在无限责任公司之后出现的公司形式，是无限责任公司和有限责任公司之间的中间形式，其作用在于既有负无限责任的股东以取得外界信任，又可吸收有限责任股东以扩大公司的资金来源。两合公司由有限责任股东和无限责任股东共同组织而成，包括一般两合公司和股份两合公司。两合公司起源于中世纪出现在意大利以及地中海沿海城市的康孟达组织。康孟达组织是一种商事契约，是航海者与资本家进行合作的一种商业合伙形式，后来逐步发展成为两合公司和隐名合伙。两合公司和康孟达组织的区别在于，其出资人的权利义务要遵循法律的强制性规定，更加明确和稳定，同时适用范围较康孟达组织广泛。采用两合公司形式的公司在世界范围内已经很少了，其具有的优势已被股份有限公司、有限责任合伙等组织形式进一步发展。

股份有限公司和有限责任公司是最常见、最普遍的两种公司类型。有限责任公司通常是指由法律规定的一定人数的股东组成，不对外发行股票，股份转让有一定限制，股东对公司承担有限责任的公司。一般认为，有限责任公司于1892年首创于德国，也有人认为英国的封闭公司（Private Company）是有限责任公司的最初形式。有限责任公司是根据时代需要创立出的一种介于股份公司和无限公司之间，既具有人合性质，又具有资合性质的经济组织。有限责任公司通常对股份转让和股东人数有法定限制，公司组织机构设置比较简单，公司财务报告不对外公开，公司在处理重大事务时，除了强调股权的重要作用外，还强调了股东作为出资人应具有的作用，如股东会应由全体股东参加、公司章程由股东共同起草、股东向第三人转让出资时须经全体股东过半数同意等，显示出较明显的人合性质，比较适合中小型企业。而股份有限公司则通常指全部资本划分成等额的股份、其股份以股票形式依法发行和自由转让的一种企业形式。股份有限公司通常规模较大，是典型的资合公司，股东所持股份是其股东权益的凭证。股东作为公司的所有权人，与公司的董事会及管理层是分离的，公司的账目也必须公开。

公司以外的其他商事企业组织形式，各国立法规定可谓异彩纷呈。鉴于美国是世界上企业组织形式最灵活多样的国家，本节以美国为例做简要比较分析。①个人独资业主（Sole Proprietorship），又称个人独资企业，对企业债务承担无限责任，不区分其个人生活性资产与企业经营性资产。②普通合伙（General Partnership，GP），合伙人共同出资和共同管理合伙企业，合伙经营过程中各合伙人互为代理人，所有合伙人对合伙企业的债务均承担无限连带责任。普通合伙企业不缴纳企业所得税，各合伙人只缴纳个人所得税。普通合伙在法律、会计、医疗等服务行业被广泛采用。③有限责任合伙（Limited Liability Partnership，

LLP)，是普通合伙的一种特殊责任形式，与普通合伙的不同之处在于，对某一合伙人或员工等在提供专业服务时的错误、不作为、过时、低能力或渎职行为产生的侵权与违约责任，全部合伙人以有限合伙的全部资产对其债务承担有限连带责任，超过合伙资产总额的未偿付债务，由过失合伙人独立承担无限责任，其他合伙人不再承担连带责任。有限责任合伙最早产生于20世纪90年代，是80年代末美国房地产和能源价格剧烈震荡导致全国性的金融机构纷纷倒闭的间接产物。有限责任合伙被广泛适用于大规模的会计师事务所和律师事务所，以避免成百上千的合伙人为自己并不熟悉的其他合伙人的执业过错承担无限连带责任。④有限合伙（Limited Partnership，LP），是将部分合伙人的有限责任与合伙的一次纳税待遇相结合的一种商事主体形式。有限合伙中的合伙人依责任形式不同，分为普通合伙人与有限合伙人，企业中至少有一位普通合伙人，对有限合伙企业的债务承担无限连带责任，对有限合伙企业事务享有管理权，而有限合伙人只以其出资为限对有限合伙企业的债务承担有限责任，但有限合伙人对有限合伙企业事务无管理权，其一旦介入合伙事务的经营管理，则被视为普通合伙人，承担无限责任。有限合伙被广泛用于风险投资基金的组织形式。⑤有限责任有限合伙（Limited Liability Limited Partnership，LLLP），是有限合伙的一种特殊形式，同样主要适用于风险投资行业。有限责任有限合伙将有限合伙与有限责任合伙的优势相结合，作为普通合伙人的基金管理人也享有有限责任合伙中普通合伙人有条件的有限责任保护，即只对自己的过失给风险投资企业造成的损失承担无限责任，而对其他普通合伙人在管理风险投资基金过程中产生的过失不承担无限连带责任。⑥有限责任企业（Limited Liability Company，LLC），一定程度上是合伙与公司的混合体，既可以享有合伙企业一次纳税（不缴纳企业所得税）的待遇，同时出资人又以出资为限享有有限责任的保护，目前已在美国各州被广泛采纳，充分体现了美国商事主体立法适应实践的灵活性以及美国政府对中小企业的扶持态度。需要特别指出的是，有限责任企业虽然具有有限责任、可选择所有权与经营权分离等公司特征，但在美国法律体系中并不受任何《公司法》规范的约束，而通常被视为非公司企业组织形式，其实质类似于所有合伙人均为有限合伙人的合伙企业。⑦S公司（S Corporation）。美国《国内税法典》规定了一种称为S公司的对小公司的特殊税收优惠形式，申请并获批准享受这种税收优惠的小公司被称为"S公司"。S公司与有限责任企业类似，即股东以出资为限享有有限责任保护，同时公司无须缴纳企业所得税，而只需股东缴纳个人所得税。与有限责任企业不同的是，S公司的税收优惠建立在诸多限制条件基础上，包括股东必须是本州居民、人数不得超过75人、必须在本州登记、只允许发行一种股票等。因此，S公司本质上并非一种独特的企业组织形式，而只是美国税法上对小企业的一种税收优惠措施。

第二节　公司理论

一、公司合同（契约）理论

如前所述，关于公司法人的本质，传统法学理论主要有三种观点：①法人拟制说起，即认为公司法人是一个虚拟的人，这意味着它是一个法律上的实体，和自然人一样，可以起诉和被起诉，拥有财产，以及进行商业交易。[①]②法人否认说，即强调公司没有独立的人格，不过是特定个人的加总，并不存在独立的意志。③法人实在说，即强调公司是社会中固有的实体存在，是基于个人自由组合而产生的主体。以上三种解说，与其说是解释了公司法人的本质，还不如认为它们分别提供了解释公司的不同方法或视角。20世纪30年代以来，基于另一种不同的解释视角，法律经济学上的公司合同（契约）理论逐步成形并日趋盛行起来。从理论内涵来看，这种学说似乎也可归为"法人否认说"的一个新分支。

伯利和明斯的经典著作《现代公司与私有财产》于1932年问世以后，有关公司的理论和政策都建立在以"经理层为核心"的理念之上。"经理主义者"（Managerialist）认为，由于经理层掌握着调配资源的专业技能，并获得了如何运营公司的直接经验，这些都足以使其在公司的层级序列中保持领导地位，其权力也因此获得了合法基础，而且换用其他机制也未必能够奏效。这种明显倾向管理层的见解招致了持续的批评，从20世纪60年代一直延续至70年代。批评者认为，公众公司中几乎不受股东控制的经理层事实上已成为公司的"无冕之王"，他们利用这种控制地位，对投资者、客户、职工和其他利益相关人进行盘剥；为救济弱者、彰显公平，政府必须介入，包括制定法律法规，对公司运作范式、工人工资保障等进行规制。

在上述关于"经理主义"的激烈论争中，公司合同理论悄然形成。早在1937年，科斯就在其《企业的性质》一文中提出了一项被后人称为是公司契约理论的奠基性见解。他指出，企业和市场是合约的两种形式，企业内部科层制的组织形式起到了很好的协调合约各方、减少交易成本的作用。但时隔近40年，这一见解才得到广泛关注。20世纪70年代，阿尔钦（Alchian）、德姆塞茨（Demsetz）、詹森（Jensen）和麦克林（Meckling）等通过分析解读，将公司的内

---

① Lawrence M. Friedman, *A History of American Law*, Second Edition, Simon & Scheuster, Inc., 1985.

部行为导入了新古典经济学的研究视角，正式开创了"公司契约理论"。1972年，阿尔钦和德姆塞茨发表了《生产、信息费用和经济组织》，詹森和麦克林也于1976年发表了《公司理论：管理行为、代理成本和所有权结构》。这两篇堪称"分水岭"之作的论文后来分别被认为是公司契约理论的两大分支——交易成本理论和委托—代理理论的代表之作，标志着企业"新经济理论"的诞生。

公司合同理论主张公司"是一系列合约的联结"。按照詹森和麦克林的见解，这些合约包括法律拟制物（企业）与原材料或服务的卖方签订的供应合同，与向企业提供劳动力的个人签订的雇用合同，同债券持有人、银行及其他资本供应方签订的借贷合同，以及与企业产品的买方签订的销售合同。它们包括文字的和口头的、显性的和隐性的、明示的和默示的各种合约。阿尔钦和德姆塞茨认为，在作为合同联结体的公司里，并不存在以经理为中心的层级序列。公司内部也绝不存在所谓的"权力"、"权威"。从这个意义上说，公司与市场中任何两个人之间的自由协商机制没有任何区别；所谓的公司管理，也只不过是公司持续性合约反复不断的过程。根据这种理论，企业作为一种交易方式，其基本分析单位仍是个人，企业所包含的内容就可以、而且必须被分解为不同的合约关系；如果撇开了合约关系来理解企业，那企业只能是一个空洞的名称。

需要指出的是，上述新经济理论使用的"合同"、"合约"概念并非传统法学所认同的合同（契约）概念，前者的内涵和外延均比后者更为宽泛。[1]在民法上，合同即契约，是指两个以上当事人相互间设立、变更、终止民事关系在法律上具有约束力的协议；契约关系即双方或多方当事人根据协议产生的权利义务关系。其实，即使从传统法学的视角看，公司契约理论的发端也几乎和民法契约理论一样早，大约在公元前24年的时候，汉穆拉比法典明确区分公司契约和借贷契约，以明确反对高利贷者的行为；中世纪地中海沿岸城市作为一种商事契约的康孟达组织（航海者与资本家进行合作的一种商业合伙组织），尔后也逐步发展成为隐名合伙和两合公司，成了现代公司的一种原始形态。在近代民族国家形成和不断强化的时期，公司的契约性自治和国家对经济生活的管制是一对动态平衡，在这个时期主要彰显的是公司的法人性，公司的契约性鲜有人提及。直至20世纪，

---

① 美国学者麦克尼尔于1980年出版了《新社会契约论》一书，将社会关系作为契约法的基石。他认为，从社会学的角度看，所谓契约"不过是有关未来交换过程的当事人之间各种关系的规划"，可分为个别契约和关系契约：前者意味着"除了物品的单纯交换外，当事人之间不存在关系"；后者指处于继续性伙伴关系中的当事人将许多契约条款悬而不决，留待今后根据商业需要再随机应变，允许以多种方式进行履行并依次达成合意。麦克尼尔将企业组织视为关系契约的典型，他认为公司不仅是契约主体，这种组织本身就是关系契约体，而介于市场和企业之间的关系性活动是关系契约生长和发展的最肥沃土壤。这种学说可以成为社会学意义上的"公司关系契约理论"。显然，这里使用的契约概念也宽于正统法学中的契约概念。

法学研究和经济学理论结合出现了经济分析法学派，公司契约理论被法经济学者重新提及并赋予了其新的生命，公司契约理论开始得到极大的发展，甚至成了关于公司本质的主流学说。到了近期，两大法系已有一些国家的法律明确认可了公司组织内部的契约关系，如英国 1985 年《公司法》第 14（1）条明确规定，公司的章程一旦注册登记之后即对公司和公司的成员产生约束力，就如同公司的每个股东与其他人所订立的契约一样。① 公司合同理论将传统合同法上的意思自治和公司法上的公司自治有机结合起来，这一理论对于从强有力的国家管制逐步走向市场化、自由化的经济体而言具有更为重要的指导意义。但在公司法的理论上，它终究只是一种视角的解读，难免存在局限性。

二、公司委托—代理关系

如前所述，公司合同理论的两大分支之一即委托—代理理论，这种委托—代理的含义远比民法上的委托—代理更宽泛。从企业发展历史看，最初的商业公司大多是家族企业，股东人数有限，作为公司所有者的股东就是公司的实际经营者，但是随着公司的不断壮大和股份制的出现，很多公司均开始发行股票以筹集资金。公司的股东人数不断扩大，从而在股东内部逐渐出现了积极股东和消极股东之分，积极股东往往通过股东权的行使谋求对公司的支配控制权；消极股东则并不关心公司的控制权在谁手中，其追求的只是股票价格的上升，从股票买入和卖出的价格差之中获取收益。20 世纪初期，美国许多大型公司开始引进职业经理人，同时美国理论界也洞悉到企业所有者兼任经营者的做法存在内部人容易滥权的弊端。针对这一弊端，伯利和米恩斯经过合作研究提出了"代理成本"理论，即由于现代公司股权高度分散，所有权与控制权实际分离而带来的管理层滥权以及种种机会主义行为，将是公司法面临的永久性课题。

法学意义上的代理制度最早出现在民事活动中，成为人们开展和拓展民事活动的重要方式之一。根据代理权产生的依据不同，可大致分为法定代理和委托代理。委托代理，是基于被代理人的授权而发生的代理，代理人可以在被代理人授权的范围内，以被代理人的名义独立从事民事法律行为，由此产生的法律后果直接归属于被代理人。② 委托—代理关系是一种契约关系，通过这一契约，一方主体授权另一方主体为其从事某项活动。在大陆法系国家，董事与公司的关系通常被定性为民法上的委任关系，股东的选任行为与被选任人的承诺表示构成了两者之间的委任关系，后者由此处于受任人的地位。由于委任关系的存在，董事的对外职务行为就类似于代理行为，而由董事会选任的经理，其法律地位基本等同于

---

① 刘俊海：《新公司法的制度创新——立法争论点与解释难点》，法律出版社 2006 年版，第 61–83 页。
② 马俊驹、余延满：《民法原论》，法律出版社 2005 年版，第 222–225 页。

代理人。在英美法系国家，董事、经理与公司的关系通常被定性为信义关系（Fiduciary Relationship），即一方对另一方产生法律上或事实上的信任并有所依赖，另一方因接受他人信任而负有诚实信用、谨慎勤勉的义务；董事、经理在从事对外职务行为时，信义关系的主要体现也就是代理关系。

从经济学角度看，前述成型于 20 世纪 70 年代的公司合同理论包括交易成本理论和委托代理理论两大分支。其中的委托—代理通常是指，公司所有者（股东）将其拥有的资产根据预先约定的条件委托给公司经营者，出资者仍然享有所有权，按照出资的份额享有对公司财产的剩余索取权和最终控制权；经营者在出资者委托授权的范围内，对公司财产享有占有、使用和一部分的处理的权利。这种理论遵循了新古典经济学的研究范式，即假定当事方为理性、信息充分并且受个人私利驱使。在他们眼中，公司合同与市场的一般合约并无任何差异，合约各方竞争相当充分，按照"适者生存"的竞争法则，经过残酷竞争只有最优的合约安排才能够最终胜出，并由此产生最优化的公司治理模式。在这一假设下，公司内部分配风险的合约总是存在赢家和输家，输赢的决定因素在于成本的高低。理性的合约方总是试图在获取预期收益的前提下偷工减料（偷懒），这样就产生了代理成本（Agency Cost）问题。但由于竞争激烈，合约一方不可能无限制地"偷懒"，即"偷懒"总是存在边界的。于是，设计怎样一套规则将代理成本降至最低，就成了解决问题的关键所在，同时也是委托—代理理论所探讨的核心问题。根据詹森和麦克林的见解，股东和管理层之间存在委托—代理关系，股东有理由要求管理层为股东利益恪尽职守。从规范的层面分析，主要是在不确定性和不完全监督的条件下，如何构造委托人和代理人之间的契约关系，包括补偿性激励，从而为代理人提供适当的激励，促使其按照委托人利益最大化的方式行动。上述理论无法回避的问题是，谁将最终承担代理成本，詹森和麦克林认为，市场竞争是充分的，公司管理层如果过分偷懒，则必然会引起公司股价下跌并最终导致其地位难以维系，所以他们最终会承担代理成本。但这种充分竞争的假设在现实中显然是可遇而不可求的，因此，代理成本问题始终困扰着公司运营的实践。①

---

① 公司合同理论的另一分支即交易费用（交易成本）理论，同时也是新制度经济学的核心部分，它主要关注在什么样的交易在哪种合约安排下会节约交易成本，即交易方式和合约安排如何相匹配的问题，这恰好解释了为什么公司（企业）合约不同于市场合约这一问题。在制度经济学的视角下，"经济人"只是拥有"有限理性"，并具有从事"机会主义"行为（在交易过程中采用不正当手段来谋求自身利益）的倾向，这使他无法进行全面的风险分析，从而做出完全理性的选择，于是，对于交易中无法确知的领域，"经济人"宁可接受开放性合约机制的约束。对于投资已经特定化的主体而言（如经理和一般雇员的人力资本投资），他们尤其担心遭受机会主义行为的侵蚀，故而公司组织正如其他长期合约机制一样，发挥着减轻风险的作用。制度经济学还认为，对于搭便车、经济人的主观偏好等非理性问题，市场（竞争）方法往往收效甚微，相反，命令和道德力量等非市场方法却相对有效，互利和合作能够创造预期、减少不确定性，进而有效降低交易成本。

三、公司有限责任

法学通说认为，公司拥有独立的财产，股东以投入公司的财产为限对公司债务承担责任，这是法律赋予公司的一项"特权"，公司法人因此具有独立的主体资格，即有限责任使公司真正实体化。19世纪中期开始，随着近代公司的成形，有限责任制度逐渐发展成为现代公司制度的基本准则，有限责任构成了现代公司赖以存在的法理基础。有限责任并非指公司对外负有限责任，而是从股东对公司的责任来界定的，是指股东仅以其出资额为限对公司债务承担责任，除此之外不再对公司承担任何财产责任。它是公司作为独立的社团法人所具有的最为重要的法律特征，也是公司之所以成为现代市场经济社会赖以存在的基础和迅猛发展的原动力的秘诀所在。[①] 当然公司有限责任并不是绝对的，在股东利用公司谋取不当利益时，实践中有"公司人格否认"的做法，否定公司的独立人格和股东有限责任。

有限责任制度被推崇为比蒸汽机更为伟大的发明，是因为其具有极大的价值：①有限责任可以让企业更加有效地作出投资决策。有限责任促使所有权和经营权两权分离，这就意味着股东决策以及公司的内部分工可以采用专业化的管理，在一定程度上摆脱了股东的风险态度制约。正是在这一意义上，有限责任制促进了企业精神的形成，因为在无限责任制下，股东出于承担无限责任的恐惧，将处处挟制公司管理层，遏制其投资于可能具有良好市场前景的风险项目，进而扼杀其创新精神。②有限责任可以分散股东投资风险，极大地鼓励了投资，有利于促进投资的多元化。③有限责任提高了大股东和小股东之间的信任，促进了投资者之间的合作。和无限责任相比，有限责任股东之间不需要很强的信任关系，使公司从"人合性"向"资合性"转变，降低了合同签订和后期执行的交易成本。④有限责任可以降低融资成本。在有限责任制下，公司可以把股份划分得很小，更容易积少成多实现融资。⑤有限责任减少了监督代理人的必要。当股东责任可以通过行为或者合同来加以确定的时候，其最大损失数额已经可以在事前得到确认，使其风险具有可预测性，从而使股东放心委托专业经理人去运营公司。[②] 同时，有限责任使股份价值同质化，便于投资者判断公司价值，由此也促进了公司收购市场的形成，进而激励公司管理层勤勉工作。

在公司法确认有限责任制度这一问题上，公司合同理论认为，即使没有法律这种规定，公司参与方在经历千百次的重复交易后，也会达成这种合约安排，法律只不过将这一被证明是富有效率的合约安排固定下来而已。况且，这种标

---

① 冯果：《公司法》，武汉大学出版社2007年版，第27页。
② 邓峰：《普通公司法》，中国人民大学出版社2009年版，第188–189页。

准化的合约安排很容易通过其他合约形式来改变，例如，设立企业时选择由部分股东承担无限责任的两合公司形态、在公司成立后由股东对特定债务承担连带责任等。

第三节　上市公司概述

英美公司法按公司股东人数多寡、对象是否特定和是否限制股票转让，通常将公司区分为封闭式公司（Private Company）和开放式公司（Public Company）两种。依据《牛津法律大辞典》的解释，封闭式公司是指依据公司法设立的，并且依据公司章程，股东人数限制在50人以下，限制公司股份转让、禁止劝诱公众购买其任何股份或任何债务的公司。在美国，这种公司称为 Close Corporation，性质与英国法中的 Private Company 基本相同。而开放式公司也译为公开公司、公众公司，这种公司的特点是股票可以在股票交易所等公开市场上进行转让交易，对股东人数也没有限制。上述分类也逐步被大陆法系公司法理论所认同，并在立法修改中有所体现；就现实看，大陆法系的有限责任公司基本可定性为封闭式公司，而股份有限公司中仅有部分属于开放式公司。

在英美法中，上市公司是指股票已经在证券交易所或纳斯达克等报价系统交易的股份公司，[①] 是最典型的开放式公司。此外，如果公司股票已构成公开发行，即使未上市交易，也属于开放式公司。在大陆法系国家和地区，上市公司是指采取股份有限公司的形态且股票已在证券交易所上市交易的公司，我国《公司法》第121条规定，本法所称上市公司，是指其股票在证券交易所上市交易的股份有限公司。

境内外证券市场（证券交易所）对于公司上市都会设定一定的条件。在我国现行法律制度中，公开发行股份与上市公司是直接因果关系，在《公司法》中对公开发行股份与上市公司作出了一般性原则规定，在《证券法》中对公开发行股份和上市公司作出基本条件规定，并授权国务院证券监督管理机构可以作出较高的条件规定。

我国《公司法》对公开发行股份和上市公司的一般性原则规定，主要有以下内容：

---

① 需要指出的是，英美法中的封闭式公司，其股本通常也划分为股份，在股本形式上与开放式公司并无差异。而英国法中的有限保证责任公司、美国法中的有限责任公司并不等同于大陆法系通常的有限责任公司。

第 135 条：公司经国务院证券监督管理机构核准公开发行新股时，必须公告新股招股说明书和财务会计报告，并制作认股书。

本法第 88 条、第 89 条的规定适用于公司公开发行新股。

《公司法》第 88 条、第 89 条对承销和代收股款的机构、程序作出了规定。

第 146 条：上市公司必须依照法律、行政法规的规定，公开其财务状况、经营情况及重大诉讼，在每个会计年度内半年内公布一次财务会计报告。

我国《证券法》对公开发行股份和上市公司具体条件规定的主要内容是：

第 13 条：公司公开发行股份，应当符合下列条件：

（1）具备健全且运行良好的组织机构。

（2）具有持续盈利能力，财务状况良好。

（3）最近三年财务会计文件无虚假记载，无其他重大违法行为。

（4）经国务院批准的证券监督管理机构规定的其他条件。

上市公司非公开发行新股，应当符合经国务院批准的国务院证券监督管理机构规定的条件，并报国务院证券监督管理机构核准。

第 50 条：股份有限公司申请股票上市，应当符合下列条件：

（1）股票经国务院证券监督管理机构核准已公开发行。

（2）公司股本总额不少于人民币 3000 万元。

（3）公开发行的股份达到公司股份总数的 25% 以上；公司股本总额超过 4 亿元的，公开发行股份的比例为 10% 以上。

（4）公司最近三年无重大违法行为，财务会计报告无虚假记载。

经国务院批准证监会发布的《首次公开发行股票并上市管理办法》就主板发行人条件作出了进一步要求：

（1）最近 3 个会计年度净利润均为正数且累计超过人民币 3000 万元，净利润以扣除非经常性损益前后较低者为计算依据。

（2）最近 3 个会计年度经营活动产生的现金流量净额累计超过人民币 5000 万元；或者最近 3 个会计年度营业收入累计超过人民币 3 亿元。

（3）发行前股本总额不少于人民币 3000 万元。

（4）最近一期末无形资产（扣除土地使用权、水面养殖权和采矿权等后）占净资产的比例不高于 20%。

（5）最近一期末不存在未弥补亏损。

并另行规定了创业板发行人条件：

（1）发行人是依法设立且持续经营三年以上的股份有限公司。

有限责任公司按原账面净资产值折股整体变更为股份有限公司的，持续经营时间可以从有限责任公司成立之日起计算。

（2）最近两年连续盈利，最近两年净利润累计不少于 1000 万元，且持续增长；或者最近一年盈利，且净利润不少于 500 万元，最近一年营业收入不少于 5000 万元，最近两年营业收入增长率均不低于 30%。净利润以扣除非经常性损益前后孰低者为计算依据。

（3）最近一期末净资产不少于 2000 万元，且不存在未弥补亏损。

（4）发行后股本总额不少于 3000 万元。

作为世界性的证券交易场所，纽约证券交易所也接受外国公司挂牌上市，上市条件较美国国内公司更为严格，主要包括：①社会公众持有的股票数目不少于 250 万股；②持有 100 股以上的股东人数不少于 5000 名；③公司的股票市值不少于 1 亿美元；④公司必须在最近 3 个财政年度里连续盈利，且在最后一年不少于 250 万美元、前两年每年不少于 200 万美元或在最后一年不少于 450 万美元，3 年累计不少于 650 万美元；⑤公司的有形资产净值不少于 1 亿美元；⑥对公司的治理和操作方面的多项要求；⑦其他有关因素，如公司所属行业的相对稳定性、公司在该行业中的地位、公司产品的市场情况、公司的前景、公众对公司股票的兴趣等。

此外，美国证券交易所和纳斯达克对境外公司到本所（系统）挂牌上市也分别规定了条件。美国证券交易所规定如下：①最少要有 500000 股的股数在市面上为公众所拥有；②市值最少要在 3000000 美元以上；③最少要有 800 名的股东（每名股东需拥有 100 股以上）；④上个会计年度需有最低 750000 美元的税前所得。纳斯达克上市条件相对更低一些：①超过 400 万美元的净资产额；②股票总市值最少要有 100 万美元以上；③须有 300 名以上的股东；④上个会计年度最低为 75 万美元的税前所得；⑤每年的年度财务报表必须提交给 SEC 和公司股东们参考；⑥最少须有 3 位做市商（Market Maker）参与此案。

公司上市后，如无法满足规定条件将面临退市。境外交易所对上市公司退市一般具有较大的自主权。如中国香港联交所上市规则规定，交易所对它认为不符合上市标准的公司，有权终止其上市。并且，联交所作出终止上市的决定无须经过证交会批准。纽约证券交易所上市规则规定了上市公司退市的具体标准，同时指出，即使公司未触及这些具体标准，在某些情况下，交易所仍有权对它认为不适合继续交易的公司作出终止上市的处理。与中国香港不同的是，美国 1934 年证券交易法规定，交易所在作出终止上市的决定之前，必须报请美国证券交易委员会（SEC）批准。

在退市标准方面，境外不同证券交易所的规定各有差异。在纽约证券交易所，上市公司只要符合以下条件之一就必须退市：①股东少于 600 个，持有 100 股以上的股东少于 400 个；②社会公众持有股票少于 20 万股，或其总值少于 100 万美元；③过去的 5 年经营亏损；④总资产少于 400 万美元且过去 4 年每年亏损；⑤总资产少于 200 万美元且过去 2 年每年亏损；⑥连续 5 年不分红利。日本东京证券交易所规定，上市公司出现以下情形之一的必须退市：①上市股票股数不满 1000 万股，资本额不满 5 亿日元；②社会股东数不足 1000 人（延缓一年）；③营业活动停止或处于半停止状态；④最近 5 年没有发放股息；⑤连续 3 年的负债超过资产；⑥上市公司有"虚假记载"且影响很大。此外，2000 年 6 月设立的日本纳斯达克市场也引进退市制度，即公司上柜之后的股东数及市价总额低于一定的基准时，则可令其下柜（退市），目的在于剔除流动性低的上柜股，以确保投资者的利益。

在退市程序方面，境外证券交易所对作出上市公司退市的决定一般都比较谨慎，程序也较为复杂。如纽约证券交易所规定了以下程序：①交易所在发现上市公司低于上市标准之后，在 10 个工作日内通知公司；②公司接到通知之后，在 45 日内向交易所作出答复，在答复中提出整改计划，计划中应说明公司至迟在 18 个月内重新达到上市标准；③交易所在接到公司整改计划后 45 日内，通知公司是否接受其整改计划；④公司在接到交易所批准整改计划后 45 日内，发布公司已经低于上市标准的信息；⑤在计划开始后的 18 个月内，交易所每 3 个月对公司的情况进行审核，其间如公司不执行计划，交易所将根据情况是否严重，作出是否终止上市的决定；⑥18 个月结束后，如公司仍不符合上市标准，交易所将通知公司其股票终止上市，并通知公司有申请听证的权利；⑦如听证会维持交易所关于终止股票上市的决定，交易所将向 SEC 提出申请；⑧SEC 批准后，公司股票正式终止交易。由上述情况可见，纽约交易所决定某公司股票终止上市，最长要经过 22 个月的时间。

香港联交所的一般退市程序包括四个阶段：①第一阶段：在停牌后的 6 个月内，公司须定期公告其当前状况；②第二阶段：第一阶段结束后，如公司仍不符合上市标准，交易所向公司发出书面通知，告知其不符合上市标准，并要求其在 6 个月内提供重整计划；③第三阶段：第二阶段结束后，如公司仍不符合上市标准，交易所将公告声明公司因无持续经营能力，将面临退市，并向公司发出最后通牒，要求在一定期限内（一般是 6 个月）再次提交重整计划；④第四阶段：第三阶段结束后，如公司没有提供重整计划，则交易所宣布公司退市。

第三章 上市公司股权分置改革

契约平等、民主自治是公司的天然属性，二者共同构成了公司的核心价值观。国有企业通过股份制改造可以具备公司的各种形式要件，却难以输入精神内涵和核心价值。股权分置是基于不平等契约的制度安排，虽然在转轨经济中具有创新意义，但是在实质上却背离了公司的公平正义基础。在实践上，股权分置改革解决了资本市场基础性制度的重大缺陷，从更深层次的意义看，股权分置改革重构了契约平等、民主自治的公司核心价值体系。

厉以宁教授把股权分置改革称为"股份制进行的第二次改革"，评价其在公司转型过程中的历史贡献是"股权分置改革终于把双轨并到单轨"。股权分置改革以其市场化、法治化、民主化的经济实践，在市场导向的中国经济体制改革的整体运行架构中独树一帜。股权分置改革以"统一组织，分散决策"为机制设计，在统一决策中体现以市场化、国际化导向的制度改革目标，在分散决策中以民主化、法治化运行机制体现契约平等、民主自治原则，高度契合了公司制度设计的内在运行机制，即在自愿选择、自主交换基础上的个人利益和组织目标趋向统一的机制，促进形成了权利公平、机会公平、规则公平的新型公司治理结构。

股权分置改革在机制设计和实践过程中所反映出的市场化、法治化、民主化理念和导向，具有根本性和创新性。本章将深度揭示股权分置改革基本理念的形成、推动制度变迁的目标和方式、政府与市场的边界和定位，协商对价机制设计的基本特征和实践效用，并通过对股权分置改革对价方案及典型案例的实证分析，揭示非流通股东和流通股东从非合作博弈到合作博弈转变的内在原因，即在契约平等、民主自治原则下，公司目标和股东利益可以在自愿选择、自主交换机制中趋向统一。

第一节 股权分置问题背景探讨

公司制度在我国的实践是在计划经济体制下国有企业股份制改造开始的，主要方式是双轨制，存量不动，增量发行。在特殊历史背景下，双轨制比较适应当时国有企业股份制改造的客观实际，但是，经过 10 多年的发展，双轨制存在的制度性缺陷逐步暴露出来，股权分置就是最典型的表现。首先，在股权分置下，公司机制双轨运行，公司的法人人格性和法人财产权缺乏制度保障；其次，公司股东之间缺乏共同的利益基础，大股东行为的"道德风险"和"逆向选择"成为常态，小股东的"搭便车"心理，导致法人治理结构"形似神不至"；最后，资本市场的"二元结构"扭曲了价格形成机制和股东行为模式，市场机制缺失公平正义基础，市场功能无法有效发挥。

公司制度的重要支柱之一就是股东利益的一致性原则，即契约平等原则，该原则也是公司制度保持生机和活力的基础。在转轨经济中，为保障平稳转轨，通常采取渐进改革的方式和双轨制的过渡安排，股权分置就是"新兴加转轨"的中国资本市场公司制度的过渡性安排。严格意义的股权分置，是指 A 股市场的上市公司股份按照能否在证券交易所上市交易被区分并设置为非流通股和流通股。截至 2004 年底，在 A 股市场上，上市公司非流通股达 4462.59 亿股，占总股本的63.93%，已流通股为 2516.85 亿股，占总股本的 36.06%。其中国有股高达3393.69 亿股，占非流通股股本的 76.05%，占总股本的 48.62%。

股权分置问题的由来与发展大体经历了三个阶段：

第一阶段，由于改革开放初期体制惯性、认识局限形成股权分置。我国股份制企业发端于 20 世纪 80 年代初期，最早进行股份制改造的主要是集体所有制企业和小型国营企业，例如，上海的"老八股"，除了上海真空电子器件股份有限公司是国营企业以外，其他全是乡镇或街道企业。由于早期的股份制改造带有改革试点性质，如何管理国有股份的流通并没有引起关注，因此，上海的"老八股"对国有股、法人股的流通并没有特别规定，股份是全部上市流通的。1988年作为深化经济体制改革的重大措施，规模以上国有企业股份制改造开始试点，相应地对国有股份流转管理问题开始纳入政府关注视野。1991 年，深圳市政府在《深圳市股份有限公司暂行规定》中，对国有企业股份制改组中的股权设置首次做出了国有股、法人股、个人股和外资股的划分；1992 年 5 月，原国家体改委发布的《股份有限公司规范意见》规定"国家股、外资股的转让需按国家有关规定进行"；1993 年 4 月，国务院发布的《股票发行与交易管理暂行条例》规定："国家拥有的股份的转让必须经国家有关部门批准，具体办法另行规定。"从这些规定来看，对国有股流通问题采取"存量不动"的办法，这与当时的历史背景有关。一是当时对公有制实现形式的理解主要还是国家所有，而且对国有资产关注的重心是国有企业管理问题，还没有完全建立产权流转和资本运营的观念，国有股缺乏上市流通的内在需求；二是在国有资产管理体制上由国务院代表国家统一行使国有股所有权，国有股东授权代表单位按照"国家所有，分级管理，授权经营"的原则代行管理职能，所有权是统管的，在体制上制约了国有股顺畅流转的空间；三是早期股票市场规模小，并处在试点地位，国有企业改制上市主要着眼于探索新的经营机制，筹集部分增量资本，解决企业发展资本金不足的问题。

在实际运行中，由于一直没有出台"有关规定"和"具体办法"，由国有企业股份制改造产生的国有股事实上处于暂不上市流通的状态，而且由于国有股暂不上市流通，其他公开发行前的社会法人股、自然人股等非国有股份也作出了暂不流通安排。具体做法是，上市公司在《招股说明书》或者《上市公告书》中承诺："根据法律、法规的规定和中国证监会的核准股票发行通知，本公司公开发行前股东所持股份（国家股、法人股、外资股、自然人股等）暂不上市流通。"据此，社会公众购买的公开发行股票可以在证券交易所上市流通，上市公司公开发行前的股份暂不上市流通，事实上形成了股权分置的格局，而且通过配股、送股等滋生的股份，仍然根据其原始股份是否可流通而划分为流通股和非流通股，俗称"死股生死股，活股生活股"。

在这一阶段，无论是国有企业股份制改造，还是开办股票市场，都触及了公有制改革的敏感问题，这是形成股权分置问题的体制根源。传统意义上的公有制改革特别是国有制改革，是指为现行的公有制寻找到一种更好的运行形式，而不是将企业中所有的公有财产都实行私有化。公有制改革必然涉及重组所有权，但是在改革初始阶段重组所有权并不一定是必要的部分，它在这一阶段也不会对整个经济有很大贡献。较为积极的看法是，市场取向改革的必然选择是建立更好的所有制和成熟的资本市场，而这一过程的旷日持久，从改革的整体要求上又应该早开始，从而使其在转轨过程中能够取得一定进展。于是，双轨制就成为转轨经济中一种常见的、必要的制度创新，股权分置无疑是这种性质的制度创新之一。

第二阶段，由于国有企业改革对社会保障制度的需求开始触动股权分置问题。1997年召开的党的十五大，在理论上提出了公有制实现形式多样化，股份制是现代企业一种资本组织形式，是公有制的重要实现形式之一。党的十五大以后，从国有企业改革的需要出发，开始进行国有股减持的探索性试验。1998年下半年到1999年上半年的做法是在保持国家绝对控股地位的前提下，拟上市公司在首次公开发行股票时，将一部分国家股通过一级市场公开发售变现，所筹资金用于满足国有企业改革的资金需求。1999年9月，党的十五届四中全会《关于国有企业改革与发展若干重大问题的决定》提出"从战略上调整国有经济布局和改组国有企业"，并进一步指出"选择一些信誉好、发展潜力大的国有控股上市公司，在不影响国家控股的前提下，适当减持部分国有股，所得资金由国家用于国有企业的改革与发展"，从指导思想上肯定了国有股减持的做法。按照所得资金用于国有企业改革与发展的原则，在具体措施上进一步明确了将国有股减持资金用于补充社会保障资金，以完善社会保障体系，分离国有企业办社会的职能，减轻国有企业负担。1999年12月，证监会会商财政部选择10家上市公司进行国有股减持试点，减持方案是在净资产以上和三年平均市盈率水平 10 倍以内确定配售价格，向本公司流通股东配售，但由于市场对这种定价方式不认同，实际上仅操作了"中国嘉陵"、"黔轮胎"两家公司的方案，试点随即停止。

2001 年上半年，国务院成立了由相关部委参加的国有股减持部际联席会议，对减持国有股补充社会保障资金进行了专题研究。2001 年 6 月 12 日，国务院颁布《减持国有股筹集社会保障资金管理暂行办法》，明确国家拥有股份的股份有限公司向公众投资者首次发行和增发股票时，均应按融资额的 10%出售国有股，发行价格即减持价格。同样由于市场效果不理想，仅在 16 家股份有限公司执行上述政策后，国务院于当年 10 月 22 日暂停在境内证券市场执行上述政策。11 月 13 日，证监会开始公开征集国有股减持的具体方案，尽管社会各界提出了多项具有参考价值的方案，但由于当时的研究仍然局限于国有股减持的方法，而不是从制度上根本解决股权分置问题，因此，尚难形成为市场所接受的解决方案。2002 年 6 月 23 日，国务院决定："除企业海外发行上市外，对国内上市公司停止执行《减持国有股筹集社会保障资金管理暂行办法》中关于利用证券市场减持国有股的规定，并不再出台具体实施办法。"

从 1999 年 12 月和 2001 年 6 月两次国有股减持的市场反应来看，后一次改革试验导致的市场波动要明显超过前一次，并对投资者的预期产生了影响。主要有以下原因：一是涉及范围不同。第一次试验范围只有 10 家，而第二次出台的是一个减持办法，适用于办法出台后的全部首次公开发行和增发股票的上市公司。二是定价机制不同。第一次试验的定价方式虽然行政色彩较浓，但规定了价格上限；而第二次试验将市场化定价理解为借用发行价格定价，上不封顶，由于发行价是在股权分置条件下产生的，投资者认为定价偏高。三是市场环境不同。第一次试验时市场处在上升通道，而第二次则处在下降通道，市场的敏感程度和承受能力发生变化。四是对投资者预期的影响不同。第二次试验是在第一次试验停止不到两年后重新启动的，而且在暂停试点后向全社会公开征集国有股减持方案。因此，2002 年 6 月 23 日国务院停止按照 2001 年出台的办法减持国有股以后，投资者仍然预期国有股的流通问题迟早要解决，当前不解决只是市场条件不成熟。此后，关于国有股减持的讨论逐渐演变为股份全流通的讨论，并且成为一个时期影响股市波动的一个重要的不确定因素。

第三阶段，从资本市场基础制度建设的战略定位出发，积极稳妥地解决股权分置问题。党的十六大确立了"推进资本市场的改革开放和稳定发展"的指导思想，党的十六届三中全会进一步提出"完善资本市场结构"的要求，在经历了两次国有股减持试点失败后，反思的视角开始从资本市场基础性制度变革的高度，重新认识股权分置和与此相关的国有股减持问题。1998 年以来围绕国有股减持的探索虽然没能获得成功，但是对于解决股权分置问题具有积极的实践意义。从中吸取了两条教训：一是股权分置是中国资本市场原生的基础性制度安排，必须从资本市场改革和发展的自身规律出发进行制度性变革，只是从发挥资本市场变现功能的角度研究减持国有股，极易忽视与此相关的利益关系调整的复杂性，导致市场不认同。二是解决股权分置这个资本市场基础性制度问题，必须充分尊重市场规律和公司制度理念，依托公司运行机制，以市场化的方式形成解决方案，既要保护非流通股股东的合法权益，也要赋予社会公众投资者充分的话语权和选择权。

　　资本市场经过 10 多年的改革发展，基本具备了从制度变革层面解决股权分置问题的条件。一是按照党的十六大和十六届三中全会精神，国有资产管理和运营的制度改革取得重大进步，解决股权分置问题的战略目标，不再简单地是减持国有股筹集资金，更为重要的是，一方面，资本市场解决股权分置问题可以为国有产权顺畅流转提供有效的平台，为评价国有资产经营绩效提供市场化机制，为国有企业建立现代企业制度提供更有力的微观约束；另一方面，中央政府和地方政府分别代表国家履行出资人职责，并设立两级国有资产管理机构，为国有企业所有者到位，更有效地运作国有股权提供了体制保障。二是 2004 年 1 月 31 日国务院发布的《关于推进资本市场改革开放和稳定发展的若干意见》（国发〔2004〕3 号，以下简称《若干意见》）提出积极稳妥解决股权分置问题的战略部署，要求"在解决这一问题时要尊重市场规律，有利于市场的稳定和发展，切实保护投资者特别是公众投资者的合法权益"。解决股权分置问题的战略定位，从《减持国有股筹集社会保障资金管理暂行办法》所界定的市场主体行为规范，提升到资本市场基础性制度变革的重大战略举措。

　　股权分置作为历史遗留的制度性缺陷，其制约性影响主要表现在两个方面：一是制约资本市场规范发展；二是制约公司制度健全完善。

　　1. 在制约影响资本市场规范发展方面的突出表现

　　（1）扭曲资本市场定价机制。价格发现机制是资本市场的基本功能之一，价格信号是引导市场优化资源配置的基础。股票市场为反映公司的内在价值提供高效的价格发现机制。影响股票市场定价效率的因素很多，例如信息披露质量、市场供求状况、微观主体的自我约束能力以及产品体系是否完整等，其中股权分置是影响市场定价效率的重要因素之一。股权分置造成"股价分置"，扭曲了资本市场定价机制，在股权分置下，由于只有 1/3 股份可上市流通，流通股的价格不能真实地反映上市公司的实际价值，流通股的流动性、稀有性和交易的便利性优于非流通股，并且流通股市场定价还包括对占总股本 2/3 比重的国有股、法人股暂不上市流通的预期，这在客观上导致流通股价格显著高估，股价难以反映公司的经营业绩。另外，在股权分置格局下，由于公司发起人股份暂不流通会制约其股权的流动性，从而增加投资风险，作为股权流动性制约的风险补偿，新股发行价格中除包含公司未来收益的折现和创业资本溢价外，还包括"流通权溢价"。

而这部分"流通权溢价"与公司的经营状况和公司的发展潜力没有对应关系，却与公司非流通股和流通股的比例和结构存在直接的联系。随着股份上市流通，这一部分"流通权溢价"也包含在股票二级市场价格之中，影响了投资者对风险与预期收益的判断，从而导致投资者注重投机而忽视投资，投机盛行使股价偏离公司的内在价值，导致股价波动较大，风险较高，进而影响了股市和经济的健康与稳定发展。

（2）制约资本市场的对外开放。股权分置影响了我国资本市场对外开放，主要表现在以下几个方面：一是股权分置制度独具中国特色，不符合国际惯例，阻碍了我国资本市场与国际资本市场接轨，我国资本市场在国际资本市场体系中处于孤立和"边缘化"的地位；二是在股价分置的情况下，价值高估的流通股市场对外缺乏吸引力，价值低估的非流通股对外开放又会造成国有资产流失，危及国家经济安全，进而影响了市场开放；三是股权分置下我国规模较小的流通股市场开放难以抵御国际资本的冲击，管理层计划推出的大型企业境内外同时发行上市等对外开放的举措，也因担心股权分置可能产生的市场风险而一再耽搁。

（3）抑制资本市场的创新能力。产品创新和技术创新是资本市场发展的动力。股权分置不仅影响了我国资本市场的制度创新，也在很大程度上影响了其产品创新：一是与股权分置制度相适应，我国资本市场的发行、上市、交易、监管制度都打上了股权分置的烙印，一系列制度改革与创新都因为股权分置不可能有真正的突破；二是权证、期货期权等衍生产品是以股票市场价格为基础的，如果衍生产品建立在价格发现不充分的基础产品之上，扭曲的基础产品价格将通过衍生产品的杠杆作用进一步放大。这不仅给开发和交易衍生产品带来很大风险，而且这种风险有可能演变为整个资本市场的系统性风险。因此，相当一段时间内我国资本市场产品创新一直停滞不前，致使我国资本市场长期以来产品结构单一。

2. 在制约影响公司制度健全完善方面的突出表现

（1）在股权分置下公司法人和法人财产独立性没有制度保障，控股股东滥用"有限责任"行使"无限权利"，侵犯上市公司法人财产权，损害中小股东利益。公司法人制度的核心是公司的法人人格和股东的有限责任。我国《公司法》规定：公司是企业法人，有独立的法人财产，享有法人财产权；股东以其认购的股份为限对公司承担责任。如果股东利用公司谋取不当利益，就是否定公司的独立人格和股东有限责任，动摇公司制度的法律基础。在我国上市公司实践中，这种"公司人格否定"的现象一度泛滥成灾，主要表现形式为：

1）利用上市公司人格规避债务和合同义务。例如，控股股东滥用上市公司信用为关联方举债担保，致使上市公司承担连带债务责任，变相转移上市公司资产。

2）上市公司的经营财产严重不足。例如，发起人在公司设立时、控股股东在上市公司配股时出资不实、虚假出资、抽逃出资，或注册资本虽然符合法律规定，但其经营规模远远超过经济能力，使股东在有限责任的保护下将交易风险转嫁给交易对方。

3）上市公司没有经营自主权。控股股东未按照法定方式行使权利，过分干预或者操纵上市公司的具体经营活动，使上市公司丧失独立人格。例如，猴王股份长期与其母公司猴王集团"一套班子两块牌子"，导致猴王集团占用上市公司资金近10亿元，猴王股份一度濒临破产边缘。

4）上市公司实际控制人为自然人，幕后操纵。例如，亿安科技、中科创业的违规案例，就是自然人幕后操纵的典型事件。新疆啤酒花股份有限公司董事长买买提·艾沙由夫在遁迹海外前，操纵公司对外担保近20亿元，其中有近10亿元是暗箱操作、幕后操纵进行的，一直未对外披露。后来东窗事发，真相大白，引起股票市场大幅波动，该公司股票连续出现了13个跌停交易。

5）控股股东、实际控制人与上市公司人格混同。控股股东与上市公司营业场所、住所、主要设备、资金、人员、财务管理完全混同，规避法律和合同义务，侵害债权人和社会公共利益。

（2）在股权分置下股东利益一致性原则缺失，公司治理没有共同的利益基础。在股权分置的制度背景下，流通股股东的利益依靠上市公司业绩的提升和企业竞争力的提高，从而促使股票价格的上涨来实现。而非流通股股东的利益则取决于上市公司净资产的增加。上市公司净资产的增加一方面来源于企业经营利润的累积，另一方面来源于高溢价融资，而后者才是非流通股股东净资产增加的主渠道。由于上市公司2/3的股权掌握在非流通股股东手上，因此，非流通股股东拥有上市公司的实际控制权，上市公司更多地体现非流通股股东的利益而非流通股股东利益。由此可见，非流通股股东和流通股股东这两类市场的参与者由于获利方式的不同，彼此之间的利益不仅不同质，而且严重分离。这就必然导致二者对上市公司不同的利益取向和关注方式。股权分置破坏了公司利益机制一致性原则，导致流通股股东和非流通股股东的激励不相容，直接经济后果是导致公司制度中的委托—代理关系成为一种不完备的契约，为产生"道德风险"、"逆向选择"问题提供了条件。加上非流通股股东和流通股股东价值取向存在差异，在公司治理结构中流通股股东又处于弱势地位，使得公司内外、经营层和股东之间产生了严重的信息不对称问题。这些因素是导致我国上市公司信息质量真实性、有效性不足的根本原因。

公司经营的目标是实现股东利益的最大化，但是由于不同股东间利益最大化的目标可能存在冲突，公司治理的一个重要任务就是要协调化解股东间的利益冲突。在股份全流通的情况下，公司股价是全体股东利益的共同纽带，也是公司治理协调运转的共同利益基础。而股权分置对公司治理的影响主要体现在由此所导致的"利益分置"。由于股权分置的存在，非流通股股东的利益导向是资产净值的增长，更加关注高溢价发行股份带来的资产净值的增长；流通股股东的利益导向是二级市场价格持续上涨，对竭泽而渔式的高溢价股权融资失去信心，形成非流通股股东和流通股股东间内在的利益冲突。

（3）股权分置难以形成市场化的激励和约束机制。在公司制度中，资本市场对公司利益相关者包括股东、管理层形成市场化的激励和约束机制，是公司机制设计的重要内容之一。在股权分置下，资本市场难以对上市公司及其股东、管理层形成市场化的激励和约束机制。具体表现为：一是国有股、法人股不能流通并且价值低估，其股东缺乏增持股份的积极性；二是上市公司流通股价格变化不体现非流通股股东的利益，流通股价格上涨对非流通股股东和不持有流通股的公司管理层形成不了有效的激励，他们一般不会重视公司流通股价格的稳定；三是由于流通股价格下跌不影响非流通股股东的利益，无法形成对其有效的利益约束，一些非流通股股东特别是大股东在参与公司决策时，为了自身利益的最大化，往往凭借控股地位占用上市公司资金，或要求上市公司为其违规担保，以至于掏空上市公司，造成社会公众资本被侵占或无效率消耗。

如上所述，股权分置在特定历史时期具有积极意义，但是随着社会主义市场经济体制的逐步建立和完善，逐渐凸显出其制度局限性和经济危害性，并在一定程度上成为公司制度规范和完善、资本市场创新和发展的桎梏。尤其是上市公司的公众性、透明度特征，使得股权分置问题不容回避、不容忽视，从规范、完善公司制度意义上，我国股份制的第二次改革应运而生。

第二节　股权分置改革机制设计

公司的基本理念是在自由选择、自愿交换的分散化决策条件下，通过机制设计和运行使个人利益和组织目标高度统一。这种机制设计，从广泛意义上调动了全社会的创业热情和活力，推动了社会和经济的进步。因此，英国历史学家汤因比把公司制度发明者对现代社会的贡献誉为"不亚于蒸汽机的发明者对工业革命的贡献"。既然股权分置改革是股份制的第二次改革，在机制设计上就应当从革除前一次改革的弊端人手，即在双轨制下为兼顾新旧体制而弱化股东自我主张权利的制度安排，必须找到一种尊重公司自治、股东自主的改革机制，从而使改革成为公司制度自我完善、自我规范、自我实践的过程。机制设计理论研究的问题，归集为对于任意给定的一个经济或社会目标，在自由选择、自愿交换的分散化决策条件下，能否并且怎样设计一个经济机制（制定什么样的法律、法则、政策条令、资源配置等规则）使得经济活动参与者的个人利益和设计者既定的目标和谐一致。从这个方向上看，机制设计理论无疑和股权分置改革的目标相一致，从而为股权分置改革的机制创新提供了重要的理论依据。

一、机制设计理论概述

机制设计理论（Mechanism Design Theory）由美国明尼大学教授莱昂尼德·赫维奇（Leonid Hurwicz）、新泽西普林斯顿研究院教授埃里克·马斯金（Eric S. Maskin）以及芝加哥大学经济学教授罗杰·迈尔森（Roger B. Myerson）在 20 世纪 60~70 年代创立。该理论一直是现代经济学研究的核心主题之一。机制设计理论的命题是："当市场无法有效配置甚至根本就不能配置资源时，应创建何种配置机制来实现这一点？"（莱昂尼德·赫维奇）。

机制设计理论包括信息理论和激励理论，是博弈论、信息经济学和社会选择理论的综合运用，简单地说，就是假设人们按照博弈论所刻画的方式行为，并且按照社会选择理论设定各种情形都有一个社会目标存在，那么机制设计就是考虑构造什么样的博弈形式，使得这个博弈的解就是或最接近那个社会目标；或者说落在社会目标集合里，或者无限接近它。根据信息经济学，一个经济机制可以看成是一个信息交换和调整的过程，像市场调整过程那样，当信息交换处在平衡位置上时，一个配置结果被决定。根据博弈论和社会选择理论，在分散决策的经济环境中，在参与性约束条件下（导致的配置应是个人理性的），不存在一个有效的分散化的经济机制（包括市场竞争机制），能够导致帕累托最优配置。因此，机制设计需要考虑激励问题，即保证制度得以执行的制度安排，使制度执行者在追求自我利益的过程中实现制度设计者希望的社会整体利益。

综上所述，机制设计理论主要解决两个问题：一是信息成本问题，即所设计的机制需要较少的关于经济活动参与者的信息和信息（运行）成本。任何机制的设计和执行都需要信息传递，而信息传递是需要花费成本的，因此，对于机制设计者来说，信息空间的维数越少越好。理论设计的机制需要较少的关于消费者、生产者以及其他经济活动参与者的信息运行成本。机制设计理论认为，一方面，在达到效率最大化目标上，没有什么经济机制能够比市场机制具有更少的信息维度，即市场机制有着所需信息量较少的优势；另一方面，即使对于私人物品的社会，通过机制设计所实现的效率最大化都可以和通过竞争市场机制所实现的配置一样的好，故而机制设计可以在一定程度上弥补市场缺陷。因此，当市场机制能够解决资源最优配置问题时，应该让市场来解决；在市场无能为力的情况下，则需要设计其他一些机制来弥补市场机制的失灵。二是激励相容问题，即所设计的机制要使得各个参与者在追求个人利益的同时能够达到设定者所设定的目标。当信息不完全并且直接控制不可能或不恰当时，可以考虑采用分散化决策的方式来进行资源配置或作出社会决策。在制度或规则的制定者不能了解所有个体信息的情况下，所要制定的机制要能够给每个参与者以激励，使参与者在追求个人利益的同时也达到机制所制定的目标，即所设计的机制要保证使各个参与者追求个人利益的同时，也能够达到设计者所设定的整体目标。这就要求我们在为实现某一社会目标进行机制设计时，首先，要使这个目标在技术可行性范围内；其次，要使这个机制满足经济主体参与的积极性，如果人们不积极参与某个机制提供的博弈，那么这一机制设计的绩效就要相应降低；最后，它要满足激励相容约束，促使经济主体的自利行为自愿实现制度的目标。总之，机制设计理论的着眼点不仅是要指出种种不可能性的困境，更重要的是要提供具体环境下走出困境的途径。

二、股权分置改革的探讨

股权分置改革的路径选择，既是尊重市场规律的体现，也是市场规律发生作用的结果。1999 年 12 月和 2001 年 6 月两次国有股减持的实践，开始触及股权分置问题，市场反应强烈，表明非流通股的减持行为对流通股股东利益有重大影响。随后管理层又进行了两次重要探索：第一次是向全社会公开征集国有股减持方案。2001 年 11 月 13 日~12 月 3 日证监会向社会各界征集对国有股减持的建议和提案，征集到各类反馈意见共计 4137 件，归纳为七大类建议方案，即配售类方案，股权调整类方案，开辟第二市场类方案，预设未来流通权类、权证类方案，基金类方案，其他类方案（包括存量发售、股债转换及分批划拨等）。七大类方案有的立足于解决国有股减持问题，有的则着眼于统筹解决股权分置问题，总体表达希望在国有股减持和股权分置的通盘解决方案中，体现社会公平原则，体现有利于资本市场稳定发展原则，不再增加新的"历史遗留问题"。

第二次是在管理层内部进行的研究在非流通股转让过程中保护流通股股东权益的问题。在国有股减持试点中市场反应的强烈信号，引起各方面的广泛关注，非流通股股东与流通股股东之间存在攸关利益关系，逐渐成为市场各方的广泛共识。2003 年 9 月由证监会和国资委选派的 5 人工作组承担了一项重要使命，专题研究在非流通股转让过程中保护流通股股东权益的课题。这次专题研究工作形成的成果，虽然没有付诸实践，却为后来的股权分置改革路径选择奠定了重要的理论基础。这次专题研究工作最重要的成果，是在证监会和国资委形成了非流通股转让过程中应当保护流通股股东权益的共识，并据此形成了相关试点工作安排。主要共识是：

（1）由于我国证券市场建立初期特殊的功能定位和发行上市制度安排，以及供求极度失衡等综合因素作用，导致非流通股与流通股的价格形成实质上存在权利、机会和规则上的不公平，但却在现金分红、转增股本、资产增值等方面享有同等权益，非流通股股东从中获取了超额受益（包括控制权受益）。而排斥流通股股东参与的非流通股转让，则使这种超额受益显性化，造成事实上的同股不同权，损害了流通股股东的合法权益。

（2）非流通股转让与流通股上市交易，是在特定条件下，对上市公司股份转让做出的不同制度安排，事实上是使享受同等权益的股份形成了两个交易价格，扭曲了市场对同一上市公司不同流通形态股份的价值认同，在"劣币驱逐良币"效应的作用下，流通股市场价格重心将逐步下移，改变了流通股股东的原有预期，进而影响其切身利益。

（3）随着国有资产管理体制改革的深化和国有经济结构的调整，将使非流通股转让的频率提高，规模扩大，进一步形成流通市场。基于非流通股历史形成的特殊性和未来上市流通的预期，不能孤立地、片面地看待非流通股转让问题，应当考虑到流通股股东的历史贡献及获得补偿的意愿，在公开、公正、透明的制度安排下，使流通股股东参与非流通股转让，逐步缩小二者的差异，最终实现《公司法》要求的同股同权。

根据上述共识，专题研究工作组向决策层提交了工作建议，即在非流通股转让过程中保护流通股股东权益，核心在于让流通股股东参与非流通股股东超额受益的分配，从而实现非流通股股东对流通股股东的利益补偿。基于上述目的，可以考虑在非流通股转让过程中，要求其按议定价格将拟转让标的的一部分配售给流通股股东，并安排向流通股股东配售的部分在锁定期满后上市流通。专题研究工作组当时代拟的《关于在上市公司非流通股转让中保护流通股股东权益有关工作的通知》，体现了上述共识和解决问题的思路。

资料链接
关于在上市公司非流通股转让中保护流通股股东权益有关工作的通知
（讨论稿）

在我国证券市场建立初期，由于在发行上市过程中划分流通股和非流通股的制度安排，以及特殊阶段的功能定位和供求失衡等因素综合作用，在客观上造成了流通股和非流通股同股不同权的事实，历史形成了国有股东在绝大多数上市公司中的控股地位。按照党的十六大提出的建成完善的社会主义市场经济体制和更具活力、更加开放的经济体系的总体要求，党的十六届三中全会关于加快调整国有经济布局和结构的战略部署，上市公司非流通股的持有形态将发生深刻变化，对流通股股东的合法权益和原有预期也将产生重大影响。为促进证券市场改革开放和稳定发展，切实保护投资者的合法权益，在上市公司非流通股转让活动中，应当对保护流通股股东权益做出制度安排。现就有关工作要求和具体办理程序通知如下：

一、上市公司非流通股转让活动中（以下简称"非流通股转让"），应当将不低于转让标的百分之三十的非流通股按照转让价格配售给本公司流通股股东，配售股份在禁售期满后上市流通。

本公司流通股股东以所持股份占配售股份的份额，自愿申购配售股份，申购量达到配售总量的百分之五十时，非流通股转让价格成立，转让协议生效。申购数量达不到百分之五十的，转让双方须重新约定转让价格。

二、有下列情形之一的，非流通股转让可以豁免实施配售安排：

（一）基于法院裁决申请办理非流通股转让手续的；

（二）未发行境内上市内资股的上市公司发生的非流通股转让；

（三）非流通股转让标的低于上市公司总股本百分之五的；

（四）已被警示终止上市或者暂停上市公司发生的非流通股转让；

（五）非流通股转让在受同一实际控制人控制的不同主体之间非交易进行，股份转让完成后的上市公司实际控制人未发生变化的；

（六）国务院国有资产监督管理委员会（以下简称"国资委"）根据国有经济布局和结构调整的特殊需要提出豁免意见的；

（七）金融类上市公司的非流通股转让，按照国家有关金融法规和政策要求，由行业主管部门提出豁免意见的；

（八）中国证监会为适应证券市场发展变化和保护投资者合法权益的需要而认定的其他情形。

三、非流通股转让当事人达成股份转让的意向性协议，应按照有关规定及时向证券交易所提交转让、配售股份申请文件，并通知上市公司董事会进行提示性公告。有关申请文件经证券交易所进行合规性确认后，出让方应及时公布非流通股转让意向和配售股份说明书。

证券交易所在审核申请文件期间，可以根据证券市场管理的需要，做出非流通股转让公司挂牌交易股票暂停交易的决定。

根据本通知第二条第（五）、第（六）、第（七）、第（八）款规定，申请豁免实施配售安排的，须经中国证监会书面认可。

四、非流通股转让配售股份说明书应当载明以下事项：

（一）转让当事人名称、住所；

（二）转让标的名称、数量；

（三）拟转让价格的形成因素；

（四）约定配售比例；

（五）股权登记日、申购时间安排；

（六）认购缴款时间；

（七）转配售股份的权证交易安排；

（八）证券交易所要求的其他内容。

五、本公司流通股股东在有效申购达到配售总量的百分之五十时，可以选择将可配售份额以权证方式转让给其他投资者。受让方可以参与申购转配售股份。

转配售权证转让规则，由证券交易所另行制定。转配售数量达不到转配售权证上市最低标准的，本公司流通股股东可以按事前约定的价格转售给受让方，或者由承销商包销。

六、在非流通股转让、配售股份活动中，转让行为当事人持有上市公司股份数量发生或者可能发生变化时，应当按照《上市公司股东持股变动信息披露管理办法》的有关规定，履行信息披露义务；受让方获得或者可能获得上市公司实际控制权时，应当按照《上市公司收购管理办法》有关规定履行相应的收购报告义务。在非流通股转让中实施配售方案的，收购人可以向中国证监会申请豁免要约收购义务。

受让方一次受让流通股份不足上市公司总股份百分之五的，向同一出让方增持股份须间隔一年。

七、非流通股转让中实施配售安排的，应当聘请有主承销资格的券商办理承销业务，同时委托其向证券交易所和中国证券登记结算有限责任公司办理股份转让、信息披露等相关事宜。

承销商应当按照证券交易所的相关业务规则，做好非流通股配售和转配售权证转让的工作安排，督导相关当事人履行信息披露义务和做好投资者关系管理工作。

承销商聘请和费用由转让双方事先约定。

八、本公司流通股股东认购的配售股份，自缴款截止日起六个月后可上市流通。其他投资者认购的转配售股份，承销商包销或者受让方认购的转配售股份，禁售期延长六个月。

九、上市公司应当配合非流通股转让当事人，做好信息披露和股份配售工作，在配售股份完成缴款认购工作后，及时披露《公司股份变动报告》；在相关配售股份禁售期满上市流通前，应当与证券交易所做好沟通协调工作，并提前三个交易日向投资者进行提示性公告。

十、非流通股转让、配售活动应当遵循公开、公平、公正的原则，相关当事人应当诚实守信，自觉维护证券市场秩序，遵守证券交易所相关的业务规则，严格履行信息披露义务，严禁内幕交易、操纵转让价格、市场价格。

十一、本通知自发布之日起实施。

在股权分置下保护流通股股东权益的研究过程中，2004 年 12 月 8 日证监会发布了《关于加强社会公众股股东权商保护的若干规定》，要求上市公司重大事项试行社会公众股股东表决制度，以此作为股权分置情形下抑制滥用上市公司控制权的过渡性措施，充分体现了在股权分置下保护社会公众股东（即流通股股东）权益的市场共识，为股权分置改革创造了市场条件和机制准备。

2004 年 1 月，《国务院关于推进资本市场改革开放和稳定发展的若干意见》（国发〔2004〕3 号，以下简称《若干意见》）中提出了"积极稳妥解决股权分置问题"的战略部署，并明确要求解决股权分置问题，应当尊重市场规律，有利于市场稳定和发展，切实保护投资者特别是公众投资者权益。经过数年的市场博弈和理论探索，解决股权分置问题的规律性逐渐清晰。这种规律性主要表现在两个方面：一是历史形成的非流通股与流通股事实上存在利益不平衡问题，非流通股获得与流通股同等的权益，需要做出平衡二者利益的安排（约定）；二是平衡二者利益的安排（约定），必须遵循公司自治和股东自愿主张权利的原则，使公司制度规范完善的目标与股东权利主张的目标和谐统一，使资本市场基础性制度变革的战略目标与资本市场稳定发展的目标和谐统一，改革机制应当成为公司制度自我完善、自我规范、自我实践的过程。基于上述规律性认识，股权分置改革的机制设计必须统筹解决两个方面的问题：一是在改革运行机制上涉及多重市场主体利益博弈的复杂信息成本问题；二是在改革推进机制上面临不同市场主体利益平衡的激励相容问题。

首先，股权分置改革涉及多重市场主体利益博弈的复杂信息成本问题。股权分置改革的信息维度十分复杂。在成熟市场经济中，资本市场是在股份制经济和法人财产制度具有深厚法律基础，并得到充分发展的基础上建立起来的，而我国资本市场的立法和创建，几乎与股份制经济、法人财产制度的引入同步，集中体现在上市公司明显具有早期探索的性质和转轨经济的特征，突出表现在上市公司复杂的股权结构形成的多重市场主体，尤其是在不规范改制过程中以非市场化方式形成的上市公司非流通股份，普遍存在产权不清晰问题，导致多重市场主体的信息高度发散。就非流通股股东而言，非流通股股份构成有 9 种之多，包括国家股、国有法人股、境内发起人股、募集法人股、社会法人股、境内上市外资法人股、境外上市外资法人股、境外上市公司境内法人股、自然人发起人股和内部职工股。9 种股权不但持有成本、持有方式迥异，产权关系复杂，而且不同非流通股股东之间有不同的利益诉求，彼此约束。就流通股股东而言，虽然流通股股份构成相对单一，但是，由于 1999 年和 2001 年的两次减持国有股试点的市场操作陷入困境，原有的市场供求平衡预期发生变化，从 2001 年中期开始，上证综合指数从 2242 点跌至 1000 点左右，形成了市场较长时间单边下跌的局面，加剧了流通股股东与非流通股股东利益诉求的对立。

与此同时，不同时期、不同制度环境下产生的上市公司股权分置问题，其信息维度也不同，股东的利益诉求也不一样。在我国证券市场发展初期，发行上市制度受计划经济体制惯性影响，经历了渐进发展的嬗变过程，主要有 1993 年以前由地方政府主导批准的发行上市制度、由原国家体改委批准的定向募集公司作为历史遗留问题的特批上市制度，有"额度管理"下的发行上市制度，有"家数管理"下的发行上市制度，最后是 1999 年《证券法》颁布实施后，逐步过渡到核准制。核准制也经历了逐步完善的过程，直到 2005 年 5 月以前仍然延续着股权分置的发行上市制度。由此导致上市公司股权分置改革相关主体的信息维度高度发散。

其次，股权分置改革涉及不同市场主体利益平衡的激励相容问题。股权分置改革的激励相容问题至少包括三个方面：一是市场主体参与的积极性；二是市场扩容的承受能力；三是市场预期的稳定性。

（1）市场主体参与的积极性是市场化改革的基础。首先，非流通股股东在股权分置改革中具有主动地位，是利益平衡安排发起方；其次，相关主体参与的充分性，特别是公众投资者的参与程度，是检验利益平衡有效性的重要前提；最后，市场主体的诚信和守法，关系改革的公平正义基础。

（2）市场扩容的承受能力关系市场的稳定和发展。股权分置改革的目标是消除上市公司股份的流通制度差异，并不意味着所有可流通股份全部进入流通，但是毕竟会因此使可流通股份总量增加，并且不排除部分国有股份特别是非国有股份存在即期变现的需求，总体上难免对市场产生扩容影响。

（3）市场预期的稳定性关系公众投资者合法权益的保护。股权分置改革能否形成相对稳定的市场预期，取决于改革运行机制是否遵循市场规律。改革的运行机制受三个方面市场内在因素的影响：一是改革初期，市场价值中枢总体处于下降通道中，帕累托改进效应难以实现；二是上市公司整体质量不高，市场对每一家公司的改革预期形成股价分化，对市场预期产生影响；三是改革进程不确定，将形成改革与未改革两类公司并存的局面，双轨运行格局很可能导致整体定价重心下移。

机制设计理论在自由选择、自愿交换、信息不完全及决策分散化的条件下设计博弈规则，让两组各有目的又必须合作的人群，能够在尊重、了解和信任对方的基础上，按照博弈规则操作，并最终实现设计者的既定目标，为股权分置改革的机制设计提供了理论支持。根据机制设计理论基本原理，股权分置改革以"协商对价"为主线，开创性地构建"统一组织，分散决策"的机制，将政府主导的国有股减持探索试点，转变为市场主导的制度变迁实践，让市场主体通过自由选择、自愿交换的分散决策，最终使个人自利行为归结为制度目标，并使市场主体在改革中共同受益，进而开创和谐发展的市场局面。

三、股权分置改革机制设计

在股权分置改革的"统一组织，分散决策"机制中，"统一组织"是通过制定改革运行机制的规则和程序，发挥政府协调职能和政策配套的作用，运用市场机制有效配置资源，统筹兼顾，切实保护公众投资者权益，解决多重市场主体利益博弈的激励相容问题；"分散决策"是按照分权和制衡的法治原则，严格程序保障，在非流通股股东与流通股股东之间构建公开、公平、公正的协商机制，解决不同利益主体利益平衡的信息成本问题。"统一组织，分散决策"机制分别由一组制度安排系统构成，"统一组织，分散决策"机制的有效性，取决于以相关制度安排系统实践效用。

1. 以制度改革为方向构建统一组织的激励机制

制度改革是解决股权分置问题的公平正义基础，也是统一组织的政府行为基础。"统一组织"应当是体现对利益相关者的有效激励机制，"统一组织"机制所要激励的对象和激励的目标十分复杂。就激励对象而言，包括上市公司、非流通股股东、流通股股东、潜在投资者以及券商等各类市场主体。就激励的目标而言，既有宏观的资本市场投资者群体信心的增强，也有微观的资本市场各市场主体在制度变迁中实现共同受益，即帕累托改进。因此，"统一组织"是围绕对价安排的形成和实现，构建推进改革的工作机制、政策机制和协调机制。

（1）推进改革的工作机制设计，包括组织机构、工作方法和实施步骤。首先，建立高效简捷、运转协调的组织机构，由证监会、国资委、财政部、人民银行、商务部五个部委组成股权分置改革领导小组，形成了在国务院领导下，五部委统一组织、分工负责、协调配合的改革组织和推动机制。其次，采取发挥政府职能与动员市场机制相结合的工作方法，主要有三个层面：一是政策支持，五部委集中出台促进对价安排和实现有关的各类规章、办法16件，涉及改革程序、国资管理、企业考核、税收政策、会计核算、外商投资等多个方面；二是分工协作，明确中央国有企业控股上市公司的股权分置改革由国务院国资委督促组织，地方国有企业控股上市公司的股权分置改革由各省（区、市）和计划单列市人民政府督促组织；三是协调督导，在改革实践中，股权分置改革领导小组成员单位的协调配合、地方人民政府的组织领导、证券交易所的方案指导、地方证监局的督导落实，共同构建起全方位、高效率的改革督导机制，保障改革节奏不放缓，重点公司股改不断档，难点公司改革不停滞，稳定改革推进的市场预期。最后，在改革的实施步骤上，采取试点先行、重点推进、先易后难、以点带面、分步解决的策略。

（2）推进改革的政策机制设计，贯穿于改革全过程，形成全方位推进改革的政策激励机制。

1）改革前的政策机制设计，以消除股权分置制度为方向，实行强制性制度变迁。一是停止上市公司延续股权分置制度下的融资、并购活动；二是明确新老划断的市场预期，即在股权分置改革公司家数、市值过半，已基本形成稳定的市场预期，并具备制度转变的市场基础时，推行全流通市场环境下的IPO、上市公司融资、并购制度，实施市场基础制度转轨；三是对未股改公司持有非流通股的主要股东或实际控制人在新制度环境中的IPO、融资、并购活动实施重点监管；四是上市公司非流通股协议转让，要对股权分置改革做出相应安排，或与上市公司股权分置改革组合运作；五是在新老划断后，对未股改公司实施差异化制度安排，即在报价系统未股改公司股票代码前加上"S"标识，表示存在股权分置问题，同时，将未股改公司股票交易涨跌幅限制缩减为5%。

2）改革中的政策机制设计，以促进对价安排的形成和实现为目的，实行诱致性制度变迁。这方面的机制设计具体体现在四个方面：一是对价安排的税收减免政策。股权分置改革过程中因非流通股股东向流通股股东支付对价而发生的股权转让，暂免征收印花税；股权分置改革中非流通股股东通过对价方式向流通股股东支付的股份、现金收入，暂免征收流通股股东应缴纳的企业所得税和个人所得税。二是制定对价安排的会计处理和考核政策。为规范非流通股法人股东执行对价安排的会计处理和提供考核标准，在会计处理上规定，企业应当设置"股权分置流通权"和"应付权证"科目，分别核算企业以各种方式支付对价取得的在证券交易所挂牌交易的流通权和企业为取得流通权而发行权证的价值。企业持股取得的上市流通权，平时不进行结转，一般也不计提减值准备，待取得流通权的原非流通股出售时，再按出售的部分按比例予以结转。三是创新对价安排的政策。针对上市公司千差万别的情况，在改革方案形成过程中，尊重市场首创精神，鼓励突破单一送股模式的适用性局限，采取创新对价安排的方式解决改革难题，派现、缩股、回购、注资、权证、定向转增、差价补偿、代偿债务、业绩保证等对价安排，提高了改革方案的普遍适用性。四是制度创新的配套政策。适应市场制度变革带来的市场创新活力，配套出台了外国投资者对上市公司战略投资管理办法、上市公司回购社会公众股份管理办法、上市公司股权激励管理办法、上市公司控股股东增持社会公众股份规定等一系列市场化操作规则，形成新制度环境中的市场功能效应。

3）改革后的政策机制设计，注重发挥两个效应：一是早改革早受益效应；二是全流通市场的融资与资源配置功能效应。一方面，在新老划断后，优先安排已完成股权分置改革6个月以上的上市公司，在全流通制度下的融资、并购活动，形成早改革早受益的政策；另一方面，着眼于尽快发挥改革成效，适应改革后市场约束机制逐步增强，定价机制趋于完善的环境变化，发布实施《首次公开发行股票并上市管理办法》、《上市公司证券发行管理办法》和《上市公司收购管理办法》，首次公开发行不再区分流通股和非流通股，进一步健全上市公司非公开发行融资、重大资产重组的市场运作机制，上市公司吸收合并、分立分拆等资本运作案例涌现，换股收购、换股合并、资产认购股份等支付手段被广泛运用。

同时，在全流通市场股票价格发现机制逐步形成的基础上，权证产品、分离式可转债等产品创新相继推出，融资融券业务和股指期货酝酿推出，以市场为导向的资本市场创新活动趋于活跃，市场在资源配置中的基础功能作用进一步凸显。

（3）推进改革的协调机制设计，协调三个层面的关系。

1）境内市场与境外市场的影响关系。针对同时发行人民币普通股（A股）、境外上市外资股（H股）或者境内上市外资股（B股）的上市公司股权分置改革，可能对境外市场和境外投资者产生的影响，明确协调机制，即明确股权分置改革是解决A股市场相关市场股东之间的利益平衡问题，由A股市场相关股东协商解决非流通股股东所持股份在A股市场的可上市交易问题。

2）推进改革与稳定市场的联系关系。针对推进改革与市场稳定发展相结合的目标，协调稳定改革的时间、价格和总量预期，形成三个层面的机制：一是在改革试点启动后市场预期不稳、股指创出新低的市场适应期，中央银行按照国际惯例向证券经营机构提供流通性支持；二是做出"锁一爬二"的制度安排，即对改革后公司原非流通股股份的出售做出逐步解除限售的制度安排；三是推行稳定股价机制，鼓励上市公司在改革方案中采用控股股东增持股份、上市公司回购股份、预设原非流通股股份实际出售的条件、预设回售价格、认沽权等具有可行性的股价稳定措施。

3）重点公司与难点公司改革的递进关系。针对改革的重点和难点，形成协调递进机制。一是高效推进重点地区、重点公司改革，确定39家央企控股上市公司和11个省市135家地方国资控股上市公司作为改革重点，加强协调督导，形成改革示范效应，并使得已改革公司的市值比例较快地占据市场主导地位，奠定新老划断实施制度转轨的基础。二是审慎推进难点公司改革，针对上市公司非流通股股东高度分散、控股股东持股比例低、股价跌破净资产、公司业绩和资产质量差等难点，协调采取股权分置改革与并购重组组合操作方案，创新对价安排，破解股权难题。

2. 以协商对价为主线提高分散决策的效率

按照《上市公司股权分置改革管理办法》（证监发〔2005〕86号）的有关要求，上市公司股权分置改革遵循公开、公平、公正的原则。由A股市场相关股东在平等协商、诚信互谅、自主决策的基础上进行。协商对价是分散决策的核心制度设计，协商对价的有效性是分散决策的公平正义基础。

分散决策的主线是协商对价，协商对价的有效性取决于经济活动的公开性、公平性、公正性具有法治保障。股权分置改革的分散决策机制，是按照分权制衡和严格程序的法治原则，以降低信息成本为方向，形成公开、公平、公正的协商机制。

（1）以强制信息披露为主导的公开协商机制设计。该协商机制要求股权分置改革信息披露相关义务人应当及时履行信息披露义务，真实、准确、完整地披露信息，保证所披露的信息不存在虚假记载、误导性陈述或者重大遗漏。在股权分置改革全程至少在非流通股股东之间协商形成提案、非流通股股东与流通股股东之间协商确定方案、相关股东会议对方案的形成表决结果三个时点上，上市公司董事会应当履行强制信息披露义务。

（2）以市场主体平等为原则的公平协商机制设计。该机制设计包括停牌安排、网络投票、征集投票权、现场投票等内容。一是两个时段实施停牌安排，保证信息和权益的公平性。一个时段是自相关股东会议通知发布之日起十日内，是非流通股股东与流通股股东沟通协商期，由于采取投资者座谈会、媒体说明会、网上路演、走访机构投资者、发放征求意见函等方式进行局部协商，为保持信息传递的公平性，该期间股票交易停牌；另一个时段是召开相关股东会议停牌，停牌期间自本次相关股东会议股权登记日的次日起，至改革规定程序结束之日止。二是通过网络投票、征集投票权和现场投票的技术安排，多维度为流通股股东意思表达提供信息传递服务，降低流通股股东的信息成本，切实保障公众股东的知情权、投票权和受益权。

（3）以市场主体平等为原则的公正协商机制设计。该协商机制设计主要体现在非流通股股东的提案机制与流通股股东的票决机制之间形成的分权与制衡。股权分置改革动议原则上应当由全体非流通股股东一致同意提出，未能达成一致意见的，可以由单独或者合并持有公司 2/3 以上的非流通股股东提出。非流通股股东提出改革动议，应当以书面形式委托公司董事会召集 A 股市场相关股东举行会议，审议上市公司股权分置改革方案。同时规定，股权分置改革相关股东会议投票表决改革方案，须经参加表决的流通股股东所持表决权的 2/3 以上通过。这是对非流通股股东的提案权、协商主动权进行制衡的制度安排。

第三节　股权分置改革实证分析

一、股权分置改革的推进过程

2005 年 4 月 29 日，经国务院同意，证监会发布《关于上市公司股权分置改革试点有关问题的通知》，正式启动股权分置改革工作。根据改革进程，大致可分为改革试点、全面推进和改革攻坚三个阶段。

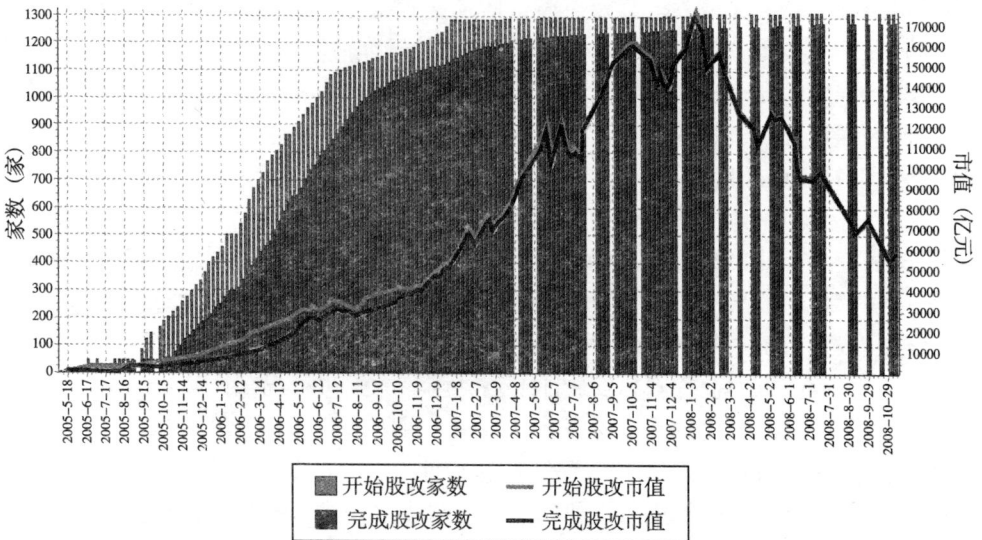

图 3-1　上市公司股权分置改革时间序列（公司家数与市值）

资料来源：Wind。

1. 改革试点阶段（2005 年 4~9 月）

（1）首批试点情况。2005 年 4 月 29 日，中国证监会发布《关于上市公司股权分置改革试点有关问题的通知》，标志着上市公司股权分置改革试点工作正式启动。经过较长时间的酝酿，市场对于解决股权分置问题已有迫切的预期，但是，由于涉及公司和市场两个层面的基础制度变革，上市公司有改革积极性却难以形成具体方案。未雨绸缪，证监会和国资委的 5 人专题工作组为准备试点方案悄然进行了大量研究论证工作。试点启动后，已初步形成了改革的方法和程序框架，但试点单位和具体方案的选择较为发散。为慎重选择试点单位和具体改革方案，股权分置改革试点领导小组只能从市场公开渠道收集上市公司表达改革意愿的信息，经过三个层次的递进选择确定试点单位和具体改革方案。

第一层次，基本条件测算。

上海、深圳证券交易所按照"有盈利、无违规、纯 A 股"的标准，并剔除存在控股股东占用资金、违规担保的上市公司，在截至 2004 年底的 1377 家上市公司中，测算出共有 561 家上市公司符合条件。

第二层次，在有改革意向且符合基本条件的上市公司中进行风险剔除。

一是在通过各种渠道表达改革意向的 23 家上市公司中，有 18 家在 561 家上市公司名单中。

二是根据上海、深圳证券交易所对 18 家上市公司股票是否存在交易和托管情况异常的分析，剔除了 3 家上市公司：索芙特、新大陆、万向钱潮。

三是由于其他风险因素剔除 3 家上市公司。①"泰豪科技"增发新股已通过发审会，并与"清华同方"形式上为同一实际控制人；②"双良股份"拟采用流通股单方扩股方案，由于我国公司法规定了股票面值，无法实现国外市场可行的"拆细"方式，存在技术障碍；③"天鸿宝业"与"上实发展"同属房地产行业，且在上市当年曾出现业绩市场大幅下滑，市场信誉较差。

经过上述筛选，候选试点上市公司有 12 家：清华同方、上实发展、金牛能源、辽宁成大、广州控股、武汉中百、紫江企业、宜华木业、雅戈尔、吉林敖东、三一重工、衫衫股份。

第三层次，按照"公司具有代表性，方案具有导向性，实施具有可操作性"的要求进行最后遴选。

1）关于公司具有代表性的考虑主要有三个方面：

一是备选上市公司所在行业市值占总市值的权重。12 家候选试点上市公司分属 10 个行业，按照各行业上市公司市值在总市值中的权重，最高的是金牛能源所在的采掘业，市值权重为 12.7%，最低的是宜华木业所在的木材家具业，市值权重为 0.07%。考虑试点上市公司的行业代表性，在候选名单剔除市值权重最低的宜华木业。

二是备选试点上市公司在沪深市场的代表性。12 家备选试点上市公司中，有 11 家在沪深 300 成份指数中，剔除不在成份指数中的武汉中百。

三是备选试点上市公司股份结构中，国有股权比例具有代表性。广州控股、金牛能源国有股均在 70% 以上，是单一国有控股股东；清华同方国有股占总股份的 50%，居于绝对控股地位；辽宁成大国有股占总股份 18%，居于相对控股地位；吉林敖东为国有股参股上市公司。

2）关于方案具有导向性的考虑：一是方案尽量避免重复，并有利于形成较好的市场效应；二是国有控股与民营控股适当搭配，初步考虑试点上市公司中国有控股与民营控股的比例，参照上市公司国有控股与民营控股 3∶2 的整体结构比例确定。

3）关于实施具有可操作性的考虑：鉴于首期试点采用流通权证的方式，存在技术上的不确定性，剔除采用该方式的衫衫股份。

通过上述剔除选择，2005 年 4 月 30 日，股权分置改革试点工作领导小组初步确定 9 家候选试点上市公司：清华同方、上实发展、金牛能源、辽宁成大、广州控股、紫江企业、雅戈尔、吉林敖东、三一重工。5 月 2 日，证监会、国资委相关部门会同证券交易所、登记结算公司，与 9 家备选试点单位共同研究论证相关改革方案的可行性。"上实发展"明确表示放弃曾有的改革动议；"雅戈尔"与保荐机构未能就改革方案设计达成一致意见；"吉林敖东"的非流通股股东与流通股股东存在交叉持股关系。因此，在首期试点名单中剔除"上实发展"、"雅戈尔"、"吉林敖东"。初步确定首批试点上市公司为：清华同方、广州控股、金牛能源、辽宁成大、三一重工、紫江企业。其中，前三家为国有绝对控股上市公司，辽宁成大为国有相对控股上市公司，后两家为民营控股企业。5月9日，三一重工、紫江企业、清华同方和金牛能源披露股权分置改革的信息，广州控股、辽宁成大放弃参加首批试点。6月17日，除清华同方外，其他三家上市公司先后顺利通过股权分置改革方案。

（2）第二批试点的情况。在首批试点工作取得初步进展阶段，5月31日证监会发布了《关于做好第二批上市公司股权分置改革试点工作有关问题的通知》（证监发〔2005〕42号，以下简称《通知》），同时确定45家保荐机构负责推荐股权分置改革试点工作。为避免市场波动和内幕交易，股权分置改革试点领导小组在6月17日收市后正式通知保荐机构推荐股权分置改革第二批试点方案，截至6月18日21：30，保荐机构共计推荐58家上市公司备选试点方案。为了保证试点公司选择工作的公平公正，有效防范道德风险，选择试点单位采取了以下措施：

1）在休市时间完成选择试点工作，避免市场炒作试点名单。利用6月18日、19日两天周末时间，接受保荐机构推荐和履行内部遴选程序，6月20日（周一）公布试点公司名单，同时试点公司股票停牌。

2）控制改革节奏，调节试点规模。为确保第二批试点规模控制在30~50家，要求45家保荐机构原则上每家推荐1家备选试点公司，中国证券协会认定有创新业务资格的证券公司和首批试点保荐机构可以推荐2家备选试点公司，推荐国资委直管的国有控股大型上市公司不计算在限定家数内。

3）公开选择试点公司的条件，采用风险排除法筛选试点公司。在《通知》中明确了选择试点公司的条件，包括非流通股股东取得一致改革意见；非流通股份处置需经有关部门批准的，应提交有关部门意见；公司没有因涉嫌违规接受调查的情况，没有涉嫌内幕交易或者市场操纵，股票交易不存在其他异常情况。根据上述条件进行风险排查，剔除了13家备选试点公司。

4）按规范程序选择试点，防范道德风险。在总结首批试点工作经验的基础上，规范选择试点的内部工作程序。首先实行受理推荐与业务审核隔离，使业务人员不与申报对象直接见面，保证其对改革方案做出独立专业判断；其次对审核业务实行流程化管理，把政策业务指导、风险排查剔除、技术支持的可行性评估分段作业，对改革方案实施的合规性和技术支持问题进行了审核，指导公司调整完善改革方案；最后通过汇总评审确定试点公司。

第二批试点上市公司是保荐机构推荐产生的，比首批试点公司的产生过程更具有市场化特点。从最终确定的44家试点公司总体情况看，具有以下主要特点：

1）大盘蓝筹股进入改革试点。国资委直管的国有控股上市公司有长江电力、宝钢股份、国投电力、中化国际 4 家，财政部监管的金融控股上市公司有中信证券 1 家。44 家公司中有 7 家是上证 50 成份股，1 家是深证 40 成份股。

2）试点公司的覆盖面扩大。从地域和行业代表性看，44 家上市公司分属北京、上海、广东、浙江等 11 个省市，涉及 14 个行业；从试点公司规模看，流通股本在 5 亿股以上的大盘有 4 家，1 亿~5 亿股的中盘有 25 家，在 1 亿股以下的小盘有 15 家；从控股股东性质看，国有控股上市公司 22 家，民营控股上市公司 16 家，自然人控股上市公司 6 家；从业绩状况看，44 家上市公司平均每股收益为 0.47 元/股，高于全国上市公司 0.24 元/股的平均水平，其中也有 9 家低于平均水平；从证券交易所分布看，上海证券交易所有 29 家，深圳证券交易所主板市场有 5 家，中小企业板有 10 家。

3）对价支付形式有所创新。44 家试点公司改革方案中，有 37 家是以支付存量股份作为对价（金牛能源模式），有 1 家是以资本公积转增股份作为支付对价（清华同方模式），有 2 家是以支付现金作为对价，有 1 家是以支付现金+权证作为对价，有 3 家是以支付存量股份+权证作为对价。

4）对价水平相差较大。以最常用的对价形式"支付股份"衡量，对价水平最高的是每 10 股支付 6 股，最低的是每 10 股支付 1 股；剔除长江电力、宝钢股份，42 家改革方案折算对价水平平均每 10 股支付 3.25 股，与首批试点大致持平，其中国有控股上市公司的平均水平是每 10 股支付 2.7 股，民营企业和自然人控股上市公司的平均水平是每 10 股支付 3.6 股。如果加上长江电力和宝钢股份，国有控股上市公司的即期对价水平低于首批试点水平。

6 月 20 日，42 家上市公司披露股权分置改革信息，两家公司因未完成国资审批程序放弃参加第二批试点。试点公司涵盖了大型中央企业、地方国有企业、民营企业和中小企业等不同类型和层面的企业。股改试点方案呈现多样化特征，为股改全面铺开积累了经验。到 2005 年 8 月，第二批试点公司的股改方案全部获得股东大会通过，顺利实施股改。

（3）试点成效评估。

1）改革试点得到了市场认同。自 2005 年 4 月 29 日启动股权分置改革试点至当年 8 月，两批 46 家上市公司进行了股权分置改革试点。截至 8 月 19 日，46 家公司全部完成了规定的改革试点程序。两批试点的 46 家公司中，除首批试点的清华同方改革方案未获通过外，其余 45 家均已过会，改革方案通过率达到 98%；出席会议的流通股股东达到 21 万人次，所持股份占流通股总量的比例加权平均达到 63.12%，远高于以往股东大会 10%的平均参会率；出席会议的流通股股东对改革方案的赞成率加权平均达到 93.46%。改革试点所表现出的"三高一多"（高通过率、高参与率、高赞成率和参与人数众多），充分说明改革所遵循的操作原则和运行程序经受了实践检验，得到了市场认同，公司改革方案具有广泛的股东基础，有效保护了各类股东的合法权益。

2) 改革试点初显投资增值效应。截至 8 月 19 日，33 只已复牌的 G 股试点公司流通股股东持股市值加权平均增长 14.86%。以长江电力为例，改革前（6 月 18 日）收盘价为 8.17 元/股，改革后 8 月 19 日的收盘价为 7.7 元/股，流通股股东（散户投资者）在获得对价降低持股成本后，持股市值增长 17%（1404/8170），即如果改革前持有 1000 股长江电力股票，其市值为 8170 元（1000×8.17），在改革获得对价后增值到 9574 元 [1000×1.167（10 送 1.67 股）×7.7（市价）+588（分红）]，净增值 1404 元 [9574-8170（市值），两个月的净收入]。非流通股可上市交易后市场价格相对净资产账面值形成流通溢价，非流通股价格由账面净资产值 2.67 元/股计量，进而可以采用市场价格 7.7 元/股计量，改革前国有资产的账面净资产值为 217 亿元，改革后国有资产的市值达到 605 亿元，国有股东权益增长 1.8 倍。改革试点的增值效应逐步形成市场投资的热点，并成为带动近期市场上扬的重要因素。

3) 通过试点形成"协商对价"的改革方案。股权分置改革试点最重要的成果，是形成以"协商对价"为核心内容的改革方案。对价（Consideration）也称"约因"，是英美合同法中的重要概念，其内涵是指当事人一方为取得契约权利而向对方所作的给付。在英美法系，它是一项契约成立的前提，无对价契约不受法律保护。我国作为大陆法系国家，合同法中并无"对价"一词，在股权分置改革方案中，对价用以指非流通股股东为取得流通权向流通股股东所支付的代价。在试点前，相关研究论证工作主要形成了股权分置改革的方法和程序，并没有明确改革方案的具体内容，只是在试点方案选择过程中，在导向上要求非流通股股东做出利益平衡安排，三一重工在首家披露股权分置改革方案时，在监管部门指导下将"非流通股股东向流通股股东每 10 股赠送 3 股"的措辞，调整为"非流通股股东为获取流通权向流通股股东每 10 股支付对价 3 股"，4 字之差，改革真意尽显，后续披露改革方案者纷纷效仿，遂成定制。而后在总结试点基础上，制定发布的《关于上市公司股权分置改革指导意见》中，明确表述为："非流通股股东与流通股股东之间以对价方式平衡股东利益，是股权分置改革的有益创始，要在改革实践中不断加以完善。"在《上市公司股权分置改革管理办法》中，明确定义上市公司股权分置改革，是通过非流通股股东和流通股股东之间的利益平衡协商机制，消除 A 股市场股份转让制度性差异的过程，并在相关条文中进一步明确"利益平衡对价安排"是改革方案的核心内容。因此，试点所形成的"协商对价"改革方案，奠定了股权分置改革的核心基石。

4) 关注、形成市场化稳定股价机制。在改革试点期间，由于市场预期、总量预期和政策预期不稳定，股市出现了持续下跌的局面，截至 5 月 24 日，沪深300指数报收 818.03 点，较"五一"节前下跌了 13.17%。虽然整体上看市场没有出现大的震动，但是，投资者的恐慌心理在蔓延，部分地区证券营业部出现了群体性事件的先兆。一方面，我国上市公司平均市盈率（13.56 倍）已远低于英美各国水平，甚至有 211 家上市公司股价跌破净资产值，应当说充分具备了投资价值（QFLL 在此期间持续买入 A 股）；另一方面，国际国内背景存在"做空"A 股的潜在势力。在此市场背景下，改革试点期间，各方面开始关注建立市场内生稳定机制。

市场化稳定股价机制是国际上的通行做法。市场化稳定股价机制，在国际资本市场上，通常是指市场主体自愿对股价因首次发行或某些外部原因，在短时间内发生大幅波动时，采取的某种预先安排好的机制进行短期护盘（稳定股价）的制度安排。这种做法不同于中国香港、中国台湾"基金"直接入市，而是通过银行给予市场主体适当的信贷政策支持，由市场主体自觉采取稳定股价的措施，市场主体自主投资并承担风险和收益，有效降低政府信贷和道德风险。在国际资本市场上，较为广泛使用的市场化稳定股价机制：一是上市公司回购股份（Stock Buyback Program）；二是由主承销商承担的护盘机制；三是上市公司大股东增持股份。可资借鉴的方式和实践是：

第一，上市公司回购股份制度及其实践。上市公司回购股份是指上市公司购买本公司股份的行为。在成熟资本市场，回购股份是资本运作的一种灵活手段，在股价低迷时，上市公司可以公司资金回购公司的股票，或库存，或注销，以减少市场上股票的流通量，同时，向市场传递公司管理层认为股价已经被严重低估的信号，从而可以增强投资者信心，达到稳定股价的目的。典型的操作案例是，1987 年 10 月 19 日美国股市暴跌 23%（"黑色星期一"），引发了迄今影响面最大的一次全球性股灾。对此美联储采取放松银根的政策，为股份回购的公司提供优惠贷款，鼓励了以花旗银行为代表的 700 多家上市公司先后公布回购本公司股票，总额达 450 亿美元。回购交易对美国股市迅速止跌回暖起到了很大的促进作用。

第二，主承销商在发行中的稳定价格机制。各国对承销商建立稳定股价机制的规定都很类似，主要包括：必须由一个承销商负责（但可以由多个券商共同操作）；事先必须公开披露（有的国家还规定在真正进行价格稳定以前还必须公开披露）；对于向上的价格稳定（防止股价过度下跌），目标价格必须不高于发行价；所有稳定价格的实际交易必须由负责的承销商专门记录，以供监管机关查阅。

第三，上市公司大股东增持股份。上市公司大股东通过在公开市场买入股票（增持）稳定股价的方式在中国香港较为盛行。在香港，由于家族式控股上市公司较为普遍，控股股东增持股份稳定股价的案例时有发生。2002 年香港股市低迷。长实、阳光文化、电讯盈科等上市公司大股东频频增持股票，以稳定本公司股价。当年 9 月，长实董事局主席李嘉诚增持长实 200 万股股票，并增持长实旗下的地产公司长实集团 100 万股股票。阳光文化董事局主席杨澜增持阳光文化股票 9086 万股，并由杨澜控股 80% 的 Excel 亚洲盈利有限公司以每股 0.1 港元，认购阳光文化 3 亿股新股，较市价溢价 42.85%。电讯盈科控股股东盈科拓展以每股 1.11~1.15 港元的价格，在二级市场上增持 2015.8 万股电讯盈科，使其持股量增至 86.87 亿股，持股比例提高到 33.02%。

为维护股权分置改革试点期间的市场稳定发展，管理层借鉴国际经验，结合并购重组制度实践，相继出台了允许大股东在股权分置改革期间为保持股价稳定，从二级市场公开增持股份，简化豁免履行要约义务的行政许可程序；研究发布《上市公司回购社会公众股份管理办法》，为上市公司回购股份维护股价稳定提供政策支持；尝试通过向证券经营机构提供流通性支持，建立稳定股价机制。

2. 全面推进阶段（2005 年 9 月~2006 年 6 月）

2005 年 8 月 23 日，中国证监会、财政部、国资委、中国人民银行、商务部联合颁布了《关于上市公司股权分置改革的指导意见》（以下简称《指导意见》）；2005 年 9 月 4 日，中国证监会又颁布了《上市公司股权分置改革管理办法》（以下简称《管理办法》）。这两个法规文件的出台，标志着股权分置改革从试点阶段开始转入全面铺开的新阶段。

2005 年 9 月 6 日，深沪交易所分别发布了《上市公司股权分置改革业务操作指引》（以下简称《操作指引》）。2005 年 9 月 8 日和 17 日，国资委先后发布了《关于上市公司股权分置改革中国有股股权管理有关问题的通知》、《关于上市公司股权分置改革中国有股股权管理审核程序有关事项的通知》，为国有上市公司股权分置改革消除了政策阻碍。与此同时，财政、税收、外资、股权激励等涉及多个部门与改革相关的配套政策陆续推出，有力地支持了股权分置改革工作的全面推进。

根据《管理办法》规定，上市公司股权分置改革是通过非流通股股东和流通股股东之间的利益平衡协商机制，消除 A 股市场股份转让制度性差异的过程。利益平衡协商机制的有效性，即契约确立的程序保障，是股权分置改革的公平正义基础。比较试点期间的制度安排，在全面推进改革阶段，最重要的制度创新是相关股东会制度。引入相关股东会制度，进一步明确界定了股权分置改革是 A 股市场两类股东之间利益平衡协商机制的法律属性，股权分置改革方案经相关股东会议表决通过，即表明 A 股市场两类股东的协商结果构成法律契约。股权分置改革的相关股东会议与公司治理结构的股东大会，具有不同的法律属性，解决股东大会无权对股东之间的事项作出决定的问题，同时排除了 H 股股东、B 股股东参加改革的可能性。

（1）相关股东会议的法律分析。股权分置改革的基本原则是"统一组织，分散决策"，"分散决策"要求改革的具体方案由非流通股股东与流通股股东自主协商确定，即两类股东通过市场化的协商机制解决股权分置问题。两类股东协商需要一定的协商平台，试点期间曾采用的是股东大会平台，在股东大会上两类股东协商解决股权分置问题。但是股东大会的性质、法定的决议事项等决定了其作为协商平台不适合所有上市公司。证监会等五部委的《指导意见》中提出了相关股东会议的概念，要求两类股东在相关股东会议上协商解决股权分置问题，这是符合法理的。

首先，解决股权分置问题是股东之间的利益关系调整，不是公司事务。根据我国《公司法》的规定，股东大会是公司的权力机构，决定公司事务，其职权和决议事项由《公司法》和公司章程规定，并不包括处理股东之间的事务。因此，股东大会并不适合作为股权分置改革协商的平台。

其次，股权分置是 A 股市场的特有问题，解决股权分置问题需要平衡的是 A 股市场两类股东利益，但我国部分上市公司中还同时存在 B 股、H 股、N 股、S 股股东，如果将股权分置改革确定为股东大会的审议事项，则难以排除这些股东的参与权、表决权。而 B 股、H 股、N 股、S 股不在 A 股市场上交易，当然无须与之进行协商。

因此，《指导意见》和《管理办法》没有将股东大会作为股权分置改革的协商机制，避免了将股东之间的事务作为股东大会审议事项的尴尬，也排除了 B 股、H 股、N 股、S 股股东参与的可能性。

但是，召开相关股东会议面临一整套的制度供给问题，包括时间、地点、召集人、召集权、表决方式、表决比例、表决效力等，都没有现成的制度可供使用。《指导意见》和《管理办法》在创设了相关股东会议作为协商机制的同时，充分利用现有股东大会制度，明确规定相关股东会议"参照"股东大会，由此解决相关股东会议的制度缺失问题。

当然，尽管相关股东会议参照股东大会程序，但是作为股权分置改革协商机制仍然具有其独有的特征：其一，动议主体不同。由于股权分置改革并非公司事务，股权分置改革动议并非由董事会提出，而是由非流通股股东提出，原则上由非流通股股东一致提议，特殊情况下可以由持有 2/3 以上非流通股股份的股东提议。其二，董事会角色不同。董事会的股权分置改革工作是依据其收到的非流通股股东的委托为基础，聘请保荐机构和律师事务所，并委托保荐机构就改革方案的技术可行性和会议时间安排征求交易所的意见，负责召集相关股东会议，协助非流通股股东与流通股股东沟通与协商，方案获得通过后负责向交易所申请实施等，其所有相关工作都具有被动性，以受委托为前提，为不可选择或者放弃的义务，并非如在股东大会程序中的工作是其法定职权。其三，表决结果的法律含义不同。非流通股转变为可上市交易股份，非流通股大多可以获得流通溢价，因此对非流通股股东利益是正向增加作用。而对于流通股股东来说，尽管获得流通权的股份并不必然增加 A 股市场的实际流通量，但已事实上改变了非流通股份暂不进入市场流通的预期，对流通股股东利益可能存在负面影响，因此需要对流通股股东利益予以特别保护。《管理办法》规定，改革方案必须得到出席会议全体股东的表决权 2/3 以上通过和出席会议流通股股东的表决权 2/3 以上通过。这一规定体现了试图在更为广泛的基础上凝聚股东共识的意图，从而更好地平衡两类股东的利益。因此股东大会的表决结果，更多体现的是股东对某一事项的决策，而相关股东会议的表决结果不仅是股东对某一事项的决策，还表达的是对流通股股东的特别保护。

实际上，股权分置改革协商机制是一个非常巧妙的权力制衡安排，一方面将动议权赋予 2/3 以上的非流通股股东，毕竟以对价方式平衡两类股东的利益涉及非流通股股东的资产处置权，必须由非流通股股东主动提议或者得到非流通股股东的同意，否则任何股权分置改革方案都难以实施。另一方面为平衡流通股股东的利益，将方案通过的决策权实质性地赋予 2/3 以上的流通股股东，由流通股股东决定方案的实施。既不让非流通股股东一锤定音，也不让流通股股东漫天要价，这与经济学中利益公平分配的最佳做法有异曲同工之妙，即有权提出利益分配方案的人最后选择利益，无权提议分配方案的人优先选择利益，以此保证分配的公平。

（2）相关股东会议和股东大会"两会合一"的法律分析。股权分置改革实行的是"分散决策"，因此改革方案因公司情况的不同而异。部分公司的改革方案涉及公司资产处置，比如，上市公司首先进行利润分配或者公积金转增股份，其后非流通股股东将其应得的股利或者股份作为对价安排送给流通股股东。利润分配或者公积金转增股份属于公司资产处置行为，类似这样包含了公司资产处置行为的股权分置改革方案，还有缩股方案、回购方案、以资产重组作为对价的方案等。从股权分置改革的角度看，需要通过相关股东会议协商确定；而从公司资产处置的角度看，根据《公司法》的规定，属于公司事务，则需要由公司股东大会决定。相关股东会议与公司股东大会的性质和功能不同，理论上无法相互替代。但很多方案是以股东大会通过资产处置议案和相关股东大会通过股权分置改革方案互为前提的，任何一个不通过都无法实现股权分置改革的目标。这就存在股东大会与相关股东会议的协调问题，必须处理好两会的关系。

以公积金转送方案为例，公积金转增的目的是为了完成股权分置改革，如果股权分置改革方案获得相关股东会议通过，但公积金转增未获得股东大会通过，则股权分置改革方案由于缺少转增的股份无法实施；反之，如果公积金转增获得股东大会通过，股权分置改革方案未获得相关股东会议通过，说明这种公积金转增执行对价安排的方式未得到相关股东的认可，即使实现了公积金转增股份，也未解决股权分置问题。

虽然两会法律性质不同，但在一定条件下股东大会与相关股东会议存在合并召开的可能。应当区分不同情况作不同处理：

一是对于纯 A 股公司，相关股东会议与公司股东大会的参加对象完全相同，股东大会与相关股东会议的召开程序基本一致，两会可以合并召开，甚至审议事项也可合并为一个事项表决，即将资产处置事项纳入股权分置改革方案一并表决。合并处理仅是出于效率和成本的考虑，并不改变两会不同的法律地位，理论上仍属两个会议，不存在一个会议代替另一个会议的问题。实践中有将会议名称公布为"股东大会暨相关股东会议"、会议时间地点相同、一次投票的做法，这是符合法理的。

二是对于同时存在 B 股、H 股的 A 股公司，两个会议不能合并处理，更不能将资产处置方案与股权分置改革方案合并为一个方案。最主要的原因在于两个会议的参加主体不同，相关股东会议仅由 A 股市场的非流通股和流通股股东参加，股东大会还要包括 B 股或 H 股股东。合并处理会导致 B 股或 H 股股东也参加对改革方案的表决，法律关系混乱。

三是对于以重大资产重组为对价的情况，两个会议不能合并处理，也不能将资产重组方案与股权分置改革方案合并为一个方案。这是因为：第一，重大资产重组与股权分置改革分别适用不同的法定程序，会议合并会导致程序协调的困难。第二，重大资产重组需要证监会审批，属于行政许可事项；股权分置改革方案不需证监会审批，只要遵守改革程序即可。行政审批增加了不确定因素，存在未获批准的可能。股东大会与相关股东会应适用不同的会议程序和表决机制，形成两个会议决议，并以两个决议获得通过作为方案实施的依据。因此对于以重大资产重组为对价的公司，除非极其特殊的情况，股东大会与相关股东会议不宜合并处理。

（3）异议非流通股股东处理的法律分析。股权分置改革应由非流通股股东提议，由非流通股股东向流通股股东支付对价获得可上市交易的权利。理论上非流通股股东应当一致同意。但实践中并非所有公司的非流通股股东都能取得一致意见。非流通股股东不能取得一致意见的情况主要有三个：一是个别非流通股股东不愿参加改革；二是个别非流通股股东同意改革但不愿支付对价，或不愿支付较高对价；三是少数非流通股股东失踪或被注销、清算，无法对股改方案表达意见。

股权分置改革是资本市场基础性制度变革，所有 A 股上市公司均应参加改革，因此要求非流通股股东一致同意显然不符合现实情况，也给公司股权分置改革带来了困难。因此，《管理办法》允许不一致同意的公司进行改革，但要求提出改革动议的股东持有 2/3 以上的非流通股。那么，对异议非流通股股东如何处理呢?《管理办法》第 25 条规定："改革方案应当对表示反对或者未明确表示同意的非流通股股东所持股份的处理，提出合法可行的解决办法并予以说明。"可见，《管理办法》并没有给出具体的处理方式，这主要是由于公司情况千差万别，难以用一种方式解决所有情况。笔者也难以给出统一方案，只能在实践中既有方案的基础上提供一些参考想法。

1）代位执行对价。代位执行对价已经成为比较普遍的解决股改方案不能取得一致意见问题的基本途径。由同意股改方案的非流通股股东（主要是大股东）对异议非流通股股东代位履约，承担方案中约定的义务。大股东可以视情况继续采取协商或法律途径向异议股东追索代付的对价。该方案的好处在于程序简单，效率高。如果双方协商同意，或者代失踪或被注销、清算的股东代位支付而又不要求事后追索，则不存在法律纠纷。但弊端在于大股东多承担了一些义务。代位执行对价适用于异议股东所持股份较少的上市公司。这种方法在理论上可以认定是由所有非流通股股东承担，将对价安排视为一个整体，对价的来源和各自承担的比例由非流通股股东自行协商确定。易言之，关键在于流通股股东得到多少对价，而不在于由哪些非流通股股东承担。

2）以现金定向分红或公积金定向转赠股本方式执行对价。如果公司现金充裕，未分配利润或公积金较高，可选择该方案。定向分红、定向转增意即用公司现金或资本公积金向全体流通股股东分红或转增股本，非流通股股东放弃相应权利。该方案的好处在于无须非流通股股东拿出存量股份，有利于协调异议股东对股改的意见，避免了因为部分非流通股股东不愿执行对价导致大股东代为支付巨额对价的尴尬，有利于股改的顺利推进。但是，由于定向转增缺乏相应的法律支持，在实施该方案时，应当充分考虑异议股东的合法权益，将该方案与异议股东退出机制组合使用。

3）协商建立异议股东的退出机制。为减少异议非流通股股东对股改的不利影响，可以通过协商沟通，在一定条件下让其退出上市公司：①控股股东协议收购异议股东的股份。控股股东协议收购异议股东的股份，操作方式简便，法律障碍较少，而且能彻底解决异议股东问题。这种方式主要适合于需要保持控股地位以及大股东持股比例较小的公司。②公司回购注销该部分非流通股份。如果公司资金充足，可考虑该方案。但回购必须获得该非流通股股东的同意。③新股东收购有异议倾向的非流通股股东所持股份，再协商对价方案。

（4）含 B 股、H 股公司股权分置改革有关问题的法律分析。股权分置改革启动后，对于含 B 股或 H 股上市公司进行改革时，B 股、H 股股东是否应当获得对价，以及是否有权出席股东会议并行使表决权等问题存在一些不同认识。有观点认为，不给予 B 股和 H 股股东上述权利将有可能引发诉讼。我们认为，从我国现行法律规定和法理分析看，上述观点是不成立的。

1）含 B 股、H 股公司在股权分置改革时不应给 B 股、H 股股东作出对价安排。首先，股权分置是 A 股市场的特有问题。股权分置改革是通过 A 股市场非流通股股东和流通股股东的利益平衡协商机制，消除 A 股市场股份转让制度性差异的过程。非流通股股东持有的股份在股权分置改革后只是获得了在 A 股市场流通的权力，并不涉及 B 股、H 股市场。在中国香港和美国等海外成熟市场上，虽然也有未上市的发起人股份和私募股份，但都属于股份持有人的自主安排或约定，没有股份流通与非流通的制度差异。因此，不存在向 B 股、H 股股东支付对价的理由。非流通股股东不向 B 股、H 股股东支付对价也不违反《公司法》规定的同股同权原则，因为同股同权指向的是股东与公司的关系，是同类股东在公司中的待遇相同问题。

其次，公司在 B 股、H 股当初发行上市时，发起人在招股说明书和上市公告书中从未对 B 股、H 股股东做出过其所持股份不流通或暂不流通的承诺。所以，非流通股股东通过股权分置改革使其所持股份在 A 股市场流通，并未构成对 B 股、H 股股东的违约。

最后，根据中国证监会和原外经贸部的相关规定，B 股公司的非上市外资股经过一定的审批程序可以上市流通，且在上市流通时不需要向 B 股流通股股东作出任何对价安排。既然非上市外资股在 B 股市场上市流通时，不用向 B 股流通股股东作出对价安排，那么，股权分置改革后只在 A 股市场流通的内资非流通股的股东更没有理由给 B 股流通股股东作出对价安排。

2）B 股、H 股股东无权出席就股权分置改革召开的相关股东会议并行使表决权。首先，股权分置改革的结果是使原来 A 股市场的非流通股转变为可流通股，解决的是 A 股市场股东之间利益平衡问题。股权分置改革不是公司事务，不属于《公司法》规定的需要召开全体股东大会的情形。既然不是股东大会而是相关股东大会，就不需要所有股东参加，只需相关股东参加。B 股和 H 股股东不属于 A 股市场相关股东，因而无须参加为解决 A 股市场股权分置问题召开的相关股东会议。

其次，根据《民法通则》和《合同法》的有关规定，民事主体之间通过民事法律行为设定的民事权利义务关系，只能由该民事主体依法定程序进行变更、终止，与之无关的民事主体不能参与。因此，是否进行股权分置改革、是否支付对价、支付多少，应由 A 股市场非流通股股东和流通股股东之间协商确定，不需要也不能由 B 股、H 股股东参加股东大会表决。

最后，对于非流通股股东支付对价的方式是利润分配、以公积金转增股本、缩股等涉及公司资产处置方式的改革方案，根据《公司法》、公司章程的规定需要召开股东大会审议批准。但如前所述，此种情况下应分别召开会议，召开股东大会审议资产处置事宜，召开相关股东会议审议股权分置改革事宜。

3）不能排除 B 股、H 股股东对于股权分置改革提出诉讼的可能性，但提起诉讼的依据不足。从民事责任角度，提起民事诉讼的种类主要包括违约之诉和侵权之诉，股权分置改革不构成对 B 股和 H 股股东的违约或侵权。

所谓违约，就是违反了有效合同所规定的义务。所谓侵权，就是因一方过错侵害了他人的人身或财产权利。二者所适用的法律原则不同，依照《合同法》规定，违约适用严格责任原则，侵权适用过错责任原则。

从违约角度分析，合同责任是因为违反了合同义务而产生的责任。我国《合同法》第60条规定，"当事人应当遵循诚实信用原则，根据合同的性质、目的和交易习惯履行通知、协助、保密等义务"。由于B股、H股招股时没有"暂不流通"的承诺，所以上市公司的非流通股股东在A股市场获得上市流通权并不构成违约。

从侵权角度分析，如前所述，股权分置改革中，不需要向B股、H股股东支付对价，也不需要其参加相关股东会议；同时非流通股获得流通权并在A股市场上市后，并未摊薄或影响B股、H股股东的权益，也与B股、H股价格走势没有直接关联，两者并不存在必然的因果关系。因此，股权分置改革未对B股、H股股东的实际权益造成影响，并不存在侵权的事实和结果，B股、H股股东以侵权为由提起诉讼是很难成立的。

如果非流通股股东既无违约责任，又无侵权责任，诉讼从何谈起？综上所述，B股、H股股东无论按照侵权之诉或是违约之诉，均无法提出有力的理由或是得到法院的足够支持。

4）法律适用及管辖权问题。虽然按照上述分析，B股、H股股东提出诉讼的依据不足，但是，并不能排除该等股东提出诉讼或仲裁请求的可能，如果该等股东就股权分置改革事宜拟对A股股东提出诉讼或仲裁，则应当符合如下的法律适用和管辖的规定：①含B股的上市公司及其主要非流通股股东注册地均在中国内地，公司上市地和股权分置改革行为也发生在中国内地。因此，不管是从属人管辖原则还是属地管辖原则来看，境外投资者因含B股上市公司股权分置改革而提起的民事诉讼应由中国内地法院管辖。此外，根据原国务院证券委发布的《股份有限公司境内上市外资股规定的实施细则》第45条规定，境内上市外资股股东与公司之间，境内上市外资股股东与公司董事、监事、经理及其他高级管理人员之间，境内上市外资股股东与内资股股东之间发生的与公司章程规定的内容以及公司其他事务有关的争议，适用中华人民共和国法律。②对于含H股的上市公司，国务院颁布的《关于股份有限公司境外募集股份及上市的特别规定》第29条规定，境外上市外资股股东与公司之间，境外上市外资股股东与公司董事、监事和经理之间，境外上市外资股股东与内资股股东之间发生的与公司章程规定的内容以及公司其他事务有关的争议，依照公司章程规定的解决方式处理。解决前款所述争议，适用中华人民共和国法律。

原国务院证券委、国家体改委发布的《到境外上市公司章程必备条款》第163条规定，到香港上市的公司，应当将下列内容载入公司章程：凡境外上市外资股股东与公司之间，境外上市外资股股东与公司董事、监事、经理或者其他高级管理人员之间，境外上市外资股股东与内资股股东之间，基于公司章程、《公司法》及其他有关法律、行政法规所规定的权利义务发生的与公司事务有关的争议或者权利主张，有关当事人应当将此类争议或者权利主张提交仲裁解决。申请仲裁者可以选择中国国际经济贸易仲裁委员会按其仲裁规则进行仲裁，也可以选择香港国际仲裁中心按其证券仲裁规则进行仲裁。申请仲裁者将争议或者权利主张提交仲裁后，对方必须在申请者选择的仲裁机构进行仲裁。如申请仲裁者选择香港国际仲裁中心进行仲裁，则任何一方可以按香港国际仲裁中心的证券仲裁规则的规定请求该仲裁在深圳进行。以仲裁方式解决上述争议或者权利主张，适用中华人民共和国法律。仲裁机构作出的裁决是终局裁决，对各方均具有约束力。我国《民事诉讼法》第257条也规定，"涉外经济贸易、运输和海事中发生的纠纷，当事人在合同中订有仲裁条款或者事后达成书面仲裁协议，提交中华人民共和国涉外仲裁机构或者其他仲裁机构仲裁的，当事人不得向人民法院起诉"。

5）含B股、H股公司股权分置改革应注意的问题：①股权分置改革要严格依照我国有关法律、法规、《指导意见》和《管理办法》以及证券交易所的业务规则与指引进行。②不宜采用缩股、资本公积金转增股本、上市公司回购股份等涉及公司资产处置而需由公司股东大会表决通过的股权分置改革方案。③股权分置改革费用应由非流通股股东支付，且股权分置改革方案的实施不能恶化上市公司财务指标，并注意不要采取可能对B股、H股股东权益构成侵害的任何做法。④股权分置改革方案不能涉及公司资源，既包括公司现在的资源，也包括公司未来的资源。如上市公司未来回购公司股份、发行新股的安排均不应作为改革方案的内容。⑤公司应按规定及时充分进行信息披露。避免境外投资者以信息披露存在瑕疵而对上市公司或非流通股股东提起诉讼。

2006年4月，随着已完成或者进入股权分置改革程序的公司数量和市值超过70%，股市运行环境发生了积极变化，证监会抓住有利时机及时启动新老划断工作，5月15日中小板上市公司开始实施全流通环境下再融资发行工作，6月5日中国银行启动IPO发行工作，新老划断顺利实施，全流通市场正式形成。

3. 改革攻坚阶段（2006年7月~2007年1月）

根据国务院2006年工作要点，要求在2006年内基本完成上市公司股权分置改革，完成新老划断工作后，股权分置改革进入后续攻坚阶段。

（1）改革攻坚阶段的形势和任务。截至2006年6月底尚未进入股改程序的上市公司共计284家。这些公司可以分为两类：一是存在改革难点，正在积极创造条件，预计可在2006年内完成股改的有144家；二是存在改革难点，尚未明确股改计划的有140家。归纳起来，尚未改革公司存在的难点问题可以分为两大类：一类是上市公司自身股改条件较差的问题；另一类是需要明确政策和协调工作的问题。

上市公司自身股改条件较差的问题集中在三个方面：

1）资产质量差。这类上市公司尚有117家。其中，ST 26家，*ST 91家。这些上市公司多数亏损巨大、债务沉重、诉讼缠身，由于经营前景暗淡和退市风险大，难以做出平衡流通股股东利益的对价安排。

2）非流通股股东对价资源少。存在这类问题的上市公司有52家。其中，25家公司非流通股被质押或冻结，并且不具备派现或转增的条件；16家公司非流通股股东持股比例较低，对价安排的余地较小；11家公司非流通股股东持股比例接近，存在控制权纷争的风险。

3）非流通股股东协商难度大。存在这类问题的上市公司有45家。其中，26家公司因非流通股股东分散、失踪或者存在法人股个人化问题，难以满足2/3的提案条件；19家公司因非流通股股东持股或者重组成本较高影响对价安排意愿。

需要明确政策和协调工作的问题集中在三个方面：

1）部分央企因重组整合推迟股改。这类上市公司有22家。主要是中石化、南方航空、中国铝业和华润集团等央企控股的上市公司。这类公司虽然数量不多，但由于市值比重高，对改革全局影响较大。

2）存在涉嫌违规等异常状况公司的股改问题。这类上市公司尚有73家。其中，上市公司涉嫌违反证券法律法规被立案稽查的有22家；股票交易涉嫌市场操纵被立案稽查的有13家；公司股票涉嫌被机构或个人非法集中持有的有38家（其中券商重仓股11家）。

3）推进股改与清欠工作的结合方式问题。在目前尚未启动改革程序的284家上市公司中，有131家存在大股东非经营性占用资金问题。其中，有些公司虽然具备股改条件，但是由于短期内难以彻底解决清欠问题，影响启动股改程序。

需要说明的是，以上是按六个方面的情况进行归类统计的，实践中往往是各种情况交织出现于同一上市公司，从而加大了解决问题的复杂性。

（2）改革攻坚阶段的策略和措施。在改革攻坚阶段，在改革推进机制上采取了"倒计时"策略：在推进改革的方法上，从激励先进向鞭策后进转变；在推进改革的动力上，让已完成股改的上市公司成为市场主流并从新的市场机制中得到实惠，让尚未改革的上市公司因制度缺陷而承担被市场边缘化的风险。具体措施是：

1）综合利用监管资源，加大改革推进力度。在上市公司未实施股改前，证监会暂缓受理其主要股东、实际控制人的证券事务申请；上市公司重组整合原则上要与股改组合操作，具备股改条件的，应当积极推进股改。

2）调整股票标识，揭示未股改公司风险。根据股改进展情况，择机调整改革前后公司股票标识。在已完成股改的上市公司股票代码前去掉"G"字标识恢复常态，在未股改的上市公司股票代码前加上特殊标识提示边缘化风险，以逐步释放未改革公司风险，并为改革后期解决未完成股改公司的"出路"问题预留空间。

3）调整股改有关政策，加快后期股改进程。

第一，在7月上旬对上市公司原非流通股在完成股权分置改革后12个月内不得上市交易和转让（"锁一"）的适用范围进行解释，即在同一实际控制人控制之下的不同主体之间的股份转让，在受让方继续履行出让方有关原非流通股股份相关承诺事项的前提下不受"锁一"限制。

第二，在股改后期将改革方案被相关股东会否决后重新启动股改程序的间隔时间，由原规定的3个月调整为1个月。

第三，规定在稽查立案或者风险券商处置中被认定为非法集中持有的流通股，在相关股东会议表决时，只计入出席会议股东投票，不计入流通股股东投票统计。

4）把推进股改与清欠解保有机结合起来。在具体结合方式上，二者能够同时推进的，采取组合操作方案；股改具备条件先行的，在股改方案中应当对清欠做出行之有效的承诺和切实可行的安排。

5）稳妥推进存在涉嫌违规等异常状况公司股改。根据《上市公司股权分置改革管理办法》第19条规定，除因相关当事人涉嫌利用股改信息进行内幕交易被立案稽查的，须在调查结束方可进行改革外，存在其他情形的立案稽查或者风险处置等异常情况的公司可以进行股改。在前期改革实践中，这一规定的执行没有产生负面的市场影响。因此，应当坚持把上市公司违法违规问题的立案稽查与股权分置改革区别开来，只要不影响公司改革方案的确定和实施，均应创造条件完成股改。

从2006年6月至2007年1月是股权分置改革攻坚阶段，累计完成或进入股改程序的公司数已达到1303家。从公司数量、市值、股本三个指标来衡量，分别占到了97%、98%、95%。2007年1月8日，上海证券交易所和深圳证券交易所决定，对未完成股权分置改革的上市公司股票（S股）的涨跌幅比例统一调整为5%，同时对该类股票采取与ST、*ST股票相同的交易信息披露制度。这是沪、深两市对未股改公司采取的特别的差异化制度安排。

从2005年9月至2006年底，共计由110家上市公司将改革与资产重组组合操作，共计向上市公司注入优质资产366亿元，重组对资产效益作出明确承诺和承诺不能兑现的补偿安排；97家上市公司在改革过程中剥离不良资产账面价值235亿元；59家上市公司非流通股结合承担债务方式进行股改，共计承债93亿元；此外，有56家上市公司引入有实力的战略者推进股改；20家上市公司通过与股改组合操作实现了集团整体上市，其中，东方电气通过吸收合并、换股要约收购实现整体上市，中国铝业、潍柴动力实现整体上市并回归 A 股市场。在股权分置改革过程中，134 家上市公司的公募法人股上市流通问题得到了平稳解决，涉及股份合计约 127 亿股；270 家上市公司清理了股东登记名实不符、法人股个人化等历史问题。这两类问题涉及 100 多万公众股东的利益。通过股改有效化解了多年困扰上海、广东、四川等地社会稳定的风险隐患，促进了上市公司股权清晰。有 138 家上市公司通过与股权分置改革组合操作，采用以股抵债、以资抵债、红利抵债等多种方式解决了大股东占用资金问题，涉及金额合计 258.5 亿元。更重要的是，改革巩固了股东共同利益基础，形成股东主张权利的基础，从源头上遏制了上市公司资金占用和违规担保问题。

二、股权分置改革方案分析

股权分置改革方案的核心内容是通过对价安排来平衡股东利益。在股权分置改革中，对价安排是一种对等有偿的允诺关系，本质上是非流通股股东和流通股股东之间在利益平衡基础上的权利让渡，具体体现为非流通股股东为获取流通权而向流通股股东给付的代价。在股权分置改革的实践中，对价安排的设计遵循了市场化的定价原则。从理论上来说，对价规模可行区间的上限是非流通股股东获得流通权的市场价值，下限是流通股股东因股票价值重估而遭受的损失。

1. 常见的对价支付方式

在股权分置改革的实施中，各个上市公司根据自身实际情况设计了种类繁多的对价支付方案，归纳起来主要有以下几种类型：

（1）"送股"和"缩股"方案。该类方案的核心思想是调整公司股权结构，使流通股的每股价值与非流通股每股价值基本一致。股改完成后，公司非流通股（限售流通股）比例将下降，流通股比例提高。根据资料统计显示，非流通股的比例由 2004 年末的 63.88%下降到 2006 年末的 53.05%。

"送股"主要有两种形式：一是非流通股股东直接将其持有的非流通股支付给流通股股东；二是上市公司以资本公积（少数还采用盈余公积）向全体股东转增资本，非流通股股东将其获得的非流通股部分或全部赠给流通股股东作为对价。第一种方式下公司总股本不变，P/E、P/B 等各项经营指标都不发生变化；第二种方式下公司流通股数量增加，每股收益被摊薄。

"缩股"主要是非流通股股东按一定比例缩小所持股份，以取得流通权。"缩股"后，总股本和非流通股减少，因而每股收益提高。但"缩股"属于减资行为，因此法律程序比较复杂、操作时间较长，因而较少上市公司采用这一方案。

（2）派现支付方案。派现是指非流通股股东向流通股股东支付现金或非流通股股东把上市公司现金分红转付给流通股股东。派现支付下，公司股本总额和结构均不变，控制权不变，财务指标也不变，但对非流通股股东有一定的现金流压力。

在这种派现支付方案情况下，流通股股东收益最直接、最清晰，操作上也最简单。但这仅适合于非流通股股东对控股权较为敏感且财务状况良好、现金流充裕的情况。

（3）权证支付方案。即非流通股股东通过向流通股股东派发权证的方式获得流通权。权证是一种有价证券，也是一种风险资产。发行权证可以减小非流通股股东的现金压力，并在市场条件合适时降低支付成本。但由于受权证发行条件的限制，采用此支付方式的公司为数不多。

（4）重组式对价方案。这种方式主要体现在绩差股的上市公司中，通过非流通股股东置换入优质资产来改善公司基本面。流通股股东在得益的同时，非流通股股东以此为代价，获得流通权。

（5）混合支付方案。上述各项支付方式并不是割裂的，上市公司根据需要可以将这些方案混合使用，从而满足不同股东的需求。就实践情况来看，"送股+其他方式"相结合的组合式对价支付方案在混合方案中运用得最为广泛。

（6）承诺方案。在股权分置改革的实践中，几乎所有非流通股股东在支付了基本对价的同时，还作出了程度和种类不同的承诺。这些承诺亦是支付对价的有机组成部分。本质上，这些承诺中有些是特殊的期权或选择权，有些是所有权的组成部分，是具有价值的。通过作出承诺，非流通股股东可以减少在即期支出对价的成本，因此这些承诺应当视为非流通股股东支付对价的合约的一部分。

在实践中，非流通股股东的承诺方案主要有以下几种：延长禁售期、最低持股比例承诺、条件出售承诺、增持股份承诺、股份追送条款等。承诺方案一般难以具体估值，通常是非流通股股东或大股东为提高流通股股东对公司发展前景的信心而设定的流通股股东利益保护机制。

截至2008年11月14日，共有1280家公司完成了股权分置改革，这些公司根据实际情况设计了各自合适的对价方案。图3-2和表3-1是对对价方案的一个统计。从中可以看出，基本的股改方案包括送股、派现、资产重组、权证、缩股、回购、差价补偿、注资等方式。其中送股方式占据主流地位，纯送股公司家数为1047家，占股改公司总数的81.80%，而采用送股方案或混合方案中包含送股方式的公司总数达到1225家，占总数的97.50%，占据绝对多数。这说明送股方式简单明了，受到广大投资者的欢迎。

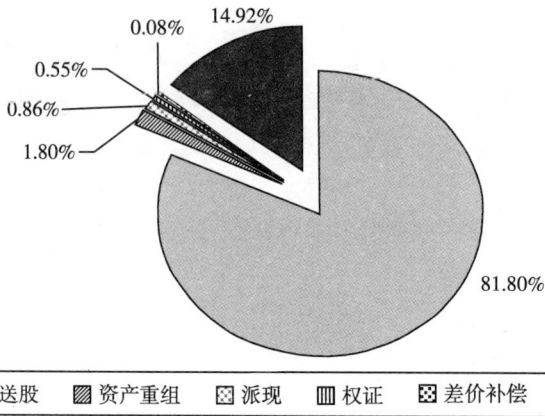

图 3-2　截至 2008 年 11 月 14 日股权分置改革方案汇总

资料来源：Wind。

表 3-1　截至 2008 年 11 月 14 日不同公司股改方案汇总

类型	汇总	类型	汇总
送股	1047	认沽权利	2
送股；资产重组	77	送股；缩股；派现	2
送股；派现	56	送股；资产重组；注资	2
资产重组	23	差价补偿	1
送股；权证	17	派现；认沽权利	1
派现	11	送股；派现；认沽权利	1
送股；回购	7	送股；认沽权利	1
送股；权证；派现	6	送股；资产重组；认沽权利	1
缩股	6	缩股；回购	1
权证	5	缩股；派现	1
送股；注资	5	缩股；资产重组	1
送股；回购；资产重组	3	资产重组；注资	1
派现；资产重组	2	总计	1280

资料来源：Wind。

在纯送股的方案中，流通股股东每 10 股实得股份数也有较大差异，最低的为天业股份的 0.5，最高的为华联控股的 18.75，但有 839 家上市公司流通股股东每 10 股实得股份数量在 2.5~4，占纯送股公司总数的 80.13%。出现这种情况的主要原因是由于"锚定效应"的存在。① 股改试点阶段初期形成的"10 送 3"

---

① "锚定效应"是一种心理学效应，指初始值会对以后的数值估计产生影响，且估计值将偏向于初始值。高初始值将使估计值偏高，低初始值将使估计值偏低。即个体的判断是以初始值，或者说以"锚"为依据，然后进行不充分的向上或向下调整。

的平均值成为后继企业股改方案的设计所偏向的"锚"。因此，由于"锚"的存在，很多企业在制定股改对价时，不但会以试点公司支付的定价作为锚定值，在支付方式选择上也会偏向于容易实现锚定值的方案。因此导致了送股方案的广泛流行。

在股改过程中，有33家公司的方案涉及发行权证，其中纯以发行权证支付对价的公司有7家，以"送股+权证"的组合模式支付对价的有18家，以"送股+权证+派现"的模式支付对价的有7家，还有一家则为"送股+权证+资产重组"的模式。在各类权证方案中，武钢股份以其独特的"认购权证+认沽权证"组合权证方案独树一帜。作为股权分置改革全面铺开后的首批中央企业之一，武钢股份的股权分置改革成为资本市场关注的焦点。与单纯的送股方案或单项权证方案相比，武钢股份"蝶式期权"方案的最大优点和特点在于：能够通过金融创新品种的引入，更好地实现非流通股股东、现有流通股股东、未来权证投资者以及未来股票投资者的"多赢"局面。

2. 对价测算方法

在股权分置改革中，对价测算的理论方法主要有以下几个方面：

（1）公司总市值不变法。该方法的核心在于股权分置改革前后公司总价值不变、流通股股东的持股价值不受损失。

（2）合理市盈率法。该法理论基础与公司总市值不变法相同，即流通股股东的持股价值在方案实施前后不变。

（3）超额发行市盈率法。该法主要依据上市公司 IPO 超额市盈率计算对价，主要适用于次新股。

（4）两类股东不受损法。该法的核心是对价后非流通股股东和流通股股东持有的股份价值均不发生损失。

（5）每股价值确定法。该法适用于缩股方案，是根据非流通股和流通股的每股价值确定缩股比例。

3. 对价水平分析

除对价支付方式外，对价支付多少也是流通股股东与非流通股股东讨价还价的筹码，并且通常是双方博弈的实质所在。

由于在股权分置改革方案中，非流通股股东单纯向流通股股东送股的方案最为普遍，为便于比较，我们对截至 2008 年 11 月 14 日 1047 家采用单纯送股形式的上市公司的名义对价水平进行了统计并分析。

（1）总体对价水平分析。

表 3-2　送股情况的描述性统计（截至 2008 年 11 月 14 日）

公司样本数量（家）	1047
每 10 股送股最小值（%）	18.75
每 10 股送股最大值（%）	0.50
平均值（%）	3.23
标准差（%）	1.21

资料来源：Wind。

通过统计，我们发现这 1047 家公司虽然运用了不同的模型和方法，但是计算出的对价方案相对集中，送股区间高度收敛，大多数上市公司的送股水平都集中在每 10 股送 2~4 股，1047 家公司送股的统计均值是每 10 股送 3.23 股。

股份送出率指标是非流通股股东为了解决股权分置问题，实际拿出多少比例的股票来返还给流通股股东，本质上体现的是非流通股股东对于流通股股东的一定的补偿和诚意。我们以截至 2008 年 11 月 14 日 1065 家上市公司为样本，对股权分置改革中非流通股股东的股份送出率进行了统计分析。

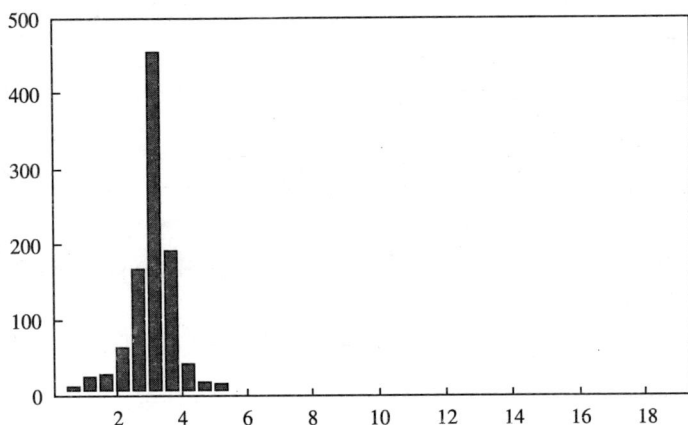

图 3-3　送股分布直方图

资料来源：Wind。

表 3-3　股票送出率情况的描述性统计（截至 2008 年 11 月 14 日）

公司样本数量（家）	1065
送出率最小值（%）	0.00
送出率最大值（%）	85.96
平均值（%）	16.89
标准差（%）	8.56

资料来源：Wind。

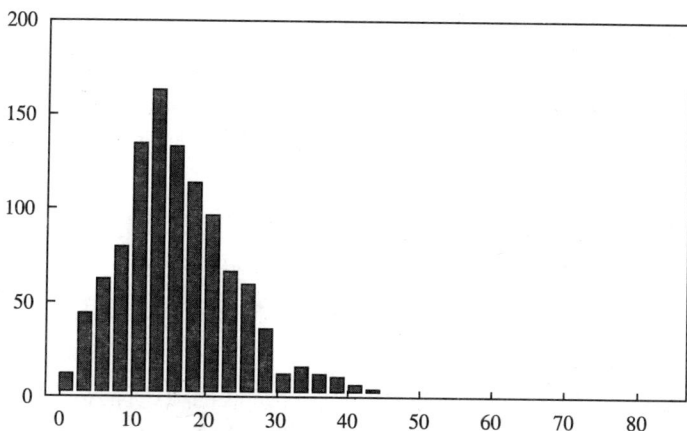

图 3-4 股票送出率分布直方图

资料来源：Wind。

通过统计，我们发现这 1065 家公司非流通股股东股份送出率呈高度收敛，大多数上市公司的股份送出率集中在 10%~25.5%，1047 家公司送股的统计均值是每 10 股送 3.23 股。

（2）不同股改时间的对价水平。截至 2008 年 11 月 14 日，采用单纯送股的已股改公司按照股改的不同时间可分为 83 批次。随着股改进程的深入，平均对价并不是稳定在某一水平，而是呈逐步下降趋势：从前 10 批股改公司的每 10 股送 3.31 股下降到第 11~第 20 批股改公司的 3.28 股，再下降到最后 10 批全面股改公司的 2.75 股，静态锚定效应逐渐减弱。究其原因，主要是：第一，尚未进行股改的公司在制定对价时，不但会参考首批试点公司的对价，而且可能会参考前一批股改公司的对价，或者股改方案已获通过的所有股改公司支付的对价。换句话说，随着股改批次的深入，尚未进行股改的公司在制定对价时所依据的参考点会发生变化，即其锚定值可能会随着股改批次的变化而变化，具有"动态性"的特征。这也就形成了股改过程中的两个动态锚值："动态锚 1——前一批股改公司对价的平价值"和"动态锚 2——截至前一批股改方案已获通过的所有股改公司对价的平均值"。第二，随着股改进程的深入，舆论界与理论界对股改的讨论和研究不断增多，尚未进行股改的公司对于股改的认识不断加深，对于支付多少对价的不确定性逐步减少。第三，随着越来越多相关信息的到来，尚未进行股改的公司在制定对价时，对与"静态锚值"有关的信息的依赖程度逐步降低，而诸如公司特征等其他信息在制定对价过程中的影响和作用越来越大。因此，股改公司在制定对价时，会越来越多基于公司不同特征等信息对"锚值"进行更充分的调整，"静态锚值"对对价的影响越来越弱，导致静态锚定效应逐渐减弱，动态锚定效应逐渐增强，致使股改公司的对价水平呈下降趋势。第四，股票市场的大势逐步走强。从股改启动的 2005 年 5 月初至基本完成的 2006 年末，沪、深两市的走势逐渐上行。以上证指数为例，从 2005 年 5 月 9 日的 1130.83 点逐渐上升至 2006 年 12 月 29 日的 2675.47 点，上升了 136.72%。指数的大幅上升，从而大多数股改公司股票复牌后填权走势，也使流通股股东对对价的较高支付预期逐步淡化，从而导致最终的对价水平下降。

如果我们将上述流通股股东所获得的对价绝对数量称为名义对价水平，从股改的试点到股改的基本完成阶段呈下降趋势。然而，在这一阶段，随着股权分置改革的深入，市场基础条件得到根本性改善，投资者参与的积极性也不断增强，推动上市公司治理水平和内在价值不断提升，A 股市场逐步走强。这就导致了流通股股东以名义对价水平获得股份的每股实际价值也随之提升。因此，我们需要按这一阶段市场估值水平对流通股股东获得的对价绝对数量进行修正，以真实反映流通股股东获得对价的内在价值或实际价值。考虑到沪、深两市具有高度关联性，我们选用更具代表性的上证指数来代替 A 股市场估值水平，并据以修正不同阶段流通股股东获得对价的真实水平，[①] 即实际对价水平。

我们研究发现，仍然是在这一时期，虽然流通股股东每 10 股获送的股份的绝对数量有所下降，但经股指修正的获送股份的内在价值稳步提高，这意味着流通股股东从股改中获得的对价的实际价值不断提高。在流通股股东获得对价实际水平提高的同时，A 股估值水平的上升也提高了股票流通权的价值。由此可见，股权分置改革形成了流通股与非流通股双赢的局面，这也是 2006~2007 年资本市场持续走强的重要因素之一。

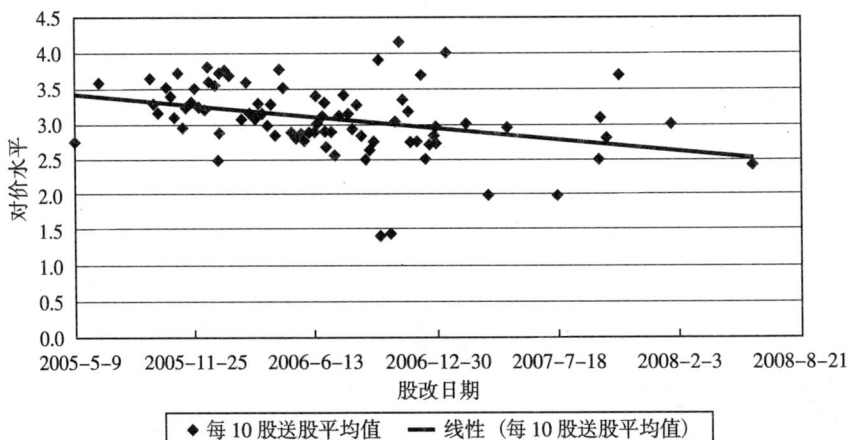

图 3-5　不同阶段流通股股东每 10 股获送股份的绝对数量

---

① 按上证指数对流通股股东每 10 股获送股份进行修正的实际价值=流通股股东每 10 股获送股份的绝对数量×股改开始日上证指数水平÷首批股改开始日上证指数。

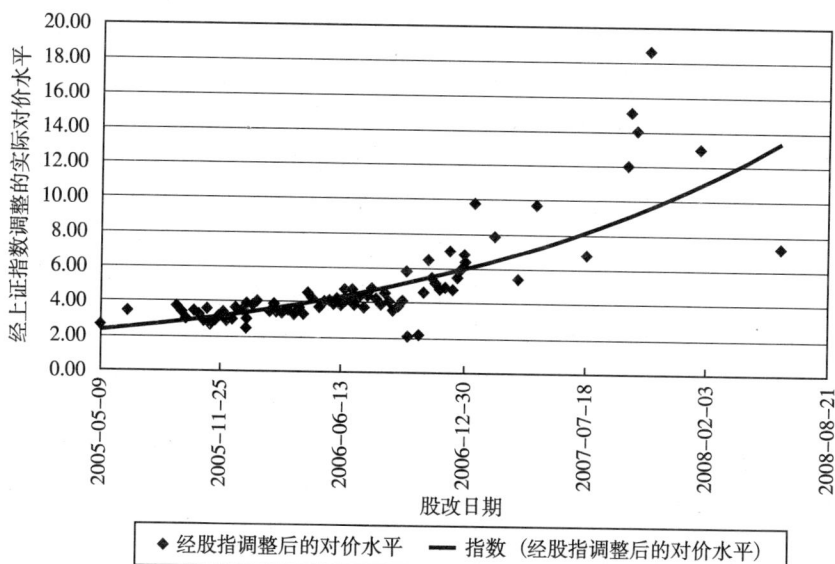

图3-6　按股指调整的流通股股东每10股获送股份的实际价值

（3）不同行业的对价水平。

表3-4　根据行业划分的对价水平（截至2008年11月14日）

证监会行业	每10股送股平均值
采掘业	3.11
传播与文化产业	2.91
电力、煤气及水的生产和供应业	3.22
房地产业	2.77
建筑业	3.31
交通运输、仓储业	3.33
金融、保险业	3.67
农、林、牧、渔业	3.72
批发和零售贸易	2.80
社会服务业	3.29
信息技术业	3.25
制造业——电子	3.14
制造业——纺织、服装、皮毛	3.28
制造业——机械、设备、仪表	3.33
制造业——金属、非金属	3.21
制造业——木材、家具	2.90
制造业——其他制造业	3.58
制造业——石油、化学、塑胶、塑料	3.45
制造业——食品、饮料	3.36
制造业——医药、生物制品	3.11
制造业——造纸、印刷	3.04
综合类	3.17

按证监会行业划分对已实施股改的上市公司的支付对价水平进行分析，可以看到，各行业支付对价水平较为接近，平均值为 2.77~3.72，其中最低的为房地产业，平均值为 2.77；最高的为农、林、牧、渔业，平均值为 3.72。我们认为，在股改进行过程中，房地产业正处于蓬勃发展时期，相关股票价格持续上涨，流通股股东能够获得较为可观的收益，因此能够接受较低的对价支付水平。农林牧渔、石油化工和机械制造等行业增长较为平缓，因此流通股股东也要求支付较高的对价。因此仅从统计结果上看，预期增长率较高的行业对价支付水平也相对较低；成熟行业的对价支付水平一般较高。

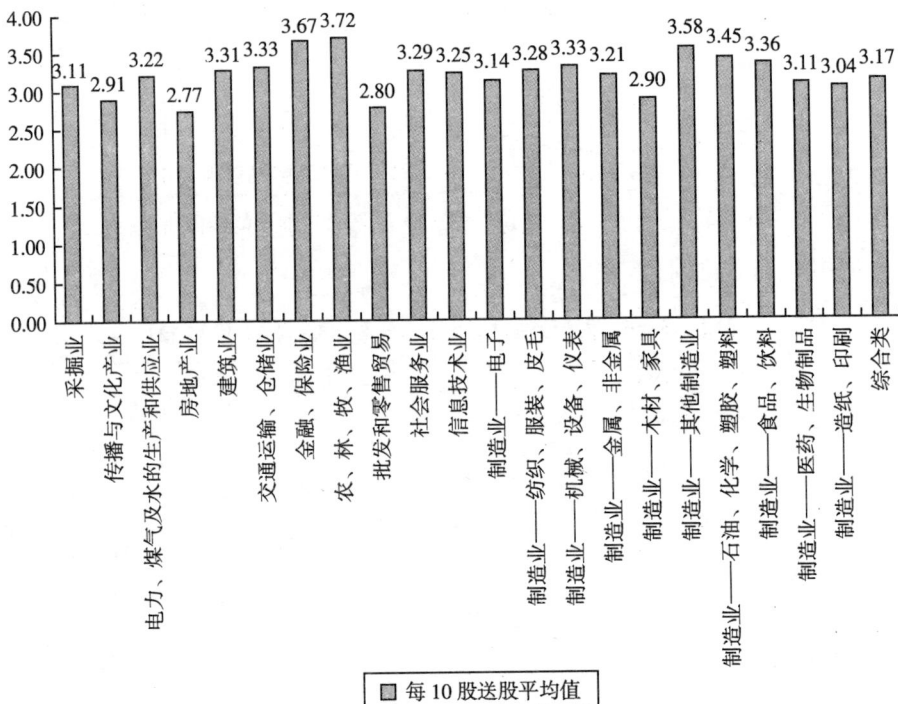

图 3-7　按照行业划分上市公司对价水平情况

（4）不同地区的对价水平。

表 3-5　根据地域划分的对价水平（截至 2008 年 11 月 14 日）

省份	每 10 股送股（股）	非流通股平均持股比例（%）	股改家数（家）
青海省	2.49	67.33	7
福建省	2.74	61.96	32
山东省	2.81	53.99	58
四川省	2.96	61.38	46
黑龙江省	3.02	57.79	17

续表

省份	每10股送股（股）	非流通股平均持股比例（%）	股改家数（家）
内蒙古自治区	3.07	58.58	14
江西省	3.09	61.26	17
浙江省	3.11	63.17	74
江苏省	3.15	60.36	75
山西省	3.16	61.53	18
北京市	3.18	64.73	75
甘肃省	3.21	56.76	13
西藏自治区	3.22	61.87	7
云南省	3.23	63.07	18
宁夏回族自治区	3.24	55.13	7
辽宁省	3.27	58.07	33
陕西省	3.27	58.80	19
吉林省	3.29	53.52	22
贵州省	3.32	62.90	15
湖北省	3.34	61.23	42
上海市	3.34	61.43	111
河南省	3.35	63.48	24
新疆维吾尔自治区	3.35	61.03	21
广东省	3.36	57.90	105
重庆市	3.36	64.44	22
安徽省	3.38	59.27	41
河北省	3.40	64.78	30
天津市	3.52	63.25	19
湖南省	3.61	60.12	29
海南省	3.63	59.72	16
广西壮族自治区	3.77	59.60	20
总计	3.23	60.44	1047

按地区对已实施股改的上市公司支付对价水平进行分析，各地区每10股送股数量平均值为2.49~3.77，其中青海地区上市公司平均每10股送2.49股，处于最低水平；广西地区上市公司平均每10股送3.77股，处于最高水平。青海已实施股改且以纯送股为对价支付方式的7家上市公司均为制造业，其中3家为ST类公司，非流通股平均持股比例高达67.33%；而广西20家相关上市公司中，只有一家为ST类公司，行业涵盖食品、医药、房地产、机械制造、交通运输、社会服务业及综合类等多个行业，非流通股平均持股比例为59.60%，相对较小。由于各地区间符合观察条件的上市公司数量有较大的差异，且行业分布不均，因此不能判断上市公司支付对价水平有明显的地区差异。公司所处行业及非流通股持股比例等其他因素对对价支付水平的影响更为明显。

（5）股改方案修改前后的对价水平。在采取纯送股方案的上市公司中，共有

717 家公司第一次方案被否决，否决率高达 68.48%，其主要原因在于：由于送股方案的简单明了，与其他方案比较起来，流通股股东的利益更加直观，因此在与非流通股股东博弈过程中，流通股股东更有积极性主动保护自身的利益，讨价还价的过程也变得更为曲折而复杂。其焦点主要集中在对价水平的支付。从图 3-8 可见，修改后的送股方案的平均对价水平高于修改前的方案。

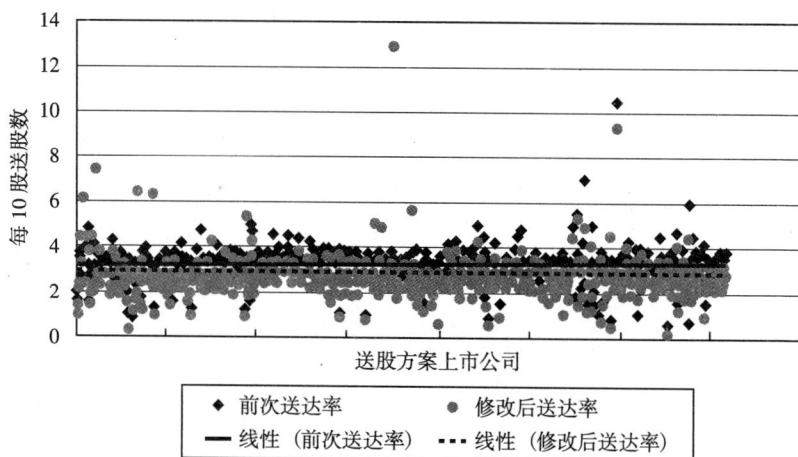

图 3-8　送股方案修改前后对价水平情况

　　(6) 不同性质上市公司的对价水平。为了进一步分析国企和民企不同性质上市公司的对价水平情况，我们抽样了 2005 年 6 月 20 日进行股权分置改革采取纯送股方案的 34 家上市公司，其中国企 20 家，民营企业 14 家。在送股方案中，国企的平均对价水平为每 10 股送股 3.42 股，明显低于民企的对价水平 3.81 股。这应该看成是市场博弈的合理结果。

　　我们从股权结构角度再来分析各板块对价水平。由于国企一般属于业绩较优、有某种垄断优势的上市公司，其大股东一般会认为其控股的上市公司资产质地较好、市盈率较低，机构投资者持股集中（便于在表决对价方案时公关），自然不愿意提高对价水平。与国企相反，民营企业自然人或法人的控股比例非常高（中小板民企非流通股占总股本的平均比例为 72.47%），在不放弃控股权的前提下减持的预留空间较大，为了不错过股改带来的巨额财富效应，往往会提出较好的送股对价方案以期在分类表决时顺利通过。

　　4. 影响对价水平的模型推导及实证检验

　　上市公司在股权分置的历史条件下，由于绝大部分股份不参与流通，发行与上市时的市盈率一般都超过了真正市场化环境中的合理市盈率。而在股权分置改革后，由于流通股与非流通股所有的股份将有相同的价格标准——市场价格，上市公司原非流通股的流通性折价消失了，原流通股的流通性溢价也消失了。因此，实施股权分置改革的关键就是需要非流通股股东向流通股股东做出一定的对价安排，即用模拟市场化发行的方式把高于合理市盈率的超额溢价部分返还给流通股股东。股权分置改革实施后，存在一个理论股价，在该股价水平上，公司总市值与改革前的公司总市值相等且流通股股东的持股价值不受损失，我们称为均衡股价，并存在如下公式：

$$P_1 \times N_1 + P_2 \times N_2 = P_a \times (N_1 + N_2) \qquad (3-1)$$

$$P_1 \times N_1 = P_a \times N_a \qquad (3-2)$$

$$P_2 \times N_2 = P_a \times N_b \qquad (3-3)$$

式中，P_1 为股权分置方案实施前的流通股每股估值；P_2 为股权分置方案实施前的非流通股的每股估值；P_a 为股权分置方案实施后的股票的理论价格即均衡股价；N_1 为流通股数量；N_2 为非流通股数量；N_a 为股权分置方案实施后原流通股股东所持的股票数量；N_b 为股权分置方案实施后原非流通股股东所持股票数量。

对价支付水平：

$$Y = \frac{N_a - N_1}{N_1} = \frac{N_a}{N_1} - 1 = \frac{P_1}{P_a} - 1 = P_1 \cdot \frac{N_1 + N_2}{P_1 N_1 + P_2 N_2} - 1 = \frac{(P_1 - P_2)N_2}{P_1 N_1 + P_2 N_2}$$

$$= \frac{(P_1 - P_2)\dfrac{N_2}{N_1 + N_2}}{(P_1 N_1 + P_2 N_2)\dfrac{1}{N_1 + N_2}}$$

等式两边分别取对数：

$$LnY = Ln(P_1 - P_2) + Ln(\frac{N_2}{N_1 + N_2}) - Ln(\frac{P_1 N_1 + P_2 N_2}{N_1 + N_2})$$

式中，$Ln(\frac{P_1 N_1 + P_2 N_2}{N_1 + N_2}) = LnP_a$

$$LnY = Ln(\frac{P_1}{P_2} - 1) + Ln(\frac{N_2}{N_1 + N_2}) - (LnP_a - LnP_2)$$

基于公司总市值不变理论以及合理市盈率理论推导出的上述对价支付模型中，对价支付水平取决于三个变量，即 X_1：$(\frac{N_2}{N_1 + N_2})$、X_2：$(LnP_a - LnP_2)$ 和 X_3：$(\frac{P_1}{P_2} - 1)$。根据上述对价支付模型我们设定如下回归方程式：

$$Y = \alpha + \beta_1 X_1 + \beta_2 X_2 + \beta_3 X_3 + u$$

式中，Y 为对价支付水平，反映了非流通股股东支付的使其所持股份流通的流通权价值；X_1 为股改前非流通股占总股本的比例，反映了非流通股股东享有的溢价规模；X_2 为股改后公司合理价值与股前非流通股价值之差，反映了股改后在合理的公司估值水平下流通股的价值损失，实证检验中选取市盈率来代表；X_3 为股改前流通股价值较股改前非流通股的溢价率，反映了非流通股股东享有的公司同一股份持股成本优势，实证检验中选取市净率来代表；u 为随机误差项。

X_2 中每股收益选取各公司股权分置改革开始日前一年度数据。同时为了使公司股价之间具有可比性，所有的股票价格均选取未复权价格。

截至 2008 年 10 月 28 日，已经完成股权分置改革的上市公司有 1288 家，为使各个对价支付方案具有可比性，我们从 1288 家已经完成股权分置改革的上市公司中扣除方案中含有资产重组的 123 家和采用差价补偿的 1 家上市公司。最终的研究样本总体包含 1164 家上市公司。本章数据均来自 Wind 资讯数据库。

通过 Eviews 对方程进行回归，回归结果见表 3-6。

表 3-6　回归结果

Dependent Variable: Y				
Sample: 11164				
Included observations：1 164				
Variable	Coefficient	Std. Error	t-Statistic	Prob.
X_1	0.031816	0.001708	18.62722	0.0000
X_2	0.000314	0.000190	1.651953	0.0988
X_3	−0.032953	0.006670	−4.940838	0.0000
C	1.107816	0.106526	10.39952	0.0000
R-squared	0.236698	Mean dependent var		2.996118
Adjusted R-squared	0.234712	S.D. dependent var		0.738612
S.E. of regression	0.646143	Akaike info criterion		1.967859
Sum squared resid	481.3784	Schwarz criterion		1.985331
Log likelihood	−1134.407	F-statistic		119.1805
Durbin-Watson stat	1.797696	Prob（F-statistic）		0.000000

从模型回归整体显著性检验结果分析，F 值为 119.1805，在 1% 的显著性水平下通过了检验。样本回归模型如下：

$$\hat{Y} = 1.108 + 0.032X_1 + 0.0003X_2 - 0.033X_3$$
$$SE = (0.107)(0.002)(0.0002)(0.007)$$
$$t = (10.400)(18.627)(1.652)(-4.941)$$
$$P = (0.000)(0.000)(0.099)(0.000)$$

回归结果显示，非流通股股东对价支付水平与非流通股股东占总股本比例呈正相关关系。非流通股股东占总股本比例越高，其在发行时因股权分置存在而享受的溢价越高，则应向流通股股东支付更高的对价。比如在给定信息集条件下，人福科技和华西村市净率分别为 1.2 和 1.7，市盈率分别为 19.3 和 16.9，由于人福科技的非流通股股份占总股本比例 42.52% 小于华西村的 74.91%，所以人福科技每 10 股支付的对价 2.0 股远远小于华西村的 4.7 股。

非流通股股东对价支付水平与当前公司股票的市盈率呈正相关关系。制定对价支付方案时，需要考虑支付对价后的公司合理价值，而股改前对公司价值的定价普遍采用类比法，即根据相关企业或市场的市盈率水平以及政策导向来确定公司价值。如果股改前公司市盈率较大，而股改后上市公司合理的市盈率较非流通股的溢价较小，即股改后公司合理价值与股改前非流通股价值之差较小，则流通股股东将向非流通股股东索要较高的对价来弥补其效用函数损失。这也与前述对价支付水平推导公式吻合。比如在给定信息集条件下，双汇发展和华侨城 A 非流通股股东占总股本的比例分别为 60.7% 和 64.6%，市净率同为 4.7，由于华侨城 A 每 10 股的市盈率 35.5 大于双汇发展的 25.6，所以华侨城 A 支付的对价 2.8 股也大于双汇发展的 2.4 股。

非流通股股东对价支付水平与当前公司股票市净率呈负相关关系。股权分置改革前非流通股的价值一般以公司的净资产为衡量指标。公司的市净率则反映了公司同一股份，流通股股东持有成本较非流通股股东持有成本的溢价水平。这个回归结果也符合实际情况，在流通股股东与非流通股股东讨价还价的过程中，一个重要的指标就是流通股股东的损失程度。虽然衡量流通股股东的损失程度的指标很多，比如股权分置前的股价与发行价的差异、历史最高股价与发行价的差异。但无论哪种衡量方法，流通股股东损失程度越大，则流通股股东要求的对价水平也越高，模型的回归结果证实了这点。比如在给定信息集条件下，交运股份和澄星股份非流通股股东占总股本的比例分别为 56.6% 和 56.9%，市盈率分别为 51.9% 和 50.1%，由于交运股份的市净率 0.9 小于澄星股份的 1.9，所以交运股份每 10 股支付的对价 3.5 股大于澄星股份的 1.0 股。

上述由实证检验所得结论与基于公司价值不变法的对价支付水平理论基本吻合。从模型可以看出，非流通股股东和流通股股东分别从各自持股比例、成本差异、改革后的受益程度等因素考虑对价水平并最终达到均衡，这也充分说明，股权分置改革中协商机制的设计有助于非流通股股东和流通股股东从各自利益出发通过博弈来实现双方的均衡利益。

三、股权分置改革协商机制下的博弈分析

1. 博弈的基本过程

股权分置改革按照"统一组织，分散决策"的机制设计原则推进实施。在证监会和国资委等政府职能部门的相关制度安排指引下，非流通股股东和流通股股东之间构建公开、公平、公正的协商机制，博弈双方根据自身效用最大化原则分析寻找到博弈的均衡点。

（1）证监会和国资委。作为政府监管职能部门，主要制定和维护规则、程序，但不规定具体的对价水平，让各个上市公司的两类股东自己进行协商对话，最后用分类表决的方式来达成一致。证监会作为股权分置改革的组织者和推动者

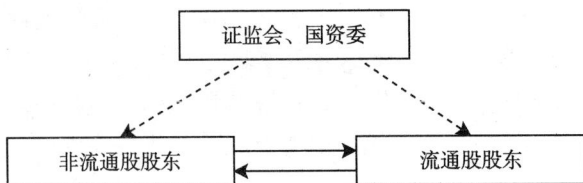

图 3-9 股权分置改革的博弈

注：虚线仅表示机制设计与规则制定者对于博弈双方的政策引导与制度保证，以便促使双方尽快实现合作博弈。实线表示非流通股股东与流通股股东双方的来回沟通协商与博弈。

对上市公司的要求至少有两个：一是所有的上市公司都必须进行股权分置改革；二是通过分类表决的制度安排，这隐含着要求非流通股股东支付一定的对价，以解决激励相容问题。

（2）非流通股股东。在博弈中，非流通股股东在解决股权分置过程中起主导作用，是上市公司解决股权分置方案的提议方，也是解决股权分置中对价的支付方。如何支付对价以及支付多少的问题是上市公司非流通股股东与流通股股东之间博弈的焦点，也是股权分置改革的关键。

（3）流通股股东在分类表决中可以接受对价方案，也可以投反对票，甚至可以抛售股票。流通股股东主要分为两类：一类是机构投资者；另一类是中小投资者。其中前者在具体解决股权分置方案设计及流通股股东分类表决中往往起主要作用。

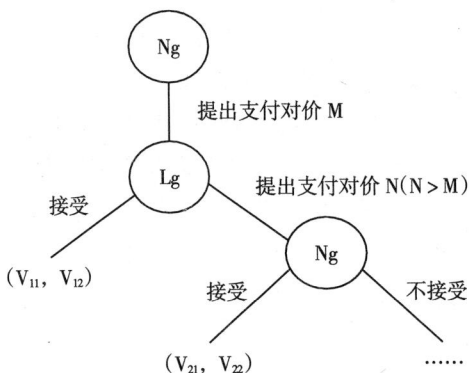

图 3-10 非流通股股东与流通股股东的对价博弈过程分析

注：Ng、Lg 分别是参与博弈的非流通股股东和流通股股东。

截至 2008 年 11 月，共有 1288 家公司相继完成或进入股改程序，采取纯送股方式支付对价的有 1047 家，以送股为主的对价支付模式一直是股改中的主流对价支付模式，因此模型假设对价方案为送股。

根据《管理办法》和《操作指引》的相关规定，股权分置改革的博弈过程可以分为以下三个回合。

第一回合，由大股东（非流通股股东的代表）提出拟流通的意愿，并确定对流通股股东提供一个每股获赠 M 股的支付对价，流通股股东可以接受也可以拒绝非流通股股东提出的对价，若不接受，则非流通股股东、流通股股东用其股权价值来衡量的得益分别为 V_{11}、V_{12}，谈判结束。若不接受，则开始第二回合。

其中，非流通股股东和流通股股东股权价值分别为 V_{01}、V_{02}，则：

$$V_{01} = E \times S_1$$

$$V_{02} = P \times S_2$$

上市公司每股净资产值为 E，公司股票市场价格为 P，公司总股本为 S，其中非流通股股本为 S_1，流通股股本为 S_2。

在公司股权分置改革采取向流通股股东每股送 M 股股票的情况下，此时进一步假设公司股权分置改革进行后股票价格为 Ph1，则此时公司非流通股股东和流通股股东股权价值分别为：

$$V_{11} = Ph1 \times (S_1 - M \times S_2)$$

$$V_{12} = Ph1 \times (1 + M) \times S_2$$

第二回合，如果流通股股东不接受每股送 M 股，流通股股东提出新的支付对价，假设流通股股东提出每股获赠 N 股（N > M），由非流通股股东选择是否接受，若接受则谈判结束。若不接受，则进行下一回合。

第三回合，在非流通股股东不接受流通股股东提出的支付的对价情况下，在"所有的上市公司都必须进行股权分置改革"的政策背景下，非流通股股东将与流通股股东还将进行充分的协商，并提出新的对价支付方案。

2. 股权分置改革方案的表决情况

股权分置改革是非流通股股东与流通股股东从非合作逐步走向合作的多重博弈的过程，围绕股权改制方案的表决过程正是这一博弈过程的具体体现。

截至 2008 年 11 月 14 日，提出股改方案的 1303 家上市公司中，股改方案的通过家数为 1297 家，未通过的仅为 6 家，而未通过股改方案的主要原因是流通股对对价方案和对价支付的不满，6 家上市公司流通股反对股份比重均高达 60.70%（见表 3-7）。

表 3-7　股权分置改革方案的表决情况

股改方案是否通过	家数（家）	所有赞成股份比重（%）	所有反对股份比重（%）	所有弃权股份比重（%）	流通股赞成股份比重（%）	流通股反对股份比重（%）	流通股弃权股份比重（%）	参加表决股份数占总股份比例（%）	参加表决流通股份数占所有流通股份比例（%）	参加表决非流通股份数占所有非流通股份比例（%）
是	1297	97.39	2.13	0.11	88.27	11.23	0.45	72.04	35.69	93.67
否	6	89.87	10.07	0.06	38.96	60.70	0.34	68.72	32.44	88.81

资料来源：Wind。

在已通过股改方案的上市公司中，有相当一部分并非是一次通过的，方案一次性通过的比重仅占通过股改方案上市公司的33%（见图3-11）。

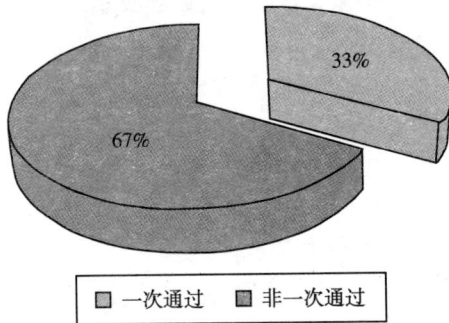

图3-11 股改方案通过次数统计

资料来源：Wind。

在866家非一次性通过股改方案的公司中，分别有853家和821家上市公司的最终方案的股票送出率、送达率高于前次方案。由此可见，在多次博弈的过程中，流通股股东议价能力和实得对价水平逐步得到提高，为股权分置改革后流通股股东参与公司决策奠定了基础，有助于上市公司公司治理结构的完善。

3. 博弈的转变结果

在股权分置改革过程中，流通股股东与非流通股股东在初期基本上是非合作的博弈。从前文我们也看到，一次通过股改方案的上市公司也只占33%，并且在这33%的上市公司中，大多数股改方案均有不同的协商修正。而在全部通过的1297家上市公司股改方案中，对股权分置改革方案进行修改的上市公司共有1074家，其比例为82.8%。但在机制设计者有关激励与约束政策的引导下，新设计的机制促使了流通股股东与非流通股股东参与博弈的积极性。如对股改完成的上市公司再融资与并购活动优先安排，对未进行股改的公司进行了重点监管以及交易涨跌限制等，对流通股股东新得对价实施税收减免等。在有关部门这些相关制度的安排引导下，流通股股东与非流通股股东经过不断沟通协商，实现了合作博弈，最终达成了共识与均衡，高达97.39%的股改方案通过率就证明了这一点。这个结果也充分说明了股权分置改革政策制定者所设计的机制在保证流通股与非流通股追求个人利益的同时，能够并且达到了设计者所设定的整体目标。

就送股或折算成送股来看，其中就非流通股股东而言，修改前的平均送出率为14.86%，修改后平均送出率为17.17%，修改前后送出率差异为2.40%；就流通股股东而言，修改前平均送达率为27.15%，修改后平均送达率为29.89%，修改前后送达率差异为3.17%。可见，经过股权分置改革方案的修改，平均送出率与送达率都有一定的提高，从而有效保护了流通股股东的利益。到2008年11月

14 日股权分置改革方案获得通过的上市公司共 1297 家，其中赞成的平均比重为 90.34%。这反映了各相关利益方对股权分置改革方案的普遍性认同。对价方面，以折算成送股对价为指标来考察，完成股权分置改革的上市公司平均对价为 2.97，其中位于 2~4 的上市公司共 1008 家，占已实施股权分置改革公司的 78.94%。对价的集中分布反映了各个方面市场利益主体的共识（见图 3-12）。参加表决流通股份数占所有流通股份比例的分布相对分散，同时大多集中于 50% 以下的区域，反映我国 A 股市场流通股股权分散的客观事实（见图 3-13）。

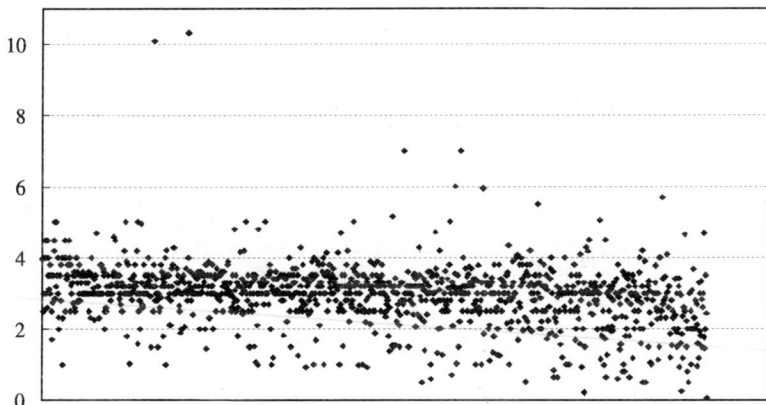

图 3-12 已实施股权分置改革公司折算成送股的对价分布

资料来源：Wind。

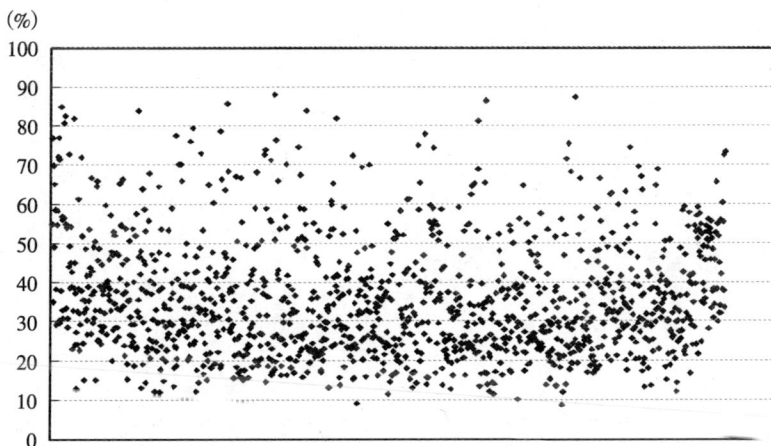

图 3-13 参加表决流通股份数占所有流通股份比例

资料来源：Wind。

流通股股东高投票通过率与对价水平收敛，以及股权分置改革对价水平形成过程及结果，反映了市场各个方面利益均衡的共识与博弈。这也说明了非流通股股东和流通股股东从非合作博弈到合作博弈的转变。

针对各个上市公司千差万别、多种问题错综复杂的情况，股权分置改革构建的"统一组织，分散决策"的机制以及相关制度安排，将政府主导的国有股减持试点转变为市场主导的制度性变迁，通过市场主体自愿选择、自愿交换的分散决策达成宏观政策性目标。实践表明，在解决微观层面各参与方利益均衡问题时，理清政府与市场的边界，尊重市场规律，以市场化手段进行推进，有助于经济活动参与者的个人利益和政府相关部门的公共目标达到和谐一致。

4. 案例分析

下面分别从几个典型上市公司的股改方案及推进来分析流通股股东与非流通股股东从非合作博弈到合作博弈的具体转化。

案例一

清华同方股权分置改革案例分析

一、公司基本情况

1. 公司名称：同方股份有限公司（原名称：清华同方股份有限公司）
2. 公司简称：同方股份（原简称：清华同方）
3. 代码：600100
4. 股改前后股权结构情况

股份性质		方案实施前		方案实施后	
		股份（万股）	占总股本比例（%）	股份（万股）	占总股本比例（%）
非流通股	国家持有股份	28962.5	50.40	—	—
	境内法人持有股份	1195.7	2.08	—	—
	境外法人持有股份	0.0	0.00	—	—
	合计	30158.2	52.48	—	—
流通股		27303.5	47.52	—	—
有限售条件的流通股份	国家持有股份	—	—	18998.7	33.06
	境内法人持有股份	—	—	784.3	1.36
	境外法人持有股份	—	—	0.0	0.00
	合计	—	—	19783.0	34.42
无限售条件的流通股份		—	—	37678.2	65.58
总股本				57461.2	100.00

二、股权分置改革难点分析

1. 基本特点

（1）非流通股占 52.48%；

（2）公司股东人数高达 16 万，中小投资者占绝大多数；

（3）股改协商次数：两次；

（4）股改通过方案：每 10 股送 3.8 股。

2. 两次股权分置改革概况

参加首批股权分置改革试点时，公司曾提出每 10 股转增 10 股的对价方案，折算为送股方式是每 10 股送 3.56 股，被否，第一批试点公司中唯一一家股改方案被否决的公司。

2005 年 12 月 23 日，清华同方公布股权分置改革说明书，提出公司非流通股股东采取送股方式向流通股股东支付对价，流通股股东每 10 股可获得 3.66 股。

经流通股股东与非流通股股东的充分沟通博弈后，2006 年 1 月 5 日，公司公布了经过修订后的股权分置改革说明书，将原来每 10 股送 3.66 股的对价水平提高到每 10 股送 3.8 股。同时，公司控股股东清华控股有限公司还承诺：持有的非流通股股份自获得上市流通权之日起，在 36 个月内不通过上海证券交易所以竞价交易方式出售。

上述经修订后的股权分置改革方案的表决情况如下：参加本次股东大会表决的有效表决权股份总数为 35983 万股，占公司总股本的 62.62%，其中，参加表决的流通股股东有效表决权股份为 5825 万股，占公司流通股股份总数的21.34%。同意 35611 万股，占参加本次股东大会有效表决权股份总数的98.96%；反对 356 万股，占参加本次股东大会有效表决权股份总数的0.99%；弃权 16 万股，占参加本次股东大会有效表决权股份总数的0.05%。流通股股东同意 5453 万股，占参加本次股东大会流通股有效表决权股份总数的93.6%；反对 356 万股，占参加本次股东大会流通股有效表决权股份总数的6.12%；弃权 16 万股，占参加本次股东大会流通股有效表决权股份总数的0.28%。经参加表决的股东所持表决权的 2/3 以上通过，并经参加表决的流通股股东所持表决权的 2/3 以上通过。

3. 股权分置改革博弈分析

参加首批股权分置改革试点时，公司曾提出 10 转增 10 的对价方案。尽管这一方案被很多人认为无法接受，但究其根源，在于与流通股股东的沟通不利。一方面的原因是公司的持股比例十分分散，股东人数高达 16 万，以中小投资者为主，非常不利于沟通工作的展开；另一方面的原因是公司在建立良好的投资者关系上缺乏经验，导致了许多投资者对公司股改诚意的质疑。当时由于方案未增加任何承诺，被部分市场评论人士认为大股东缺乏诚意，对上市公司后续发展缺乏信心。同时，由于目前市场上近六成的股改公司均提出了附禁售期限或减持价格等额外承诺的方案，清华同方方案中未能提出此类承诺显得与众不同。沟通过程中机构投资者和个人散户普遍都表示希望控股股东能够提出额外承诺，如延长禁售期、约定减持价格、优质资产注入等。

公司自股权分置改革以来，设立了投资者热线、传真、信箱用以和广大投资者就方案进行沟通，根据流通股股东的反馈以及通过电话、网络、现场提问等方式提出意见。2005年12月23日，公司公布股权分置改革说明书，提出公司非流通股股东采取送股方式向流通股股东支付对价，流通股股东每10股可获得3.66股。由于第一次改革方案被否，使部分散户对对价产生了较高的预期，经沟通，流通股股东的意见主要表现在以下方面：现有对价水平过低；控股股东应该增加禁售或减持价格等承诺；适当提高对价水平。经过充分沟通，最终修订了方案，对价水平提高至每10股送3.8股，并增加了控股股东36个月内不减持的承诺，从而使方案得以顺利推出。

在清华同方的股改博弈中，我们可以得出以下结论：

（1）在试点期间，公司在未与流通股股东充分沟通的情况下，提出了10转增10的对价方案，既不利于普通流通股股东的理解（与送股方案相比），又未充分考虑市场当时普遍采取的锁定承诺和减持价格承诺等，造成中小股东的不理解和反对，在此非合作博弈的情况，方案只体现了非流通股股东的利益，从而被否也在情理之中。

（2）在第二次股改方案中，公司通过各种方式充分听取流通股股东的意见，在公司最初的相当于和每10股送3.56股的对价方案与大部分流通股股东要求的10送4的方案下，达到每10股送3.8股的合作博弈均衡。双方经过充分沟通，各自作出了让步，控股股东也作出了36个月内不减持的承诺。

案例二
金丰投资股权分置改革案例分析

一、公司基本情况
1. 公司名称：上海金丰投资股份有限公司
2. 代码：600606

3. 股改前后股权结构情况

股份类别	股份性质	股改前	股改变动数	股改后
非流通股	国家股	155497042	−155497042	0
有限售条件的流通股份	国家股	0	+109269331	109269331
无限售条件的流通股份	社会公众股	124939759	+46227711	171167470
股份总额		280436801	0	280436801

二、股权分置改革分析

1. 基本特点

（1）非流通股占 55.45%；

（2）前十大流通股股东均为个人；

（3）股改协商次数：两次；

（4）股改通过方案：每 10 股送 3.7 股。

2. 两次股权分置改革概况

2005 年 11 月 2 日，金丰投资第一次公布修订后的股权分置改革说明书，A 股流通股股东每持有 10 股 A 股流通股将获得 3.5 股股票的对价。2005 年 11 月 28 日，召开股东大会对股权分置改革方案进行投票表决。表决结果：股权分置改革方案已经参加表决的股东所持有效表决权的 2/3 以上通过，但未经参加表决的流通股股东所持有效表决权的 2/3 以上通过，所以此次股权分置改革方案未获通过。

2006 年 5 月 10 日，金丰投资第二次公布股权分置改革说明书，A 股流通股股东每持有 10 股 A 股流通股将获得 3.7 股股票的对价。2005 年 5 月 29 日，召开股东大会对该次股权分置改革方案进行投票表决。表决结果：股权分置改革方案已经参加表决的股东所持有效表决权的 2/3 以上通过，并经参加表决的流通股股东所持有效表决权的 2/3 以上通过，所以此次股权分置改革方案获通过。

3. 股权分置改革博弈分析

2005 年 10 月 24 日，金丰投资第一次公布股改说明书，非流通股股东向流通股股东每 10 股送 3.2 股。此方案首先遭到了拥有 70.25 万股流通股的公司第一大流通股股东周梅森的反对，周梅森认为至少要达到每 10 股送 4 股或每 10 股送 3.8 股才能维护自己的利益。因此在股改方案公布的当夜，他立即给金丰投资董事会发了份电邮，代表部分流通股股东表明对对价方案的不满，希望公司高层及时与他沟通。金丰投资非流通股股东及公司管理层的反应相当积极和认真，次日即和周梅森取得了联系，董事长和保荐人一行还亲赴南京听取周梅森的意见。此后金丰投资修改了方案，从每10股送3.2股提高到每10股送3.5股，但仍未达到周梅森的最低要求。修订后的股改新方案于2005年11月2日公布后，周梅森发表了《致金丰投资董事会信》，11月3日金丰投资首日复牌即跳空低开，全天跌5.38%，次日股价继续下跌。

金丰投资董事长、董事会秘书、保荐人及非流通股大股东代表一行七人随即再次专程赶赴南京与周梅森进行沟通。为此，周梅森不仅自己明确表示将投反对票，并发表公开信呼吁其他流通股股东一起抵制。11月5日，周梅森发表《致全国流通股股东的一封公开信》，信中周梅森用五个排比句表达——"我愤怒"，表示若不修改对价方案，就将在金丰投资的股东大会上投股改的反对票，随后周梅森连发第二、第三封公开信，将矛头指向股改幕后的上海国资部门。周梅森认为自己的平均持股成本接近6元，而目前的股价是3.85元，其亏损已经超过百万元。

11月28日，股东大会投票表决结果中，流通股股东的通过率只有59.07%。所以第一次股改方案未能通过。

在第一次的股改方案未获通过后，非流通股股东只有作出进一步让步。2006年5月10日，公布了第二次股改说明书，A股流通股股东每持有10股A股流通股将获得3.7股股票的对价。虽然每持有10股A股流通股将获得3.7股股票的对价比起周梅森至少3.8股的对价较低，但是周梅森在第二次股改方案推出后并未进行否定，说明周梅森也作出了一定的让步。2006年5月29日，第二次股改方案获得通过。

在金丰投资以周梅森为代表的流通股股东与非流通股股东历时8个月的股改博弈中，我们至少可以得出如下几点结论：

（1）由于流通股股东人数较多，股权分散，难以达成团体理性。周梅森一个人仅以70.25万股的数量就影响了前后两次股东大会对股改方案的否定与通过。

（2）流通股股东与非流通股股东从开始时的非合作博弈，经过多次不断沟通协商，最终实现了合作博弈，达成了双方的利益均衡：既没有完全满足流通股股东的每10股送3.8股，也没有实现非流通股股东的每10股送3.2股的初衷。

（3）在以周梅森为代表的流通股股东在第二次股改方案公布后，之所以同意，除了流通股股东提高对价支付外，还有一个很重要的因素就是市场回暖，股价的回升。在金丰投资复牌后的2006年5月16~29日股改方案通过日，其股票市场价格在6.08~6.65元波动。这高于大部分流通股股东的平均持股成本，且在这一时期随着市场的逐渐走好，已经股改完成的上市公司股份出现了填权走势，这也使流通股股东形成了良好的早股改早受益的预期。

（4）在金丰投资的股改中，以周梅森为代表的个人投资者充分利用自己的话语权，在与非流通股股东的较量中，为自己和流通股股东争取了更多的利益。金丰投资的股改案例鼓励了中小股民积极参与上市公司股东会议，充分利用自己的话语权，遏制了大股东"一股独大"的局面。

案例三
万科股权分置改革案例分析

一、公司基本情况

1. 公司名称：万科企业股份有限公司
2. 股票代码：000002
3. 股改前的股权结构情况

股份类别	股份数量（股）	股份比例（%）
一、尚未流通股份	497271983	14.58
1. 国家拥有股份	237376418	6.96
2. 募集法人股	259895565	7.62
二、已流通股份	2913748067	85.42
1. 境内上市的人民币普通股	2365849955	69.36
2. 境内上市的外资股	547898112	16.06
三、股份总数	3411020050	100.00

二、股权分置改革难点分析

1. 基本特点

（1）公司发行了 B 股，为首家 A+B 股改公司。

（2）非流通股股东持股比例低，仅占公司总股本的 14.85%，但非流通股股东数量较多，共 28 家。

（3）控股股东华润股份有限公司持有的非流通股仅占公司总股本的 10.30%。

（4）前十大流通股股东全部为机构投资者，共持有公司 15.73% 的股份，持股比例较高。

（5）股改方案一次性通过。

（6）股改方案采用权证方式，每10股流通股获得控股股东派发的8股、存续期为9个月、行权价格为3.73元/股的百慕大式认沽权证。

2. 股权分置改革概况

万科于2005年10月10日公告了股权分置改革方案，华润股份免费向A股流通股股东派发认沽权证，每持有10股流通A股获得7股认沽权证，1股认沽权证享有按3.59元的价格向华润股份出售1股万科A股股票的权利。后经与流通A股股东的充分沟通，华润股份对方案进行了调整，将行权价格由3.59元/股调整至3.73元/股，将认沽权证的数量调整至每10股A股派送8股。

2005年11月15日，万科召开了股东大会对股权分置改革方案进行表决，出席会议的股东代表占公司A股有表决权总股份的56.38%。其中流通A股股东代表股份占公司流通A股有表决权股份的50.64%，占公司A股有表决权总股份的42.70%。同意票总数占参加本次会议有表决权A股股份总数的95.95%，流通股股东同意票数占参加本次会议流通A股有表决权股份总数的94.66%，股权分置改革方案得以一次性通过。

3. 股权分置改革博弈分析

2005年10月10日，万科公告了股权分置改革说明书，至2005年10月19日，万科及其非流通股股东通过走访机构投资者、召开投资者恳谈会、热线电话、网上路演、传真及电子邮件征求意见等多种形式与流通A股股东进行了沟通。在多种沟通渠道下，流通A股股东对万科采用认沽权证解决股权分置表示了充分肯定，认为这是根据万科自身情况所设计出的最可行方案。同时，流通股股东普遍认为方案的行权价和权证数量应当适当提高。万科的前十大流通股股东均为机构投资者，在股权分置改革方案公告后，非流通股股东与基金进行了广泛的沟通，基金和机构投资者整体对万科目前发行认沽权证的方案认同，但主要提出了适当调整行权价格和权证数量的建议。

之后，根据流通股股东的建议，认沽权证的派发数量由每10股派送7股提高到8股，行权价格由3.59元提高到3.73元。2005年11月15日，万科股权分置改革方案一次性通过。

万科的股权分置改革方案是非流通股股东与流通股股东充分沟通后形成的，考虑了各方的利益和万科自身的特点。

万科的非流通股持股成本较高。1988年，万科采用公开募集方式进行股份化改造设立为股份有限公司。公司非流通股中的国家股系按净资产1元/股折股而来，而社会公开发行股票的价格也为1元/股。所有股东的初始成本是相同的，后来成为公司非流通股中的法人股部分，系1991年定向募集时形成的，当时这些股份的发行价格为 4.8 元/股，高于同期市场配售的价格 4.4 元/股。而且，在 2001 年华润入主万科后，在随后的两次万科大规模融资中，华润股份均按比例进行了全额认购。

考虑到上述情况，如果采用目前市场主流的送股方案，非流通股即使将全部的 14.58%非流通股份送给流通 A 股股东，也不能达到当时平均水平的一半。同时由于万科含有 B 股，因此动用上市公司资源的方案如转增等方案也都无法采用。而控股股东华润股份有限公司仅持有万科 15.14%的股份，也不希望股权被稀释。因此，只能采用创新的思路来设计方案。采用认沽权证方案则可以在保护流通 A 股股东的利益的基础上，创新性地解决万科股改的难题。

通过对万科股权分置改革的分析，我们可以得出以下结论：

（1）股改的过程实际上是非流通股股东与流通股股东博弈的过程，但非流通股股东与流通股股东博弈之前，需要在非流通股股东之间达成一致，非流通股的结构往往决定了一致意见达成的难易程度。

万科在股权分置改革前，非流通股股东数量多达 28 家，这使非流通股股东达成一致较为困难，方案设计难度大。如果要在所有的非流通股股东之间达成合作博弈、各方满意的方案，可能会付出较大的时间和其他成本，而万科方案选择控股股东派发认沽权证则简化了非流通股股东之间博弈的过程。

（2）流通股股东的结构决定了流通股股东在与非流通股股东博弈的过程中，是否呈团体理性。

万科作为绩优大盘蓝筹股，其流通股股东中机构投资者较多，前十大流通股股东全部为机构投资者，共持有公司总股本的 15.73%。流通股股东在与非流通股股东博弈的过程中，呈现出了团体理性。流通股股东意识到认沽权证方案是考虑到公司特点的较优选择，但是在权证数量和行权价格方面也充分表达了自己的态度，要求适当提高权证数量和行权价格。

（3）流通股股份与非流通股股份的结构对比一定程度上决定了流通股股东与非流通股股东博弈过程中的力量对比。

万科的流通 A 股股东持股比例较高，而且机构投资者较多，因此在与非流通股股东的博弈过程中具有很大的话语权。因此，万科的非流通股股东针对最初的股权分置改革方案采取多种手段与流通股股东进行了充分的沟通，尤其是充分听取了机构投资者的意见，并最终对方案作出了适当调整。

（4）如果方案设计合理，并且非流通股股东与流通股股东进行了充分的沟通，股权分置改革是完全可以一次性地达成合作博弈、激励相容、各方都取得满意的结果。

万科采用了创新性的认沽权证工具，一方面，考虑了公司特殊的股权结构，不损害 B 股股东的利益，也不致使大股东的股权比例被稀释；另一方面，流通 A 股股东同时持有认沽权证和股票，将使投资者的中短期利益同时得到保护，对于看好万科股票长远发展，不考虑股票系统性风险的投资者，可以通过出售权证的方式获得权证的即期价值。同时，方案也显现了控股股东对公司长期发展前景的信心。可以说万科的方案是一个激励相容、各方共赢的方案。另外，方案公布后，非流通股股东与流通股股东进行了充分的沟通，并听取了流通股股东的意见对方案进行了一定程度的调整。上述因素都使万科的股权分置改革方案得以一次性通过。

（5）万科的股权分置改革方案体现了股权分置改革过程中的创新机制。

万科是首家 A+B 股改的公司，与此同时实施股改的 A+B 上市公司还有永久股份。由万科、上海永久率先在外资股公司中进行股权分置改革，体现出监管层综合考虑的绩优公司破题的思路。2005 年上半年度，143 家 B 股、H 股、S 股公司加权平均主要财务指标是：每股收益 0.1629 元，每股净资产 2.5099 元，每股经营活动产生的现金流量 0.2419 元，净资产收益率 6.4895%。万科、上海永久加权平均主要财务指标是：每股收益 0.2217 元，每股净资产 1.8795 元，每股经营活动产生的现金流量 -0.2740 元，净资产收益率 11.7975%。由于万科 A 权重大，破题公司盈利能力明显高于外资股公司平均水平，其投资价值也较易被机构投资者认可。

万科的股改还体现了股权分置改革过程中的金融工具创新。2005 年 6 月 20 日，农产品首家推出了认沽权证的股权分置改革方案，实现了股改对价支付方式的创新。之后，先后有宝钢股份、长江电力、武钢股份、攀钢钢钒在股权分置改革过程中采用了权证工具并得以通过。综合考虑到自身的股权结构特点和 B 股股东的利益，万科也选择了创新性的权证工具。在股权分置改革过程中，由于上市公司自身特点各不相同，对价支付方式也可能有所差别，股权分置改革推动了参与改革各方的金融创新，可以说对于资本市场发展起到了一个良好的推动作用。

案例四

倍特高新股权分置改革案例分析

一、公司基本情况

1. 公司名称：成都倍特发展集团股份有限公司（以下简称"倍特高新"或"公司"）

2. 代码：000628

3. 股改前后股权结构情况

方案实施前			方案实施后		
股份类别	股份数量（股）	占总股本比例（%）	股份类别	股份数量（股）	占总股本比例（%）
一、未上市流通股份合计	107160000	55.36	一、有限售条件的流通股份合计	107160000	50.83
国家股	30360000	15.69	国家持股	57240000	27.15
社会法人持股	76800000	39.68	社会法人持股	49920000	23.68
二、流通股份合计	86400000	44.64	二、无限售条件的流通股份合计	103680000	49.17
A股	86400000	44.64	A股	86400000	44.64
三、股份总数	193560000	100.00	三、股份总数	210840000	100.00

注：以上计算以所有非流通股股东都执行本次股改的对价安排为前提。

二、股权分置改革难点分析

1. 基本特点

（1）公司非流通股股东众多，共有390家非流通股股东，其中部分募集法人股股东存在股东主体资格无法确认，或已丧失股东法人主体资格的情形。

（2）公司非流通股持股股东比较分散：除第一大股东高投集团持股11.97%以外，没有股东持股比例超过5%。因持股比例低，第一大股东直接送股能力很弱。

（3）公司基本面不好，存在资产负债率高、财务压力重、资产结构不合理、主营业务不突出、盈利能力较弱等问题。

（4）公司股权分置改革方案综合运用了定向转增、豁免债务、注入现金等方式。

（5）修订后的股权分置改革方案一次性通过。

2. 股权分置改革过程

2006年5月11日，倍特高新公布股权分置改革说明书。2006年5月16日，在全景网上进行股改路演，非流通股股东与流通股股东进行协商沟通。2006年5月20日，公布修订后的股权分置改革说明书。①倍特高新以资本公积金向股权分置改革方案实施的股权登记日登记在册的全体流通股股东每10股定向转增3股，转增股份总数为2592万股。转增后公司流通股股本由8640万股增加到11232万股，总股本由19356万股增加到21948万股。②高投集团豁免公司对其1.1亿元的债务，同时向公司注入3750万元现金，以此作为高投集团所持股份获得流通权的对价安排。③除高投集团以外的其他非流通股股东将其所持公司非流通股股份的35%支付给高投集团，以此作为其所持股份获得流通权的对价安排。

2006年6月12日，召开股东大会，对股权分置改革方案进行投票表决。表决结果为：全体股东赞成票占97919065股，占出席本次会议有效表决权股份总数的99.07%；流通股股东赞成票占26081985股，占出席本次会议流通股股东有效表决权股份总数的98.90%。经出席本次会议的全体股东所持表决权的2/3以上通过，并经出席本次会议的全体流通股股东所持表决权的2/3以上通过。股改方案获得通过。

3. 股权分置改革博弈分析

（1）公司结合公司第一大股东持股比例低、非流通股股东分散、公司基本面亟待改善等实际情况，未采用送股的股改方案，而创造性地运用了定向转增、债务豁免、现金支付、股份转让等多种对价支付方式，集中体现了股权分置改革机制设计中的"创新对价安排"政策的优越性。

在方案的设计上，债务豁免和现金注入导致公司净资产的增加，相应提高了每股净资产，维护了包括流通股股东在内全体股东的利益；大股东高投集团实现了对公司股份的增持，持股比例从11.97%提高到23.95%，增强了对公司控制力，也体现了大股东对倍特高新未来发展的信心，实现了非流通股股东和流通股股东的双赢。

初始方案的定向转增对价水平相当于每10股流通股获送1.02股，高投集团赠送现金和豁免债务的对价水平相当于每10股流通股获送2.48股。综合考虑上述两种对价安排，倍特高新本次股改方案的综合对价水平相当于每10股流通股获送3.50股。

倍特高新良好的方案设计使得非流通股股东与流通股股东关于对价的博弈具有良好的合作基础，能够迅速达成一致意见，实现了合作博弈。

（2）股票市场走势及股权分置改革的财富效应给公司非流通股股东、流通股股东关于对价的博弈创造了良好的外部环境。

2006年初以来，股票市场一直处于攀升状态，股权分置改革的财富效应日益凸显，这都为股权分置改革公司提供了良好的外部环境，有利于促使两类股东的目标趋于一致，双方均希望尽快完成股权分置改革。2006年5月11日，倍特高新方案推出后，股价节节攀升，至2006年5月23日达到历史最高价位——每股6.9元。

（3）"新老划断"后融资功能的恢复使得股权分置改革政策设计的"早改革早受益"效应开始显现，推动了两类股东尽快完成股权分置改革。

2006年5月6日中国证监会颁布了《上市公司证券发行管理办法》，标志着股票市场融资功能恢复，优先安排已完成股权分置改革的上市公司再融资，进一步体现了股权分置改革机制设计中的"早改革早受益"政策效应。

"新老划断"的实施改变了非流通股股东和流通股股东关于对价博弈的效应函数，两类股东的目标逐步统一到了尽快完成股权分置改革上来。股权分置改革进程的推延，意味着公司不能进行融资与并购等活动，公司将被"边缘化"，公司市场价值将会减少。这表明，流通股股东为了获得更多的对价而延缓股改进程的选择将变得不理性，机会成本将变得很高。

所以，"新老划断"的实施有利于进一步推动股权分置改革。倍特高新的股权分置改革方案在短时间内高票通过相关股东会议的审议，也在很大程度上体现了"新老划断"后融资功能恢复这一政策的积极效果。

案例五

界龙实业股权分置改革案例分析

一、公司基本情况

1. 公司名称：上海界龙实业集团股份有限公司
2. 公司简称：界龙实业
3. 代码：600836
4. 股改前后股权结构情况

股份性质		方案实施前		方案实施后	
		股份（万股）	占总股本比例（%）	股份（万股）	占总股本比例（%）
非流通股	境内法人持有股份	703.65625	63.00	—	—
	合计	703.65625	63.00	—	—
流通股		413.28125	37.00		
有限售条件的流通股份	境内法人持有股份	—	—	579.65793	51.90
	合计	—	—	579.65793	51.90
无限售条件的流通股份		—	—	537.27957	48.10
总股本		1116.93750	100.00	1116.93750	100.00

二、股权分置改革分析

1. 基本特点

(1) 第二批进行股改的企业之一。

(2) 将股权分置改革和解决大股东资金占用问题结合起来，形成"界龙模式"。

(3) 股改协商次数：一次。

(4) 股改通过方案：每10股送3股；若不按期归还占用资金，则追加支付每10股送2股的对价。

2. 股权分置改革概况

(1) 沟通工作。界龙实业是股改全面推进后的第二批进行股改的企业之一，为做好此次股改工作，界龙实业充分吸取试点期间和前批股改的经验与教训，一开始就把与投资者的沟通作为一项重要的工作来做。界龙股改从一开始就体现为合作博弈，不仅体现在非流通股之间的合作博弈，也体现在非流通股与流通股之间的合作博弈。

在股改方案制定之前，界龙实业公司首先邀请了前十大非流通股股东进行座谈，征求他们对于界龙实业进行股改的意见及股改方案的制定建议。同时在方案的制定过程中，不少投资者向公司咨询相关情况，公司也充分听取他们对股改方案制定的建议。

自股改方案推出后，界龙实业公司与投资者通过各种方式进行了充分的沟通，媒体说明会、网上路演、电话会议、营业部走访等多种灵活的方式使企业与投资者的对话和沟通更直接、更有效。通过广泛的沟通渠道让更多的中小投资者了解公司未来前景及股改方案，增强中小投资者对公司未来发展的信心。

为加强与流通股股东间的沟通，界龙实业分别成立五个推介小组共计三十余人，由董事长、总经理、董事长秘书、财务总监、总工程师带队，分别北上哈尔滨、长春、大连、北京，南下深圳、福州、厦门，中线直奔成都、长沙、武汉、郑州等地，同时在华东地区上海、江苏、浙江等地开展"价值沟通之旅"，拜访营业部、与投资者进行面对面的沟通。

界龙实业通过此次大规模拜访营业部、面对面与流通股股东特别是前1000名流通股股东进行沟通，意义在于一定要让投资者充分了解企业，看到公司的亮点和投资价值，从而增强投资者对企业长远发展的信心。

在沟通过程中，投资者对于公司今后的发展规划有了一定的了解，对公司的股权分置改革的对价方案表示理解和支持，希望公司能抓住主业快速发展，这样的结果对投资者和企业来说都是双赢的。

（2）股权分置改革方案。2005年9月19日，界龙实业公布股权分置改革说明书，公司发起人股东以其持有的部分非流通股股份作为对价，支付给公司流通股股东，以换取全体非流通股股东所持剩余非流通股股份的上市流通权，以本次股权分置改革时公司股本结构为计算基础，流通股股东每持有10股将获得3股股份的对价。

同时，上海界龙发展有限公司作为界龙实业唯一的发起人股东，做出如下特别承诺：

1）界龙发展自股权分置改革方案实施之日起36个月内不通过证券交易所挂牌交易出售所持原非流通股股份。

2）截至本改革说明书公告之日，界龙发展尚占用界龙实业3670.44万元资金，该占款均发生于2001年末之前。界龙发展承诺将于2005年12月31日前归还全部占款。若未能按时归还全部占款，界龙发展承诺：按照现有流通股股份为基数，按每10股送2股的比例，无偿向追加支付对价的股权登记日在册的流通股股东追加支付对价（原非流通股股份无权获得追加支付的对价），追加支付对价的股份总数总计为8265625股。

（3）表决情况。参加本次股东大会表决的有效表决权股份总数为7063.1249万股，占公司总股本的63.24%，其中，参加表决的流通股股东有效表决权股份为627.9677万股，占公司流通股股份总数的15.19%。

1）参加表决的全体股东的表决情况：同意6961.0222万股，占参加本次股东大会有效表决权股份总数的98.55%；反对101.1782万股，占参加本次股东大会有效表决权股份总数的1.43%；弃权0.9245万股，占参加本次股东大会有效表决权股份总数的0.01%。

2）参加表决的流通股股东表决情况：同意5258650万股，占参加本次股东大会流通股有效表决权股份总数的83.74%；反对1011782万股，占参加本次股东大会流通股有效表决权股份总数的16.11%；弃权0.9245万股，占参加本次股东大会流通股有效表决权股份总数的0.14%。

3）表决结果：经参加表决的股东所持表决权的2/3以上通过，并经参加表决的流通股股东所持表决权的2/3以上通过。

3. 方案分析

（1）界龙实业启动改革时，股权分置改革已经处于全面展开中期，对价支付安排和各种承诺已经比较成熟，理论对价水平计算比较客观和公正。同时，为做好此次股改工作，界龙实业充分吸取试点期间和前批股改的经验与教训，一开始就把与投资者的沟通作为一项重要的工作来做。界龙股改从一开始就体现为合作博弈，不仅体现在非流通股之间的合作博弈，也体现在非流通股与流通股之间的合作博弈。

（2）针对界龙实业存在控股股东占用上市公司资金问题，界龙实业采用承诺在 2005 年 12 月 31 日之前归还全部欠款，若不归还则追加支付每 10 股送 2 股的对价。"界龙模式"这种自我惩罚式的承诺无疑是一大创新，比过去一些公司的大股东出具书面保证的做法更具有约束力和可操作性，能够最大限度地维护流通股股东的合法权益。

（3）界龙模式，从治理结构层面理顺了控股股东与上市公司的利益关系，解决了控股股东侵占上市公司利益的问题，使控股股东与流通股股东的利益趋于一致。

第四节 股权分置改革效果分析

上市公司股权分置改革是最近 10 年中国经济领域有较大影响的改革举措之一。2007 年 3 月，温家宝总理在政府工作报告中指出，"上市公司股权分置改革基本完成，证券市场基础性制度建设得到加强"。2008 年 3 月，温家宝总理在政府工作报告中强调，"坚定地进行上市公司股权分置改革，解决了长期困扰证券市场发展的制度性问题"。2011 年 1 月 6 日，温家宝总理在全国金融工作会议上回顾本届政府的金融工作时，对股权分置改革作出重要论述："特别是彻底解决了长期困扰资本市场发展的股权分置问题。股权分置是我国股票市场建立初期遗留的最大难题，一直制约股票市场的健康发展。2005 年，我们下决心启动股权分置改革，按照尊重市场规律，有利于市场稳定和发展，切实保护投资者特别是公众投资者合法权益的总体要求，采取统一领导、分散决策的办法，积极稳妥、循序渐进推进改革，目前已顺利完成。这项重大改革实现了非流通股在股票市场的逐步流通，理顺了两类股东的利益机制，创造性地解决了历史难题，推动了股票市场的转折性变化。股票市场功能不断健全，有力地支持了大型金融机构改制上市，支持了一大批国有骨干企业和民营企业的投融资活动，推动了基础设施、支柱产业和高新技术产业快速发展。2011 年末，沪、深两市上市公司 2342 家，总市值 21.5 万亿元。我们还积极创造条件，把握时机，推出创业板、股指期货、融资融券，丰富市场功能，完善市场运行机制。"

上市公司股权分置改革是公司转型阶段具有里程碑意义的改革措施之一。其直接的经济效果主要有三个方面：一是推动公司制度的全面转型，股权分置改革的机制设计，具体实践和导入了契约平等、民主公平等公司的核心理念，改革全程贯彻民主协商对价公平，程序保障契约平等，政府减少对微观经济活动的干预等经济市场化、民主化的理念，使现代公司制度的核心价值观和内在运行机制得到较为广泛的文化普及和实践检验，增强了投资者信心；二是股权分置改革是资本市场基础性制度建设迈出的关键性、决定性步伐，推动资本市场转折性变化，促进了资本市场体系的成熟和完善，股权分置改革基本完成后，市场功能逐步健全，资源配置功能、经济"晴雨表"功能、价格发现功能和创新培育功能逐步发挥；三是促进提高上市公司质量，股权分置改革构建起全新的公司契约关系和股东的共同利益基础，从根本上推动了公司治理、占用资金、并购市场化以及退市机制等问题的解决（在后续篇章有进一步阐释），股权分置改革前后上市公司运行机制发生深刻变化，上市公司真正迈入了现代公司制度的发展环境。

一、推动公司制度的全面转型

1. 促进完善公司基础制度

股权分置改革从实践上确立了契约平等、民主自治原则，改变第一次股份制改革形成双轨制和股东利益二元结构，重建了公司制度运行的基础。特别是保护中小股东权益的改革制度安排，促进了股权民主与法治观念的深入和普及，分散决策机制充分保障了契约平等、民主公平等公司自治原则得以实践运行。通过改革消除了历史形成的两类股东在股份转让权利和估值定价方式的制度差异，巩固了股东利益一致性的公司基础制度。在股权分置改革中，上市公司大股东全方位加强与投资者沟通协商，使改革方案具有广泛的股东基础，股东自我主张权利的热情高涨，据统计，参加股改方案表决投票的公众投资者超过 278 万人次。通过股改，上市公司投资者关系管理的水平明显提高，投资者的股东意识和投资理念明显增强，投资者本位的股权文化逐步形成和确立。改革后，控股股东行为模式和价值取向发生积极变化，控股股东更加关注通过公司价值增长考核公司管理层经营业绩。在全流通市场环境大大降低了上市公司的公司治理改进成本与交易成本，从而使各类投资者愿意为其支付更高溢价的同时，也更加积极地参与上市公司的治理。与此同时，在改革中对不同历史时期进行股份制改造的上市公司，存在的各类产权制度缺陷和历史遗留问题进行了清理和修正。募集法人股上市流通问题、法人股个人化和名不符实问题、大股东占用上市公司资金问题，涉及数百万名公众投资者切身利益，是长期困扰我国资本市场和经济社会稳定发展的风险隐患问题。在改革中，涉及 134 家上市公司的 127 亿股募集法人股上市流通问题得到了平稳解决；270 家上市公司的股东登记名不符实、法人股个人化问题得到清理和解决；138 家上市公司结合股权分置改革采用以股抵债、以资抵债、红利抵债等多种方式解决了258.5亿元占用资金问题。上市公司产权制度得到有效保护和巩固。

2. 构建股东共同利益基础

股东的共同利益基础是公司存续和发展的基础和原动力。股权分置改革以构建股东的共同利益基础为改革目标，在股东利益一致性原则的驱使下，提高上市公司质量成为全体股东的共同利益诉求。在改革中，200多家公司控股股东将上千亿元优良资产注入上市公司，这些优良资产通过资本市场获得了合理估值；100多家上市公司剥离不良资产账面价值235亿元；60多家上市公司非流通股股东以承继近100亿元不良债务作为股改对价，改善了这类上市公司财务状况；80多家上市公司结合股改实施吸收合并、换股收购方案，实现了整体上市、借壳上市、H股回归A股等资本运作目标，其中，中国铝业、潍柴动力、东方电气等上市公司在并购方式创新和并购交易金额方面，开创A股市场并购重组的经典案例。结合证券公司综合治理，宏源证券在股改中完成注资，长江证券、国元证券、东北证券、国金证券、国海证券、太平洋证券等在股改中探索了借壳上市的路径，在解决相关上市公司股改难题的同时，为解决证券公司持续发展问题进行了有益的尝试。

在股东利益一致性原则下，市值管理成为公司治理的重要激励机制。在股权分置状况下，流通股和非流通股双轨运行，股东利益的二元结构使得流通股的市场价格发现机制存在严重的信息不对称问题，非流通股的价值增长缺乏市场价格发现机制，仍然依靠账面资产净值积累。一方面，市值管理不能使对公司治理有重大影响的非流通股股东产生激励作用；另一方面，在二元股东利益格局下，股东利益最大化目标发散，与公司价值增长目标不具有完全相关性。而在全流通条件下，股东利益一致性格局形成，市场价格信号成为全体股东的共同关注点，股东利益最大化与公司价值增长目标趋同，市值管理成为公司治理的重要激励机制，重新构建了公司制度的利益基础，提高上市公司质量成为全体股东的共同诉求，从而激发了公司制度与生俱来的创业活力和成长性生机。市值管理的有效性也为建立有效的管理层激励机制提供了条件，使得上市公司管理层有了市场化的考核指标，那就是股票的市场价格。股权分置改革完成后，逐渐形成上市公司业绩与公司股价之间的良性互动机制，能够比较客观地反映出管理层的管理绩效，以此为依据，管理层将在兼顾企业社会责任的前提下，追求企业价值的最大化。这一变化也增强了对上市公司高管人员的股权、期权激励的有效性和可操作性，改变了上市公司管理层激励制度。在股权分置改革启动的2005年，《上市公司股权激励管理办法（试行）》发布，109家上市公司在股权分置改革中推出了股权激励计划。

股权分置改革的战略目标是要解决股东利益的分离与冲突问题，回归公司制度应有股东共同利益基础，同时形成不同层次的外部监督与约束机制。对于上市公司而言，存在着控股股东和非控股股东，在股改前，非流通股股东往往是公司的控股股东，掌握着公司多数股份表决权，二者的偏好常常并不一致，因此根据公司决策资本多数决定规则，如果非控股股东（主要是流通股股东）不赞成控股股东的决策，他们仍然要忍受或承担公司决策的后果，从而使其利益受损。流通股股东与非流通股股东之间的利益分离直接导致了上市公司股东层治理机制的失效。非流通股股东由于无法从上市公司业绩改善从而股价上涨中获得资本利得，只能从公司资产增值中获益，因此，非流通股股东也没有根本性的动力去监督公司经营者来改善经营，而主要关心公司能否通过增发、配股等方式增加上市公司的每股净资产，于是出现了非流通股股东恶意"圈钱"和对上市公司无度"掏空"的败德行为。因此，股改前中国上市公司在股东层面事实上存在着上市公司的实际控股股东（主要是非流通股股东）与其他中小流通股股东之间利益上的分离，并进而导致了中国上市公司股东层面治理机制的失效。

股权分置改革构建的股东共同利益基础，是公司治理有效运行的前提条件。股权分置改革后，非流通股股东获得流通权，可以通过改善上市公司业绩促进公司价值增值，从而在股价上涨中获得资本利得，公司的大股东因此也会更加注重股价的变化从而与中小股东的利益趋向统一，控股股东为了保护自身的利益也会更加注重公司的治理，减少了"圈钱"或者"掏空"上市公司的可能性，对于公司业绩的提高也有极大的帮助。因此，股权分置改革之后，非流通股的价值实现不再是账面价值，而是市场价值，公司股价将成为公司股东统一的价值评判的主要标准，上市公司流通股股东与非流通股股东的价值取向将趋于一致，公司全体股东的财富都具备了统一、客观和动态的衡量标准，从而促进上市公司非流通股股东与流通股股东都会密切关注公司的治理结构，形成上市公司多层次的外部监督和约束机制。

在股权分置改革中，公众股东利用网络投票参与公司决策，普及了股权文化和民主自治原则，改善了上市公司治理的效率。2004年12月，中国证监会正式发布《关于加强社会公众股股东权益保护的若干规定》和《关于上市公司股东大会网络投票工作指引（试行）》（证监公司字〔2004〕96号），在规定中明确提出"上市公司召开股东大会，除现场会议外，还应当向股东提供互联网形式的会议平台。上市公司股东大会实施网络投票，应按有关实施办法办理"。第一次明确规定了我国上市公司可以在一定范围内实行网络投票。但是由于股权分置的原因，流通股股东投票热情并不是很高，在股改之前，已实施分类表决的上市公司中，参与网上投票的流通股占总流通股比例最高的是健特生物，但也只有19.43%。随着股权分置改革的展开，网上投票的参与度逐步升高，股权分置改革时期，参与网上投票的流通股占总流通股的比例平均约为35%。网络表决方式相对于传统的表决权行使方式有明显的优点：第一，能更好地保障股东表决权行使的便利；第二，能更好地解决股东大会表决权行使的成本问题；第三，比其他缺席表决方式能更好地实现股东表达自己的真实意思和充分行使权利。由此可见，引入网络表决方式，更多的中小股东将有机会参与股东大会的投票，提高上市公司治理效率。

二、资本市场基础性制度建设迈出的关键性、决定性步伐

1. 促进资本市场体系的成熟和完善

资本市场双轨制消除后，机构投资者迅速扩容，促进资本市场体系的成熟和完善。随着股权分置改革的完成，机构投资者逐渐成为我国证券市场的主要投资力量。机构投资者的比重由 2005 年的 30%左右上升到 2007 年的 50%左右。根据中国证券登记结算有限责任公司发布的《2007 年中国证券登记结算统计年鉴》，2007年末登记存管已上市 A 股流通市值 9.10 万亿元。其中，包括证券投资基金、全国社保基金、QFII、保险公司、企业年金、证券公司、一般机构在内的机构投资者持有的已上市 A 股流通市值占比为 48.71%。机构投资者比重的增加促进了公司治理外部机制的成熟和完善，当公司管理层或者大股东侵害股东利益时，出于保护其自身利益的需要，机构投资者会成为股东权利积极维护者，介入公司治理的决策。这也是机构投资者与个人投资者最大的不同，当他们对公司业绩不满或对公司治理有不同意见时，选择发表自己的意见。而且机构投资者还可以常常与公司董事会进行定期会面，对公司治理中的问题发表自己的看法，甚至面临特殊问题时还可以与董事会私下谈判，或者公开告诫，以推动董事会采取一定的措施。这就有利于提高上市公司的治理效率。机构投资者还可以将其持有股份公司中管理绩效差的公司对外公布，从外部对目标公司管理层施压，以促进公司改善绩效。

2. 增强市场信用和效率，提振投资者的信心

股权分置是我国资本市场发展初期形成的特殊问题，逐步积累成为资本市场发展的制度障碍，同时影响到我国资本市场的信用和效率，成为市场预期稳定的最大不确定因素。股权分置改革的基本完成，以及股改与市场稳定发展相结合的一系列政策措施，消除了影响市场预期稳定的最大不确定因素，形成了流通股和非流通股股东共赢的局面。截至 2007 年底，流通股股东持股市值增加 33384 亿元，平均资产增值率达到 321%。原非流通股股东支付对价的账面值约 2796 亿元，但其所持股份从暂不流通转为可流通后，估值体系从静态的账面净资产值转变为以市值计算的动态市场化估值，股份市值较改革前账面值增长约 42648 亿元，这部分资产增值收益将在资本运营和股份变现中得到实实在在的体现。在制度完善基础上的市场信心恢复，促进了股市的快速发展，股市作为国民经济"晴

雨表"的功能逐步健全：股票市值从 2004 年底的 4 万亿元增加到 2007 年底的 32 万亿元，股票市值与 GDP 的比值超过了 100%。市场功能的健全和市场效率的提高主要表现在以下两个方面：

一是资本市场的融资功能得到增强。融资功能是股票市场最基本的功能之一。1992~2005 年，虽然我国股票市场发挥了一定的融资功能，但由于各种制度因素，我国股票市场的融资功能没有充分发挥，甚至得到了扭曲，具体表现在：上市公司在股票市场上的融资能力有限，尤其是以增发为主的再融资能力较差。1992~2005 年，我国上市公司在 A 股市场上的融资总额仅为 8492.75 亿元，其中 IPO 融资占总融资额的 60%，增发融资仅占融资额的 13.70%，配股融资占融资额的 26.30%。在影响我国股票市场融资功能发挥的众多因素中，上市公司的股权分置格局是最基本的制度性因素。我国股市独有的国家股、法人股、公众股、内部职工股的制度设置，具有浓厚的非市场经济色彩。特别是占总股本 2/3 的国有股不能上市流通，使我国股票流通市场明显呈现封闭状态。这种突出的股权设置缺陷制约了股市融资功能的充分发挥。

从 2005 年起，股权分置改革实施以及作为股权分置改革的配套制度发行审核制度的市场化改革，扫清了股票市场融资困难基本制度性障碍，并通过制度的约束和激励，明晰市场融资主体的责、权、利，强化了竞争意识，使得证券市场不断向规范化发展，市场流通性大大增强，我国股票市场的融资功能亦逐步得到有效的发挥。2006~2007 年，我国上市公司在 A 股市场上的融资总额为 10494.40 亿元，超过了前 14 年的融资总额，其中 IPO 融资占总融资额的 57%。2005 年 8 月 23 日，在由证监会、国资委、财政部、人民银行、商务部五部委联合出台的《关于上市公司股权分置改革的指导意见》中明确提出，完成股权分置改革的上市公司优先安排再融资。增发逐步成为股权分置改革后上市公司的主要再融资手段，2006~2007 年，增发占融资额大幅提高至 40.81%，再融资的家数也从 2005 年的 5 家提升到 2007 年的 156 家。

二是并购重组成为资本市场配置资源的重要方式之一。2006 年底股权分置改革完成后，我国资本市场并购重组功能逐步健全，我国市场化程度和证券化程度得到大幅提升，有力推动资源配置质量和效率的提高。随着全流通市场的形成，资本市场为并购重组提供了市场化的定价机制和交易工具，以股份对价的并购重组手段日益丰富，为兼并重组提供了大规模、高效率、低成本的操作平台，资本市场并购重组风起云涌。

对比 2002~2005 年和 2006~2009 年我国上市公司并购的交易额可以发现，在境内所有企业并购交易额的平均占比从 2002~2005 年的 18.25%上升到 2006~2009 年的 48%。同样可以看到，两个时期内我国上市公司境外并购占我国企业境外并购的比重从 7.58%上升到 34.5%。到了 2009 年，全球上市公司并购交易额在全球

(亿元)

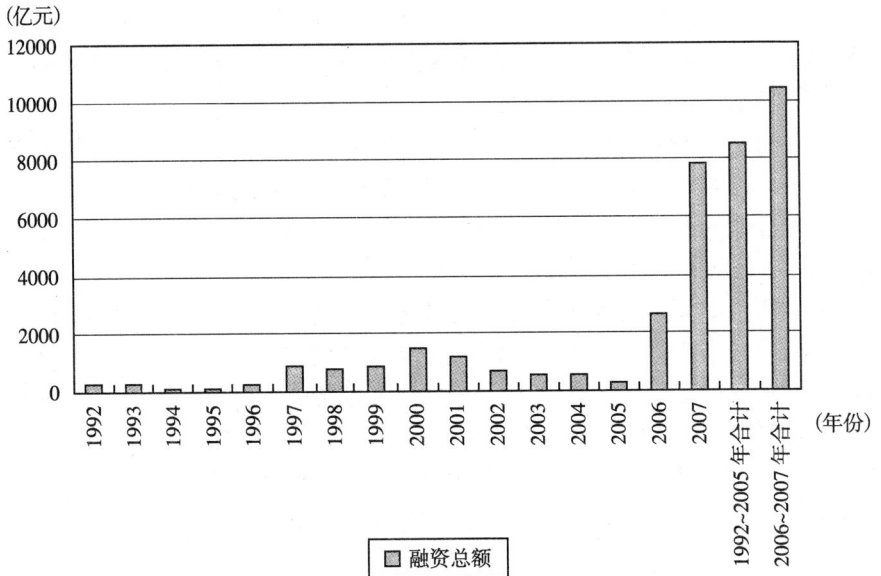

■ 融资总额

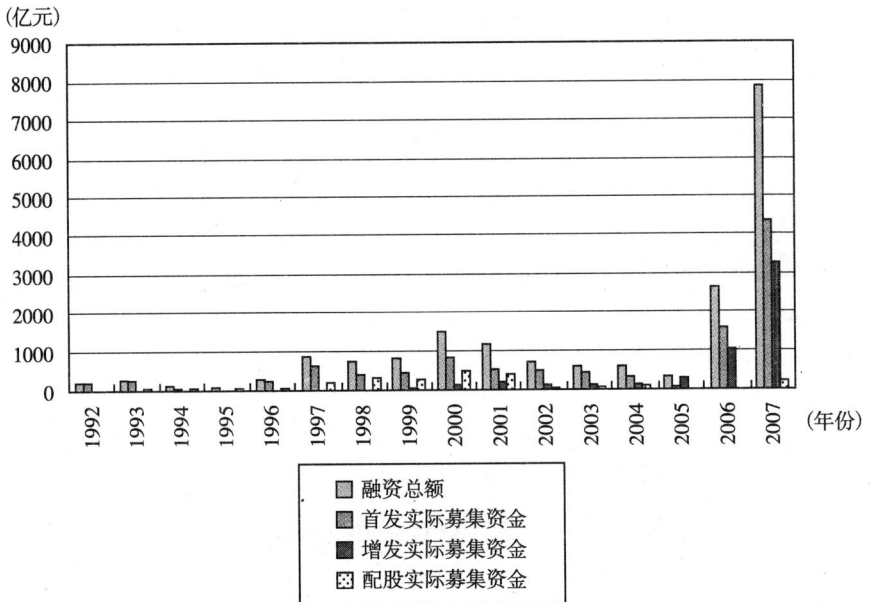

■ 融资总额
■ 首发实际募集资金
■ 增发实际募集资金
▨ 配股实际募集资金

图 3-14　1992~2007 年股票市场融资类型和数量

资料来源：Wind。

并购交易额中的占比平均在 80% 左右，20 世纪以来全球规模较大的五次并购浪潮，直接推动了各国产业结构的调整和升级，在全球资源配置依托资本市场跨境并购，有利于维护本国资源定价权和经济利益。

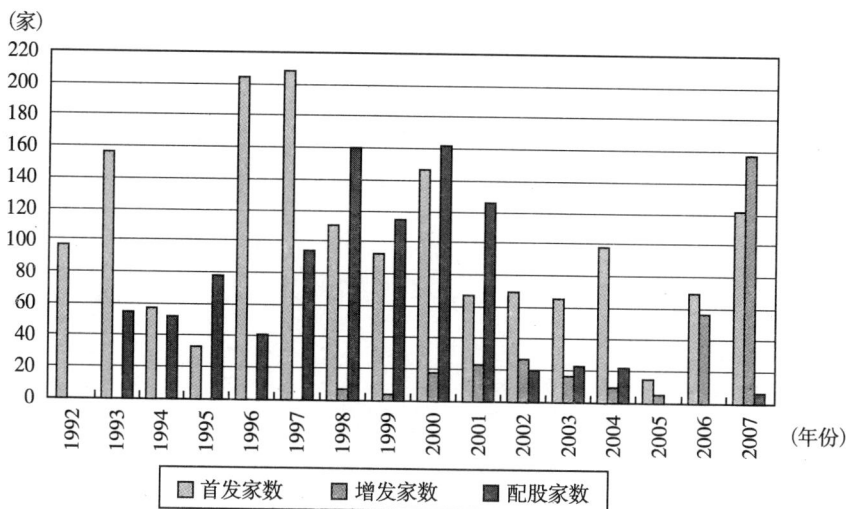

图3-15 1992~2007年首发、增发和配股家数

3. 经济"晴雨表"的功能显现

宏观经济与股票市场的波动存在着密切的关系。从理论上讲,宏观经济周期决定着股票市场波动的周期。从实证上看,股票市场作为宏观经济的"晴雨表",其波动周期要比宏观经济周期提前约半年的时间,即股票市场的波动能够反映出宏观经济运行的变化。然而,在股权分置时代,股票市场的波动都与宏观经济的波动相背离,这可以从上证指数和证券化率的走势与GDP的变化中看出(见图3-16、图3-17)。

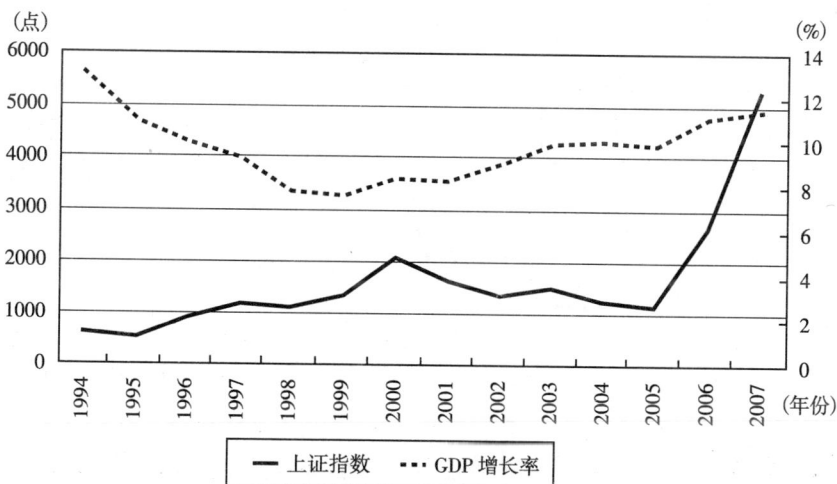

图3-16 1994~2007年上证A股指数与GDP的增长率

资料来源:Wind。

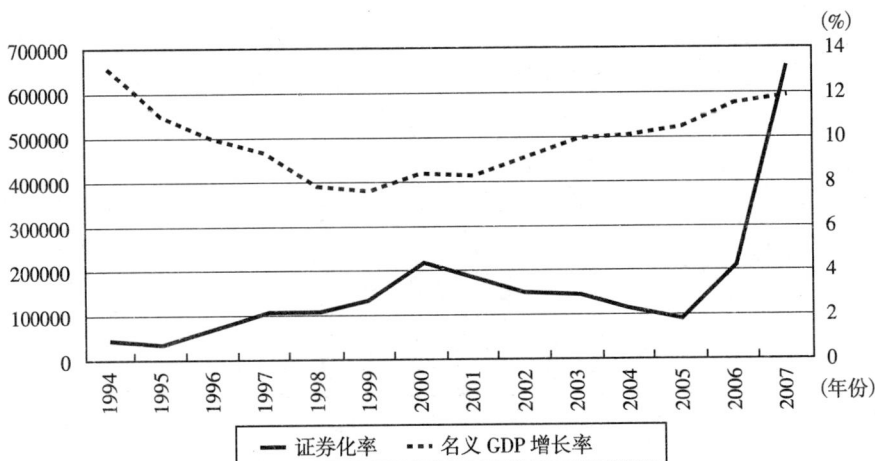

图 3-17　1994~2007 年中国证券化率及名义 GDP 增长率

资料来源：Wind。

图 3-16 是我国 1994~2007 年上证 A 股指数与 GDP 增长率的走势比较。分析图 3-16 可知，股权分置改革前的 1994~2004 年，GDP 的增长率与上证 A 股指数存在严重背离。其中，1995~1999 年，我国 GDP 的增长率分别为 10.9%、10%、9.3%、7.8% 和 7.6%，呈逐年下滑之势；而相比之下，上证 A 股指数从 1995 年的年均 681.91 点上升至 1999 年的年均 1463.83 点。2001~2005 年，我国 GDP 的增长率分别为 8.3%、9.1%、10%、10.1% 和 10.4%，呈逐年上升之势；相比之下，上证 A 股指数却从 2001 年的年均 2046.31 点跌至 2005 年的年均 1211.6 点。

股权分置改革后的 2005~2008 年，GDP 的增长率与上证 A 股指数走势基本一致，股票市场反映了我国宏观经济的繁荣发展以及 2008 年增速减缓的趋势。2005~2007 年，我国 GDP 的增长率分别为 10.4%、11.1% 和 11.4%，呈逐年上升之势；与此同时，上证 A 股指数也从 2005 年的年均 1211.6 点上升至 2007 年的年均 4544.74 点。2008 年，我国经济受西方发达国家金融危机冲击的影响，出现了增速减缓的趋势，2008 年上证 A 股指数也下跌至 2000 点关口。

图 3-17 是我国 1994~2007 年证券化率与名义 GDP 的走势。分析图 3-17 可知，股权分置改革前的 1994~2005 年，我国证券化率不高，没有体现 GDP 的增长。2001 年我国股票市场总市值只占当时 GDP 的 40%，而世界各国平均为 90%。特别是 2001~2005 年，我国 GDP 的增长率逐年递增，从 2001 年的 8.3% 上升至 2005 年的 10.4%，呈逐年上升之势；相比之下，我国的证券化率却从 2001 年的 40% 下降至 2005 年的 18%。2005 年股权分置改革后，我国证券化率逐年上升，2007 年底，证券化率达到了 106%。证券化率的提高、股票市场的发展在一定程度上反映了我国经济的快速发展状况。

4. 市场功能逐步健全，创新机制发挥积极作用

股权分置改革为建立和完善市场化的管理体制和运行机制创造了条件。在改革中，着眼于尽快发挥改革成效，并且符合资本市场长远发展方向，出台了《外国投资者对上市公司战略投资管理办法》、《上市公司回购社会公众股份管理办法》、《上市公司股权激励管理办法》、《上市公司控股股东增持社会公众股份的规定等一系列管理法规》；适应改革后市场约束机制逐步增强，定价机制趋于完善的环境变化，新修订的《首次公开发行股票并上市管理办法》、《上市公司证券发行管理办法》、《上市公司收购管理办法》、《上市公司重大资产重组管理办法》，为发挥市场在资源配置中的基础性作用提供了更广阔的制度空间。在融资审核中，进一步发挥市场机制在股票发行规模、时机选择及发行定价等方面的作用，推进发行方式创新，适当减少财务指标方面的刚性约束；在并购重组方面，在全流通环境下以股份作为支付手段的换股收购、吸收合并等并购机制创新，增强了并购重组市场活力，健全了并购重组市场功能，使得并购重组成为市场优化配置资源的重要手段之一。改革的顺利推进，也为以股票价格为基础的业务和产品创新提供了条件，股指期货、融资融券、权证产品、分离式可转债等产品创新相继推出，随着改革后创新空间的进一步拓展，以市场为导向、需求为基础的资本市场创新活动将全面趋于活跃。

三、市场导向经济改革的重要实践创新

股权分置改革运用和发展机制设计理论，开创性地构建"统一组织，分散决策"的改革机制，充分体现了公司制度的核心原则，促进公司制度规范和完善，同时为转轨经济中推进涉及复杂而具体利益关系的改革做出了有益尝试和可贵探索。股权分置改革的机制设计及其实践效用对于市场导向经济改革的实践意义主要体现在以下三个方面。

1. 以市场化原则解决转轨经济改革中的利益格局调整

股权分置改革涉及上亿市场主体的利益格局调整，而股权分置改革的目标是要解决这些诉求不同甚至对立的多重市场主体的利益平衡问题，并构建起资本市场投资者共同的利益基础。实现这种改革目标，不但国际上没有可借鉴的成熟经验，而且在我国转轨经济的改革实践中也没有现成可参照的机制设计。股权分置改革按照科学发展观的要求，立足于我国资本市场"新兴加转轨"的实际，遵循资本市场发展和运行的规律，以推进资本市场发展为目标，以市场稳定和发展为第一要义，始终强调切实保护投资者特别是公众投资者的合法权益，充分体现了以人为本的核心精神。股权分置改革运用和发展机制设计理论的基本原理，开创性地构建"统一组织，分散决策"的机制设计，统筹兼顾发挥政府职能和运用市场机制、变革市场制度与保护投资者权益、推进改革节奏与稳定市场预期的关

系，实现远近结合，标本兼治，开创和谐发展的市场局面，为推进资本市场的全面协调可持续发展奠定了坚实的基础。

在我国资本市场建立和发展相当长的一段时间里，许多方面都带有浓厚的计划和行政色彩，如上市公司股票发行的指标与额度制、再融资的单一化与管制以及股份的多种形式与股权分置等。这些历史遗留问题严重制约着我国资本市场的发展。采取何种策略和方式，设计何种机制来具体解决这些问题已成为政府当局的首要任务。股权分置这一制度性缺陷的解决，从一开始就选择了市场化的策略取向，尊重市场规律，坚持市场化的决策机制，从而迈出了我国资本市场发展改革的关键一步。这正如《上市公司股权分置改革管理办法》所指出的："上市公司股权改革，是通过非流通股股东和流通股股东之间的利益平衡机制，消除 A 股市场股份转让制度性差异的过程。上市公司股权分置改革遵循公开、公平、公正的原则，由 A 股市场相关股东在平等协商、诚信互谅、自主决策的基础上进行。中国证券监督管理委员会依法对股权分置改革各方主体及其相关活动实行监督管理，组织、指导和协调推进股权分置改革工作。"在股权分置改革过程中，证监会只是扮演改革的督导员和辅导员的角色，流通股股东和非流通股股东的协调沟通、方案的形成与确定通过，都根据各自的实际情况决定。股权分置改革的实践已经表明，采取市场化的策略和方法，能够妥善解决好转轨经济中的历史遗留问题。

2. 在市场导向改革中探索政府与市场边界和定位的重要实践

政府在市场经济中的作用，一直是现代经济学研究的重要命题。制度经济学领军人物诺思认为，"国家最重要也是最困难的任务是建立一系列的游戏规则，并将之付诸实施"。宏观经济学代表人物凯恩斯认为，"政府不应该再是社会秩序的消极保护人，而应该是社会秩序与生活的积极干预者"。对于转轨经济，则存在政府职能转变和管理创新问题。温家宝总理在加强政府自身建设推进政府管理创新方面明确提出："只有加快推进政府自身建设和管理创新，才能更好地贯彻落实科学发展观，适应发展社会主义市场经济和构建社会主义和谐社会的要求。我们一定要深刻认识政府自身改革和建设的重要性和紧迫性，增强责任感和使命感，努力建设法治政府、服务政府、责任政府和效能政府。"股权分置改革在推进政府职能转变和管理创新上进行了探索性的实践。随着社会主义市场经济体制的建立和完善，我国资本市场的利益主体更加多元化，利益关系更加错综复杂。改革涉及利益关系的调整和平衡，妥善处理好改革主体间复杂的利益关系，是改革的难点，也是改革成败的决定性因素，解决这一问题，必须充分发挥市场机制的作用，这是吸取以往经验、教训所总结的一条基本原则。股权分置改革中的"分散决策"是在资本市场改革中充分发挥市场作用的一次大胆尝试，事实证明，采取一户一策，不仅没有延缓改革的进程，反而适应客观实际，兼顾各方利益，促进了改革在较短时间内基本完成。但是，发挥市场的作用并不意味着政府放任自流，特别是在中国特色的资本市场搞改革，政府的"统一组织"不可或缺，分散决策要在统一的规则下进行，改革秩序的维护需要强有力的监管，改革中各类难题的破解需要分类指导和政策支持。分散决策以统一组织为前提，统一组织以分散决策为依托，统一组织和分散决策相结合的机制，明确了政府和市场的职能边界和定位，为今后资本市场推进涉及复杂而具体利益关系的其他各项改革，做出了有益尝试和可贵探索。"统一组织，分散决策"的机制设计，将政府主导的国有股减持探索试点转变为市场主导的制度变迁实践，政府通过制定规则、程序并监督执行，提供公共服务，维护改革秩序和发挥协调职能，让市场主体通过自由选择、自愿交换的分散决策，使经济活动参与者的个人利益和政府的公共目标和谐一致。在股权分置改革机制中，分散决策是统一组织的前提，统一组织以分散决策为依托，政府与市场的职能边界泾渭分明；统一组织与分散决策有机结合的机制设计，在我国经济市场化改革和金融市场深化改革中推进政府职能转变和管理创新具有现实意义，是建设法治政府、服务政府、责任政府和效能政府的有益探索。

3. 推进国有股权管理方式转变和国有资本市场化运营的制度创新

党的十七大报告提出："深化国有企业公司制股份制改革，健全现代企业制度，优化国有经济布局和结构，增强国有经济活力、控制力、影响力"，"完善各类国有资产管理体制和制度。"国有企业股份制改革实质上是把国有资产转变为国有资本，国家以股东身份行使股权。股权的法律含义是依照法定或公司章程规定的规则和程序参与公司事务并在公司中享有财产利益的，具有转让性的权利。股权分置改革消除了上市公司股份转让制度的差异，使得上市公司国有股权益的实现平台得到制度保障。其经济意义在于推进国有股权管理方式由静态的国有资产的产权维护转变为动态的以增强国有经济活力、控制力、影响力的国有资本市场运营，为完善国有资产管理制度创新先行破题。股权分置改革奠定了我国资本市场转折性变化的基础，但是我国资本市场基础制度建设工作仍然任重道远。全球前十大市值公司有 4 家在上海证券交易所上市，其上市流通股份占总股本的平均比例不到 3%。整体而言，国有股占上市公司总股本 64% 的"一股独大"格局没有改变，股权结构失衡和同质化问题十分严重，已成为影响我国资本市场健康发展的重要问题。解决我国资本市场股权结构失衡和同质化问题，必须依托推进国有股权管理方式转变和国有资本市场化运营制度创新。同时，推进国有股权管理方式转变和国有资本市场化运营是按照党的十七大提出的完善国有资产管理体制和制度的内在要求，也是适应资本市场基础制度深刻变革后市场形势的需要。股权分置改革的成功实践证明，"统一组织，分散决策"的机制设计为推进国有股权管理方式转变和国有资本市场化运营提供了现实可行的选择。

　　总之，积极稳妥地解决股权分置问题，不仅是资本市场基础性制度改革，有利于完善资本市场功能，增强投资者信心，推动资本市场改革创新和对外开放进程，而且有利于资本市场在国有资产优化配置中基础性作用的发挥，有利于推动国有企业深化改革，建立现代企业制度。一是为从战略上调整国有经济布局，国有资本有进有退、合理流动提供了一个价格发现充分、管理透明规范、运转高效有序的资本流转平台；二是将国有资本保值增值的目标与企业为全体股东创造价值的目标和谐统一起来，上市公司中国有资本的主要增值手段从评估增值和溢价发行转向为股东提供合理回报，得到市场的积极评价和认可，有利于统筹各类资本的共同发展，为提高国有资本的控制力和影响力创造更为良好的市场环境；三是有利于综合利用境内、境外两种市场资源，扶植一批与国际标准接轨，公司治理规范、经营业绩稳定，具有较强国际竞争力和影响力的大型国有企业。

第四章　上市公司治理问题及改善

公司治理的成熟和完善是公司转型的重要标志之一。我国公司治理的发端、演进与发展，是经济体制由计划经济向市场经济转变、资本市场从无到有并逐步发展，以及企业由政府部门附属单位向现代公司制度迈进过程中的创新实践。公司治理在我国的理论探索和实践进步，不仅是经济体制改革的客观需要，同时促进和巩固了经济体制改革的成果，并逐步形成了中国特色的公司治理经验和模式。

在政府指导、市场主体参与共同推动下，上市公司治理不断取得进步和改善，积极促进了公司的转型和发展。在公司转型阶段，上市公司治理的代表性成果主要有五个方面：一是健全信息披露制度，增强经营、财务的透明度，促进公司治理外部机制的形成；二是推动股权分置改革，构建公司治理的股东共同利益基础，在全流通市场价格信号的引导下，形成公司治理的市场激励和约束机制；三是解决大股东占用资金问题，推动公司立法的完善，维护保障法人财产制度；四是建立独立董事、董事秘书制度，引入网络投票机制，完善股东大会、董事会议事规则，规范公司治理的内部机制；五是示范导入先进的财务会计制度，推行内部控制规范，健全公司治理的会计基础。本章立足于公司治理的概念分析，展开公司治理的理论探讨和国际比较，深度揭示公司转型过程中，公司治理的内外部环境存在问题及其改善。研究表明，公司治理的探讨来自于实践，必将服务于实践，进一步提升公司治理的实践性、科学性和有效性，是公司治理的未来发展方向。

第一节　公司治理的概念分析

一、公司治理的概念

公司治理（Corporate Governance）是现代企业制度中的基本组织架构。公司治理结构简而言之就是管理和控制公司的系统（Cadbury Comnittee）。狭义上，公司治理主要指公司的股东、董事及经理层之间的关系；广义上，公司治理还包括与利益相关者（如员工、客户、供应商、债权人和社会公众等）之间的关系及有关法律、法规和上市规则等。公司治理是探讨通过诸如合约、组织设计和立法等制度结构使公司更有效运作的经济学领域。

关于公司治理的概念，主要在英、美企业环境中引起激烈的讨论和研究，主流的观点是：在合同和信息不完全的情况下，如何协调公司经理人员与股份持有人的诱因和动机，使其趋向一致，并在企业的所有权和管理权分离的条件下，实现有效的监督控制和问责。在英、美企业环境下，针对所关注问题的出发点不同，对于公司治理的概念进行了各自的表述：

（1）公司治理的目的，是将协调经理人员和股东的诱因和动机，以及由于无可避免的自利管理行为而产生的总成本减至最少（Jensen 和 Meckling，1976）。

（2）公司治理是统辖治理企业实体的方式，与公司内部管理的方式有所区别（Tricker，1994）。

（3）公司治理包含对现代企业行使权力的整个过程，其运作受到股份持有人、高级经理、监管者和审计师及其他利益相关者的影响。公司治理包括董事和董事会的概念、理论和实践，它关心的是董事会与股份持有人、高级经理、监管者和审计师及其他利益相关者的关系（Tricker，1993）。

（4）公司治理是掌管、指导和控制公司的制度与过程（Cadbury，1993）。

（5）公司治理是一个综合名称，它包括高级管理部门、股份持有人、董事会和其他与企业有利益相关者之间因相互作用而引起的各种问题（Cochran 和 Wartick，1994）。

（6）公司治理的作用不单是协调公司与公司股份持有人、经理和雇员之间的关系，还直接促进生产效率（Gilson 和 Roe，1993）。

上述对公司治理概念的表述，可以综合为：它是一种进程和机制，其宗旨是保证公司能以及时和负责任的方式，为其利益相关者的利益积极进行工作。广义的利益相关者，是指对完成组织的目标既能造成影响，又能受到影响的任何个人或群体；狭义的利益相关者，是指股份持有者。

按照中文语言习惯和研究视角的不同，对于 Corporate Governance 有不同的释义，除公司治理外，还有公司治理结构、法人治理结构、公司治理机制、公司管制、公司督导、公司规制等。1999 年，在中共十五届四中全会通过的《中共中央关于国有企业改革和发展若干重大问题的决定》中表述为："公司制是现代企业制度的一种有效组织形式。公司法人治理结构是公司制的核心。"在2004 年的《国务院关于推进资本市场改革开放和稳定发展的若干意见》中也使用了"法人治理结构"一词。这种提法可能考虑几点：一是在国有企业改革过程中，存在大量没有建立现代企业制度的企业法人，使用"法人"一词可以将这部分主体涵盖在内；二是公司治理是在微观领域体现近代三权分立、分权制衡的宪政思想；三是使用"治理结构"一词，与国有企业公司化改革的阶段性需求相适应。

中国经济学界对公司治理的概念，从不同研究角度作出了表述。吴敬琏认为，所谓公司治理结构，是指所有者、董事会和高级执行人员即高级经理人员三者组成的一种组织结构。在这种结构中，上述三者之间形成一定的制衡关系。通过这一结构，所有者将自己的资产交由公司董事会托管。公司董事会是公司的最高决策机构，拥有对高级经理人员的聘用、奖惩以及解雇权。林毅夫认为，公司治理结构是指所有者对所属公司经营管理和绩效进行监督和控制的一整套制度安排。张维迎认为，广义地讲，公司治理结构是指有关公司控制权和剩余索取权分配的一整套法律、文化和制度安排，这些安排决定公司的目标，谁在什么状态下实施控制、如何控制、风险和收益如何在不同企业成员之间分配的问题。谭安杰提出了"企业督导机制说"认为，"公司治理结构"和"法人治理结构"在中国是源于英美 Corporate Governance 的表征特点，其所显示和隐含的思维与内容并不能体现 Corporate Governance 的整体含义，其中心是如何更有效地建立静态的监管体制，来确保董事会行使股东对经理的监督和指导以追求股东价值的最大化的目标。虽然经济学家们表述各异，但不外乎是从主体、目标、内容、本质等一个或多个方面来阐述公司治理的概念。

近10年来，西方对整个 Corporate Governance 的目标和运转效应不断提出新的挑战和思考，所以，在更广泛意义和现代层面上，Corporate Governance 是把企业其他主要利益相关者，包括职工、消费者、甚至在某些情况下整个社区或社会、政府也连同企业股东考虑进去。同时，最近的 Corporate Governance 思潮，把 Corporate Governance 的焦点从静态的监察功能延伸到动态层面，例如，企业的长期发展与业绩，如何更好地配合经济、社会、生态环境演进的需要，这不是一般狭义的 Corporate Governance 所关注的问题。

在公司治理概念中，需要加以区别界定的概念如下：

1. 内部控制和行业监管

（1）公司治理所代表的控制力与公司内部控制不是同一概念，后者主要指经营层在公司内部的授权、审批、核算、检查、风险识别和控制的规程。内部控制是公司治理内部机制的有机组成部分，是所代表的控制力的重要传导机制。

（2）行业监管更侧重于：①经营的合规性；②财务的审慎性；③负责人及特别专业人士的资历合格性；④出资人是否是合格的、负责的、有益的股东。

2. 信任—委托、委托—代理和内部人控制

（1）在公司治理中，股东大会与董事会之间是信任—委托关系，即股东出于信任推举董事，董事是股东的受托人，承担受托责任。

表4-1　公司治理与行业监管在功能上的区别

	行业监管	公司治理
经营决策	合规性	与股东利益的一致性
审计	合规性和审慎性	是否侵犯股东利益
对公司负责人	资历合格性	任免和激励
对股东	应合格、负责有益的准入与否	税后利润分红与否。增资扩股与解散事宜

（2）在公司治理中，董事会与总经理（及高级管理人员）之间是委托—代理关系，经营管理是一种稀缺的专业技能，董事会可以按照市场价格选择并任免高级管理人员。

（3）在现代企业制度中，经营权与所有权分离，容易产生内部人控制问题。股东大会和董事会本应对公司的经营具有控制力，但是可能由于股权分散，或者董事会形同虚设，或者由于董事不称职，董事会没有行使被股东委托的职能，导致公司治理落空或者称为控制权落于公司内部，形成了侵害股东利益，谋求经营层利益的内部人控制。

二、公司治理的目标与制度安排

原世界银行行长吉姆–沃尔芬森把公司治理的目标概括为：公平、透明和诚信。根据经济合作与发展组织（OECD）有关公司治理的报告，为实现公司治理结构的目标，需要在以下六个方面进行制度安排：

（1）健全公司"内部"治理结构。这是关于管理层与股东，或是公司内部人（管理层和控制性股东）与外部股东的关系。包括公司内部治理结构中重要的机构、法律和合约安排以及股东权益的保护和事后补救的方法，董事会的作用、责任与组成，以及信息披露和上市制度。

（2）金融机构的内部治理和外部治理。金融机构内部治理的核心是恰当的风险管理和信用分析，外部治理的主要制度工具是确保机构独立和金融系统安全的谨慎性法规和监管。金融机构治理的目的是确保金融机构在考虑安全性的同时，作为追求利润的实体运营，而非只是简单的资金流入企业部门的渠道。没有金融机构的有效治理，来自金融市场的约束就会大为削弱。

（3）金融市场对公司的"外部"治理。这是关于公司与其他资金供应者（如债权人）的关系。法律法规环境和金融市场中的机构组成了这种外部治理制度。它通过监督企业投资的效率，加强了公司内部治理。为使其有效还需要有足够的金融机构内部治理。

（4）市场对公司的外部治理。这是关于证券市场上企业与潜在投资者或企业家的关系。关于兼并与收购的证券市场法规、关于敌意收购的公司法规与附则以及信息披露和上市规则是这种外部治理制度的重要因素。它以被收购的威胁来制约缺乏效率的管理，同时以股价上升来奖励有效率的管理，从而成为对内部治理的补充。

（5）破产机制的治理。这涉及那些濒临破产的企业。通过法庭的正式的破产程序、非正式的磋商以及某种程度上的兼并与收购市场，破产机制会在股东和其他投资者间重新分配财产权利，改变所有权结构和管理层，从而影响那些企业的治理。这些破产机制带给公司治理结构的事后变化对当前的管理层、控制性股东和其他投资者的激励有事前的影响。破产机制结构及其实际实施对决定其他的企业内部和外部治理制度的结构和绩效有重要作用。

（6）竞争。竞争是良好公司治理的补充，二者相互促进。如果扩展公司治理的概念，市场竞争可以被看作一种对金融和非金融企业都很重要的外部治理工具。同时，只有在独立企业的层面上保证了透明、诚信和信息自由流动的环境，市场竞争才会蓬勃发展。

上述六个方面的制度安排，对公司治理而言，并不是各自独立地起作用，而是紧密联系，互为补充，构成公司治理的外部环境和内部组织制度。

三、公司治理理论

1. 新古典经济学下的公司治理理论：古典管家理论

在新古典经济学中，企业抽象为一个具有完全理性的经济人。在新古典经济学看来，市场是完全竞争的，信息和资本能够自由流动，企业处于完美的市场环境中。因此，新古典经济学实际上不存在现代意义上的企业理论。因为在新古典经济学的假设条件下，市场机制的运作是不需要任何成本的，因此就不存在企业与市场机制之间的替代，即利用企业内部的行政决策部分地替代市场配置资源的功能。这样，在新古典经济学看来，即便要研究企业内部的结构，也是管理学的事情，而对它们来说，企业的所有者主导了企业的行为，企业的经营者只是一个按照所有者命令行事的管家，不应该具有区别于企业的所有者的意志，也就是说不存在任何代理问题。

在新古典经济学关于市场具有完备信息的假设条件下，公司治理即公司内部的控制权安排的模式，对于公司的行为并不重要。因为公司的行为，在完全竞争的市场条件下，并不取决于公司内部的信息和控制权的安排，而只是被动地接受市场的配置。

古典管家理论显然不能解释现代市场经济条件下公司的治理行为。因为现代公司所面临的市场，既不是一个完全竞争的市场，也不是信息充分完备的市场。就企业本身的行为而言，也不是被动地根据市场条件作出反应，而是对企业的所有者、经营者的经营思想、行为目标和外部条件进行综合协调的结果。

2. 信息经济学下的公司治理理论：委托—代理理论

信息经济学是 20 世纪 60 年代以来经济学的一个重要研究领域，其对新古典经济学的根本性突破表现在放弃对信息完备性的假设。一方面，由于人的有限理性，人不可能拥有决策所需的完全的信息；另一方面，信息的分布在个体之间是不对称的。这两方面的修正，产生了委托—代理理论。

这一理论揭示了公司治理结构问题是由股东与经营者之间的相互制衡引起的。由于现代企业是以大规模生产、复杂的技术创新和内部层级制管理为基础的，两权分立已经成为其基本特征，更好地实现了物质资本和人力资本的结合，这是一种制度创新。但由此也带来了以下问题：

（1）由于公司所有权的日益分散，作为单个股东拥有的股份很少以及存在"搭便车"的机会主义倾向，使股东对经营者的控制力度大为降低，而把对公司的控制权让给了经营者。勒纳（1996）指出，1929~1963 年 200 家最大的非金融公司中，经营者控制公司资产的 85%，且富裕的家庭不再集中持有某一个公司的股份，而倾向于将财富分散投资。

（2）作为经理革命完成的标志，经理主权已替代股东在西方占据主导地位。但也有人持反对意见，认为股东因其拥有"用脚投票"的权力而仍然具有对企业的最终控制权。

（3）随着经理主权的日益强大，以及现代公司中股东对经理监督和激励力度的下降，逐渐滋生了经理忽视股东利益的趋势。

Sykes（1994）认为，外部资本市场监控公司的接管活动可能过度，资深执行董事尤其是 CEO 的薪金与公司的绩效相关性较差，再加上人们普遍注意到，美、英公司在制造业、高科技和建设行业与其西欧和东南亚竞争对手比较时，日益失去竞争力，使公司治理再度引起人们的注意。

3. 组织行为和组织理论下的公司治理理论：现代管家理论

基于完全信息假设下的古典管家理论，显然不符合现实，不完全信息的存在使该理论无法解释现代企业所存在的两职分离与合一的现象。而委托—代理理论的提出，虽然有助于解释两职分离及其绩效的关系，但是现代组织理论和组织行为方面的研究表明，代理理论的前提假设是不合适的，而且也有许多实证结果与代理理论是截然相反的。因而在此基础上，Donaldson（1990）提出了一种与代理理论截然不同的理论——现代管家理论。他认为，代理理论对经营者内在机会主义和偷懒的假定是不合适的，而且经营者对自身尊严、信仰以及内在工作满足的追求会促使他们努力经营公司，成为公司资产的好"管家"。现代管家理论认为，在自律的约束下，经营者和其他相关主体之间的利益是一致的。

4. 现代公司治理理论：相关利益者理论

公司治理理论最新的发展，是将公司治理作为公司各契约方共同参与和形成的制衡体系。现代企业理论认为，公司实际上是不同利益主体通过合约形成的一个联结体，并按照合约形成不同利益主体所拥有的不同权力。概括起来，现代企业理论对公司的认识主要有以下几方面：

一是认为现代公司是一个状态依赖的结合体。即在公司正常经营的条件下，公司的所有权为股东所有，公司的经营决策由股东通过其代理人即董事会进行；但是在公司经营进入亏损和破产阶段后，公司的所有权就为公司的债权人所有，由债权人决定公司的命运，是重组还是清算；更进一步，在公司的资产开始不足以支付员工的工资时，员工就成为公司的实际控制人，员工有权就公司的资产处置作出决定。所以，从公司是一个与经营状态相依赖的结合体来说，公司的行为和发展与股东、债权人和职工都有密切的利益关系，不能将公司仅仅看成是股东所有的主体。从这一角度来说，现代公司理论提出，应当让除股东以外的其他与公司利益相关的主体即其他利益相关者一起来参与公司的治理。

二是从公司的价值形成角度来看，公司的价值形成是多因素促成的。从投入角度来看，公司价值的最大化取决于与供应商和其他合作伙伴之间的稳定关系，从而有利于公司不断降低投入成本，保持投入的稳定性；从需求角度来看，消费者、经销商也是公司价值形成和最优化的重要因素，公司需要与消费者和经销商之间形成可信赖的关系，从而保持其产品的市场占有率和具有竞争力的市场形象。因此，要使公司的决策行为最终能够成为促进公司价值增加的优化行为，必然要求在公司治理框架中有公司的供应商、经销商和消费者的参与。

三是从公司利益和股东利益的角度来看，现代公司理论提出了对公司利益的重新认识，认为股东利益最大化还不能完全概括公司行为的新特点。在现代市场条件下，公司是一个责任主体，在一定程度上还必须承担社会责任，公司的价值不仅体现在反映股东的利益，而且也体现在公司的社会价值方面。

正是由于公司的概念的进一步丰富，出现了要求相关利益者共同参与公司治理的呼声。一些国家在实践中已经引入相关利益者治理结构，使公司的行为在整体上更加符合社会发展的要求。比如德国公司的监事会中，法律要求有一半席位必须由职工和银行的代表来担任，职工参与公司治理结构成为德国公司的一个重要特征。

四、公司治理机制设计：委托—代理和权力制衡

公司治理机制设计的历史渊源，可以追溯到中世纪教会资产管理和近代民主宪政理念。公司治理核心机制设计是委托—代理制度和权力制衡的制度安排进行运作。公司治理运作的核心任务是通过促进利益各方（股东、管理层、债权人和金融市场上潜在的投资者）的协作，实现利益各方的激励相容，以达到保护股东

的利益和实现其他公司目标。① 因此，在公司治理中，健全委托—代理制度和保持权力制衡至关重要。

所有权和经营权分离产生委托—代理关系。委托—代理关系是一种契约，"在这种契约下，一个人或更多的人（委托人）聘用另一人（代理人）代表他们来履行某些职责，包括把若干决策权托付给代理人"（詹森和梅克林，1976）。委托—代理关系主要包括三个方面，即聘选、激励和监督。聘选要解决的是委托人如何选择代理人；激励涉及的是委托人需要采取哪些收益分配激励手段，以使代理人最大程度地实现委托人的目标；监督则强调委托人对代理人行为进行考核和制约，以防止代理人行为偏离委托人的目标。在业主型企业、合伙制企业形态中，所有者和经营者往往是合二为一的，即所有者往往直接决定企业的经营方针、管理企业的日常事务，企业所有权和控制权紧密地结合在一起。所有权和经营权的分离，起源于股份公司的发展。由于股份公司股东人数的增加，由股东亲自共同地参与公司日常经营决策已经成为不可能，从而董事会作为股东选举的代表组成的机构取代股东，成为公司重大经营活动的决策者，这是所有权和经营权的"第一次分离"。董事会作为接受股东委托的机构，是一个由多人组成的、按照民主程序决定公司经营决策的机构，必然要求其将直接组织执行公司董事会决议的权力授予一个专业的执行机构，即公司的经营层。这就是所有权和经营权的"第二次分离"。在这两次分离的过程中，所有者和经营者之间建立起委托—代理关系，构造了公司治理结构的法律依据。在公司治理结构中，所有权和经营权的两次分离表现为不同的委托—代理关系：

（1）股东大会与董事会、监事会之间的信任—委托关系。我国《公司法》规定，股东大会选举董事、监事。董事会一般由两部分构成：一是股东。股东大会选其进入董事会，有可能是因他持有的股份比例高，也有可能因他尽管是个小股东，但能够代表大家，这样就有一种信任—委托关系。二是外部董事。这些董事不持股，但股东大会认为这样的人进入董事会能够发表独立意见，也能够代表他们的利益，因此形成股东大会和董事会之间的信任—委托关系。股东出于信任推举董事，这种情况下，董事是股东的受托人，承担着受托责任。监事会构成中增加职工代表，股东出于信任推举监事，股东大会与监事会之间形成信任—委托关系。股东会与董事会、监事会之间的信任—委托关系不需要支付代理成本。在国际上，董事或董事长是由于他们的社会地位具备受人信任的特征（包括大股东

---

① 从投资者的角度看，公司治理要处理的核心问题是"公司资本的供给者如何确保自己可以得到回报"，包括"资本供给者如何使管理者将利润的一部分作为回报返还给自己？他们如何确定管理者不侵吞他们提供的资本或将资本投资于不佳的项目？资本的提供者如何控制管理者"等问题（Shleifer 和 Vishny，1997）。

代表），他们不是因为挣钱而出任董事或董事长，最多是按照公司章程或股东大会规定在召开董事会期间的车马费可以报销。这样的一种机制很重要，表明董事会成员必须站在股东利益一方，而不能由于拿报酬而站在公司经营层一方。

（2）董事会与经理层之间的委托—代理关系。我国《公司法》规定董事会聘任或者解聘经理，经理对董事会负责，在董事会和总经理之间构成委托—代理关系。由股东大会、董事会、监事会组成的治理结构所代表的控制力与经营层所行使的内部控制不同，后者是经营管理权，包括经营层内部的授权、审批、核算、检查、奖惩等制度框架。经营管理是一种专业技能，一家大型公司必须聘任具有这种专业技能的经营人员直接负责日常经营活动，同时经营人员也往往提出战略性经营决策意见，但必须由董事会批准才能执行。因此董事会对战略性重大决策有一种制约力量，以监测决策的方向是否符合股东利益。董事会聘任经理人员需要支付代理成本，由于经营管理的专业技能具有稀缺性，因此这种委托—代理关系是相当市场化的关系。在国际上通常是，董事会按照市场价格选择并任免高层经理人员，也就是"出多少钱，请什么人，办什么事"。由于公司的经营涉及未来的绩效，股东利益不完全体现在公司当前的创利和分红能力上，而且在于公司未来是否持续保持竞争力，从而能够持续创利分红或价值上升。因此，对上市公司来讲，往往愿意用股票期权（Options）作为董事会对总经理激励的重要组成部分，也就是总经理除了拿当期的工资以外，更多地要使公司未来的价值上升，从而获得股票期权回报。

在契约不完备和信息不对称的情形下，委托—代理制度将产生机会主义动机和"搭便车"问题。早在1776年，亚当·斯密的《国富论》就对此做了精辟的论述："股份公司的经营，例由董事会处理。董事会在执行任务上固不免受股东大会的支配，但股东对于公司业务多无所知，如他们没有派别，他们大抵心满意足地接受董事会每年或每半年分配给他们的红利，不找董事的麻烦。这样省事而所冒危险又只限于一定金额，无怪许多不肯把资产投于合伙公司的人，都向这方面投资。因此，股份公司吸收的资本通常超过任何合伙公司。……不过，在钱财的处理上，股份公司的董事为他人尽力，而私人合伙公司的伙员，则纯是为自己打算。所以，要想股份公司董事们监视钱财用途，像私人合伙公司伙员那样用意周到，那是很难做到的。有如富家管事一样，他们往往设想，着意小节，殊非主人的光荣，一切小的计算，因此就抛置不顾了。这样，疏忽和浪费，常为股份公司业务经营上多少难免的弊端。"

为解决委托—代理关系产生的机会主义动机和"搭便车"问题，公司治理结构在制度设计上将公司最高决定权、经营决策权、监督权、执行权分别由股东大会、董事会、监事会和经理行使，形成权责明确，相互制衡、相互协调、相辅相成的关系。这种关系中，股东大会行使公司的最高权力，董事会行使经营决策权，监事会行使监督权，经理行使执行权，董事会、监事会共同对股东大会负责，经理对董事会负责。股东大会、董事会、监事会和经理在分工明确、权责清楚的基础上各司其职、各负其责、各展其能，形成相互依存、相互制衡的管理体制。

公司治理结构中的权力制衡，是通过三个机制来实现的，即激励机制、监督机制和约束机制。激励机制是关于企业所有者与经营者如何分享经营成果的契约。有效的激励机制能够使企业经营者与所有者的利益一致起来，使前者能够努力实现企业所有者利益，即追求企业市场价值最大化。一般来说，激励机制应具备：①使经营者安心工作；②使经营者承担一定风险；③使经营者注重企业的长期效益及持续的盈利能力；④能吸引最优秀的经营者；⑤使经营者利益与所有者利益尽可能一致；⑥经营行为清晰、公开，契约条款量化、可兑现。激励机制的最重要部分是经理人员收益的支付方式，在美国，较先进的方法是让经营者的工资由三部分构成：①基本工资与基本福利；②效益奖金；③与长期盈利能力挂钩的奖励，如经营者持有股票和认股权等。目前较先进的方法是推行认股权计划。认股权最初发给经营者或员工时并不具有现金价值，企业也不需要付出成本，只有当企业盈利能力增强时，这些认股权的价值才随之增加。

监督机制是企业所有者或相关的市场主体对企业经营成果和经营行为所进行的一系列客观而及时的审核、监察与分析。孟德斯鸠曾说："一切有权力的人都容易滥用职权。有权力的人们使用权力，一直到需要遇到有界限的地方方才休止。"美国学者波斯纳在《法律之经济分析》中讲道："所有权与经营权分离不可避免地会导致一种现象，即大部分股东若想参与管理，则成本将会很高。股东要维护利益的必要条件，并非股东本身去积极参与。他们只要不让管理者将纯收益做不公平的安排即可。"要促使管理者对收益做出公平的安排，就需要监督机制，监督机制由外部监督和内部监督构成。外部监督主要靠两方面：一是提高公司经营的透明度，通过信息披露让一定范围的人知道公司经营情况；二是市场上的投资者无时不在关注企业的经营状况。内部监督是监事会的职能，监事会作为公司治理结构中的一个专门的、独立的监察机构，起源于荷兰的东印度公司。对此，中国台湾学者许智伟考证认为："近代监察人制度可追溯至1602年荷兰的东印度公司的大股东受股东大会之委托担任董事及监察人，演变的结果为各国借鉴，各国纷纷立法吸收近代三权分立的政治思想的精髓与架构，而塑造股东大会、董事会与监事会的三种分立机关。"自从监事会独立为公司治理结构的专门监察机关后，股东大会、董事会以及监事会之间相互联系、相互作用的"三权分立"治理结构模式已成为共识。这种公司治理结构充分体现了"所有权与经营权分离、经营管理权与监督权制衡"的特征。

约束机制主要有两个方面的内容：一是明确规定经营者不能从事哪些行为，通过规则来限制代理者对所有者利益的损害；二是所有者按照企业经营状况和经营绩效，对经营者做出适时、客观、公正的奖惩决定。由于董事会在公司治理结构中居于中心和主导地位，因此对董事权利的约束是约束机制的关键。在各国公司法中，一般要求董事应承担下列义务：第一，谨慎和忠实义务。董事应具有善良管理人那种谨慎和忠诚的品质，能够尽最大努力来履行自己的义务。第二，董事对公司承担不得逾越权限的义务。第三，竞业禁止的义务，即董事不得为自己或为第三人从事与本公司业务相竞争的业务，并且不能兼任其他同类业务公司的董事或经理，董事如果有此类行为，必须公开有关交易的主要事实，如取得股东大会的许可或同意，也可以解除竞业禁止的限制。第四，有关涉及个人利益的交易受限制的义务，即董事不得利用其董事身份牟取个人利益，如果董事在对外交易中，或多或少或直接或间接涉及个人利益，须将有关情况在董事会上加以解释，以取得董事会的理解和同意。董事如果违反法律、法规和公司章程，存在对公司造成损害的行为，致使公司利益受到损害，要对公司以及利益受到损害的第三者承担赔偿责任。除规定董事的法定义务外，增加董事会运作的透明度，加大社会监督的约束作用至关重要。

五、公司治理问题的产生及其意义

公司治理问题的产生是与股份有限公司的出现联系在一起的，其核心是由于所有权和经营权的分离而产生的委托—代理关系。早期的公司由创办人管理，创办人既是所有者，又是经营者，公司大多是家族式的管理。但是由于公司规模的扩大，公司业务的日益复杂，家族式和所有者经营模式已不适应公司发展的需要，而需要委托有专业知识和经验的职业经理人来经营。股份公司的产生，为所有权和经营权相分离创造了条件。股份有限公司的一个核心特点是，股票的拥有者和公司的决策者相分离，大部分股东实际上不参与公司的日常经营管理。公司所有权和经营权的分离，产生了股东和公司实际管理者之间的委托—代理关系。怎样处理好这一关系，使所有者不干预公司日常经营，同时又使公司经理层能以股东的利益和公司的利润最大化为目标，是公司治理问题的根源。

公司治理问题实质上是对所有者、管理者、监督者和生产者之间的权利、利益、义务和责任进行规范，解决不同利益主体间的受益、决策、监督、激励和风险分配问题。这些利益主体包括股东、董事会、经理以及雇员、客户、供应商、债权人和社会公众。

产生公司治理问题的条件是，相关成员之间存在利益冲突，而这些冲突无法通过协议解决。这些利益冲突表现在：

（1）公司经理和董事之间，尤其是经理和非执行董事之间容易在经理人员的报酬是否合适的问题上产生冲突。

（2）股东和董事（或者经理）之间在要求董事和经理应当具有怎样程度的勤

勉和忠实问题上产生冲突。

（3）债权人与股东之间会在下列问题上产生冲突：①支付超额股息；②权利摊薄；③资产置换；④风险投资。

（4）雇员、经理、董事及股东之间在工资和其他雇用条件等问题上存在冲突。

（5）股东之间存在冲突，例如大股东或机构投资者和中小股东利益冲突。

（6）不同类型的债权人之间存在冲突，例如在有担保的债权人和没有担保的债权人之间。

良好的公司治理，是现代市场经济和证券市场健康运作的微观基础，对经济和金融的稳定与发展具有重大意义：

（1）有利于减少公司代理成本，增强市场信心。一个有效的公司治理制度能使代理人的利益与股东的利益一致，确保企业在法制和商业信用约束下为增加其股东价值而经营，并且在与企业有关的金融和产品市场运作良好的情况下促进社会资源的有效配置。公司治理制度的失败可能会导致资源配置不当、投资风险过高、管理层滥用职权、控制性股东对外部股东和债权人的掠夺、公司财务困难甚至破产。

（2）有利于金融体系的稳定。良好的公司治理结构是金融体系稳定的基础，治理结构薄弱，则会影响金融体系的稳定。Rajan 和 Zingale（1998）的一篇论文对亚洲金融危机的分析支持了这一论点。他们指出，东亚国家的商务环境以关系为基础，对长期投资的保护机制较为薄弱，国外投资者主要作短期投资，稍有冲击就撤资，从而引发危机。同时，在以关系为基础的制度中，企业和银行都不重视建立良好的公司治理结构，因为企业能依靠银行继续融资，而银行能得到明确或隐性的政府担保。

一国在开放资本市场的进程中必须建立以市场为基础的体制来分配金融资源，改善金融基础。以市场为基础的体制通过明确的合约和相关价格来分配金融资源。由于合约不可避免地存在不完全性，如果企业的公司治理结构较好、透明度较高，向企业提供资金的投资者得到的保障也较大。所以一种经济从以关系为基础向运作良好的以市场为基础的体制发展时，需要改善它的公司治理结构。

（3）有利于经济增长。首先，在现代经济中，知识成为经济增长和企业发展的关键要素，企业最重要的竞争性资产在于人力资本、品牌、专利、战略联盟、组织资本等无形资产。大量知识密集型企业的兴起，对公司治理结构提出挑战，一套适应这些企业特点的灵活的公司治理机制，促进创业者、经理、雇员与财务股东之间的沟通，协调他们的利益，将有利于促进新兴产业的发展，提升一个国家的总体竞争优势。其次，由于经济的全球化，生产和投资决策在多样的市场环境下越来越复杂。目前比以前任何时候都需要更好的投资决策和产生这种决策的机制。要做出有效的投资决策，不仅要有效收集所有有关的信息，而且决策制定者的动机还需与社会效率尽可能地保持一致。这充分表明市场价格信号作用以及公司治理制度的效率和透明度的重要性。

（4）有利于资金在更大范围内优化配置。随着经济的全球化，国与国之间经济相互依存度提高，企业筹资与机构投资全球化，一个全球性的公司治理结构原则与一套良好的公司治理结构，有利于在世界范围内增强投资者信心，促进国际资本流动，降低企业和国家在国际资本市场上的筹资成本，提高资本在全球的配置效率。

总之，公司治理问题不仅关系到单个公司与个人，而且还关系到金融体系的稳定、经济的增长、全球资本的配置，从而最终影响到整个社会的财富与福利水平。研究借鉴市场经济国家公司治理结构的经验，对于深化我国国有企业改革，建立现代企业制度具有十分重要的意义。

第二节　公司治理的比较分析

一、改善公司治理的探索

在西方国家，公司治理特别是股东和经营者在股份有限公司治理中的地位和作用，经历了一个从管理层中心主义到股东大会中心主义，再到董事会中心主义的变化过程。

在股份公司发展早期，股东的权利是得不到保障的。公司管理人员直接决定公司的全部事项。如被称为第一个股份有限公司的1551年成立的莫斯克夫公司没有设立股东大会这样的机构。17世纪初成立的荷兰东印度公司也没有设立股东大会。发展到19世纪中期，股东大会成为股份有限公司的最高决策机构，这主要是受民主思潮的影响。各国立法逐渐开始规定股东大会是股份有限公司的最高权力机关，与公司有关的任何事项，股东大会均有权决定。进入20世纪，由于股份公司的规模日益扩大，股权日益分散化，同时公司的经营也日益复杂，一般的股东由于不具备足够的专业知识，无法对公司经营层十分了解。股东大会成为一种形式，权力日益集中到公司经营者手中。而经营者的利益可能与所有者的利益发生冲突，这种不一致引发了很多问题。如20世纪20年代美国通用汽车公司因缺乏所有者的监督而经营不善，后来由于公司股东运筹帷幄，才逐步摆脱困境，转亏为盈。

为控制经营者的权力，在股东大会的基础上又成立了董事会，企业的重大决策由董事会作出。权力由经理层转移到了董事会，公司治理以董事会为核心。但是董事会的出现还是没有解决因公司所有权与控制权分离而产生的委托—代理问题。美国 20 世纪 60 年代这一问题日趋严重，主要是因为经理层进入董事会，并且在许多公司的董事会中占了多数。一些公司的首席执行官同时又兼董事长，由此导致了由于偏离企业利润最大化目标而造成的各种弊端。于是在 70 年代，在美国又拉开了有关公司治理结构问题讨论的序幕。

英国对公司治理问题的关注是从 20 世纪 80 年代开始的。当时，英国不少著名公司如蓝箭、科拉罗尔、波莉、佩克等相继倒闭，引发了英国对公司治理结构问题的研究讨论。以三个相继成立的非官方委员会的主席名字命名的研究报告，即《卡德伯瑞报告》、《格林伯瑞报告》和《汉普尔报告》，成为迄今为止英国现代公司治理结构改革过程的三部曲。它们对建立制度化的、自律基础上的现代公司治理结构起到了奠基的作用。

1991 年 5 月，一系列公司倒闭事件促使英国的财务报告委员会、伦敦证券交易所等机构合作成立了一个由 12 名权威成员组成的委员会，安得仁·卡德伯瑞（Adrian Cadbury）担任委员会主席。这是世界上第一个关于公司治理结构的委员会。经过长达一年半时间的广泛深入调研，该委员会于 1992 年 12 月发表了题为"公司治理的财务方面"的报告，即《卡德伯瑞报告》。特有的问题导向使《卡德伯瑞报告》注重公司的内部财务控制和相应的风险管理，注重董事会的控制与报告职能和审计人员的角色，并提出了相应的《公司董事会最佳做法准则》。《卡德伯瑞报告》的核心内容可以分为董事会、非执行董事、执行董事、报告和控制等几个方面。《卡德伯瑞报告》强调公司治理结构的外部人模式，强调外部非执行董事在内控和审计委员会中的关键角色，突出董事会的开放性、透明性、公正与责任。该报告提出的一系列原则和理念已成为今天公司治理结构最佳做法的核心内容的一部分。卡德伯瑞委员会的活动成为现代公司治理运动的重要里程碑。该委员会的建议，被发达国家以及世界银行等国际组织广泛采纳，也成为后来经济合作与发展组织（OECD）撰写《关于公司治理原则》的基础。

在对英国 1000 多家知名公司所作的调查结果显示，从表面上看，1984~1994年，这些公司高层管理人员的报酬以每年 11%的速度上涨，既远远超过公司员工同期 3%的水平，也几乎与这些公司的业绩不存在什么相关性。公众和股东对公司管理层的报酬的这种增长大为不满，纷纷要求改革公司管理层的报酬确定机制和有关的公司治理结构。正是在这样的背景下，1995 年初成立了以理查德·格林伯瑞（Richard Greenbury）为首的董事报酬研究小组，1995 年发表了《格林伯瑞报告》，其核心是关于董事会薪酬的决定和相应说明的《最佳做法准则》。1995 年11 月，权威人士提出了关于应由一个新的委员会来检讨两个报告执行情况的建议，在多家机构的支持下，又成立了由罗纳德·汉普尔（Ronald Hampel）主持的公司治理委员会。1998 年 1 月该委员会发表了《汉普尔报告》，该报告的主体部分是一套关于董事、董事报酬、股东角色、信息披露义务与审计四大方面内容的广泛的公司治理原则。

在上述三个报告的基础上，英国的自律组织——伦敦证券交易所和英国会计师工会等又进一步推出了将这三个报告的精髓全部纳入其中的《综合准则》（Combined Code）和落实准则中有关内部控制和风险管理条款的《滕布尔报告》（Turnbull Report）、《内部控制：公司董事落实〈综合准则〉指引》，以整合和细化上市公司的治理结构准则。

1998 年亚洲经济危机的出现，引起了人们对亚洲企业公司治理结构的关注。普遍认为，亚洲金融危机的重要原因之一是缺乏健全的公司治理结构。亚洲企业的家族制管理，银企关系过分密切，以及"裙带资本主义"导致企业的过度负债和扩张，而低劣的信息披露使问题得以掩盖。亚洲企业的会计和审计制度没有和国际接轨，对中小股东和投资者缺乏有效保护。董事会缺乏诚信，不尽责，对经营层缺乏约束，以及缺乏对金融风险的评估的监管机制。公司治理结构方面的这些问题降低了金融系统和企业部门对外部冲击的抵御能力。1998 年 11 月初，一批知名人士云集悉尼，召开专题研讨会，对亚太经济合作组织国家、特别是亚洲国家的公司治理结构问题进行会诊。与会者在以下问题上达成共识：

（1）健全的公司治理结构是按照所有者和利益相关者的最佳利益管理资产的保证。为恢复投资者信心，实现经济稳定持续增长，必须大力推进亚洲公司治理结构的改革。

（2）健全的公司治理结构的基本原则包括：及时、准确地披露与业绩有关的财务信息和某些情况下的非财务信息；公平对待所有股东；明确股东、董事和经理人员的权力与责任；建立有效的、可实施的、有助于确保管理和决策机制健全的信息披露标准。

（3）所有权结构对公司治理结构的影响至关重要。亚洲许多企业主要由单个家族拥有、运营和管理，这使用人、管理和投资决策有很大局限性。

（4）良好的公司治理结构，需要建立与之相一致的法律和监管架构，需要有能够引导健全的企业行为的、清晰并可实施的规则。在这方面，政府可以扮演十分重要的角色。

1999 年 5 月，经济合作与发展组织（OECD）在总结市场经济国家的经验、重点分析所有权与经营权分离所导致的公司治理问题的基础上，通过了《OECD公司治理结构原则》，其基本原则是：

（1）公司治理结构应保护股东权利。

（2）公司治理结构应确保所有股东，包括小股东和非国有股东受到平等待遇，如果他们的权利受到损害，应当有机会得到有效补偿。

（3）公司治理结构应确认利益相关者的合法权利，并且鼓励公司和利益相关者为创造效益和工作机会以及为保持企业良好财务状况而积极地进行合作。

（4）公司治理结构应保证及时准确地披露与公司有关的任何重大问题，包括财务状况、经营状况、所有权状况和公司治理状况的信息。

（5）公司治理结构应确保董事会对公司的战略性指导和对管理人员的有效监督，并确保董事会对公司和股东负责。

尽管公司治理结构没有统一的模式，但这些基本原则基本总结了良好的公司治理结构所必备的共同要素，得到了国际社会的普遍认同。

2008年国际金融危机爆发后，公司治理原则成为金融稳定理事会（FSB）推动金融稳定评估的12个重要原则之一，也是国际金融组织推进标准和准则执行的重要组成部分。OECD在2010年发布了改善公司治理状况的34条建议。2011年，美国金融危机调查委员会公布了金融危机调查报告，指出很多大而复杂的金融机构在公司治理和风险管理方面的不善和失效是危机的关键因素之一。国际30人小组（G30）专门成立了公司治理小组，形成了《金融机构有效治理原则》的初稿。通过对全球性金融危机的反思，国际组织和有关国家进一步关注改进公司治理，使公司治理的理论和实践取得了新的进展和成果。

通过对危机的反思，也有专家提出对公司治理和透明度原则的置疑。如美国纽约州立大学David A. Westbrook教授2010年在中国社会科学院金融论坛上提出了公司难以进行自我监管，透明度在监管框架中的作用有限等观点。他认为："在过去20年里，我们都认为，基于现代治理机制上的公司是理性的，它们能够自我监管，因而不需要更多的教育和外部监管。这是陈旧的观念，有限责任公司的建立就是确保公司能承担风险。事实上，有限责任公司承担风险的功能在高科技公司领域是表现成功的。但是，我们有必要区别高科技公司和投资银行，高科技公司通过承担风险来获取高收益是正常的，而投资银行是否应当承担类似的高风险则值得思考"；"美国的典型做法是公布信息让公众了解。这样做的基本理念是，市场应当为投资者决策提供充分的信息。这一想法实际上只是一种理想，透明度在现实中是有限的。特别是，当涉及多方合约、多方交易伙伴时，由于监控能力跟不上，银行自身都难以实时了解自己的状态。所以，LTCM和雷曼兄弟公司的倒闭给世界带来了很大的震惊"。

二、公司治理模式比较分析

从历史的角度来看，不同的国家具有不同的社会传统、法律体系、政治体制及经济制度，因而演化出多样化的产权结构、融资模式和要素市场，进而形成了各异的公司治理结构模式。

1. 公司治理主要模式

迄今为止，关于公司治理的绝大多数理论工作都集中在发达市场经济国家，传统上将公司治理结构的主要模式分为英美市场导向型模式和日德银行导向型模式。在这样一个忽略发展中国家的视野中，发达国家的治理模式被作为普遍接受的经验传递给其他国家。然而，近年来转轨经济改革的教训和新兴市场的金融危机促使学者们将更多的研究工作转向发展中国家。Prowse（1998）、Nestor（1999）、Berglof（1999）、Gugler（1999）等的研究，为人们更深入地研究不同国家的治理结构模式提供了参考。

公司治理结构的核心是所有权和控制权的表现形式，以此为参照物，可以将各国公司治理结构模式分为如下四种类型：

（1）英美市场导向型模式。市场导向型模式的最大特点是所有权较为分散，而现代公司中所有权和管理权的分离使分散的股东不能有效地监控管理层的行为，即所谓的"弱股东、强管理层"的现象（Roe，1994），由此产生代理问题。这一问题主要依赖保持距离型融资和公司控制权市场，以及破产、法院等外部机制予以解决。美国、英国、加拿大、澳大利亚等国家是市场导向型模式的典型代表。

股权高度分散一直作为许多公司治理结构文献的根本出发点，但近年来的国际比较研究显示，大部分国家的上市公司都存在某个控制性股东，如银行、家族或国家，股权分散型公司不是普遍适用现象（LLSV，1998；Becht，1999）。因此，在市场导向模式之外，公司治理结构尚存在多样化的模式。

（2）日德银行导向型模式。银行导向型模式的特点是公司股权较为集中，银行在融资和公司治理方面发挥着巨大的作用。与此同时，企业还需协调员工、银行、供应商、关联企业等诸多利益相关者的关系，Moerland（1995）认为日德的公司治理主要是解决利益相关者网络中的利益协调问题。

从理论角度看，日德模式与管家理论的逻辑前提是一致的，即经理人员不是代理理论或交易成本方法中的机会主义者，而是本质上期望做好工作的好管家。因此，公司治理结构的真正问题是通过利益相关者的帮助，使管理层能制定和实施追求企业更佳绩效的计划。

（3）东亚、拉美家族控制型模式。在大部分东亚和拉美国家（地区），公司股权集中在家族手中，而控制性家族一般普遍地参与公司的经营管理和投资决策，因此公司治理结构的核心从管理层和股东之间的利益冲突转变为控股大股东、经理层和广大中小股东之间的利益冲突，即"强家族大股东或经理层，弱中小股东"。

在上述情况下，控制性家族通常通过其在相关产业内的影响力来限制竞争，从政府手中获取优惠的资金来源和产业政策支持，企业在投资项目上存在"软预算约束"，而"裙带资本主义"（Crony Capitalism）则成为一种较为普遍的情形。

可见，家族控制型模式采用了"保持距离"和"控制导向"的混合融资形式，即一方面由小股东提供外部资金来源，另一方面又有一个较大的外部资金提供者在公司中具有控制性利益或直接影响投资决策。

（4）转轨经济型模式。苏联和中东欧等转轨经济国家具有某些共同的特点，例如都存在数量众多、规模庞大的国有企业需要进行重组，同时又继承了原有较为混乱的法律体系。因此，在转轨经济国家中，公司治理的最大问题是内部人控制（Insider Control），即在法律体系缺乏和执行力度微弱的情况下，经理层利用计划经济解体后留下的真空对企业实行强有力的控制，在某种程度上成为实际的企业所有者。

薄弱的投资者保护和所有权集中影响了股票市场的流动性。私有化计划的设计者们显然低估了这一问题的重要性，他们较多地重视速度和公平，认为适当的公司治理结构会自然地形成。然而，由于公司控制权市场缺乏流动性，初始的所有权和控制权结构变得凝滞不动，这成为许多转轨经济公司治理结构的关键问题。转轨经济国家（特别是苏联诸国）公司治理结构的另一个特点是预算软约束的持续和强化。这主要是因为政府在社会压力下对大量的国有企业提供再融资，而银行部门的约束并未强化。预算软约束削弱了企业寻求外部融资的需求和重组的压力，从而使低效的公司治理结构得以延续。

表4-2 不同治理模式要解决的关键问题

治理模式	公司治理的关键问题
英美市场导向型	强管理层、弱股东
日德银行导向型	利益相关者的利益组合
拉美、东亚家族控制型	强家族大股东或经理层，弱中小股东
转轨经济型	内部人控制

资料来源：Franks, J. 和 Mayer, C.（1994）。

2. 公司治理的国际比较

一般而言，公司治理主要包括董事会的结构和职能、如何行使控制权、经理人员和职工的关系、如何设计和实施激励机制等内容（青木昌彦，1995）。下面就从这些方面展开对各国公司治理进行比较分析。

（1）公司存在的根本目标。在英美市场导向型模式中，股东是公司的所有者和剩余索取者，公司存在的根本目标是为股东创造价值，股东价值的最大化被潜在地视为社会利益的最大化，而公司的其他利益相关者如雇员、债权人等获得的仅是固定报酬。

而在日德银行导向型模式中，公司不仅是股东的工具，它应对更广泛的利益相关者负起责任。如日本公司大多采用终身聘用制，高层管理人员如董事会成员大都从该公司底层做起，他们对员工待遇及福利等事项的关注往往胜于对股东利益的重视。这种非常密切的关系有助于促进内部团结，是日本社会的缩影。德国的企业职工通过选举职工代表参与监事会和职工委员会来实现其参与企业管理的"共同决定权"。这种公司内部的"劳资共决制"是德国公司治理的一个重要特点。除德国外，丹麦、荷兰、瑞典、法国等国家都在《公司法》中规定职工参与公司管理的制度。

有鉴于此，有学者将日德公司治理制度的精神称为"员工公司主义"(Employee Corporatism)，而将英美模式称为"股东公司主义"(Shareholder Corporatism)(Miyazaki，1996)。

在东亚和拉美家族控制型模式中，韩国、日本和泰国明显承认公司治理要采纳"利益相关者"概念。而新加坡和马来西亚也承认公司的社会性，但没有在公司治理结构中强调"利益相关者"。新加坡使用其他手段如立法来保障雇员、贷款人和客户的利益。马来西亚鼓励董事会对与利益相关者的关系负责，但是强调董事会要对股东负责。

（2）董事会结构与职能。美国公司的董事会由股东大会选举产生，其中外部董事约占董事会成员的 3/4，内部董事则为公司的高级主管人员。董事会下设若干委员会，如审核委员会、薪酬委员会、提名委员会等，其目的是保持董事会的独立性和客观性。正如 Williamson 指出的那样，"管理阶层参加董事会可以提高信息的质量和数量，并能提高董事会的决策水平；而独立董事的参与则有助于维持董事会和管理层之间的基本控制关系。董事会在公司治理方面的效率取决于董事会的独立性和信息获取能力间的替代"。

表 4-3　美国大型企业中外部董事的比例（1997 年）

名称	GM	GE	Merck	IBM	AT&T	DuPont	P&G
外部董事与全体董事的比例	14/16	10/14	12/13	9/11	8/10	9/13	13/17

资料来源：Laporta、Lopez-de-Silanes、Shleifer 和 Vishny (LLSV)。

日本公司的董事会几乎全部是内部董事，董事一般由企业内部产生，经过长期考察和选拔而得到逐步升迁。大多数董事由公司各事业部或分厂的领导兼任。日本公司董事会的另一特色是董事之间存在地位高低之分。在英美公司中，董事的地位是平等的。但在日本，董事可再分为主席、总裁、高级常务董事、常务董事及一般董事等。为了借鉴美国外部董事制度的精神，日本于 1990 年修订了《商法》及《商法特例法》，对监事会制度作出三点修正：①将监事的任期从两年延长为三年；②将大公司监事的人数调整为三人以上，其中一人须为外部独立监事；③监事会制度法定化。从实际效果来看，由于缺乏历史基础和社会基础，日本公司中外部监事制度的建立仍较为少见。

德国股份公司法规定，公司必须有双层制的董事会结构：一个是管理委员会（Board of Managing Directors）；另一个是监事会（The Supervisory Board）。前者负责公司的日常事务，后者是公司的控制主体，负责任命管理委员会的成员并且审批公司的重大决策，并监督其行为，但不履行具体的管理职能。在德国生产性企业中，股东推举50%的监事会成员，其他50%的监事会成员是由职工选举的，但股东可以用超多数的投票越过职工监事员的限制而拥有控制公司的重大决策权。

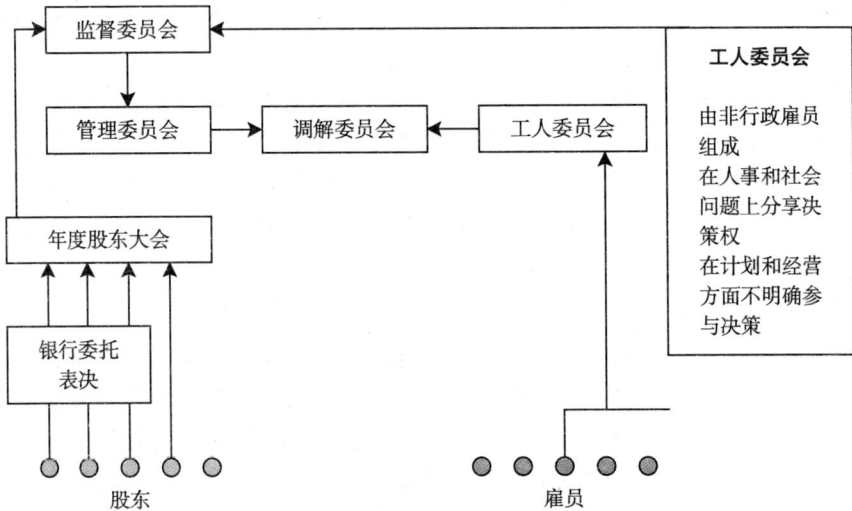

图4-1 德国公司的共同决策结构

资料来源：Kalus, C., "Codetermination", in Handbook of German Business Management, 1996。

在亚洲地区，虽然有一些国家（地区）采取双层董事会，但绝大多数国家都采取单一董事会。韩国尽管受到日本影响，但没有采取双层董事会。泰国正在考虑由单一董事会转向双层董事会来提高董事会独立性。绝大多数亚洲政府在推行新的公司治理原则时，没有致力解决控股股东股权比重过高的问题。如果控股股东股权过高的问题没有解决，即使公司指定了新的独立董事，并且形成了独立的董事会下属的委员会，但是，在新独立董事由控股股东而非一般股东提名且指定的情况下，根本无法真实保障董事会实现独立性。很难期望独立董事能积极地寻求股东利益最大化而与现任的首席执行官发生抵触。此外，真正有能力来担当独立董事的人选不足，也是独立董事制度难以真正见效的障碍。

（3）激励性薪酬计划。美国企业薪酬计划的核心是将管理层的个人收益和广大股东的利益统一起来，从而使股东价值成为管理层的决策行为准则。根据这一思想，美国公司管理层的薪酬一般包括以工作表现为基础的工资、以财务数据为基础的奖金、以股价表现为基础的股票期权以及以服务年限为基础的退休计划

（Murphy，1988）。其中，行使期权计划的收入成为管理层薪酬的主要来源。1998年美国前 100 大企业高层经理人员的薪酬中，有 53.3% 来自期权计划，而这一数字在 1994 年为 26%，在 20 世纪 80 年代中期仅为 2%。

日本公司经理人员的报酬与英美公司相比较低，主要通过事业型激励，包括职务晋升、终身雇用、荣誉称号等。在日本，董事的薪酬是由股东大会通过一个总数，再由总裁分发给董事，每人的薪酬是保密的。但在英美，上市条例要求年报中必须列明董事的薪酬及一切由该公司给予的报酬。

德国经理人员的报酬不像美国那样与公司的盈利、股价直接挂钩，股票期权在德国几乎不存在。Cavanagh 和 Fakler（1996）的研究表明，在中等规模的德国公司中，大约 50% 的管理者有一部分与业绩挂钩的收入，但这部分收入只占他们总收入的 15%。

（4）公司控制。在美国，银行的控股公司不得持有任何非金融性企业 5% 以上有表决权的股份，并且法律限制了银行在全国范围的经营。因此，公司控制主要是依靠自由的、充满生机的股票市场来进行的。股市对公司治理结构的作用主要通过股价来反映公司的经营状态。对于需在股票市场融资的企业来说，二级市场股票的低价会提高一级市场融资的代价。对那些现金流量大而无须在证券市场融资的公司，敌意性的购并（Hostile Takeover）发挥了作用。可惜的是敌意性的购并活动经过 20 世纪 70~80 年代的活跃期后进入了低谷，这主要是因为 80 年代末受集团利益影响的立法大大提高了敌意购并的代价。公司控制权市场的削弱又迫使美国公司对董事会提出了新的要求，即增加董事会中外部董事，特别是独立董事的人数和权力。

"二战"后美国左右了日本的立法活动。那时，日本法律只允许银行拥有非金融企业 10% 左右的股份，1977 年，法律修改后又规定银行对非生产性企业的持股量必须降低到 5% 以下。从表面来看，日本银行只能拥有 5% 的非金融企业的股份。但由于银行同时拥有企业集团内其他成员 5% 的股份，以及这些公司成员间的相互持股而形成的贸易和监督关系，银行的作用远大于其持有股份所代表的权利。在这种主银行（Main Bank）制度的基础上，日本的企业系列（Keiretsu）包含了生产、原料供应、批发商、零售商、银行及技术研究等公司，使公司之间形成利益共同体。银行股东经常审阅公司的业务计划，在公司业绩欠佳时，进行直接干预或选出新领导层，甚至提供额外资金支持以渡过难关。因此，日本很少出现敌意购并案件，银行股东的角色被认为是取代了购并的功能，使公司治理结构"内部化"。有学者将之称为"契约型治理结构"。

在德国，法律对银行持有非金融企业股份没有什么限制。因此，德国银行不仅是大型非金融企业的贷款提供者，而且也是这些公司的主要股东。1986 年，德意志银行、德累斯顿银行和商业银行三家银行共同控制了西门子 32.5%、奔驰

61.6%、大众 7.9%、拜耳 54.5%、巴斯夫 51.6%和赫斯特 63.5%的股票。尽管这三家银行对大众公司的持股不高，但德国法律规定除非投资者反对，银行作为经纪人及自己参与的投资公司可以用这些股票在股东大会上投票。在德国最大的100 家生产企业中，银行在 96 家企业行使了推举监事会成员的权利。通常 4~5 家银行能有效控制生产性公司的决策权。

东亚和拉美国家的公司控制权市场很大程度上是不活跃的。部分原因是政府的政策，同时表明在股权高度集中的情况下，进行敌意收购是相当困难的。国别研究也表明产业集中度很高，公司通常是多样化经营集团和大公司的一部分。这些集团的内部资本市场以及交叉补贴的体制妨碍了市场竞争成为公司治理的工具。

3. 影响公司治理的因素分析

各国公司治理结构的形成是一个漫长的制度变迁过程。近年来，以哈佛大学 Laporta 等为代表的经济学家陆续发表了一系列论文，从国际比较研究的角度对各国公司治理结构的决定因素进行了实证研究，建立了一个较为系统完善的分析框架。

根据 Laporta 等的研究思路和结果，每个国家的法源决定了《公司法》和《商法》的特点，而不同类型的《公司法》、《商法》对外部投资者、特别是中小投资者的保护程度有所差异，从而使不同国家形成了各异的融资模式和所有权结构，进而产生不同的公司治理结构，而不同的公司治理结构又对企业行为和业绩产生不同影响，最终影响到一国的经济增长，即法源→公司法→融资模式和所有权结构→公司治理结构→公司行为和业绩→经济增长。

（1）法律体系和执法力度。根据各国法律体系的历史背景、理论渊源、诉讼方式以及制度结构等因素，可以将各国的法律制度划分为普通法和大陆法两大体系。其中，采用普通法系的国家包括美国、英国、加拿大等英语语种国家，以及早期英国的殖民地和保护国，如中国香港、印度等；而采用大陆法系的国家则包括欧洲大陆国家及法国、西班牙和葡萄牙的前殖民地，它们又可进一步细分为斯堪的纳维亚大陆法系、德国大陆法系、法国大陆法系三个分支。可以发现，经济合作与发展组织（OECD）国家和西方七国的数量在各种法系之间几乎是平均分配的，也就是说采用何种法系和该国经济发展之间没有直接的联系。需要指出的是，表中并没有包括中国、俄罗斯等转轨经济国家，但这些国家的法律制定显然更多地受到了德国式大陆法系的影响。

不同的法律体系对投资者享有的权利具有不同的界定，并提供不同的保护机制和手段，这进一步影响到企业的融资形式和股权结构，从而对公司治理模式产生决定性的影响。

根据担保债权人的偿还优先程度、对企业重组的限制程度、经理层在重组过程中是否保持经营控制权以及对法定准备金的要求这四项指标，对不同法系的国家进行了排序，结果发现，普通法系国家对债权人权利的法律保护最为完善，而法国和斯堪的纳维亚式大陆法系对债权人的保护相对较差，德国式大陆法系则位于两者之间。根据一人一票制、委托投票制、累计投票制、优先认股权、召开股东大会所需的最低股权比例、强制性股利分配等制度，比较不同法系对股东权利的保护程度，其中普通法系对股东权利的法律保护程度最高，而德国式大陆法系最低。

　　有效的公司治理不但需要完善的法律架构对投资者进行保护，也需要强有力地执行相关法律。根据法律系统效率、法制传统、政府腐败系数、违约风险等因素，可进一步对不同法系国家进行比较。表4-4显示，斯堪的纳维亚式大陆法系国家的执法力度名列前茅，而法国大陆法系则排在最后。这主要是由于不同法系中国家贫富不均，如斯堪的纳维亚式大陆法系中基本上是发达国家。

表4-4　不同法系对股东权利、债权人权利保护及执法力度比较

	普通法系	大陆法系		
	英国	斯堪的纳维亚	德国	法国
债权人权利保护	***	*	**	*
股东权利保护	***	*		**
执法力度	*	***	**	
总分	7	5	4	3

资料来源：根据LLSV（1998）中的表2、表4和表5加以整理，其中 * 表示不同法系之间的相互比较。

　　对债权人权利保护、股东权利保护以及执法力度的综合比较表明，普通法系国家相对于大陆法系国家提供了较好的公司治理环境，而大陆法系内部的差异并不显著。

　　（2）融资体制。普通法系和大陆法系对投资者利益的不同保护，以及执法环境的差异，使不同法系的国家形成了不同的融资体制。一方面，从企业融资行为来看，大陆法系国家中的企业比普通法系国家中的企业更多地依赖内部资金，而其外部资金来源也以银行信贷为主。另一方面，从金融市场发展来看，普通法系国家拥有较大规模的股票和债券市场，而大陆法系国家的股市和上市公司数目相对少得多。

　　可见，由于普通法系对投资者权利提供了更完善的保护，由此导致了金融市场的高度发达；而大陆法系更多地依赖银行体系为企业融资。与此相对应，在大陆法系国家中，银行可以利用和企业的借贷关系，以及在企业外部融资中的主导地位，对企业施加强有力的控制，而企业倾向于更多地利用内部资金反映出其试

图降低对银行的依赖性。

（3）股权结构。如果法律架构不能对外部投资者提供足够的保护，企业家和创业者将被迫持有大量股权以协调自身和其他股东的利益关系，也就是说，股东保护力度较差的国家将具有较高的所有权集中度。从表4-5可以发现，普通法系国家中企业的股权集中度要低于大陆法系国家，这说明股权集中是对投资者利益保护的一种自然反应。

表4-5 不同法系国家上市公司所有权结构比较

普通法系		大陆法系					
英国		斯堪的纳维亚		德国		法国	
控制类型：20家最大非金融性公司中股权分散比例（%）							
单个国家	美国	80	瑞典	25	德国	50	法国	60
	英国	100	丹麦	40	瑞士	60	意大利	20
	加拿大	60	挪威	25	日本	90	墨西哥	0
			芬兰	35	韩国	55	阿根廷	0
集中度：前三大股东股权持有比例（%）							
小组平均	42		33		33		55	
单个国家	美国	12	瑞典	28	德国	50	法国	24
	英国	15	丹麦	40	瑞士	48	意大利	60
	加拿大	24	挪威	31	日本	13	墨西哥	67
	新加坡	53	芬兰	34	韩国	20	阿根廷	55
20家最大非金融性公司中由家族、国家或其他企业控股的比例（%）							
单个国家	美国	20	瑞典	55	德国	35	法国	35
	英国	0	丹麦	50	瑞士	30	意大利	65
	加拿大	40	挪威	60	日本	10	墨西哥	100
	英国	80	芬兰	50	韩国	40	阿根廷	95
20家最大非金融性公司中由金融企业控股的比例（%）							
单个国家	美国	0	瑞典	20	德国	15	法国	5
	英国	0	丹麦	10	瑞士	10	意大利	15
	加拿大	0	挪威	15	日本	0	墨西哥	0
	新加坡	5	芬兰	15	韩国	5	阿根廷	5

资料来源：根据 LLSV（1998、1999）等整理。

从公司控股股东的类别来看，普通法系国家和大陆法系国家也存在一些差别。除了英国、美国和日本以外，大部分国家中控股股东为家族、国家或企业的比例一般在50%左右或更高，例如20家最大的德国公司中有2家为家族控股，另有6家为国家控股；在墨西哥，20家最大公司全部为家族控股；而英国的20家最大公司不存在控股股东。在大陆法系国家，控股股东为金融机构的比例要相对高于普通法系国家，这主要是因为大陆法系国家对金融机构具有更大的依赖性。

值得注意的是，上述分析框架更多地关注了英美和日德两种公司治理模式的形成，如果从更广泛的视野来分析，那么影响公司治理体系的重要因素还包括一个国家的政治体系和经济发展阶段。例如转轨经济的公司治理问题主要是由其实行的社会主义制度所导致；同样，我们也不难理解东亚和欧洲大陆虽然具有相似的股权结构，但东亚国家形成了"裙带资本主义"，而欧洲大陆国家却没有产生这种现象。

三、公司治理的中国实践

在我国经济体制改革过程中，对国际上公司治理的概念也经历了一个引进、认识、讨论、争议、推行和不断改进的过程。1992年，原国家体改委颁布了《股份有限公司规范意见》和《有限责任公司规范意见》。这两个文件第一次以部门规章的形式，确定了现代企业制度下的公司组织形式，明确了股东大会、董事会、经理、监事会的组成和职责，为形成中国特色的公司治理结构提供了基本规范。1993年，党的十四届三中全会通过了《关于建立社会主义市场经济体制若干问题的决定》，指出"以公有制为主体的现代企业制度是社会主义市场经济的基础"，提出"建立现代企业制度，是发展社会化大生产和市场经济的必然要求"，其基本特征之一是"建立科学的企业领导体制和组织管理制度，调节所有者、经营者和职工之间的关系，形成激励和约束相结合的经营体制"。这是在政策导向性文件中第一次对公司治理的基本概念和框架作出表述。1993年12月，第八届全国人大常委会第五次会议通过了《中华人民共和国公司法》，它以法律的形式对公司法人治理结构做了规定，确定了股东大会、董事会、经理和监事会的地位和职责，明确了所有者、经营者、监督者的权利和义务，为建立和完善公司治理结构提供了法律保障。1997年，党的十五大在所有制理论上取得了重大突破，指出要发展多种成分的所有制形式。1999年9月，党的十五届四中全会通过了《中共中央关于国有企业改革和发展若干重大问题的决定》，明确提出："公司制是现代企业制度的一种有效组织形式。公司法人治理结构是公司制的核心。要明确股东大会、董事会、监事会和经理层的职责，形成各负其责、协调运转、有效制衡的公司法人治理结构。所有者对企业拥有最终控制权。董事会要维护出资人权益，对股东会负责。董事会对公司的发展目标和重大经营活动作出决策，聘任经营者，并对经营者的业绩进行考核和评价。发挥监事会对企业财务和董事、经营者行为的监督作用。国有独资和国有控股公司的党委负责人可以通过法定程序进入董事会、监事会，董事会和监事会都要有职工代表参加；董事会、监事会、经理层及工会中的党员负责人，可依照党章及有关规定进入党委会；党委书记和董事长可由一人担任，董事长、总经理原则上分设。充分发挥董事会对重大问题统一决策、监事会有效监督的作用。党组织按照党章、工会和职代会按照有关法律法规履行职责。股权多元化有利于形成规范的公司法人治理结构，除极少数必须由国家垄断经营的企业外，要积极发展多元投资主体的公司。"

总体而言，我国公司治理的实践起步较晚，但是坚持研究国际经验，国内有关部门借鉴《OECD 公司治理原则》，先后发布了一些很好的公司治理指引和准则，如 2002 年中国人民银行发布了《上市公司治理准则》；2002 年证监会和原国家经贸委联合发布了《上市公司治理准则》；2004 年银监会发布了《中国银行、中国建设银行公司治理改革与监管指引》，2006 年发布了《国有股份制商业银行公司治理指引》和《国有商业银行公司治理及相关监管指引》等。我国于 2009 年开始正式参加国际货币基金组织（IMF）和世界银行组织的金融部门评估规划（FSAP），这也是 G20 峰会授权国际组织开展的工作，在 2011 年的评估规划中，FSAP 对中国各金融部门的状况，包括对公司治理原则的内容总体上给予肯定。

从国际经验看，各国公司治理都有很多可以探讨并作出选择的余地，也需要根据各国的国情和制度特点来加以实践和探索。从我国的情况看，在公司治理方面实践效果最好的是上市公司。上市公司总体上按照《公司法》建立了比较规范的现代企业制度架构，并遵从监管部门的公司治理指引，接受投资者、公众和市场的监督，因此，上市公司治理可以得到不断改善。我国上市公司根据中国国情，借鉴国际经验，已初步形成了具有中国特色的公司治理经验和模式。对于上市公司的实践描述主要有以下几个方面：

1. 上市公司治理的法律环境

上市公司是现代公司制度的高级形态，与一般有限责任公司或股份有限公司不同，上市公司是以股票的形式通过发行等额股份筹集资本设立的、其发行的股票在证券交易场所进行交易的公众公司。与非上市的有限责任公司或股份有限公司相比，当前，我国上市公司除发起人股东和法人股东在一定时期内相对稳定以外，公众股东是不断地发生变化的。这就决定了公众股东之间不可能构成十分紧密的关系。由于单个公众股东获取公司经营的全面信息十分困难，决定了公众股东不可能直接参与公司经营管理，而必须借助于公司治理实现公司自治，并使之符合全体股东的共同利益。

上市公司治理的法律环境包括法律定位与赋权、信息披露制度、司法救济和问责机制三个方面。首先，上市公司治理是依据《公司法》设立。确立股东大会、董事会、监事会的关系是设计公司治理结构的基础性问题。根据我国《公司法》的规定，股份公司设立股东大会，为公司的权力机关；设立董事会，对股东大会负责；设经理，由董事会聘任或者解聘，对董事会负责；设立监事会，负责检查公司财务，监督董事、经理的行为等。董事会和监事会从属于股东大会。立法的初衷是建立股东大会、董事会、经理层层负责、各司其职，监事会履行监控职责的组织模式。这种公司治理组织模式是建立在股东大会有效运作以及股东大会和董事会职权明确界定的基础上。我国《公司法》虽然规定股东大会是公司权力机关，并列举了 11 项职权，但在实践中出现的情况是，股东大会往往具有象征意义和形式主义，实际权力操纵在董事会和经营管理者手中，股东大会不过是一架为了符合法定程序而运转的表决"机器"。上市公司股东大会经常出现了"一人股东大会"、"一票决胜"和"大股东投票，小股东掏钱"的情况，甚至在大股东或内部人操纵下，授权董事会行使本应由股东大会决定的事项等。

其次，上市公司治理执行强制信息披露制度。如果上市公司不能为市场、投资者提供真实、有效的信息，市场没有发现价格的真实依据，投资者出现信任危机，公司治理也就是无源之水、无本之木。依据《公司法》、《证券法》、《股票发行交易管理暂行条例》等有关法规的要求，我国上市公司的信息披露必须遵循充分完整性、真实准确性和及时性的原则。中国证监会自 1992 年成立至 1999 年 8 年间，一直致力于推行上市公司强制信息披露制度。其间，发布了涉及完善信息披露制度的法规性文件 20 余份，尤其对年度报告和中期报告准则进行了 6 次较大的充实、完善。按照中国证监会制定的格式和内容准则，披露定期报告如年度报告、中期报告，临时报告如重大事件公告等。在我国证券市场发展的初期，我国上市公司信息披露的内容采取实质审查的办法，只能部分有效地制止虚假信息的传播，而不能有效提高公司自愿披露信息的积极性，影响了上市公司透明度的提高。1999 年我国《证券法》颁布实施，规定了对上市公司申请公开募集股份实行核准制，从而相应改革了信息披露的管理体制，强化了上市公司董事会及其董事对所披露信息的完整性、及时性、真实性的责任。在实践中，上市公司披露应披露事项方面仍存在许多不足，滞后披露、重大遗漏和故意隐瞒真相的情况还屡见不鲜。由于在认定上市公司董事或其他信息披露责任人方面存在技术困难，对投资者在利用公司已披露信息与投资决策之间的直接关系的性质确定方面，也存在很多法律障碍。1999 年以后随着《证券法》的发布实施，强制信息披露制度在法律地位和权威上得到提升和巩固，上市公司信息披露质量有所进步，根据深交所综合研究所的《中外信息披露制度及其实际效果比较研究》(2002)，我国上市公司信息披露标准在内容上已接近大多数成熟市场水平，在若干方面的披露标准上优于中国香港市场，但是，在披露信息的有效性和真实性方面还有较大差距。

最后，公司治理的法律保障是司法救济和问责机制。如果缺乏良好的问责机制，保证董事严格履行勤勉义务和诚信义务，完成受托责任，董事往往对自己应负的责任并不明确，单个董事在观念上和行为上往往更多的是代表和追求本身（作为单个个人或代表特定的股东）的利益，而不是代表整个公司的利益和追求公司价值最大化，不能对全体股东出色地履行诚信责任和勤勉尽责。在内部人控制模式或控股股东模式下，整个公司的运作为单个个人或单个股东所控制，股东大会、董事会、监事会的职责分工不明，往往成为橡皮图章，形同虚设。尤其是公司董事会的运作通常为关键人或控股股东所控制，而不是以集体决策为基础。

我国《刑法》、《公司法》和《证券法》对董事的权利、义务和相应的民事、刑事责任有原则性规定，但是对董事诚信义务规定没有具体司法解释，对未能勤勉尽责的高级管理人员没有有效的处罚措施。上市公司董事权利普遍缺乏制约，权利和义务不对等，出现损害公司和股东利益的行为后没有承担相应的责任。由于董事利用非正常手段获取收益的成本很低，因此其履行诚信义务的意识相当淡薄。虽然《公司法》规定了董事在经营决策中损害了股东权益要承担连带民事责任，但是资本市场早期的司法实践并未完全支持股东起诉董事会，20世纪90年代出现的个案如红光实业、嘉宝股份最终也是以调解方式结局，没有强有力的问责惩戒效果。

2. 上市公司治理的市场环境

上市公司治理的市场环境突出表现出"新兴加转轨"的市场特征。从市场运行特征看，投资者构成以自然人为主，市场换手率高，波动程度大，呈现出较强的投机性和不稳定性，表现为投资者参与公司治理的程度和水平较低，这一特征在股权分置改革前表现得尤为突出。分析我国上市公司治理的市场环境，可以从以下几个方面考察。

（1）以自然人为主的投资者构成，参与公司治理的程度和水平较低。为了保证公司的经营者以公司股东的利益最大化行事，各国《公司法》在公司治理结构方面，设计了两种制度来保护包括公众股东在内的所有股东的利益：①股东大会制度。股东通过股东大会行使出资者的最终控制权职能，主要是选举和罢免董事，并决定公司的重大事务；②赋予公司董事对公司一定的义务，在英美法系中表现为信托义务，在大陆法系中表现为忠实义务和善管义务。股东拥有诉讼权，当公司的董事违反这些义务时，股东可以代表公司向法院对董事提起诉讼。小股东作为公司出资者的一部分可以通过这两种制度安排行使自身权利，保护自身利益。从我国上市公司治理的实践看，以自然人为主的投资者参与公司治理程度和水平较低，中小股东偏好"搭便车"。这种弱势地位主要源于三个原因：

一是"理智的冷漠"。所谓理智的冷漠，是指在股权分散的情况下，一个小股东为对公司的重大事宜作出投票决定，需要付出相当的成本去获得必要的信息并对这些信息进行加工并作出决策。对小股东而言，一般来说为作出理智的判断而付出的成本要大于因投票而获得的利益。因此一个理智的股东会对积极行使投票权持冷漠的态度。

二是"搭便车"问题。所谓"搭便车"问题，是指在存在众多独立股东的情况下，对公司管理层的监督在相当程度上具有"公共物品"的特征。在此情况下，每个股东都希望其他股东行使监督权，自己从中获利，而不愿自己积极参与监督，因为监督的成本由自己支付，而收益却由所有股东共享。由此导致的结果必然是无人愿意行使监督权。

三是小股东的弱势地位很容易受到损害。这种损害主要来源于两方面：一方面，不称职的管理层的机会主义行为带来的损害，即通常所说的代理成本，这种损害是所有股东都要承受的，但由于前述的原因，小股东更显得无能为力。不仅如此，投资者尤其是小股东的权利还经常受到管理层限制，从而使管理层的机会主义行为更加肆无忌惮。对这种损害的抑制是公司治理结构要解决的主要问题之一。另一方面，控股股东对小股东的侵害。在企业理论中通常称为"掠夺"，它是指控股大股东利用控制地位通过损害小股东利益增加自身利益的行为，这是大股东强加于小股东身上的不利影响。代理成本与"掠夺"这两种侵害有密切联系。当大股东控制管理层或管理层持有较大份额的股权时，代理成本和掠夺行为常常合二为一。即使大股东不参与管理，为获得大股东的支持，管理层也会作出有利于大股东的交易决策。在这里代理成本直接体现为大股东的"掠夺"。从我国上市公司发生的一些案例来看，"掠夺"常常表现为下列几种形式：大股东在公司担任管理者、装修豪华的办公房间、购置昂贵小汽车、把公司费用做自己的大额预付款；大股东在公司任职支取过高的薪水；大股东与公司争夺商业机会；以高于市场价格向公司出售大股东的物业；以低于市场利率向公司借款或以高于市场利率借款予公司；不顾公司现金紧张支付红利或阻止向小股东支付红利迫使其以低价出售股票予控制者；支付不同红利，通过降低小股东股份的市场能力增加大股东股份的市场能力；将公司的控制性股份售予计划掠夺公司的人；发行股票稀释小股东的股份价值；发行股票时作虚假陈述等。

（2）复杂的股份性质结构，制约公司治理的协调性和一致性。由于转轨经济的特殊背景，在股权分置改革前，我国上市公司股份结构是依据持有者性质划分的，形成国家股、发起人法人股、外资法人股、募集法人股、内部职工股、其他非流通股、社会公众股（A、B、H股）等9大类（如图4-2所示）。9类股东利益诉求不一致，权益不对等，制约公司治理的协调性和一致性。尤其股权分置改革前的非流通股股东，由于持股成本不同、权益受限，使"道德风险"和"逆向选择"概率加大。股权分置改革完成后，国家股、发起人法人股、外资法人股、募集法人股、内部职工股、其他非流通股与社会公众股股东权益趋于平等，特别是前6类股份的权益差异基本消除，这一情形得到了逐步改善。

（3）控制权市场缺失，"一股独大"影响公司治理的有效性。2002年原国家经贸委和证监会对上市公司建立现代企业制度情况进行的普查表明，2002年A股上市公司中，有控制性股东的占89%，其中，国有性质的控制性股东占全部控制性股东的77%，单一国有持股比例在50%以上的占33%，持股比例在30%~

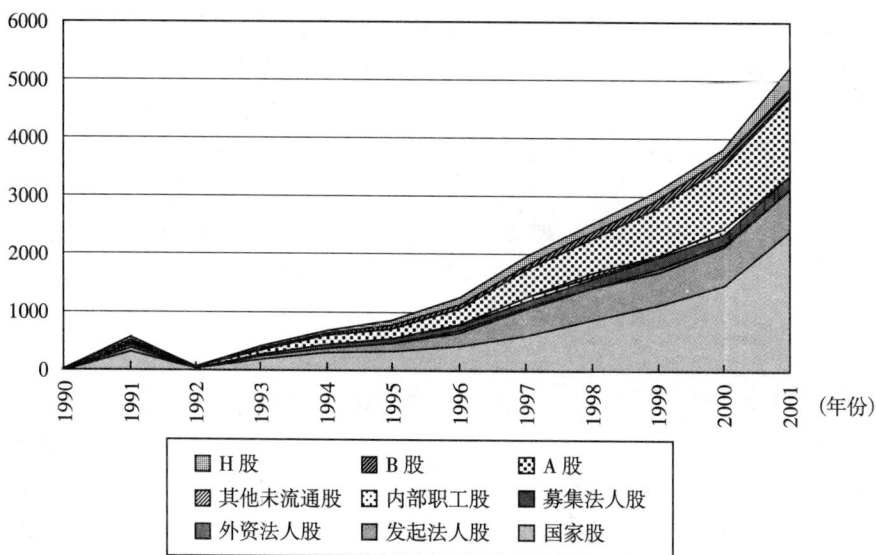

图4-2 股权分置改革前我国上市公司总体股份结构变化

表4-6 1997~2003年我国上市公司的控制权结构

单位：%

实际控制人 \ 年份	1997	1998	1999	2000	2001	2002	2003
国有企业	77.83	74.62	74.71	76.47	77.84	78.92	77.60
集体企业	5.50	5.17	4.85	4.23	4.05	3.76	4.48
民营企业	6.31	6.35	6.95	6.34	7.07	7.03	8.80
外资企业	1.34	1.18	1.16	1.01	0.95	0.90	0.72
其他	13.02	12.69	12.33	11.95	10.09	9.40	8.40
合计	100.00	100.00	100.00	100.00	100.00	100.00	100.00

50%的占33%。

理论界普遍认为"一股独大"不利于上市公司治理结构的改善。不少学者认为，控制性股东存在对外部分散股东进行"掠夺"的动机和能力，他们通过与管理层共谋而损害外部分散股东的利益。但也有相反的研究成果证明，"一股独大"在公司治理上也存在一定积极作用，例如有助于公司决策的一致性，降低交易成本；有利于克服股东"搭便车"的行为。实际上，如果"一股独大"是由于市场选择而形成的，则说明控制性股东的管理技能已经获得了市场的充分认可。但是如果"一股独大"是政府行为的结果，即控制性股东的管理技能并没有受到市场的广泛认可，则"一股独大"就会使中小股东对公司未来产生疑惑，导致资本市场长期低迷。股权分置改革完成后，并购重组的市场化机制初步形成，控制权市场得以健全，"一股独大"的情形逐步改善（见表4-7）。

表4-7 2004~2008年上市公司大股东平均持股比例状况

年份	2004	2005	2006	2007	2008
持股比例（%）	41.77	40.21	36.27	35.87	36.20

3. 上市公司治理的内部环境

上市公司治理的内部环境主要涉及董事会、监事会、经理层的作用和关系。

（1）董事会与经理层。上市公司治理从形式上看，是"三会四权"的制衡机制，即股东大会、董事会、监事会和经理层分别行使最终控制权、经营决策权、监督权和经营权。但从实践情况看，由于股权的过度集中，公众股东的高度分散，董事会由大股东操纵，或由内部人控制，形同虚设，没有形成健全的、独立的董事会来保证健全的经营机制，以及相应建立一套健全的经理层聘选和考核机制。许多研究成果表明，在股权分置改革完成前，董事会是由第一大股东所控制的，第一股东持有的股份比例越多，其所占有的董事会席位也越多，[①] 而这第一大股东一般是国家股或受政府控制的法人股。在此股权结构下，在董事会中形成了代表国家股或政府控制的法人股的"关键人"（Keyman）控制局面。根据《公司法》，董事会是以正式召集的会议形式集体进行工作。但是，由于我国是一个有长期家长制传统的国家，各种组织都由上级任命的"一把手"说了算，这种传统沿袭到我国上市公司董事会的运作，董事长同时是法定代表人，未限制董事长兼任总经理，使董事会的权力、经营管理权力集于法定代表人一身，大权独揽，其他董事职权弱化。这是与董事集体决策的特征相矛盾的。这种制度为个人独断专行、侵占公司资产和利益、损害股东权益打开方便之门。显然，由于法律环境、资本市场作为一种外部监督机制未能对"关键人"发挥有效的制约作用，而处于"独大"地位的董事和经理人员又由于缺乏有效的激励机制从而能够自律地维护公司利益，因此，必然造成一些上市公司经营的低效率。在实践中我们也可以观察到，不少国有企业经过改制上市后，未能明显地提高其经营效率，即使从表面上看经营业绩较上市前有改善，但是这种情况通常发生在上市后的最初一段时期，随着低成本募集来的资本不断消耗，这些公司在改制前就存在的经营效率低下、决策程序缺乏科学民主等问题就日益暴露出来。

我国公司董事会中内部人控制和由大股东控制的情况同样普遍。研究表明，早期的上市公司中，内部董事即在上市公司经理层中担任实际职务的执行董事与董事会成员数的比例，达到100%的上市公司约占20%，该比例大于50%的则几

[①] 肖腾文：《上市公司控制权问题研究》，深圳证券交易所第二届会员研究成果评选（未公开发表），http://www.smh.org.cn。

乎达到 80%。所以在我国上市公司中，既存在大股东权益不能有效保障的情况，也存在大股东侵害中小股东权益的问题；既存在大股东过度干预公司经营的问题，导致上市公司"国有企业化"，也存在内部人行为目标背离股东利益而得不到相应制衡的问题。

大股东控制或内部人控制董事会都会导致公司治理结构的不平衡。因此，实行董事长和总经理的两职分立，即将公司的"立法"系统和"执法"系统分开，也许能够部分地解决公司内部制衡缺乏的问题。董事长和总经理两职是否应当分立，在理论上存在争议。从委托—代理理论来说，董事长作为董事会代表，与总经理的职位之间是监督与被监督的关系，如果两职合一，就意味着总经理自己监督自己，而且导致董事会被内部人控制，为了维护董事会监督的独立性和有效性，两职应当分立，并且两职分立有利于减少关联交易，防止控股股东侵害其他小股东的利益。而现代管家理论认为，两职合一有利于作为公司资产"管家"的总经理提高创新和开拓能力，使企业适应不断变化的市场环境，及时决策，有助于提高企业的经营业绩。还有一种基于资源依赖假定的理论认为，两职是否合一要根据企业具体面对的环境来确定，不能一概而论地确定两职分立好还是合一好。

吴淑琨等（1998）检验了我国上市公司两职分立状态对公司股权结构、公司绩效和董事会结构之间的实证关系。结果发现，法人股东持股比例、董事会和监事会的构成、监事会的规模以及公司绩效等因素都与两职分立合一状态没有显著的相关关系，表明两职分立不能反映董事会监督的独立性和有效性，而两职合一也不能说明有利于增强企业经营者的创新水平。两职分立状态与企业规模之间呈正相关关系，公司规模越大，越倾向于采取两职合一。在实践中，根据一项抽样调查，我国上市公司采取两职合一方式的约占样本数的 35%，而采取两职分立方式的约占 65%。[①] 可见我国上市公司治理结构较多地受到了代理理论的影响。

（2）监事会作用弱化。上市公司监事会普遍存在两个问题：一是监事缺乏必要的独立性，对公司的高级管理人员是否尽职难以发表独立意见；二是缺乏监督手段，流于形式。根据上海证券交易所抽样调查，绝大多数的有效样本公司监事会成员来自企业内部的"干部"，在这种情况下，由于监事会成员的身份和行政关系不能保持独立，其工薪、职位等基本上由管理层决定，监事会一般无法担当起监督董事会和经理的职责，监事唯董事长马首是瞻，并无可奈何地履行召开监事会会议等例行公事，监事会实际上在制度设置方面就成了一种"摆设"。

从权力机构的设置上看，我国《公司法》规定上市公司必须设立董事会和监事会，在形式上属于双层委员会制度，即由代表股东利益的董事会和在一定程度

---

① 李东明、邓世强：《上市公司董事会结构、职能的实证研究》，《证券市场导报》1999 年第 10 期。

上代表相关利益者（职工和社会利益）的监事会构成了我国上市公司治理结构的核心。但是董事会和监事会都由股东大会选举产生，相互之间不具备直接任免、控制的权力，尤其是监事会在法律上只是被赋予了有限的监督权力，就其作用来看，最多对行为不合规的董事进行"弹劾"，但没有罢免董事的权力，缺乏足够的制约董事行为的手段，因此在实践中《公司法》赋予监事会的监督权通常流于形式。所以，从实际控制权来看，我国上市公司治理又可以归纳为单一委员会制度，因为只有董事会可以直接决定公司的重大经营决策，代表股东利益，向股东大会负责，是股东导向型的治理结构。

4. 上市公司治理的外部环境

公司治理的外部环境，亦称外部治理和外部监控机制，一般包括市场监控、交易所监控和利益相关者监控。市场监控可以来自资本市场、经理市场和产品市场，利益相关者监控可以来自内部利益相关者和外部利益相关者。在成熟市场经济国家，公司治理的运作效率，主要依赖一套严密的激励机制和约束机制系统发挥作用，主要包括：

（1）政府部门——充当"守夜人"角色，协调利益冲突；

（2）金融机构——设计金融合同并进行监督；

（3）中介机构——收集、核实、分析并提供投资信息；

（4）监管机构——制定规则并监督执行；

（5）司法救济——证券民事赔偿制度；

（6）控制权市场——收购兼并威胁等；

（7）经理人市场——经营专业化、职业化；

（8）破产重整机制——涉及濒临破产企业；

（9）竞争机制——完善公司治理的外部机制；

（10）法律架构——确定基本的游戏规则。

上市公司治理规范工作一直为监管部门所关注和倡导。最初的要求主要是基于满足到境外上市的需要，1994年国务院证券委和国家体改委根据《国务院关于股份有限公司境外募集股份及上市的特别规定》，制定了《到境外上市公司章程必备条款》（以下简称《必备条款》），作为境外上市的公司必须遵守的规范予以实施。该《必备条款》在一定程度上对《公司法》中公司治理相关规定提出了具体规范。主要有以下几方面：一是为了保证境外投资者的利益，特别规定了境外上市的公司如H股公司，可以召开外资股东参加的类别股东会议，同时就类别股东会议的职责作了规定；二是允许公司根据需要设立外部独立董事。

在境外上市公司治理规范的影响下，监管部门开始关注境内上市公司规范的建设工作，1997年中国证监会发布了《上市公司章程指引》，这是根据《公司法》和其他有关规定制定的境内上市公司章程标准范文，为境内上市公司完善治理结构订立了"内部宪章"，之后陆续出台了其他涉及公司治理结构的行政性规章。例如 2000 年修订了《上市公司股东大会规范意见》，确立了股东大会的律师见证制度；对上市公司的其他重要行为如为他人提供担保、重大购买或出售资产行为、聘用或更换审计师事务所等，都作出了相应的指导。2000 年 5 月，上海证券交易所、深圳证券交易所修订《上市规则》，对上市公司治理结构提出了要求：①确立了上市公司董事和监事的承诺和备案制度，有利于强化董事和监事在信息披露方面的责任；②对涉及公司处置或收购资产、关联交易和其他须予披露的重大事项的标准进行了规定，从而增强公司在重大交易和重大合同方面的透明度。从法律效力上看，《必备条款》、《公司章程指引》和《上市公司股东大会规范意见》从属于《公司法》，但在许多方面对《公司法》规定的内容进行了细化，成为完善境内上市公司治理结构的重要文件。证券交易所的《上市规则》是自律性质的契约，对当事人双方具有一定约束力。

1999 年 3 月，原国家经贸委和中国证监会联合发布《关于促进境外上市公司规范运作和深化改革的意见》（国经贸企改〔1999〕230 号）。该文件根据境外证券市场对上市公司治理结构方面的要求，在以下 11 个方面提出规范性建议：

（1）强调上市公司董事会、经理层、财务、营销等机构应独立于控股机构；

（2）明确界定国有控股机构的职能，减少与上市公司的关联交易，避免同业竞争；

（3）明确公司决策程序，强化董事责任，保障董事知情权和决策权；

（4）强化董事会的战略决策功能，积极利用好社会咨询力量；

（5）保持公司高级管理人员的稳定；

（6）逐步建立健全外部董事和独立董事制度，要求外部董事应占董事人数的 1/2 以上，并应有 2 名以上的独立董事；

（7）明确监事会的首要职责是检查公司财务，外部监事应占监事会人数的 1/2 以上，并应有 2 名以上的独立监事；

（8）充分发挥董事会秘书的作用；

（9）探索对公司高级管理人员的激励办法；

（10）深化公司内部改革，转换经营机制，建立科学有效的管理制度；

（11）政企分开，规范股东与公司的出资关系。

上述 11 条建议，针对我国大中型国有企业通过改制、到境外上市的公司在治理结构方面存在的普遍问题，援引国际惯例加以规范，在一些方面延伸和细化了《公司法》的规定，这是较早具体规范公司治理结构的部门规章，对指导上市公司提高治理水平具有实践意义。

我国上市公司治理的外部环境，还需要关注以下几个方面：

（1）政府与企业关系。在市场经济中，注重市场发挥在资源配置的基础作用，政府充当"守夜人"的角色，市场依靠"看不见的手"条件，充分尊重企业自治，政府与企业之间泾渭分明。在计划经济中，政府职责是全能政府，既负责行政方式配置资源，又负责企业管理，政府与企业之间没有边界，也没有公司治理问题。转轨经济中的公司治理，必然存在旧体制的弊端和惯性，主要表现为："内部人控制下的一股独大"、"政企不分"、"关键人独断专行"等公司治理问题。

（2）上市公司与控股股东的关系。首先，委托—代理关系不明确，产生严重的信息不对称问题。在我国上市公司中，由于较长时间存在国有出资人职责不到位以及一股独大和股权分置问题，使得我国上市公司股东和经营层的委托—代理关系成为一种不完备的契约，委托—代理关系模糊，代理问题更加复杂。加上非流通股股东和流通股股东价值取向存在差异，在公司治理结构中流通股股东又处于弱势地位，使得公司内外、经营层和股东之间产生了严重的信息不对称问题。这些因素是导致我国上市公司信息质量真实性、有效性不足的根本原因。

其次，我国上市公司法人人格属性和法人财产独立性缺乏保障，产生了控股股东的有限责任和无限权利问题。公司法人制度的核心是公司的独立法人人格和股东的有限责任。法人制度的设计既有经济价值目标，也有公平正义的伦理价值目标。如果既允许股东直接控制其投入公司的财产，过度操纵公司，侵害债权人利益和社会利益，又允许股东承担有限责任，就将与法人制度之公平、正义伦理价值目标背道而驰。

在我国上市公司治理实践中，控股股东滥用"有限责任"侵害上市公司法人财产的独立性问题较为严重，表现为：

（1）利用上市公司人格规避债务和合同义务。例如控股股东滥用上市公司信用为关联方举债担保，致使上市公司承担连带债务责任，变相转移上市公司资产。

（2）上市公司的经营财产严重不足。例如发起人在公司设立时、控股股东在上市公司配股时出资不实、虚假出资、抽逃出资，或注册资本虽然符合法律规定，但其经营规模远远超过经济能力，使股东在有限责任的保护下将交易风险转嫁给交易对方。

（3）上市公司没有经营自主权。控股股东未按照法定方式行使权利，过分干预或者操纵上市公司的具体经营活动，使上市公司丧失独立人格。例如猴王股份长期与其母公司猴王集团"一套班子，两块牌子"，导致猴王集团占用上市公司资金近10亿元，猴王股份一度濒临破产边缘。

（4）上市公司实际控制人为自然人，容易进行幕后操纵。例如亿安科技、中科创业的违规案例，就是自然人幕后操纵的典型事件。在新疆啤酒花股份有限公司案例中，公司董事长买买提·艾沙由夫在遁迹海外前，操纵啤酒花对外担保近20亿元，其中有近10亿元是暗箱操作、幕后操纵进行的，一直未对外披露。一旦东窗事发，真相大白，引起股票市场大幅波动，啤酒花股票连续出现了 13 个跌停交易。

（5）控股股东、实际控制人与上市公司人格混同。控股股东与上市公司营业场所、住所、主要设备、资金、人员、财务管理完全混同，规避法律和合同义务，侵害债权人和社会公共利益。

四、案例分析与思考

苏三山于 1992 年 5 月由昆山三山纺织集团公司发起设立，主要经营纺织品、化学纤维制造等。1993 年 4 月，苏三山 4000 万股 A 股在深圳证券交易所挂牌上市。苏三山 1995 年亏损 1429 万元，1996 年亏损 2862 万元，1997 年虚盈实亏。1998 年 5 月 4 日，苏三山股票交易被实行特别处理（ST 苏三山），1998 年 9 月 14 日，苏三山因连续三年亏损，依据《公司法》被暂停上市资格。苏三山在新兴的中国股票市场上曾昙花一现，表现出良好的经营状况和股价走势，但随着控制权频繁变更，公司治理方面的代理人问题和内部人控制问题尖锐地暴露出来，苏三山深陷"泥潭"，不能自拔，最终丧失上市资格。苏三山的兴衰，经历了国有控股、民营控股两个时期，集中反映了不同时期我国上市公司的治理问题。

1. 国有控制时期的公司治理问题

从 1993 年上市到 1997 年，在短短四年内苏三山控股权五易其主，这一段时期苏三山代理人问题表现突出，主要有以下几个方面：

（1）改制不彻底，产权不清晰。苏三山与其母体昆山三山纺织集团公司（简称"昆山纺织"）保持"一套班子，两块牌子"的管理体制，公司上市后，与昆山纺织之间发生的资产调整以及供应、销售均存在严重的关联交易，两个法人的财务部门合署办公，人员交叉任职，工资费用全部由苏三山支付。昆山纺织大量拆借苏三山募股资金，为集团内其他企业排忧解难。1997 年，苏三山与昆山纺织进行债权债务重组，苏三山应收昆山纺织所属企业欠款，按 1997 年 1 月 1 日为基数计算仅罚息高达 4700 多万元。大股东无偿占用苏三山的资金，使苏三山在面对市场竞争加剧和纺织行业结构调整的重要时期丧失了转换经营机制和进行产品结构调整的机遇。

（2）热衷于"壳"资源炒卖，生产经营却日渐式微。苏三山 1993 年是作为历史遗留问题上市的，募集资金也十分有限。国有大股东为解集团内其他企业燃眉之急，在苏三山上市不到一年就卖壳套现，1994 年，昆山纺织将所持法人股 2300 万股分别转让给海南泛华实业有限公司等五家外地企业。海南泛华实业有限公司成为苏三山第一大股东（持股 984 万股，占总股本的 8%）。1995 年，苏三山年度报告披露西北开发投资基金持股数（持股 990 万股，占总股本的 7.4%）超过海南泛华实业有限公司（持股 950 万股，占总股本的 7.1%）成为第一大股东。1996 年 12 月，海南泛华实业有限公司通过协议受让增持苏三山股份（持股

2336 万股，占总股本的 17.4%），再次成为苏三山第一大股东。苏三山控制权的频繁变动，使公司治理结构中所有者与经营者之间的委托—代理关系存在严重的问题，内部人控制问题恶性发展，进一步加大了代理成本。

（3）行业不景气，投资决策失误。苏三山 1993 年上市，即遭遇纺织行业结构调整，市场竞争加剧，1994 年主营业务已大幅下滑，并一度陷入停产。面对行业格局的变迁和日益激烈的市场竞争，苏三山由于经营机制的僵化，没有有效运用募集资金，进行产品结构调整和生产技术的升级。1994 年董事会盲目决策投资当地和海南的房地产，又由于房地产业步入低谷，资金被深度套牢。苏三山始终没有找到适应市场竞争的经营道路，经营每况愈下，直至走入困境。

2. 民营控制时期的公司治理问题

1996 年底，深圳"创世纪"成为苏三山第一大股东，"创世纪"是一家自然人控制的私营企业。这一时期苏三山代理人问题和内部人控制问题更加错综复杂，表现在以下几个方面：

（1）少数人操纵公司，为所欲为。1997 年初，"创世纪"改组苏三山董事会，七名董事有四名来自"创世纪"，这四名董事完全掌握了公司的控制权。1997 年 9 月和 1998 年 3 月，"创世纪"为了取得深圳中行的贷款，分别两次向深圳中行提供了苏三山同意用公司资产为"创世纪"担保的董事会决议，这两份所谓的董事会决议却存在疑点：一是这两份董事会决议从来没有公告，在公司的董事会会议记录本中也没有这两次会议的记录；二是在决议上签字的四名董事都来自"创世纪"，而其他三名董事均表示不知此事。有理由认为"创世纪"私自"制造"了这两份决议骗取银行贷款，把本应自己承担的风险转嫁给了上市公司。

（2）用上市公司资产为大股东及其关联企业担保，转嫁风险。1997~1998 年，"创世纪"用苏三山及其子公司为"创世纪"控制的公司和其他关联公司提供担保共计人民币 7300 万元、港币 1200 万元、美元 250 万元，均未在年报中公告，也未在苏三山的移交资料中记载，特别是在公司暂停上市后，"创世纪"一面与重组方讨价还价，一面暗中继续用苏三山的资产为自己担保，变相转移上市公司资产，为其后的重组工作设置了陷阱。

（3）弄虚作假，以非法手段企图保"壳"。"创世纪"入主苏三山以后，一方面通过变卖公司资产来维持职工的工资，以使职工不至于闹事；另一方面想通过编造虚假利润以使已经连续两年亏损的苏三山不被摘牌。1997 年公司的财务报表经审计被出具保留意见，后经调查核实，该公司存在编造虚假交易证明、虚增利润的事实，1997 年虚盈实亏。1998 年 9 月 14 日，苏三山因连续三年亏损被依法暂停上市。

（4）金蝉脱壳，蚕食国有资产。苏三山暂停上市后，从维护社会稳定和防范金融风险出发，地方政府出面协调苏三山的重组工作，"创世纪"利用虚假报表掩盖真实的资产状况，借机漫天要价，一家连续三年亏损、负债累累，基本上被掏空的公司，"创世纪"竟开口索要 8000 万元，最后以 4700 万元成交。

3. 政府救济时期的公司治理问题

苏三山暂停上市后，在地方政府的大力支持下，苏三山开始进行资产重组。1998 年 10 月 16 日江阴市振新毛纺织厂（以下简称"振新厂"）受让"创世纪"持有的苏三山 20%股权成为第一大股东。随后振新厂以其拥有的毛纺车间等优质资产置换苏三山大部分不良资产，使苏三山的经营范围由化纤产品生产变为毛纺织产品生产。1999 年中期，公司已初步扭亏，实现净利润 77 万元，看到了一丝复活的曙光。但是在重组中又发现了一些新的问题：

（1）苏三山的资产状况很差，加大了重组成本。苏三山由于几易其主，资产状况极度恶化，振新厂在进行重组中付出了高昂的代价。为挽救苏三山，振新厂支付的重组成本包括：股权转让费 4700 万元，资产置换损失 8739 万元；苏三山账面亏损 9689 万元；解决苏三山人员安置等费用 3957 万元，共计 2.8693 亿元。

（2）"创世纪"在苏三山留下的担保债务黑洞，给重组工作带来无底的风险。苏三山原第一大股东"创世纪"与江阴市振新毛纺织厂签订《股权转让协议》，"创世纪"向振新厂保证没有用苏三山的资产对外做过担保，"创世纪"私自以苏三山名义对外签订的总计上亿元的担保协议均未在年报中公告，也未在苏三山的移交资料中记载，一度给重组工作造成了极大的障碍。这种暗箱操作的担保，风险极大，使振新厂资产置换工作望而却步，一再放慢重组工作的步伐，对投资者的信心不无影响。

4. "苏三山"教训及思考

苏三山案例在各个阶段表现出来的公司问题，在我国上市公司中具有普遍性和代表性，集中反映我国公司制度改革实践阶段的公司治理问题。特别是早期改制上市的公司，引进公司制度和公司治理具有被动性特点，是行政推动的强制性制度变迁，它们在较短的时间里实现了从国有企业到上市公司，从厂长（经理）负责制到公司治理中各负其责的历史性跨越。在所有制关系上，由国有独资、国家负无限责任变成了出资者多元化，股东依据自己持有的股份行使权利并承担有限责任。在领导体制上，由厂长（经理）的一元化领导变成了公司治理结构中的权力制衡；由国有企业的厂长（经理）对主管部门负责变成了董事会对股东大会负责，经理班子对董事会负责。实践证明，早期上市公司是公司制度改革和创新实践的产物，是中国企业建立现代企业制度的排头兵。作为率先进行现代企业制度实践的上市公司，在管理体制方面与以往的企业有很大区别，由于上市公司运作高度透明，上市公司治理结构也代表了我国公司治理的最高水准，但是与市场经济发达国家公司治理的水平相比还存在很大距离。

无论是国外的经验还是我国的实践都可以证明，公司治理问题之所以产生，根本的原因是所有权和控制权的分离，以及相应产生的委托—代理关系。正由于现代公司已经成为不同利益主体共同参与形成的契约体，如何建立有效协调不同利益和控制公司行为的公司治理就成为现代公司发展过程中的一个永恒的话题。从理论成果来看，从20世纪30年代以来，公司治理的研究十分活跃，人们从信息经济学、组织行为学、现代企业理论等多角度进行了研究。从实践来看，由于法制环境、企业文化和竞争观念、资本市场发展水平等因素的影响，各国公司治理结构的模式和具体实践都存在差异。随着经济全球化的发展，各国上市公司的融资也出现了国际化的趋势，适应国际资本市场和国际投资者的要求，各国上市公司的公司治理结构出现了相互融合、借鉴的趋势，一些国际组织、国际机构投资者推出了区域性、国际化的公司治理结构原则，各国证券监管部门和证券交易所纷纷引用这些原则，指导和监督改善上市公司治理结构，增强投资者的信心。

苏三山公司治理问题具有一定典型性，表明我国现行法律制度尚存在一些"空白"，上市公司中普遍存在委托—代理问题和严重的内部人控制，上市公司行为不够规范，公司内部缺乏有效的权力制衡和约束机制，侵害投资者利益的现象时有发生。因此，为了促进证券市场的稳定发展，增强上市公司的竞争力和提高上市公司质量，必须从外部环境和上市公司内部机制上进行制度完善、变革和创新，加快建立和健全规范运作的上市公司治理及其机制。从深化公司制度改革的角度，需要深入思考和解决我国上市公司治理中存在的以下五个方面问题：

（1）如何确保上市公司的"真实性"。在计划经济体制下，企业的经营者基本上是"负盈不负亏"，由于我国目前信用制度不完备，董事的诚信责任不明确，上市公司经营人员也同样是"负盈不负亏"。上市公司的真实性是维系投资者信心的基础，如果是上市公司的真实性出了问题，追究到董事身上往往只是事后的行政处罚，并不能给后来者以"前车之鉴"的震慑，就如罪莫大焉的琼民源、红光实业经营者虽受到了一定程度的刑事处罚，但投资者受损害的权益无法获得补偿，制度的缺陷和市场的不完备也无法弥补。虽然我国法律也规定了民事赔偿责任，但董事一般都是国有企业的"干部"，没有承担民事赔偿责任的物质基础，有关规定难以执行。董事是法人实施民事行为的主体，却不承担事后的民事责任，名义上董事对上市公司的真实性负责，实际上是空口无凭、缺乏信用保障的。

在资本市场没有有效的民事诉讼机制的条件下，投资者利益受损而无正常渠道诉冤，必然加大了政府和监管部门的维护社会稳定风险。因此，加强上市公司真实性的监管是必要的。从防范和化解金融风险，维护社会稳定大局出发，证券监管部门应当突出以预防为主的监管理念，在监管形式上，不能单纯进行"报表"监管；合规性审核也不能停留在"申报材料"上，必须辅之以必要的真实性核查。从长远发展看，推进法制化的监管制度和推行市场化的证券发行机制，切实保证上市公司的真实性，维护投资者权益，是我国证券市场健康发展的根本。

（2）如何约束董事行为。股份公司的股东大会主义向董事会中心主义过渡是现代股份制建设的趋势，但如果在将公司的经营管理大权交于董事会的同时却没有建立起相应的制约机制的话，就难以保证董事的权力不被滥用，某种程度上讲苏三山衰败就是由于董事长没有受到制约，可以为所欲为造成的。西方国家强调公司治理的核心目的就是为了约束董事行为。当前，我国上市公司在信用制度不完备、诚信义务不明确的情况下，不可能有完全意义的法人治理结构。在这种情况下，我们在监管上有两种态度可以选择：一是放任不管，让市场自发调节。制约机制差的公司会出现这样那样的问题，慢慢被市场淘汰，制约机制好的公司的经验会逐渐被市场认同而被其他企业效仿。但是这种方式需要的时间很长，而且社会风险大、成本高，采用这种方法对广大投资者是不负责的。二是完善外部监督促使上市公司建立内部制约机制。例如，中国证监会利用发行审核、巡回检查、完善信息披露制度等监管手段，督促上市公司建立现代企业制度，规范法人治理结构，切实转换经营机制。同时，引导舆论监督、建立退出机制和发挥社会诉讼机制的震慑作用，形成监督上市公司董事勤勉尽责、守法经营的强大约束力量。

（3）如何将非法经营者绳之以法，以儆效尤。苏三山原董事长利用上市公司资产为自己的企业担保，转移债务风险，并编制虚假财务报表，将一家上市公司拖入破产的边缘，严重损害了投资者的合法权益，但最终能套利出走，全身而退。琼民源原董事长编制虚假财务报表，操纵市场，使近10万名股民蒙受巨大损失，其虽被判处有期徒刑三年，但本人在经济上可谓毫发未伤。从维护社会稳定的大局出发，有关地方政府积极推动了苏三山、琼民源的重组工作，分别付出了近2亿元的重组成本，代价惨重。

治乱需用重典。如果惩戒对非法经营者触动太小，同他们从上市公司所得到的利益相比只是九牛一毛，后继者就会甘冒牢狱之灾而追逐非法"暴利"，结果是严重打击了投资者的信心，动摇了证券市场的基础，甚至引发社会不安定因素。因此，对非法经营者的惩戒，应触及其切身利益。在国外非法经营者所承担的民事赔偿责任，可能导致其身败名裂，而无容身之地。随着我国财产实名制的推行，应充分利用证券市场的社会诉讼机制，落实民事赔偿责任，严厉惩戒非法经营者。最大限度地减少非法经营者对投资者和市场的损害，一是进一步提高上市公司的透明度，"阳光是最有效的消毒剂"，只有把上市公司经营者置于社会公众投资者的监督之下，才能使非法经营者不敢为所欲为；二是加强监管应突出防范风险，防患于未然，做到发现问题，及时规范，警钟长鸣，使非法经营者知难而退；三是建立起简洁高效的案件移送制度，使非法经营者的违法犯罪行为得到及时制止，最大限度减少损害，挽回损失。

（4）如何处理公司为大股东及其关联企业担保。《公司法》第60条规定，董事、经理不得以公司资产为本公司的股东或者其他个人债务提供担保。但是如果公司董事会通过用公司资产为大股东担保是否合法，在司法实践中，法院对此类的担保合同一般也是认定有效的。如果董事会被大股东非法操纵，担保行为损害上市公司利益时，一律由上市公司承担损失有失公允。中国证监会应与司法部门协商，以司法解释形式认定此类合同为无效合同，由非法获益的大股东承担有关责任。同时，加强监管措施：①要求上市公司对外担保事项必须严格内部审批程序，并作出详尽的信息披露，并作为配股（增发）审核和巡回检查的重要事项；②建议上市公司董事会在对外担保时须设立必要的保护性条款，如要求被担保方提供反担保等，并要求监事会予以监督。

（5）如何落实上市公司的退出机制。对于一个濒临破产，无法持续经营的企业，像苏三山、琼民源那样付出高昂的重组成本并非唯一的出路，苏三山、琼民源重组虽然一定程度上解决了公众股东的社会稳定问题，但是不能包治百病，不计成本地重组可能会拖垮好企业，出现一损俱损的局面。上市公司一旦出了问题，便抓住"重组"这根救命草，不计成本，不管后果，甚至搞"拉郎配"，这是不符合市场经济规律的做法。同时，给投资者也带来不良影响，认为投资垃圾股没有风险，反正政府会"救"上市公司（这与我国早期股票市场投资者认为政府会托市一样），于是没有风险意识，恶炒垃圾股，ST、PT股票一涨再涨。因此，真正落实证券市场的退出机制，有利于引导理性投资，有利于提高上市公司质量，有利于强化所有者特别是国有大股东对上市公司经营管理者的监督作用。当然，从维护稳定和防范金融风险的大局出发，上市公司破产必须稳妥操作、减小震荡，在做好各方面情况的紧急处置预案的基础上，加强法院、有关地方政府和证券监管部门协调合作，谨慎选择试点单位，防止一哄而起，关键是形成优胜劣汰的示范效应，完善市场制度。

第三节　上市公司治理的改善

公司治理的持续改善是公司转型的重要方面。以股权分置改革为分水岭，上市公司治理的内外环境发生深刻变化，上市公司的治理结构和机制得到逐步健全。

一、上市公司治理环境出现积极变化

股权分置改革完成后，上市公司治理环境出现了三个方面的积极变化：一是

进一步确立法治基础，通过分散决策、协商对价，深入确立契约平等、民主自治的公司法治原则。据统计，在一年半时间里有 300 多万名公众股东参加了股权分置改革方案的协商和投票表决，这种经济民主化的广泛性是史无前例的，股权意识和股权文化全面植入了公司理念和公众意识，公司治理知识广泛普及，全体股东获得了参与公司治理的经验，公司治理的社会文化基础发生积极变化，极大地改善了上市公司治理的法治基础。二是构建起公司治理的股东共同利益基础，大股东行为模式发生积极变化，更加关注公司价值增长；市值管理形成有效的市场激励和约束机制，股东利益最大化成为经营者价值目标；公司股东之间的制衡作用增强，机构投资者积极参与公司治理，公司治理更加注重投资者关系管理，中小股东维权意识增强。同时，股权分置改革消除了上市公司股份转让制度的差异，使上市公司国有股权益的实现平台得到制度保障。其经济意义更在于推进国有股权管理方式，由静态的国有资产的产权维护转变为动态的以增强国有经济活力、控制力、影响力的国有资本市场运营，为完善国有资产管理制度创新先行破题。三是清理历史遗留问题，完善公司治理的产权基础。在改革中，涉及 134 家上市公司的 127 亿股募集法人股上市流通问题得到了平稳解决；270 家上市公司的股东登记名实不符、法人股个人化问题得到清理和解决；138 家上市公司结合股权分置改革采用以股抵债、以资抵债、红利抵债等多种方式解决了 258.5 亿元占用资金问题。

同时，研究表明，股份全流通与公司治理、公司经营业绩和规范运作并不具有完全正相关关系。股权分置改革后，股东行为的两面性和内部人控制问题将可能加大公司治理问题的复杂性。

1. 机构投资者

（1）机构投资者持股比例发生积极变化。截至 2011 年，专业机构投资者持有上市公司流通市值为 15.52%，一般机构持流通市值为 57.43%，自然人持流通市值为 27.05%。

（2）机构投资者投资行为可能更趋理性。随着股票估值机制的变化，可能更加注重价值低估和成长性较好的公司股票投资，形成公司治理的正向激励。

（3）机构投资者可能通过内幕交易或利益输送等方式操纵股价。通过交叉持股的方式影响股价，或在公司治理环节共同对抗该上市公司或其大股东，形成公司治理的负向激励。

2. 大股东行为

（1）更加关心本公司股票的市场表现，更加注重上市公司的规范治理，会减弱对中小投资者的利益侵蚀的行为。

（2）在财富效应的刺激下，凭借种种优势从事各种不良行为的可能性大大提高。

可以预见，股权分置改革后以下公司治理问题将变得更加突出：

（1）选择性信息披露。在利益驱动下，公司经营层有更强的动机，采取选择性信息披露，干扰价格信号，维护公司股价，甚至采取选择性信息披露，操纵本公司股票价格，从中牟利。

（2）控制权交易损害社会公众股东权益，主要通过以下方式进行：①反收购措施可能毁损公司价值；②控制权交易双方的非公开交易；③公司控制权交易期间的信息披露。

（3）更多"一控多"下的上市公司。股权分置改革后，资本市场资源配置功能和价格发现功能得到改善和提升，上市公司成为占有资源和提升价值的重要平台，图谋占有"壳资源"的动机会更加强烈。

二、上市公司治理机制进一步健全

1. 进一步完善上市公司治理的法律环境

2005 年底，修订并重新颁布的《公司法》、《证券法》，进一步完善了上市公司治理的法律环境。新修订的《公司法》明确赋予独立董事、董事会秘书在公司治理中的法律地位，明确规定控股股东不得侵占上市公司权益，对损害上市公司行为承担法律责任；《刑法修正案（六）》专门针对"掏空上市公司"行为增加了新罪，补充规定了上市公司的董事、监事、其他高级管理人员，违背对公司的忠实义务，利用职务上的便利，操纵上市公司，从事损害公司利益的行为，要追究当事人的责任，保障法人财产权的独立性，有效震慑大股东占用上市公司资金行为。新颁布的《破产法》，引入公司破产重整制度，为挽救公司危机提供司法救济机制，使公司制度进一步完善。根据新修订的《证券法》，修订并重新发布的《上市公司收购管理办法》、《上市公司重大资产重组管理办法》、《上市公司发行股份管理办法》等部门规章，充分体现全流通市场的特点，从根本上改善了上市公司治理的法制环境。

2. 探索建立证券民事赔偿诉讼制度

2002 年，最高人民法院下发《关于受理证券市场因虚假陈述引发的民事侵权纠纷案件有关问题的通知》；2003 年，最高人民法院颁布《关于审理证券市场因虚假陈述引发的民事赔偿案件的若干规定》，初步构建起法院审理虚假陈述民事赔偿案件所必需的规范体系。两份文件明确了投资者提起诉讼的各种要件，如前置条件、诉讼时效、原告范围及胜诉权范围、被告范围和责任承担范围、诉讼当事人各方举证责任和要求等，并确定诉讼方式和受理、管辖、移送方式，特别是明确"共同侵权责任"和"共同诉讼"概念，建立非同城的投资者以人数确定的共同诉讼和诉讼代表人方式立案与审理，将降低诉讼当事人的诉讼成本和讼累，有利于保护中小投资者权益。在推定因果关系上，借鉴海外因果关系推定理论形成了损害行为与损失结果之间的直接因果关系的判断标准（被告举证证明原告在虚假陈述揭露日或者更正日之前已经卖出证券的，人民法院应当认定虚假陈述与损害结果之间不存在因果关系），并在此基础上，确定了损害计算方法。这些法律制度的建设，有利于投资者维护自身权益。

3. 推行股东大会网络投票

为保护公众股股东合法权益，方便其参与上市公司决策，证监会要求上市公司在召开股东大会审议对社会公众股股东利益具有重大影响的事项时，除现场会议外，须提供网络投票或者其他合法方式为股东参加股东大会提供便利。上海证券交易所、深圳证券交易所为股东通过证券交易所的交易系统实施网络投票提供了技术平台。

4. 推行上市公司股权激励制度

2005 年，随着股权分置改革的全面推开，《上市公司股权激励管理办法（试行）》、《国有控股上市公司（境外）实施股权激励试行办法》、《国有控股上市公司（境内）实施股权激励试行办法》陆续发布实施，股权激励作为公司治理的重要制度安排之一，在法规制度上得到确立。截至 2011 年 6 月 10 日，共有 267 家上市公司披露了股权激励方案，其中 125 家经公司股东大会审议批准实施，上述股权激励方案具有以下几个方面的特点：

（1）民营控股上市公司成为主力军。125 家公司中，民营控股的有 100 家，占 80%；国有控股的有 25 家，占 20%。

（2）股票期权成为主要的激励方式。125 家公司中，采用股票期权方式的有 98 家，占 78.4%；采用限制性股票的有 21 家，占 16.8%；采用其他方式的有 6 家，占 4.8%。

（3）股票来源以定向发行股票为主。125 家公司中，以定向发行股票解决股票来源的有 116 家，占 92.8%；以回购股份解决股票来源的有 4 家，占 3.2%；以混合方式或大股东提供股份解决股票来源的有 5 家，占 4%。

（4）激励对象中核心业务（技术）人员占比呈上升趋势。2009 年以前的股权激励方案中，上市公司的董事、高级管理人员为主要激励对象，占有大部分激励份额，多数公司的激励对象中也包括核心业务（技术）人员，但人数和所占激励份额均较少。2009 年以后，随着中小板和创业板上市公司纷纷试水股权激励，为了吸引和留住人才，激励对象中核心业务（技术）人员的比例开始呈上升趋势，董事和高级管理人员因上市前已持有上市公司股份而不再成为股权激励的主要对象。

（5）绩效考核指标以净利润增长率和净资产收益率为主。90%以上的公司以反映公司盈利能力的净利润增长率和反映股东回报的净资产收益率为考核指标，仅个别上市公司以主营业务收入增长率、主营业务利润占利润总额比重、公司股票市值等作为考核指标。

5. 推动公司治理基础建设，提高上市公司治理水平

自 2007 年初至 2009 年底，证监会开展了为期三年的"上市公司治理专项活动"（以下简称"专项活动"）。该专项活动以增强上市公司独立性、促进规范运作、提高透明度作为专项活动的总体目标，遵循"统筹安排、动态把握、点面结合、重在整改"指导思想，推动专项活动由浅入深、从面到点，按照自查、评议、检查、整改、验收的具体步骤，在全体上市公司中广泛、有序、深入地开展。专项活动中，共发现违反公司治理相关规则的问题 10795 个，截至 2009 年底，已完成整改 10645 个，未整改治理问题 150 个，整改率达到 98%。

通过专项活动，上市公司全面整改了治理方面存在的问题，进一步提高了规范运作意识，完善了内部控制制度和有关规章制度，上市公司治理水平进一步提高，治理长效机制进一步健全，部分公司探索并建立了与自身特点相适应的治理模式。

（1）进一步促进了上市公司"三会"的规范化运作。在专项活动中，"三会"运作方面发现的问题数量最多，共 4367 个，占 40.5%。截至 2009 年底，"三会"运作方面的问题整改数也最多，整改 4349 个，整改率达 99.6%。

1）鼓励中小股东参与，进一步增强了股东大会决策代表性。在专项活动中，多数公司在现行《章程》以及《股东大会议事规则》中修订完善了公司股东大会网络投票的相关内容，通过创建股东大会网络投票平台，为投资者积极参加股东大会会议表决创造条件，扩大投资者参与重大决策的范围。如武汉中百对公司重大生产经营决策事项，主动运用网络投票的方式。江钻股份审议《关于收购江汉石油管理局第三机械厂的议案》时，因收购事项与公司"优质资产注入"的股改承诺相去甚远，中小股东反对呼声很高，由于采用了网络投票，最终以 85.32%的反对率否决该议案，中小股东的权益得以体现。

2）强化董事职责、进一步发挥独立董事和专门委员会作用，提升董事会运作水平。首先，在董事会运作方面。一是大多数上市公司结合专项活动修订董事会议事规则、完善授权委托程序和会议记录，进一步提高了董事会规范运作水平。二是优化董事会构成。针对董事会成员多由大股东提名、鲜有小股东代表的情况，一些公司将使用累积投票制的有关规定写入《公司章程》，制定了相关实施细则。如太原刚玉、华馨实业等。三是大力强化董事的勤勉尽责意识。在专项活动中，一方面，加大监管执法力度，严厉处罚了一批懈怠失职的董事，如中捷股份、九发股份大股东占用上市公司资金案中的部分董事；另一方面，推动了大多数上市公司通过建章立制、签订责任书等方式，建立了董事问责机制，明确董事职责，强化董事勤勉尽责意识。

其次，在独立董事方面。部分上市公司通过优化独立董事的选聘机制和薪酬

制度，增强了独立董事的独立性和工作积极性，从而为其参与公司的重大决策、实施对管理层的监督、维护公司及中小股东利益提供保证。如中联重科，通过向社会公开征聘独立董事，保证了独立董事遴选过程的公开、公平、公正。又如中远航运，通过制定并实施《独立董事考核办法》将独立董事津贴分为固定津贴和浮动津贴两部分，其中占较大比例的独立董事浮动津贴，根据年度股东大会上公司高管和参会股东，尤其是机构投资者对其履行职责的综合考核结果发放，发挥公众舆论对独立董事履职的监督作用。

最后，在董事会下属专门委员会工作方面。大多数公司建立了董事会下属专门委员会，并结合公司实际制定了相关工作细则，明确了各专门委员会的职责权限和工作程序。如厦门国贸，公司董事会预算和审计专门委员会建立了季度例会制度，有助于董事会根据企业发展的实际情况及时作出决策，提高董事会决策的效率。

3）提高监事专业素质，进一步发挥了监事会的监督职能。在专项活动中，部分上市公司通过聘任独立监事，增设监事会工作机构，细化监事会工作制度等方式，完善了监事会的来源与专业构成，提高了监事会的独立性和工作效能。如马钢股份分别聘任公司主要债权银行的代表、资深财务专家和法律专家作为独立监事，克服了内部监事不敢监督、不愿监督及监督不到位的难题。工商银行通过下设监督委员会和监事会办公室，制定了《监事会议事规则》、《监事会监督委员会工作规则》、《监事会外部监事工作制度》、《监事会对董事会、高级管理层及其成员监督办法》等，开展现场和非现场监督检查工作，切实履行各项监督职责。

（2）进一步健全了上市公司在重点环节的内部控制制度。专项活动中，内部控制制度方面的问题有 3401 个，占 31.5%。截至 2009 年底，已整改 3377 个，整改率达 99.3%。

通过专项活动，大多数上市公司普遍重新审视了公司内部控制的各个环节，根据内外部环境的变化和监管要求，进一步健全了上市公司在关联交易、对外担保、财务管理、募集资金使用、子公司管理等重点环节的内部控制制度，有效提高了上市公司的内部管理水平和风险防范能力，一定程度上降低了上市公司的风险隐患。如华立药业针对子公司多、地域分散、管理难度大的情况，通过调整子公司结构和管理层级等方式对子公司的管理流程进行重塑，消除管理盲点，防范子公司管理失控风险。特变电工通过在控股子公司建立二级内部审计机构，实行财务人员委派制，提高了对分、子公司的控制力。华阳科技等公司在完善财务风险防范控制措施、修订公司章程自治条款方面，借助中介机构力量，取得了较好效果。

（3）进一步提高了上市公司运营的透明度。在专项活动中，信息披露方面的问题有 1042 个，占 9.7%。目前已整改 1040 个，整改率达 99.8%。

通过专项活动，一是上市公司进一步健全了信息披露事务管理制度，规范重大信息的内部流转通报程序，并制定了涉及股东、实际控制人的信息问询、管理、披露制度，强化了敏感信息内部排查、归集、传递、披露机制，落实信息披露的归口管理，从而提高了信息披露工作的真实性、准确性、完整性、及时性和主动性；二是积极推进内幕信息知情人登记制度试点工作，在部分省、市开展调研，并试行内幕信息知情人登记制度。铜陵有色在完善《公司信息披露事务管理制度》的同时，专业制定了《公司敏感信息排查管理制度》，有效地防止了重大信息的"跑、冒、滴、漏"。长安汽车主动和容易产生信息混淆的关联公司长安集团建立了沟通交流机制，明确了双方的责任单位，指定专人负责信息沟通和交流工作，有效防范关联方长安集团常常以新闻稿方式披露上市公司相关信息的情况。

（4）进一步增强了上市公司独立性。独立性不高是我国部分上市公司自上市之初就存在的缺陷，因独立性不足容易引发关联交易和同业竞争问题，解决起来十分困难，往往需要控股股东主导，甚至当地政府部门的支持。在专项活动中，独立性方面的问题有 849 个，截至 2009 年 12 月 31 日，已整改 766 个，整改率达 90.2%。

一是加强业务独立性，逐步减少同业竞争。部分上市公司通过并购重组、定向增发等方式较为彻底地解决了业务不独立的问题。其中，锦江股份通过资产置换，彻底解决了长期存在的与控股股东同业竞争问题。建发股份与控股股东进行资产置换，彻底解决了房地产业务与大股东同业竞争问题。重庆百货大股东启动重大资产重组，解决了与上市公司同业竞争问题。天津港通过向大股东天津港集团定向增发置入资产，彻底消除了与大股东间港口装卸业务的同业竞争。

二是关联交易金额和比重进一步降低。相当一部分公司通过各种方式，解决了长期以来的大额关联交易问题。青岛海尔通过设立销售公司的方式，完全消除了国内白色家电销售环节的关联交易。河北钢铁和冀中能源两大集团的重组，相关上市公司关联交易大幅减少。三环股份、华工科技等公司通过与控股股东之间的资产置换，减少了关联交易。五粮液制定并实施了进一步完善公司治理的整体整改方案，长期困扰公司发展的大额关联交易问题逐步得到解决。

三是加强人员的独立性，人员违规兼职问题得到一定改善。东北高速公司解决了总经理双重任职的问题，上海电气解决了长期存在的总经理在集团兼职的问题，皖能电力整改了上市公司总经理兼任控股股东副总经理的问题，中恒集团解决了公司董事兼任政府官员问题。

四是土地、房产权证的独立和完整性问题得到逐步解决。政策调整及行政规划因素对一些辖区上市公司房屋建筑物权证的独立性和完整性构成一定影响。申达股份协同申达集团对有关地块公开拍卖，彻底解决了房地产证与实际权利人不一致的问题，建摩股份通过搬迁解决了原有部分资产权属不清的问题，重庆钢铁解决了新建厂房权属问题。

五是建立健全了防止控股股东违规占用上市公司资金的长效机制。清欠解保工作完成后，针对个别公司资金占用"死灰复燃"的情况，中国证监会以专项活动为契机，通过督促公司建立健全资金管理制度、加强资金管理制度执行情况的检查、加大对资金占用行为的打击力度等措施，督促上市公司普遍建立了防止大股东占用资金的长效机制，并取得了良好的效果。

6. 完善强制信息披露制度

2007年，证监会发布《上市公司信息披露管理办法》（以下简称《管理办法》），对上市公司及其他信息披露义务人的信息披露行为进行总括性规范，涵盖公司发行、上市后持续信息披露的各项要求。对于改善上市公司治理，《管理办法》体现出三个方面的首创性：

（1）明确规范对象包括四个层面：一是上市公司、发行人及其董事、监事、高级管理人员；二是股东、实际控制人和收购人等其他信息披露义务人；三是为信息披露事宜出具专项文件的证券服务机构、保荐人及其从业人员；四是与上市公司信息披露相关的市场各方，包括利用或可能利用上市公司内幕信息进行交易的机构和个人、散布传播虚假信息的机构和个人及相关媒体。

（2）首次引入公平披露的概念，公平披露是指上市公司及其他信息披露义务人应当同时向所有投资者公开披露信息，以使所有投资者平等获悉同一信息。具体要求包括：一是披露义务人公开披露的信息应当第一时间向全体投资者公布，不得提前向单个或者部分投资者披露、透露或泄露。不得以新闻发布或者答记者问等任何形式代替其应当履行的报告、公告义务。二是上市公司通过业绩说明会、分析师会议、路演、接受投资者调研等形式就公司的经营情况、财务状况及其他事件与任何机构和个人进行沟通时，不得提供内幕信息。三是在境内、境外市场均发行股票或衍生品种并上市的公司在境外市场披露的信息应当同时在境内市场披露。

（3）进一步具体明确信息披露的责任主体。《管理办法》规定，如果没有充分证据表明其勤勉尽责，上市公司董事、监事、高级管理人员应当对公司信息披露的真实性、准确性、完整性、公平性和及时性承担责任。具体来说，对于公司临时报告，上市公司董事长、经理、董事会秘书应当承担主要责任；对于公司财务报告，上市公司董事长、经理、财务负责人应当承担主要责任。

三、改善上市公司治理趋势和方向

随着资本市场改革和发展的深入，以及金融创新的深化，中国有关公司治理的法律体系建设日益完备，实践不断丰富，对于改善上市公司治理广泛关注。经济合作与发展组织（OECD）专家艾瑞克·凡梅伦在"2012中国—经合组织公司治理论坛"表示，从拟上市公司到上市公司，公司治理的要求更加严格，市场规则、规范当然重要，同时，能够导入平衡的董事会，更好的股东参与也是非常重要的。中国社会科学院世界经济与政治研究所鲁桐研究员认为，无论是公司治理体制的趋同还是存异，最根本的力量还是效率问题，一个有效率的公司治理体制最终会战胜无效率或效率低下的公司治理体制。公司治理的探讨来之于实践，必将服务于实践，进一步提升公司治理的实践性、科学性和有效性，是公司治理的未来发展方向。总的来看，中国上市公司治理下一步的发展趋势有以下九个方面：

1. 趋势之一：公司治理更加注重其实践性、有效性和适应性

公司治理来之于实践，用之于实践，特别是在缺乏公司实践深厚历史沉淀的中国，关注公司治理的实践性更具有现实意义。改善公司治理真正的挑战来自实践公司治理的行为，实践公司治理的行为应当是主动而不是被动的，公司治理建设必然要以公司的可持续发展为价值导向和问题导向，提升公司治理的有效性，使公司治理的目标与公司可持续发展的目标相协调，从而提高公司治理的效率；增强公司治理的适应性，促进公司治理结构与体制环境、市场环境相适应，形成不同类型、不同行业、不同发展阶段兼具公平与效率，特色化、差异化的公司治理模式，同时防止和避免旧体制控制新体制。

2. 趋势之二：公司治理将形成股东制衡、公司自治、自律规范和政府监管四位一体的共同治理模式

早期的中国公司治理是在国有企业公司制改革的背景下，是以政府主导下强制制度变迁的方式形成的，其优点是整齐划一，规定公司治理的监管"底线"不足之处是上市公司治理缺乏自觉性、自发性和主动性，上市公司高级管理人员对公司治理缺乏深刻认识，造成上市公司治理出现"形似神不至"现象。如何引导公司从被动接受公司治理制度安排，到自觉自愿发挥公司治理机制作用，直至自发主动运用公司治理机制来促进可持续发展，激发起投资者信心，从发展趋势看，行政监管能够发挥作用的空间越来越小，自律倡导、公司自治可发挥的作用将越来越大，行政化管制逐步放松，市场激励和约束机制不断健全，自律组织发挥诱致性制度变迁的作用，促进公司治理自律规范，更加契合公司自治精神，与政府监管的"底线"机制相结合，推动公司治理发展环境发生重要转变。

3. 趋势之三：公司治理结构将由单一结构向多元化演变

我国的上市公司绝大多数是从原来的国有企业改制而成，公司治理机制主要特点是集中统一的行政型治理，但随着上市公司发展，上市公司的结构和性质日趋多元化，既有大量的国有控股上市公司，也有民营控股上市公司；既有传统经济模式，也有新经济模式；既有一般生产制造类企业，也有创新驱动类企业；既有高科技生产企业，也有文化服务类企业。同时上市公司行业、规模差异较大，情况千差万别，不同类型上市公司呈现出不同的治理特色，单一结构的公司治理已经很难适用于所有公司。国际公司治理实践表明，没有最优的公司治理模式，只有更适

合自己的公司治理模式，公司治理没有最好的准则，只有行之有效的做法和最佳实践。上市公司治理在基本准则下将更加具有包容性、开放性和多样性，信息披露将由现在注重完整性、充分性、及时性向更加注重重要性、真实性和有效性方向发展。总之，上市公司应在公司治理准则的基础上，根据自身实际，量身定制，提高能动性，构建既符合资本市场规则，又符合自身发展需要的公司治理模式。

4. 趋势之四：公司治理将更加突出董事会建设和倡导最佳实践

从公司治理的实践性看，公司治理应当是自觉的、自发的和主动的。从提升公司治理的有效性趋势看，公司治理将更加突出董事会建设，发挥董事会在公司治理中的核心作用，以降低决策成本，提高决策效率。根据实践需要进一步优化董事会结构，由单一出资人为主的董事结构向利益相关者共同参与的结构演变，充分发挥公司员工、债权人、机构投资者等在公司治理中的重要作用；董事会成员应更加体现专业性、结构性和多层次性；独立董事的提名机制应进一步规范，增强独立董事的独立性，充分保护中小股东的利益；充分发挥独立董事和外部审计机构作用，促进提高董事会开放性、专业化和战略决策能力。国际经验表明，公司治理没有统一的模式，也没有放之四海而皆准的标准，只有公司切身愿受"管用"，投资者由此生起信心，公司治理才是真正具有实践意义。不断反思、检讨公司治理的有效性不足问题，总结、提炼公司治理行之有效的做法和最佳实践，并加以倡导和推广，将成为促进提升公司治理水平的有效途径。

5. 趋势之五：公司治理更加关注市场化、可持续、价值增长型激励机制建设

从上市公司股权激励制度的实践看，需要进一步加强以下三个方面：

（1）股权激励应当体现长期激励的效用。

（2）股权激励应当体现公司价值增长与人力资本价值回报机制。

（3）股权激励应当与公司控制权结成利益共同体。

因此，完善上市公司股权激励的政策趋势和目标，应当重点体现以下三个方面：

（1）提高股权激励制度的普适性。股权激励方案的设计和实施应当科学、合理、公平、有效，坚持激励与约束相结合、风险与收益相对称。

（2）充分体现股权激励的公司自治原则。行政权力将逐步退出股权激励的实施过程，监管部门将以"充分披露、程序保障、减少备案、有效激励"为监管方向，以强化信息披露监管和事后查处为主要手段。

（3）不断完善股权激励制度的外部环境。规范推进资本市场并购重组活动，积极推进建立资本市场民事赔偿机制。

6. 趋势之六：公司治理将由内部治理向内外部共同治理演变

控制权市场是公司治理外部控制机制的主要体现形式，2006 年发布《上市公司收购管理办法》、2008 年发布《上市公司重大资产重组管理办法》以来，并购

重组市场空前活跃，以产业整合为目的的并购重组交易日趋增多，控制权市场作为公司外部治理机制的功能逐渐得到发挥。随着国家经济结构调整和发展方式转变、世界经济一体化融合趋势的增强，上市公司跨行业、跨所有制、跨境并购将不断涌现，各种性质新股东的加入和股东的更迭对公司治理和中小股东权益保护提出新的要求，因此，在规范内部治理的基础上，如何通过控制权市场实现内外部共同治理是公司治理的重要内容。

7. 趋势之七：公司治理将更加关注包容性增长和可持续增长，更加重视回报投资者

长期以来，资本市场及上市公司尚未真正形成促进现金分红的约束机制及股权文化，同时现有公司自治体系下政策规定的效力具有局限性。上市公司随着其成长、发展，理应给予股东投资回报。现金分红是实现投资者投资回报的重要形式，是培育资本市场长期投资理念，增强资本市场活力和吸引力的重要途径。目前在现有法律框架下，采取了与融资需求相挂钩的引导现金分红制度、提高现金分红政策的透明度、披露利润分配相关信息等一系列相应的监管措施，从我国国情出发，应探索在企业自治的基础上，加大公司形成回报股东的内在约束机制，与此同时，应进一步充分发挥行业自律的作用，倡导上市公司形成回报投资者的股权文化，以形成主动回报股东的市场约束、监管约束和行业约束的新格局。

8. 趋势之八：上市公司发展环境由内部创新改良向市场各方共同推动演变

上市公司是市场经济体系中最活跃、最有活力的群体，上市公司的发展环境是微观主体的集中反映，内部创新固然是上市公司发展的必由之路，但良好的外部生态环境是发展的重要保证。外部生态环境需要市场各方共同推动，并发挥新媒体监督在上市公司外部治理的积极作用，特别是投融资体制改革、财税体制改革、国有资产管理体制改革的不断深入，推进上市公司国有股权的多元化持有，国有股东依据公司法专业的行使权利，将有利于为上市公司创造公平竞争、持续健康发展的外部生态环境，同时，上市公司应积极履行社会责任，回报社会，实现企业与市场各方的良性互动，共同推进上市公司生态环境的改善与共同发展。

9. 趋势之九：增强投资者的信任将成为公司治理的原则和目标之一

从公司治理的实践特征来看，公司治理的本源属性和机构设计，都是以维护和保障股东的合法利益为宗旨和立场。由于转轨经济的缘故，我国上市公司治理的发展实践，表现出政府部门强制制度导入的特点，这与成熟市场经济国家由市场主体自愿、自律组织发动形成的公司治理机制有重大区别，中国式公司治理缺乏自觉性、自发性和主动性，其特征是割裂了公司治理与公司经营的密切相关关系，割裂了公司治理与投资者信任的本源关系。公司治理是公司防范风险、可持续发展最根本、最主要的防线，高效率、低成本的公司治理是投资者信心生起的源泉。从上市公司的可持续发展而言，增强投资者的信任必将成为公司治理的原则和目标之一。

第五章 上市公司资金占用问题及解决

公司转型的重要特征是公司的法人人格属性和法人财产制度得到有效维护和保障。由于历史形成的我国公司制度存在双轨制运行和股权分置问题，上市公司法人人格属性和法人财产独立性没有制度保障，导致公司法人人格否定问题产生，控股股东滥用"有限责任"对法人财产行使"无限权利"，侵占上市公司资金，侵害上市公司法人财产权，严重损害公众股东的合法权益。本章以上市公司资金占用问题的产生、发展为线索，展开状况描述和环境分析，进行影响因素的多维度考察，进而揭示资金占用问题的解决及所推动的公司立法完善情况，以及清理资金占用问题在公司转型中的实践意义。

第一节 资金占用问题的由来

上市公司资金占用问题，是指我国资本市场在特定阶段较为普遍存在的控股股东滥用权利侵占上市公司资金的行为，是我国经济体制转轨过程中形成的特殊现象。上市公司资金占用问题，通常表现为控股股东及其关联方与上市公司之间的资金往来以及因此形成的债权债务关系。截至2001年底，上市公司资金占用金额达到了1175亿元的最高峰值，引起了市场各方高度关注，最终演变为我国资本市场的一场重大专项治理活动，并通过实践推动了我国公司法律制度的健全和完善。

上市公司资金占用问题的发生，具有深刻体制背景、市场背景和制度背景。造成上市公司资金占用问题的体制背景源于两个方面：一是在转轨经济下，控股股东把经营性资产改制上市后，成为存续企业并承担着改制剥离的非经营性资产和分流员工，生存和发展的资金枯竭，难以为继；二是我国企业的股份制改造采取了存量不动，增量改革的方式，基本保持"一套班子，两块牌子"的领导体制，在旧体制惯性的影响下，两个法人实体"一体化"运作的现象普遍存在，形成了上市公司资金占用问题的体制原因。上市公司资金占用问题的市场背景是资本市场在股权分置下没有共同的利益基础，一方面，非流通股股东与流通股股东利益分置，非流通股股东不能享有转让股份的成本收益和市场溢价收益，于是只能依靠直接侵占上市公司资金获取利益；另一方面，大股东和中小股东利益冲突，在"内部人控制下一股独大"的公司治理结构中，大股东滥用权利没有制约，中小股东成为绝对弱势群体，两类股东所追求的各自利益最大化，与公司可持续发展没有直接利益联系，从而背离合股经营的原则。上市公司资金占用问题的制度背景主要表现在两个方面：一是公司法人财产权制度不健全，股东的有限责任和法人财产的独立性没有明确的法律规制和执法机制，股东滥用权利没有制度制约，侵占法人财产行为没有具体的法律界定和司法惩戒，缺乏产权制度保障的法人财产权是导致资金占用问题的制度原因之一；二是发行上市监管制度不健全，一些企业部分经营性资产改制上市，形成上市公司与控股股东资产、业务、机构、财务、人员不分开、不独立，上市公司与控股股东产权关系不清晰，大量频繁的关联交易成为控股股东侵占上市公司资金的重要工具。

国内外学者对上市公司资金占用问题的影响认识不同，一般认为，资金占用不仅直接侵害上市公司的利益，而且严重损害中小股东权益和资本市场的信用。其危害性主要表现为：①资金占用行为严重影响上市公司的正常经营，导致上市公司陷入经营困境；②控股股东一方面从损害公司及其他股东利益的侵占行为中获取不当利益，另一方面继续享有持有股份的收益权、经营控制权，严重损害了上市公司和其他股东的利益；③资金占用行为破坏了民法最基本的诚实信用原则，违背了证券市场公开、公平、公正的原则，破坏证券市场存在和发展的信用基础；④上市公司治理结构的有效性受到质疑，公司的市场信用一落千丈，投资者"用脚投票"，股价大幅下跌，投资者信心受到损害。

上市公司资金占用问题是随着新兴的中国资本市场的成长而滋生的，由来已久，但是由于认识的模糊性、问题的隐蔽性和危害的滞后性，直到 2001 年问题愈演愈烈，才引起了各方面的关注和重视。新浪财经网上调查显示，上市公司发生资金占用问题，77.05%的投资者会选择抛售股票，18.53%的投资者会考虑通过司法途径维权，更有 91.29%的投资者将"资金占用问题"视为是否投资股票的最重要参考因素之一。上市公司资金占用问题的后果从微观层面看，由于投资者对上市公司丧失"信任"，上市公司之后的再融资将面临很大困难，影响公司后续发展潜力；从宏观层面看，资本市场将萎缩不前，导致金融体系的畸形发展，并影响资本的有效配置，形成严重的金融风险隐患。

第二节　状况描述与环境分析

一、上市公司资金占用问题的表现形式

上市公司资金占用问题按其占用方式可分为直接占用和间接占用。直接占用是指控股公司直接从上市公司"挪用"各种财产物资。其中以无偿占用表现得最为恶劣，即大股东不签订任何文件、不经过任何手续、不支付任何对价直接从上市公司划走资金。直接占用的其他表现形式还有：在无经营性交易背景下，拆借上市公司的资金给控股股东及其关联方使用；利用上市公司为控股股东垫支工资、福利、保险、广告等费用，代为承担成本和其他支出；向控股股东提供委托贷款；委托控股股东及其他关联方进行投资活动；为控股股东开具没有真实交易背景的商业承兑汇票；代控股股东偿还债务等。这些表现在会计上，即上市公司账上有大量欠方是控股股东或控股股东所控制的企业的其他应收款。间接占用与直接占用不同，其表现为：控股股东及其关联方在与上市公司的经营性关联交易中"截留"现金流，透支上市公司信用为控股股东融资提供担保等。虽然目前监管的力度近年来有所加大，但此类占用形式却在不断翻新，呈上升趋势。例如一些控股股东利用其控制的集团财务公司以存款方式吸纳上市公司资金，使"资金占用"形式合法化。

直接占用和间接占用在会计报告上表现形式为非经营性占用和经营性占用。会计报告（Accounting Reporting）的一项基本职能是以实际发生的交易或事项为依据，如实反映企业的财务状况、经营成果和现金流量。上市公司资金占用问题作为实际发生的一种交易或事项，不论采取何种形式，也不论是否违反有关规定，都应该如实记录于会计账簿，最终反映在会计报表中，否则即构成会计信息的重大遗漏，应追究有关方面的责任。对于不同交易或事项形成的资金占用，反映在资产负债表的不同项目上。在商品购销、劳务提供或接受等正常经营活动中形成的未结算款项，根据具体交易情况，通常列示于"应收账款"、"预付账款"和"应收票据"等项目。如果这些未结算款项的账龄超过正常结算周期或 12 个月，即可界定为上市公司的经营性资金被占用，通常称为"经营性占用"。另一类是拆借、代垫代支、委托理财等行为形成资金占用，可以统称为"非经营性占用"，其中拆借、代垫代支款的期末余额归入"其他应收款"的明细科目，委托理财款余额反映于"短期投资"的明细科目。

1. 非经营性占用

从法律角度理解，资金占用就是对上市公司财产实施的无权占有行为以及因此形成的债权债务关系。所谓非经营性占用，主要体现在与日常的销售采购活动不直接相关的非主营业务之中。正常的情况下，上市公司其他应收款金额不应过高。但是，上市公司控股股东滥用公司独立法人地位和股东有限责任侵占上市公司巨额资金并长期拖欠，形成上市公司对其数目巨大的其他应收款。存在非经营性占用问题的上市公司，其他应收款大多来自控股股东及其关联方的拖欠，且债务人表现出相当的集中度。

（1）控股母公司通过拆借或截流等方式直接占用上市公司资金。上市公司拥有多种融资渠道，资金一般相对宽裕，控股股东此时向上市公司直接借款被形象地称为如同从左口袋拿钱到右口袋般容易。上市公司与控股股东及其关联方进行的资金拆借的行为，违反《贷款通则》有关企业之间不能进行资金拆借业务的规定，而且直接借款往往伴有不履行法定审议程序、不进行信息披露的违规运作。更有甚者控股母公司通过直接截流上市公司募集资金无偿占用上市公司募集资金。如春都股份上市近三个月，春都集团就提走了募股资金1.8亿元，以后又陆续占用数笔资金，累计高达3.3亿元，相当于全部募集资金的80%。这样上市公司通过融资得来的资金被大股东无偿或低成本长期占用，使上市公司流动资金发生短缺，正常生产经营受到严重影响，导致财务状况恶化。如ST猴王，其原第一大股东猴王集团破产，令ST猴王逾10亿元人民币的债权无法收回，公司已无法维持正常生产。据披露，ST猴王对猴王集团的应收款达到了8.9亿元，再加上为集团担保2.44亿元，集团从上市公司共"提"走了11.33亿元，远远超过其9.34亿元的总资产。此外，ST粤金曼亦因被大股东侵占资产近10亿元，致使公司连续三年亏损，最终被摘牌下市。大庆联谊上市时募集4.8亿元资金，没有一分钱按承诺投入募资项目，全部被大股东挪用。

（2）虚假出资。此种资金占用行为是指在设立上市公司或增资配股环节中，控股股东名义上向上市公司投入实物资产或现金，但实际上该出资并未到位，而仍然保留在控股股东原来的企业中，并串通有关部门出具假出资证明，在这种情况下，大股东却享有相应的股东权利，行使相应的表决权、分红权，该出的不出，不该拿的却拿走了，这对其他股东和上市公司来说都是极不公平的，而配股资金往往由上市公司代垫，从而形成资金占用。控股股东虚假出资严重损害了上市公司和中小股东的利益，在早期的中国股市较为普遍，如"港澳实业"原发起人海南国际投资集团（简称"海南国投"）名义上以土地折价入股作为投资成为控制股东，但事实上"海南国投"未缴纳土地开发费，并对该土地不拥有产权。在经营过程中，"海南国投"挪用"港澳实业"资金数千万元，对自身虚假出资行为隐瞒不报达7年之久；华立高科上市时，华立集团将以抵押的土地使用权和房产作为资产投入，一直没有过户；2001 年 1 月 16 日，ST 金马起诉潮州市旅游总公司、中国银行广州信托咨询公司、中国银行广东省分行、广东发展银行潮州分行，请求广东省高级人民法院判令第一被告潮州市旅游总公司因设立时虚假出资所持有的上市公司广东金马旅游集团股份有限公司 1060 万股法人股股权无效。而以上违规的控股公司在上市公司多次送股、派息和转增中，大股东凭着虚置的资本都享受到了。

（3）委托贷款。委托贷款是指由委托人提供合法来源的资金，委托信用社根据委托人确定的贷款对象、用途、金额、期限、利率等代为发放、监督使用并协助收回的贷款业务。委托人包括政府部门、企事业单位及个人等。贷款人（受托人）只收取手续费，不承担贷款风险。由于经营贷款属于金融机构法定的金融业务，非金融企业之间不得办理借贷，非金融企业之间要达到借贷的目的，合法的途径只有通过委托贷款的方式。委托贷款实质就是企业间资金拆借，只是履行了一个法定的程序。对商业银行开办委托贷款业务，人民银行已在 2000 年 4 月发文将原来的审批制改为备案制，实务中，一般的商业银行都可进行委托贷款业务。委托贷款的对象一旦指定为控股股东及其关联方，就是变相关联拆借，这类委托贷款如果控股股东施加了不当影响，实际上实现占用资金的目的。洛阳玻璃分别为关联方洛阳晶鑫陶瓷有限公司和洛玻集团矿产有限公司提供委托贷款 3430 万元和 1100 万元，共形成占用 4530 万元。

控股股东施加不当影响的委托贷款，往往掩盖了上市公司资金占用问题的实质。从减少上市公司资金占用问题考虑，有必要关注两种形式的委托贷款：一种是上市公司委托银行将委托贷款发放给控股股东及其关联方这些特定对象；另一种是上市公司将资金放在大股东的内部银行或财务公司中，对外进行委托担保业务。

（4）代偿债务、代垫费用、代支罚款等替代行为。顾名思义，这些存在替代行为的资金占用形式是更加简单粗暴的资金掠夺行为，对于控股股东的到期债务，操控上市公司代其偿还。代垫费用、代支罚款、代为投资等替代性资金支出行为与代偿债务没有本质差异，都是由上市公司承担不应自己承担的资金支出，而后在账面上以大股东和关联方的应收款体现。例如，截至 2003 年 12 月 31 日，平高电气为控股子公司北京平高华清科技有限公司代垫款项 410 万元，为平顶山天鹰中压电器有限责任公司代垫投资款 2569 万元，为平高电气控股股东天鹰集团的控股子公司达克罗代垫投资款 451 万元，从而形成非经营性资金占用 3430 万元。飞彩股份公司替控股股东偿还到期银行债务 1.3 亿元，控股股东占用上市公司资金合计 2.42 亿元，与此同时，公司本身却因无力偿还逾期银行债务 2.139 亿元和逾期商业承兑汇票 3050 万元而导致资金链断裂，主业农用运输车的制造和销售基本停止，导致 2004 年公司亏损 1.8 亿元左右。

（5）签发商业承兑汇票。此种占用方式是指以上市公司名义，采取开具银行（或商业）承兑汇票贴现等方式为控股股东或实际控制人、关联方取得银行贷款并由其使用。例如，莲花味精的控股股东莲花集团于 2003 年 3~6 月以莲花集团下属单位及有关客户等名义累计收到莲花味精签发的商业承兑汇票 43650 万元，形成集团占用上市公司资金 43650 万元。

2. 经营性占用

经营性占用通常是指上市公司与控股股东或实际控制人、关联方进行商品销售、提供劳务、股权出售及让渡资产使用权等经济活动时，不签订具有明确结算期的经济合同，或虽然签订具有明确结算期的合同，但超合同正常结算期一年以上未予以结算的非公允关联交易。上市公司正常经营中的关联交易，在会计报表中体现在应收款项目中，只要经营本身没有问题，交易价格公允，关联交易是不受限制的，监管的目的也不是要消除这种关联交易，而是确保关联交易的公允性、交易的真实性以及信息披露的透明性。但是，由于我国上市公司治理结构缺失有效性，控股股东往往以经营性资金往来的外衣掩盖占用上市公司资金问题的实质。其主要表现为上市公司利用大量虚假或非公允关联交易操纵利润，粉饰报表业绩后形成应收账款长期挂账。由于无真正现金流入，公司采取加大计提坏账比例的方式进行冲销，导致当期利润巨变，绩优公司变绩差公司或融资后业绩大幅下滑"变脸"，引发市场冲击波，打击投资者信心。以华北制药为例，虽然账面上表现为关联方经营性资金往来，而这些所谓的滚动货款几年都没有减少，只见增加，且每年增加 3 亿元以上，到 2001 年底，控股股东及其关联方占用资金超过了 20 亿元。实际上这些关联方已严重亏空，根本无法结清账款。

二、上市公司资金占用问题的制度环境分析

1. 行政法律规制不足

资金占用问题泛滥成灾的重要原因之一是法律规制不足。1993 年《公司法》第 214 条规定："董事、经理挪用公司资金或者将公司资金借贷给他人的，责令退还公司的资金，由公司给予处分，将其所得收入归公司所有。构成犯罪的，依法追究刑事责任。"但《公司法》此条并未明确"责令退还公司的资金，由公司给予处分"的执法主体，导致此条在行政执法实践中一直处于真空状态。《证券市场禁入暂行规定》虽然明确了证监会有认定市场禁入的权利，但是认定的理由中没有明确规定资金占用是一种认定行为，认定的对象也没有囊括大股东和高管。

《行政处罚法》第 12 条规定："国务院部、委员会制定的规章对违反行政管理秩序的行为，可以设定警告或者一定数量罚款的行政处罚。罚款的限额由国务院规定。"另根据《国务院关于贯彻实施〈中华人民共和国行政处罚法〉的通知》，

"国务院各部门制定的规章对非经营活动中的违法行为设定罚款不得超过 1000 元；对经营活动中的违法行为，有违法所得的，设定罚款不得超过违法所得的 3 倍，但是最高不得超过 30000 元，没有违法所得的，设定罚款不得超过 10000 元；超过上述限额的，应当报国务院批准"。

原有的法律、法规对上市公司董事、管理层违反诚信义务，致使上市公司发生资金占用问题并未做出行政处罚的规定。上市公司董事、管理层违反诚信义务导致中小股东权益受到损害而不予以及时纠正的，属于违反以上条文所述的"行政管理秩序"，监管部门可根据上述规定对其设定一定的行政处罚。按上述规定，目前可以通过颁布规章的方式对那些违规的董事设定警告、30000 元以下罚款的行政处罚，但这样的处罚力度还是不够的。

在资金占用问题的监管上，原有法律赋予监管部门的监管手段无外乎确认上市公司是否履行法定审议程序、确认上市公司的信息披露是否符合要求、督促上市公司尽快收回被占用的资金，但"督促"的含义非常模糊，因为在资金占用方面，现行法律、法规几乎没有赋予监管部门问责权，根据现行法律、法规，如何实现资金占用现象的发生与上市公司高管的行为挂钩、如何将责任落实到董事、经理头上也缺乏具体的法定操作规定，加之监管部门对作为债务人的大股东基本上无任何法律、法规赋予的监管措施，使监管部门针对资金占用问题的监管手段只能是要求上市公司公告有关内容、揭示风险、加强法人治理结构建设。这些措施，只能说是不得已而为之的措施，效果自然有一定的局限性。要实现监管部门对资金占用问题的有效监管，就必须出台相应的法规、规章，规范上市公司与大股东及关联方的资金往来、明确对上市公司高管的问责权、明确监管部门对大股东的监管权。

2. 刑事法律惩戒不足

由于占用不是一个法律词语，资金占用问题可能涉及的刑事法律责任就是能否认定为"挪用"和"侵占"。原有的《刑法》中对上市公司董事、经理等高管挪用公司资金、侵占资金行为进行惩戒的有两条罪名，分别是挪用资金罪和职务侵占罪。

（1）关于挪用。原《刑法》第 272 条规定了挪用资金罪。第 272 条规定："公司、企业或者其他单位的工作人员，利用职务上的便利，挪用本单位资金归个人使用或者借贷给他人，数额较大、超过三个月未还的，或者虽未超过三个月，但数额较大，进行营利活动的，或者进行非法活动的，处三年以下有期徒刑或者拘役；挪用本单位资金数额巨大的，或者数额较大不退不还的，处三年以上十年以下有期徒刑。"

挪用资金罪的主体是特殊主体，即公司、企业或其他单位的工作人员，是自然人而不是法人。对于上市公司资金占用问题能否适用挪用资金罪，有以下几点值得注意：①本罪的主体是公司、企业或其他单位的工作人员，不是法人，所以单位不构成本罪，大股东的工作人员也不构成本罪，只能是在上市公司的工作人员才构成本罪；②因为构成本罪的要件是"利用职务上的便利，挪用本单位资金归个人使用或者借贷给他人"，所以在上市公司资金占用问题上，如果是上市公司的工作人员本人擅自将数额达到一定标准资金借贷给他人，这样比较容易认定构成本罪，但对于上市公司经过董事会决议，将资金提供给大股东供其占用的行为就很难认定董事的行为构成挪用资金罪，因为这里有一个集体审议的程序，这样就比较难认定成为利用职务上的便利挪用本单位资金归个人使用或者借贷给他人，因为更有可能被认定为是经营决策。

（2）关于侵占。"侵占"一词，就词意而言，可作广义和狭义两种解释。《现代汉语词典》中对"侵占"解释为："非法占有别人的财产。"我国《宪法》第 12 条规定："禁止任何组织或者个人用任何手段侵占或者破坏国家和集体的财产。"这两处所说的侵占是广义的。而刑法上所说的侵占罪，则是狭义的，是指一种特定的侵犯财产的犯罪方式和手段。

原有的《刑法》分别规定了侵占罪和职务侵占罪。《刑法》第 270 条规定的是侵占罪，是指以非法占有为目的，将为他人保管的财物或者他人的遗忘物、埋藏物占为己有，数额较大且拒不退还或者拒不交出的行为。《刑法》第 271 条规定的是职务侵占罪，第 271 条规定："公司、企业或者其他单位的人员，利用职务上的便利，将本单位财物非法占为己有，数额较大的，处五年以下有期徒刑或者拘役；数额巨大的，处五年以上有期徒刑，可以并处没收财产。"第 271 条还规定对于国有公司、企业或者其他国有单位中从事公务的人员和国有公司委派到非国有公司、企业及其他单位从事公务的人员利用职务上的便利，将本单位的财产非法占为己有的行为，不以职务侵占罪定罪处罚，而以贪污罪定罪处罚。

职务侵占罪的犯罪对象包括公共财物，但是其犯罪主体只限于公司、企业或者其他单位的人员，而不包括单位外的个人侵占单位财物，公司的董事、经理等高管，是职务侵占罪的犯罪主体。上市公司资金占用问题并不便于用刑法中的职务侵占罪和侵占罪解决，因为职务侵占罪要求"将本单位财物非法占为己有"，而侵占罪要求"将为他人保管的财物或者他人的遗忘物、埋藏物占为己有"，而且犯罪的主体都是自然人，不是法人。

综上所述，原有的《刑法》中，对上市公司资金占用问题的规制仍然体现不足。尽管《刑法》对挪用、盗窃他人财产的有关条款，已规定了对责任人的刑事处罚，但这一罪名似乎难以规制控股股东的占用行为，其问题主要在于对挪用给其他公司、企业、单位使用的特定情况，原有《刑法》缺少进一步的解释和说明。

3. 针对资金占用问题的行政监管

（1）国务院督促纠错。2004 年初，《国务院关于推进资本市场改革开放和稳定发展的若干意见》（国发〔2004〕3 号）明确指出，各地区、各部门要切实履行

《公司法》等有关法律法规规定的职责，采取有效措施防止和及时纠正发起人虚假出资、大股东或实际控制人侵占上市公司资产的行为。在《国务院关于推进资本市场改革开放和稳定发展的若干意见》（国发〔2004〕3号）中提出了坚持用发展的办法解决前进中的问题的指导思想，为解决上市公司资金占用问题指明了道路。因此，亟待找到更为切实有效的纠正措施来解决这些历史遗留问题。

2005年4月，国务院领导进一步指出当前推进资本市场改革和发展，重点要做好六项工作。首当其冲就是"要提高上市公司质量"。2005年底，国务院发出通知，批转证监会《关于提高上市公司质量的意见》（以下简称《意见》），在"注重标本兼治，着力解决影响上市公司质量的突出问题"一章中，作出了大股东占款须在2006年底前偿还完毕的严格规定。《意见》指出，控股股东或实际控制人不得以向上市公司借款，由上市公司提供担保、代偿债务、代垫款项等各种名目侵占上市公司资金。对已经侵占的资金，控股股东尤其是国有控股股东或实际控制人要针对不同情况，采取现金清偿、红利抵债、以股抵债、以资抵债等方式，加快偿还速度，务必在2006年底前偿还完毕。切实维护上市公司的独立性。控股股东或实际控制人不得利用控制权，违反上市公司规范运作程序，插手上市公司内部管理，干预上市公司经营决策，损害上市公司和其他股东的合法权益。《意见》指出，有关方面要督促控股股东或实际控制人加快偿还侵占上市公司的资金，国有控股股东限期内未偿清或出现新增侵占上市公司资金问题的，对相关负责人和直接责任人要给予纪律处分，直至撤销职务；非国有控股股东或实际控制人限期内未偿清或出现新增侵占上市公司资金问题的，有关部门对其融资活动应依法进行必要的限制。要依法查处上市公司股东、实际控制人利用非公允的关联交易侵占上市公司利益、掏空上市公司的行为。加大对侵犯上市公司利益的控股股东或实际控制人的责任追究力度，对构成犯罪的，依法追究刑事责任。此外，《意见》还要求规范募集资金的运用，坚决遏制违规对外担保，规范关联交易行为，禁止编报虚假财务会计信息。

（2）国资委和地方政府采取清偿措施。2003年9月，证监会、国资委联合发布《关于规范上市公司与关联方资金往来及上市公司对外担保若干问题的通知》，开启了清理资金占用问题的问责工作，国资委从规范国有出资人行为角度，高度重视清理上市公司资金占用工作。时任国资委主任李荣融表示，解决上市公司资金占用问题，是促使国有控股股东和上市公司规范运作、持续发展的基础，中央企业应该做上市公司诚信、负责的国有控股股东，忠实履行诚信义务，规范行使股东权利，维护中小股东的合法权益。国资委会同证监会成立了清理资金占用专题工作小组，赴黑龙江、河南、山东等占用问题严重的省、市开展实地调研，对占用金额较大的公司进行现场督导，工作小组的调研和督导推动了这些省、市的清欠工作。2005年10月，国资委联合证监会下发文件，要求国有及国有控股企业，必须于 2005 年底前制定出切实可行的偿还计划，报本级国有资产监管机构和证券监管机构审核、备案；各级国有资产监管机构要建立责任追究制度，推动国有及国有控股企业抓紧落实偿还资金计划。对于确实没有能力在 2006 年底前全部偿还的国有控股股东，各级国有资产监管机构要加大对其的重组、改组力度，确保在限期内彻底解决侵占上市公司资金的问题。

部分省、市的地方政府、地方国资部门大力支持和积极推动上市公司的清欠，尽可能将有利于增强上市公司盈利能力的资产抵偿给上市公司。如辽宁省锦州市在金城集团无力解决占用金城股份 58317 万元资金的情况下，将位于辽宁省凌海市、义县境内的 8 宗大凌河河滩地，共计 18033689.3 平方米（27000 亩）出让给金城集团，并将土地出让金作为金城集团改制资金划拨给金城集团，从而使金城集团在不需支付现金的情况下获取河滩地以抵偿给上市公司金城股份。由于大凌河河滩地土质肥沃，适于种植造纸林，可以纳入金城股份 70 万亩造纸林基地项目建设，对于公司长远发展具有战略意义。四川省射洪县为推进沱牌曲酒的股改和清欠，将沱牌集团拥有的、经过多年培育的，从事软袋输液产品、燃料乙醇生产经营的四川沱牌药业有限责任公司、吉林沱牌农产品开发有限公司抵偿给上市公司。由于抵债的这两家公司都处于发展前景良好的行业，公司的经营现状和发展趋势都显示出较强的盈利能力，有助于上市公司发展新的利润增长点，获得了市场的肯定。

（3）证监会督导清欠。2001 年以来，证监会开始关注上市公司资金占用问题的危害，采取了强化信息披露要求、责令限期整改、限制融资、并购条件等措施，不断加大监管力度。

2001 年 3 月 28 日，中国证券监督委员会发布《上市公司新股发行管理办法》，规定了申请发行新股的条件之一为"不存在资金、资产被具有实际控制权的个人、法人或其他组织及其关联人占用的情形或其他损害公司利益的重大关联交易"。这项规定反映了监管当局期望通过再融资审核达到防止和减少资金占用行为的政策导向。

2001 年 8 月，证监会发布《关于在上市公司建立独立董事制度的指导意见》，规定上市公司与控股股东及其关联方发生 3000 万元或者净资产值 5% 以上的资金往来，需要独立董事事前认可。

2002 年 1 月，证监会发布的《上市公司治理准则》对规范关联交易和控股股东的行为有重要意义。这具体反映在如下方面：首先，在上市公司方面，该准则对上市公司的独立人格有了明确界定，即"上市公司的资产属于上市公司所有"，此外还要求上市公司在关联交易中要保持公平、公正。其次，从保护上市公司的独立性出发，对控股股东的行为进行了约束，即"控股股东与上市公司应实行人员、资产、财务分开，机构、业务独立，各自独立核算、独立承担责任和风险"。

再次，为了保护中小投资者的利益，准则对控股股东参与公司决策的权力有了一定限制，对于控股股东控股比例在30%以上的上市公司，要求其股东大会在董事的选举过程中应当采用累计投票制。准则还要求上市公司建立独立董事制度以维护中小投资者利益和反映其要求。最后，为了保障独立董事的独立性，准则还要求"独立董事应独立履行职责，不受公司主要股东、实际控制人以及其他与上市公司存在利害关系的单位或个人的影响"。

2002年9月28日，证监会发布《上市公司收购管理办法》，规定上市公司控股股东和其他实际控制人在转让其对上市公司的实际控制权时，未清偿其对公司的负债、未解除公司为其负债提供的担保，或者存在其损害公司利益的其他情形的，被收购公司董事会应当为公司聘请审计机构就有关事项进行专项核查并出具核查报告，要求该控股股东和其他实际控制人提出切实可行的解决方案，被收购公司董事会、独立董事应当就其解决方案是否切实可行分别发表意见。被收购公司应当将核查报告、解决方案与董事会和独立董事意见一并予以公告。这样规定实际上起到了通过收购审核督促控股股东清偿占用上市公司资金的作用。同年，证监会还与原国家经贸委联合进行上市公司建立现代企业制度检查，即把"控股股东挪用上市公司资金问题以及还款情况"问题作为重点检查和规范的内容之一。

2003年9月8日，证监会和国资委联合发布了《关于规范上市公司与关联方资金往来及上市公司对外担保若干问题的通知》（以下简称《通知》），提出了纠正和防止侵占行为发生的具体监管措施。针对部分作为上市公司改制存续企业的控股股东，自身经营困难大、债务重、现金清偿能力弱的特点，《通知》明确规定，大股东占款"原则上应当以现金清偿，在符合现行法律法规的条件下，可以探索金融创新的方式进行清偿，但需按法定程序报有关部门批准"。《通知》还规定，2003年8月28日以后（《通知》发布以后），违规形成的"侵占"问题，监管部门将依法追究直接责任人的违规责任，公司和其他股东可以通过司法程序提起民事赔偿诉讼。

2004年7月，经国务院同意，证监会与国资委共同推动"以股抵债"试点。"以股抵债"是指控股股东以其所持有的上市公司股份抵偿其所欠上市公司的债务，上市公司按法律规定相应减少注册资本的一种偿债方式。简单地说，就是上市公司的大股东或实际控制人占用了上市公司的资金，在无力偿还的情况下，将其所持有的上市公司股份按照一定价格偿还给上市公司，以抵消其所欠的债务，最后将用于抵消的股份依法注销，减少上市公司注册资本的行为。电广传媒当日率先宣布了经董事会通过的以此种创新方式解决控股股东侵占公司资金问题的"以股抵债"方案。"以股抵债"是一项金融创新，用大股东的股份抵债，这是一个解决大股东欠债问题的有效办法，因此它具有很大的现实意义。如果操作得当，其有以下优点：一是可以减少大股东对上市公司的欠款，有利于改善公司的财务状况。二是"以股抵债"对于由于历史原因形成的我国上市公司中普遍存在"一股独大"的状况，可以在一定程度上得到改善，完善公司的治理结构。三是可以对每股收益、净资产收益率等产生积极的影响。在效益不变的情况下，总股本缩小了，股东权益就会相应增加，这在一定程度上可以增加公司股票的投资价值。四是避免了"以资抵债"给公司带来的包袱，有利于上市公司轻装上阵，同时也为上市公司的进一步发展创造了条件。

2004年12月，证监会发布的《关于加强社会公众股股东权益保护的若干规定》第五条也指出："上市公司被控股股东或实际控制人违规占用资金，或上市公司违规为关联方提供担保的，在上述行为未纠正前，中国证监会不受理其再融资申请。"

2005年4月29日，经国务院同意，证监会发布《关于上市公司股权分置改革试点有关问题的通知》，启动旨在构建股东共同利益基础的股权分置改革，力图从根本上消除上市公司资金占用问题的制度缺陷。在第二批试点中，郑州煤电采取以股抵债清偿占用和股权分置改革组合操作的方式，开创了在股权分置改革中彻底解决上市公司资金占用问题的先例。

第三节 监管制度的国际比较

一、英美法系国家相关制度情况

英美法系，也称英吉利法系，是以英国的普通法、衡平法和制定法为基础，融入罗马法、教会法以及中世纪商法的若干原则而逐步形成的一个世界性的法律体系，是在英国对外贸易、军事侵略、殖民统治和强制推行英国法的过程中形成的。其成员除英美之外，还包括爱尔兰、加拿大、澳大利亚、新西兰、印度、新加坡、中国香港、冈比亚、尼日利亚、加纳、肯尼亚、乌干达和赞比亚等。

此类国家和地区资本市场最大的特点是股东高度分散，并且流动性强。这种模式中公司治理结构依赖于企业运作的高度透明和相应完善的执法机制。由于股权分散，小股东在公司决策中所发挥的作用十分有限，不足以对公司管理产生压力，因此股东通常并不直接干预公司运营，而是关心股票市场的涨落，通过股票买卖行使"参与"公司重大问题决策权。公司治理中的激励约束机制是通过外部力量特别是资本市场股价的波动性得以实现。这种模式要求具有庞大、发达、有效率的资本市场，完善的财务审计制度以及严格的信息披露制度。在英美证券市场上，立法保障信息高效、透明，为能够真实反映投资价值的股票价格提供了有关上市公司管理效率的信息，投资者只要观察股价就可以得到市场参与者对公司经营前景的预期和对企业家才能的评价，从而降低了投资者对公司经理的监督成本。下面列举英美法系制度下一些主要国家的情况：

英国由于刑法、公司法等法律体系健全，资本市场专业人员诚信文化较好，比较少见控股股东侵害上市公司利益的情形，多为执行董事由于权力过大而滥用的丑闻。英国监管机构 10 年前即要求上市公司和控股股东签署有关保证上市公司独立性的协议，另外对独立董事的比例有一定要求。英国上市规则在 2005 年7 月 1 日进行了修改，新的规则对有关控股股东的问题没有明确的要求，而是要求充分披露与股东有关的风险，显然新规则在这方面的规定更原则化；但新规则对独立非执行董事的人数、审计委员会的设立等有明确的规定。上市公司要保证对于控股股东的独立性，不等于上市公司和控股股东不存在任何财务上的关系，英国上市公司和控股股东之间往往有贷款、合并纳税等财务关系，但都是在较好的财务管理和清晰透明关系基础上的。英国对此没有明确限定，有关准则要求上市公司和控股股东的关系应该是公平、透明的，不鼓励上市公司做这类安排。从实际情况看，英国上市公司的主要董事都不是来自母公司的，而且主要的非执行董事的人数要大于执行董事。若有交叉任职的情况发生，该上市公司的独立性及其价值在市场上会大打折扣。

美国上市公司以个人和机构投资者持股为主，股权结构高度分散，具有较强流动性，加上成熟的证券市场和较为完善的投资者保护法律体系，促使美国公司形成了股东主权型企业制度，美国公司更注重股东的利益，并以股东利益最大化为己任。美国公司治理的组织结构采取单层治理模式，公司不设监事会，股东大会、董事会和经理层组成相互制衡的权力机构。由股东大会选出的董事会行使决策权和监督权，并由董事会聘任经理等高级职员负责具体的经营管理，公司重大事务需经股东大会作出决议。董事会制定政策并履行监督职责。在董事会中设有一个高级主管委员会，负责日常的监督事务，通常在董事会中还设有主要由外部董事组成的公司治理和行政委员会、审计委员会、薪酬委员会和提名委员会。美国公司董事会通常由外部董事和内部董事组成，外部董事不仅具有专业知识和经验优势，并保持先天的独立性，有利于以独立、客观、公正的立场为维护全体股东的利益作出科学合理的判断和决策，因此美国公司董事会具有较高的独立性。2005 年，美国证券交易委员会批准了美国两家最大的证券交易市场——纽约证券交易所和纳斯达克提出的上市公司治理规则。新规则要求，董事会中独立董事必须占多数，赋予独立董事对公司治理、审计、董事提名和薪酬制定等监督权。独立董事本人和直系亲属都不能接受该公司超过 10 万美元的直接酬劳。据有关方面调查，目前美国公司有 3/4 的董事会内有一个以上的外部董事，外部董事约占 60%，例如，GE 的 15 名董事中 9 名是独立董事。Worldcom 在检讨报告中指出，之所以出现 110 亿美元的欺诈行为并导致破产，"不是制衡机制失效，而是根本没有制衡机制"，解决的方法是把权力转移到董事和股东手中。Worldcom 在公司网站公布的"重塑信任"报告中提出：所有董事必须独立于管理层，董事长由独立董事担任，大股东可以协助挑选董事，如不能协商一致，则竞选。网上股东大会接受股东的经营建议，如有一定比例的股东支持，需纳入下一年度股东大会议程。

美国股票市场除重视公司治理结构的有效性外，对信息披露的及时性、准确性、完整性要求很高，同时对上市公司关联交易的监管实现双轨制：第一轨是要求上市公司披露其与关联人之间的所有重大交易；第二轨是要求对上市公司及其关联人之间的交易实施限制。以上制度安排促使股市机制、股市功能得以充分发挥，由此决定了美国的股市是世界上规模最大、最完善的股票市场，这种完善的证券市场对大股东侵占行为进行有效的遏制。

中国香港地区由于特定的历史原因，其法律体系承袭了英美国家的风格，对证券市场的监管同样有一套严密的监管和法律体制。如《香港上市规则》在第14章"须予公布的交易"中对上市公司的关联交易信息披露制度做了较为详细的规定，其与董事会批准制度、股东大会批准制度、股东表决权排除制度、非执行董事制度和独立人士评估制度一齐构成了一套严密的关联交易监管体系。对于违反《上市规则》规定者，联交所可以施加一系列制裁，这些制裁措施包括发出私下谴责，公开批评，公开谴责，禁止中介组织服务、停牌或摘牌，要求采取补救措施，公开声明上市发行人的董事留任会损害投资者的权益，禁止使用市场设施等。这些制裁措施有三个特点：①制裁措施细密，共有 9 项措施。针对违反规则事件的情节恶劣程度，适用不同的制裁措施。②制裁有力，基本上能阻止违反上市规则事件的发生。③注重对中小股东的保护，如在制裁措施中规定在适当情况下为少数股东委任一名独立顾问，若上市公司董事依上市规则不尽其责任，则联交所可公开声明该董事继续留任会损害投资者的权益等。2004 年底发生的"创维事件"就充分显示了香港法制的高效性和严密性。

2004 年 11 月 30 日上午，香港特别行政区廉政公署展开了一项代号为"虎山行"的行动，在香港创维总部董事局会议上以涉嫌挪用公司资金的罪名拘捕了上市公司创维数码董事局主席即该上市公司最大的股东黄宏生，一起被拘捕的还有 3 名执行董事及 1 名财务总监。这就是 2004 年底震惊股市的"创维事件"。2004 年 12 月 1 日傍晚，黄宏生和执行董事黄培生被立案起诉，两人被控涉嫌盗取公司资金逾 4800 万港元，并于 12 月 2 日 9 时 30 分在东区裁判法院提审。

从创维事件中，可以看出香港法制的高效与严厉。香港法律规定公司的董事对公司负有受信义务。在此义务下，公司董事不得侵占公司的资产（包括现金）。如果侵占，董事则承担返还本金和孳息的法律责任，孳息包括利用该资金赚取的利润；香港法律还规定了取消其董事资格，即由法院判决有关董事在一定年限内（最长是 15 年）不得担任任何公司的董事；根据派生诉讼制度，公司股东（包括小股东）可以因为董事违反义务直接起诉董事要求其赔偿给公司造成的损失等。除民事赔偿责任外，香港刑法还规定了侵占公司资产构成盗窃罪，且处罚很严厉。而且，在此事件中香港特区政府财政司司长唐英年表示，香港是法治社会，对任何涉嫌违反法律的罪行，各执法机构都有责任去打击。无论是来自任何地方的投资者，都必须遵守法律，这是香港得以成功的经验。正是在这种严厉的法律制度和监管体系下，这种大股东侵占上市公司资金的行为得到了有效的遏制，保护了广大投资者的利益。创维数码目前的市值为 61 亿元，此次涉案的占用金额为 4800 万港元左右，相对于其自身的资产来说数目并不是很大，而且是四五年前的陈年旧事，但在香港却受到了严厉的处罚。而在内地市场上，三九集团曾挪用上市公司的资金近 40 亿元，在根本无法偿还的情况下，却没有任何人因此问责。在三九、春都、轻骑、猴王等上市公司由盛到衰的过程中，大股东违规占用资金成为罪魁祸首。同样是掏空上市公司，但是内地资本市场与香港的执法效率和惩戒截然不同，这就是当时内地资本市场与香港的差距。而造成这种差距的最主要的原因是当时内地市场法规制度尚不健全，处罚没有真正落实到违规者个人，而且受制于各种因素难以切实做到违法必究、执法必严，影响了法规和监管的权威。正所谓"他山之石，可以攻玉"，创维事件为后来的内地证券监管乃至相关立法提供了积极的借鉴。

二、大陆法系国家相关制度情况

大陆法系是指欧洲大陆大部分国家从 19 世纪初以罗马法为基础建立起来的、以 1804 年《法国民法典》和 1896 年《德国民法典》为代表的法律制度，以及其他国家或地区仿效这种制度而建立的法律制度。实行大陆法系的国家包括法国、德国、奥地利、瑞士、日本、比利时、荷兰、意大利、西班牙和拉丁美洲各国。其中以日本和德国为典型代表。

与英美等老牌资本主义国家相比，日本、德国等大陆法系国家属于后起的工业化国家。这些国家一般都经历过一个相对人为的资本主义急速发展时期，受政府、工会、管理机构或银行的影响较深，资本流通性较弱，资本市场相对不太活跃。在德国和日本，大的银行机构在融资和监督公司方面起着非常重要的作用，在法国、意大利和西班牙，紧密的家庭关系和国家所有权成为普遍的特征。这些国家的公司治理模式体现出如下显著特征：相对集中、稳定的法人股东相互持股为主的所有制结构，全能银行在公司融资和公司监控中发挥重要作用，外部市场制约不如美英等国重要。

在德国，银行在公司中普遍持有较高的股份，所以在很大程度上公司治理结构中银行占有举足轻重的地位。首先，德国公司都成立了专门的监事会，主席通常由主办银行董事长兼任，成员按"二分之一原则"由股东和职工代表组成；监事会负责对公司重大决策进行审议，任命和解聘经理人员，是公司最高权力机构。其次，外部市场的监控力量相对较弱。德国的证券市场并不发达，企业均以间接融资为主，小股东参与公司治理的积极性很弱。另外，从外部市场来看，作为主要债权人的银行保留了对公司的相机治理权，即在公司经营正常时，银行是作为平静的商业伙伴，一旦公司出现较严重的经营问题，银行则会介入到公司治理之中，在经理人员出现严重失职而导致公司治理出现严重状况时，银行还有权力督促董事会解聘现任的经理人员。最后，公司治理结构主要由股东大会、监事会、董事会组成。股东大会是法律规定的公司的最高权力机关，但实际功能很弱；监事会负责对公司重大决策进行审议，任命和解聘经理人员，是公司最高权力机构。

和德国一样，日本大产业企业的大股东一般都是金融机构，特别是城市银行与生命保险公司。与此同时，这些金融机构的大股东又是其所持股对象的大法人企业。除此之外，一般的非金融法人企业之间也有相当比例的相互持股。这样，在企业集团的范围内，金融机构、综合商社和大型产业企业之间的相互持股就构成了日本公司股权结构的重要特征之一。据日本商事法务研究会1990年的一项调查，在日本的非金融企业中，存在相互持股关系的公司高达92%，其中，相互持股比率达到10%以上的公司占70%以上。另据日本公正交易委员会调查，日本六大企业集团的集团内持股比率1989年为21.64%，1992年为22.31%，1993年为22.21%；六大企业集团之间相互持股比率1989年为13.82%，1992年为14.49%，1993年为14.47%。而且日本公司的董事会成员主要来自企业内部。决策与执行都由内部人员承担。监督和约束主要来自两个方面：一是来自交叉持股的持股公司；二是来自主银行。

正是由于大陆法系大部分国家资本市场不发达，外部治理很弱以及股权的集中程度较高，所以大股东的掠夺行为在这些国家中比较常见。Zingales（1994）的研究显示意大利的掠夺问题很突出。Weinstein和Yafeh发现日本存在主办银行的公司比其他公司要支付更高的平均利率。Hoshi和Scharfstein等人发现存在主办银行的企业从主办银行融资的成本超出其收益。Frank和Mayer调查了一些德国银行抵制外部投资者接管其控制企业的案例，认为主要原因是这些银行害怕会失去来自于控制企业关系的利润。这说明在日德以银行控制为核心的治理结构中，存在着银行作为大股东利用控制权地位损害公司利益和其他股东利益的现象。

　　我国是实施大陆法系的国家之一，公司制度的转轨经济特征更加突出，表现为：一方面，上市公司股权过度集中，董事会建设不规范，内部人控制下的"一股独大"现象普遍存在，控股股东与上市公司两个法人实体一体运作，上市公司在资产、业务、财务、机构、人员上缺乏独立性，公司治理内部机制失效；另一方面，我国资本市场在股权分置下没有共同的利益基础，市场价格信号扭曲，控制权市场不健全，中介机构未能发挥"看门"作用，公司治理的外部机制失灵。在公司治理结构内外机制运行效率低下的情况下，既无法约束大股东侵占上市公司利益的行为，也使上市公司管理层缺乏保护公司利益的动力，因此，使上市公司资金占用问题养痈成患，积重难返。

第四节　影响因素多维度考察

一、上市公司股权集中度与资金占用问题

　　"一股独大"的股权结构与上市公司资金占用问题存在内在联系，从历史数据看，"一股独大"并非控股股东占用上市公司资金的充分条件，更不是充要条件。"一股独大"作为上市公司资金占用问题出现的必要条件，是相对意义上的"一股独大"，即相对于控股股东绝对持股比例（绝对意义上的大）而言，控股股东与其他重要股东的相对持股优势可以很好地解释资金占用问题。这说明，"一股独大"也许并不可怕，真正可怕的或许是没有约束和制衡的"一股独大"。结合以上分析，只要股权结构的构成相对合理，或有股权制衡，即使是"一股独大"也不必然出现控股股东利用其控制权侵害其他股东利益的不好现象。

二、上市公司控股股东特征与资金占用问题

1. 控股股东产权性质与资金占用问题

　　我国上市公司中，控股股东的所有制性质分公有、私有两种。公有成分的股东可以细分为国家、国有法人、国有股居控制地位的混合所有制企业等，私有成分的股东包括中资民营企业、三资企业等。我国证券市场是在解决国有企业融资背景下发展起来的，这种"路径依赖"最终导致绝大多数上市公司的大股东以国有股居多。

　　在以上背景下，在上市公司资金占用问题中，作为"一股独大"的国有股成为众多学者批评的焦点也就不足为奇了。按照通常逻辑，国有股股东之所以变成上市公司资金占用问题的众矢之的，有着深刻的制度根源。首先，我国特定的制

度变迁路径让它们成为公司的"天然"的控股股东，这种角色安排为其日后侵害上市公司中小股东的利益埋下了伏笔；其次，大部分国有企业出身的上市公司改制不彻底，没有完全实现人员、资产、财务、机构、业务"五分开"，导致上市公司独立性不强；再次，国有股东并没有树立起成熟、健康的公司治理文化，经常有意或无意把上市公司看作是原有企业的一个车间，漠视股权多元化后企业性质的变化和中小股东的利益保障；最后，国有股东背后的实际控制人——地方政府或主管部门的角色错位、越位，国有资产管理体制的历史变革和缺陷是国有股东行为不规范的另一层原因。另外，部分原国有企业负责人的个人野心和私欲等在某些案例中也是导致国有股东违规占用上市公司资金的重要原因。

2. 控股股东绩效状况与资金占用问题

在我国证券市场发展的相当一段时间内，有很多上市公司采取的是剥离上市方式，例如，将经营性资产注入上市公司，非经营性资产则放在存续企业；或者上市公司继承原企业的优质经营性资产，其他资产则由存续企业承担。这种制度安排必然使存续企业承担过多的负担，一旦成功完成上市目标，获得巨额股权融资的上市公司就可能为自己的上市向母公司支付代价，资金占用是其中的一个极端例子。由于存续企业在经营上"先天不足"，使其很难有很好的业绩表现，有时为了支付工资、购买原料、引进设备、进行基建会向上市公司伸手，甚至违规占用后者的资金。这种占用有其特定的历史原因，经常带有解困色彩，大多属于母公司的无奈之举。

当控股股东经营效益良好时，它不会因为解困而去占用上市公司的资金。但是，当控股股东自身业务需要扩张或发现重要商机要捕捉，自身暂时缺乏现金流支持时，也有可能出现资金占用问题。当然，控股股东的扩张有可能是其发展中的正常需要，也可能是管理层"经理帝国主义"的野心，盲目扩张所致。上市公司因某种因素（如融资成本低、没有合适投资机会等）可能出现较大数量的现金闲置，并且这种资金闲置可能会持续较长时间。在此情形下，控股股东自然而然会向股份公司寻求融资。

母公司或控股股东在资金上相互支持，实际上是企业集团内部资本市场的表现形式。我国很多控股股东对上市公司的融资属于违规融资，因为它往往没有经过上市公司正常的审批程序（往往是董事长个人决定或强行划转），很少计算占用资金的利息或只计息不结算，没有及时、全面地对外部投资者进行信息披露，控股股东甚至占用之初根本就没有准备支付报酬或还款。这种资金占用直接损害了中小股东利益，也影响了上市公司的盈利能力和发展，破坏了上市公司的形象，有时会带来不可逆转的声誉成本。

3. 上市成本与控制权成本的影响作用

如果把控股股东占用上市公司资金看作是它从后者那里获得的一项"收益"

的话，控股股东可能是因前期为获得控股地位付出成本过多所驱使。这种成本分两类：一类是控股股东是上市公司发起人时，他为了后者上市所付出的代价；另一类是控股股东并非上市公司发起人，他的控制权是通过资产重组方式获得的，在这种情形下，其成本主要是取得控制权的成本。

我国特有的制度背景和历史演变历程使控股股东在获得上市公司控制权时付出了许多非常规支出。这种刚性巨额付出增加了控股股东从上市公司攫取利益的动力，容易导致出现违规占用公司资金现象。

三、上市公司经营独立性与资金占用问题

上市公司经营独立性是指不受那些违背或者有可能违背所有股东持有股份价值（公司市值）最大化决策原则的因素的影响。独立性是上市公司作为股份有限公司的应有之义，是上市公司参与市场竞争的基础，是保护投资者利益的需要。保持上市公司的独立性是证券市场健康有序发展的需要。

上市公司缺乏独立性的表现形式很多，主要有上市公司控制权失衡，使上市公司的决策偏离了公司价值最大化的目标，损害了股东或者中小股东的利益；上市公司的生产要素严重依赖于特定主体等。上市公司资金占用问题也是上市公司缺乏独立性的一种表现形式。上市公司经营独立性对资金占用问题的影响分析如下：

1. 人员不独立

控股股东或实际控制人对部分上市公司的关键岗位的人事安排起着决定作用，使后者难以实现人员独立。没有了关键岗位和关键人员的独立性，上市公司就很难在处理与控股股东的利益关系上坚持应有的立场，主动抵制控股股东包括占用资金在内的各种侵权行为。

2. 业务不独立

业务不独立是指上市公司的产、供、销依赖于母公司及其关联方，容易发生经营性资金占用，这是发生上市公司资金占用问题的重要原因之一。

部分上市公司在特殊改制背景下，或是将销售渠道、采购渠道留给了母公司（或存续企业、关联方），形成所谓的"两头在外"型企业，或是把生产工艺链条中的某些部分放在了母公司（或存续企业、关联方），这种业务上的人为分离使上市公司的业务天生就是不独立的，为其以后出现大量采购货物或接受劳务、销售货物或提供劳务、购买和出售资产、股权转让、租赁、许可使用等关联交易埋下了伏笔。

3. 薪酬制度

上市公司高层管理人员的薪酬制度是否合理也会影响到控股股东是否占用资金现象，以及资金占用问题的严重程度。因为控股股东占用资金会给上市公司的

业绩、股价带来负面效应，如果高层管理人员的薪酬制度与公司业绩、市场价值密切挂钩，那么他们自然会抵制控股股东的非分之想。然而，我国上市公司的激励约束制度还很不完善，有相当一部分公司高管人员的薪酬只是无风险的基本工资，并不和企业的经营业绩密切相关，也难以和公司的市场价值挂钩，甚至还会出现低绩高薪的倒挂现象。这种落后的激励机制使高管人员难以有内在动力主动抵制控股股东滥用控制权。

另外，我国上市公司大部分由国企改制，由于行使国家股东权力者并非真正的股权所有者，他们并不对自己的决策承担任何责任，因此他们对经理人的选择和监督并非遵循市场原则，往往采取行政任命手段。高层管理人员的行政化必然使他们的行为偏离市场化原则。在此背景下，公司的高层管理人员只需要向大股东负责，对其他股东权益可以相当漠视。加上有很多控股股东的股份是不能流动的，所以，高管人员对控股股东负责就意味着不关心股价、不关心企业的市场形象。

4. 操纵利润

利润操纵是指企业的管理者为了自身或企业的利益，通过会计政策选择或其他方法，人为地调增、调减企业利润的行为。上市公司粉饰利润的目的可能是为了维持良好的公司形象，还可能是经营层为了自己的薪酬或保住自己的位置，也可能是为了获得配股资格、使股票成为绩优股，还有少数企业是为了防止被摘牌。

控股股东为达到再融资的目的，可能通过关联购销、委托经营等方式向上市公司输送利益，制造"白条利润"。但是，由于控股股东实力有限，这种交易往往会形成应收账款，出现经营性资金占用问题。

第五节　问题解决及制度完善

一、问题解决

目前来说，在市场经济条件下，上市公司资金占用问题可通过以下几种市场化的方式进行偿还：现金偿还、以资抵债、红利冲抵、股权变现和以股抵债。这五种清欠方式各有其利弊，分析如下：

1. 现金偿还

现金偿还是指控股股东及其关联方用其所拥有的货币资金清偿对上市公司的占款。

在一般情况下，大股东如果有能力以货币资金归还占用资金，应是最优的归还方式。首先，货币资金作为流动性最强的资产，可以随时用其购买所需的物资，支付有关费用，偿还债务。货币资金的价值也最为客观，不像其他资产易受主观因素、客观因素导致资产价值高估或低估。大股东占用上市公司资金，也主要占用上市公司的货币资金，因此，大股东也应当以货币资金归还占用的资金。其次，以现金偿还对上市公司的经营和发展是最有利的，因为它可以增加公司的现金流，对上市公司的正常运转以及未来发展都有好处。

但是要求控股股东以现金偿还多年积累形成的巨额占用资金，现实可行性差，短期内难以奏效，是不太现实的一种选择。因为一部分控股股东在上市公司借债之初就没有想过再用现金偿还，不可能准备有那么多的流动资金用于偿债；另一部分控股股东本身就是因经营困难才占用上市公司资金，甚至是靠占用的款项发放员工工资，当然更不可能有现金偿债。此外，用现金偿还完现有欠款后，由于控股股东所拥有的上市公司的股份一点都没减少，仍然牢牢地掌握着对上市公司的控股权，很难从制度上、根本上、源头上杜绝以后控股股东侵占上市公司资金、侵犯上市公司独立法人财产权的行为。

2. 以资抵债

以资抵债是指控股股东以上市公司以外的资产抵偿所欠上市公司的款项，主要以经营性实物资产、房屋等固定建筑、土地使用权等资产来偿还，也有少部分采用商标使用权等无形资产偿还。

长期、巨额占用上市公司资金的大股东往往自身的货币资金也很紧张，可能根本无法用货币资金来偿还，此时以资抵债就是个值得考虑的选择。若大股东愿以经营性资产归还占用资金，且该项资产质量较好，能带来较好的利润和现金流，与上市公司主营业务一致，置入该项资产能有效减少上市公司与大股东之间的关联交易，则大股东以经营性资产归还占用资金不失为退而求其次的方式。

这种方式的缺点是上市公司及其他股东对大股东抵债的经营性资产并不十分了解，在信息不对称的情况下进行的交易，往往对上市公司不利。第一，绝大多数控股股东都把优质资产装进了上市公司里，控股股东除了上市公司以外的其他资产不是非经营性资产就是不良资产。所以以资产偿还既不能为上市公司增加现金流，也不能为上市公司的持续发展增添后劲。第二，如果大股东硬塞给上市公司劣质资产，或资产性质和用途和公司的主营业务相距甚远，则可能由此使上市公司背上新的经营包袱，带来新的经营压力。第三，以资抵债存在一个定价的公允性问题，如果抵债资产价格高估，虽然表面上能够解决占款问题，却造成控股股东对上市公司权益的合法化实质性侵害，更甚者有时上市公司还得倒贴款项给控股股东以补足资产与欠款间的差额。

3. 红利冲抵

红利冲抵是指在上市公司每年现金分红金额较大的情况下，上市公司扣留大股东应当分得的现金红利来冲抵大股东占用的资金。

红利冲抵是一个比较简单易行的方法，对上市公司而言其优点与现金偿还相似，价值评价客观，能增加上市公司现金流。对控股股东而言不需要拿出专门的资金或资产进行偿还，不会影响控股股东的日常经营。

但对因大股东长期占用巨额资金导致经营困难或每年现金分红极少的上市公司，无法通过扣留大股东应分红利来解决大股东占用资金问题。用分红冲抵占款计划还存在几个潜在的缺点：第一，对于提出用分红还款计划的公司来说，最终能在多大程度上实现是个未知数。因为有的公司本来就没有分红的"习惯"，以往采用的多是配股或送股分红方式，又或者本来就亏损，下一年度能否顺利实现派现？派现金额究竟有多少？这都可能使得以预期收益偿还债务的承诺流于形式。第二，即使该偿债计划如期实施，其结果仍令人担忧。如果上市公司派现金额太少，不足以供集团公司还债，还债期限只能一拖再拖；如果集团公司为保证在三年内还清全部欠款，将希望都寄托在上市公司的派现上，以各种借口促使上市公司高派现，这必将对其往后的生产经营产生负面影响。第三，红利冲抵计划有可能使占款的大股东在还款态度上更不积极，而是等着用分红慢慢还，延长清欠周期。第四，表面上看大股东以所得权益归还欠款，似乎并无不妥。但其占用的资金原本是上市公司所有，其分得的红利也是从上市公司创造的可供分配利润而来，一来一往，大股东没有付出任何代价就解决了问题，对大股东的违规行为起不到惩戒作用，甚至有可能刺激大股东以后继续占用上市公司资金。

4. 股权变现

股权变现偿债是指控股股东将部分或全部股份出让给第三方，以获得的现金偿还控股股东所欠上市公司的资金。

股权变现偿债的优点在于：首先，对于占款数额已经超过净资产，并且持续经营受到严重影响的上市公司而言，能有真实的现金流入是最重要的。但这些公司的大股东普遍资产不佳，自身难保，要想还债，理想的做法应是由大股东将股权拍卖，然后以拍卖所得来偿还公司债务，补充上市公司的资金，或者大股东进行改制，引入战略投资者，注入资金。所以股权变现偿债对这类公司来说无疑是个不错的选择。其次，引入的战略投资者，可以对公司的经营管理进行监督并提出专业建议，使公司治理结构的外在环境得到显著改善。最后，控股股东对上市公司股权份额的下降，将从根源上有效防止控股股东及其关联方占用资金行为的发生。

这种偿债方式的不便之处在于：第一，寻找买家或战略投资者的过程比一般较长，见效慢。第二，如何保证股权转让价格的合理公平，以避免国有资产流失也是不得不考虑的。第三，控股股东将股权转让给第三方，如果股权达到一定比例，收购方就有可能会成为新的控股股东，这就存在新股东要与上市公司在经营理念、经营文化、公司治理等方面重新融合的问题，给公司经营造成波动。

5. 以股抵债

以股抵债是指上市公司以其控股股东"侵占"的资金作为对价，冲减控股股东持有的上市公司股份，被冲减的股份依法注销。

与前面提到的几种还款方式相比，以股抵债有不少优点：第一，以股抵债无法律障碍（比照《公司法》有关回购的规定），有先例可循（申能、云天化等曾进行定向回购试点）。第二，以股抵债在大股东一无现金偿债、二无优质资产抵债的情况下，使偿债由不可能变为可能。第三，通过缩减股本，可以增加单位收益水平，提升股票内在的投资价值，对剩余股东也是有不少好处的。第四，它有利于改善上市公司的股本结构，通过股份抵债，大大减少大股东所持上市公司股份，优化股本结构，同时起到非流通股减持的效果。第五，以股抵债对于那些损害上市公司及其流通股股东利益的大股东而言是一种惩罚，有的大股东甚至还会因此而失去大股东的资格。

当然，以股抵债也存在自身的缺点。首先，它不能增加上市公司的现金流，同时由于总资产减少，资产负债率变相提高，增加了公司经营风险。其次，上市公司盈利前景是保证方案推进的重要条件。如果上市公司现在亏损或者预期亏损，以股抵债后意味着每股亏损额更大，从而得不到普通投资者的认同，方案难以实施。再次，与以资抵债一样，在市场化定价方式下，应如何保证抵债股票合理定价也是个问题。最后，适用范围有限。一则，以股抵债是以账面变动来消除债务，所以上市公司的净资产必须为正，如果为负，则失去了定价基础；二则，对于国家战略控股或者资源型、垄断型的上市公司存在的资金占用问题，是否适用"以股抵债"方案，可能要由国务院国资委核定；三则，如果上市公司的股权已被质押，则会导致以股抵债事实上不可行。

二、制度完善

上市公司资金占用问题是我国公司制度存在严重缺陷的突出表现，在资本市场上造成了重大损害，危及资本市场的信用基础。上市公司资金占用问题一度泛滥成灾，既反映我国资本市场新兴加转轨的特点，也深刻暴露出股权分置下股东缺乏共同利益基础的重大制度缺陷。针对上市公司资金占用问题，在加大行政监管力度，督导清欠工作取得重大成果的同时，推动了立法实践的进步。

1. 健全法律法规

（1）法律明确规定禁止股东损害行为。中华人民共和国第十届全国人民代表大会常务委员会第十八次会议于 2005 年 10 月 27 日修订通过的《中华人民共和国公司法》、《中华人民共和国证券法》自 2006 年 1 月 1 日起施行。新《公司法》和新《证券法》中针对目前关联交易行为，一些上市公司的控股股东、董事、监事、高级管理人员和其他实际控制公司的人利用关联交易"掏空"公司，侵害了公司、公司中小股东和银行等债权人的利益做出了相关规定。例如，针对在实践中屡屡出现控股股东滥用股东权利损害公司和其他股东特别是中小股东的利益，新《公司法》第 20 条增设了保护中小股东的相关规定，"公司股东应当遵守法律、行政法规和公司章程，依法行使股东权利，不得滥用股东权利损害公司或者其他股东的利益；公司股东滥用股东权利给公司或者其他股东造成损失的，应当依法承担赔偿责任"。针对控股股东或者实际控制人通过担保来获取非法利益，损害公司和中小股东权益问题，立法机关同时也考虑到公司为其股东提供担保并不一定损害公司利益，有时候可能是公司发展的需要，因此也不能予以完全禁止。因此，新《公司法》第 16 条规定，公司为公司股东或者实际控制人提供担保的，必须经股东会或者股东大会决议，该股东或者受前款规定的实际控制人支配的股东应回避表决。从决策程序上对关联担保作出严格要求，由公司其他股东来判断提供担保是否有损公司利益。与此同时，新修订的《公司法》第 21 条还对关联关系作了总则性的规定，公司的控股股东、实际控制人不得利用其关联关系损害公司利益。违反规定，给公司造成损失的，应当承担赔偿责任。

2006 年 6 月全国人大常委会通过的《刑法修正案（六）》，明确将上市公司的董事、监事、高级管理人员、控股股东和实际控制人与关联公司进行不正当关联交易、掏空上市公司的行为，增加规定为犯罪。《修正案》第九条规定，在刑法第 169 条后增加一条，作为第 169 条之一："上市公司的董事、监事、高级管理人员违背对公司的忠实义务，利用职务便利，操纵上市公司从事下列行为之一，致使上市公司利益遭受重大损失的，处三年以下有期徒刑或者拘役，并处或者单处罚金；致使上市公司利益遭受特别重大损失的，处三年以上七年以下有期徒刑，并处罚金：①无偿向其他单位或者个人提供资金、商品、服务或者其他资产的；②以明显不公平的条件，提供或者接受资金、商品、服务或者其他资产的；③向明显不具有清偿能力的单位或者个人提供资金、商品、服务或者其他资产的；④为明显不具有清偿能力的单位或者个人提供担保，或者无正当理由为其他单位或者个人提供担保的；⑤无正当理由放弃债权、承担债务的；⑥采用其他方式损害上市公司利益的。"

根据上述规定，进行不正当关联交易，掏空上市公司的犯罪具有以下主要特征：

1）该罪的犯罪主体是特殊主体，这些特殊主体有一个共同的特点，就是对上市公司具有控制权或重大影响力。

2）行为人违背了对公司的忠实义务，这是构成本罪的本质特征。《公司法》明确规定，董事、监事、高级管理人员、公司的控股股东、实际控制人应当遵守法律、行政法规和公司章程，对公司负有忠实义务和勤勉义务，不得利用其关联关系损害公司利益。

3）行为人利用职务便利，实施了操纵上市公司进行不正当关联交易，侵害上市公司利益的行为。

《修正案》新增的本条只列举了五项比较常见的利用非正当关联交易掏空上市公司的行为。考虑到以后还可能出现"掏空"上市公司新的行为，《修正案》对掏空上市公司资产的行为采取列举加概括的方式，在列举了五项具体行为以后，还有一个兜底性条款——"采用其他方式损害上市公司利益的"。这个兜底性条款并不是说，凡上市公司的董事、监事、高级管理人员的行为，只要对上市公司利益造成损害的都可以本项规定去追究刑事责任，还应当结合构成本罪的前提条件——是否"违背对公司的忠实义务"，去综合分析。显然，上市公司的董事、监事、高级管理人员基于对市场判断的错误，虽然给上市公司利益造成损害，不能以本条追究刑事责任。

在现代公司制度中，公司制企业实行有限责任。由于所有权与经营权相对分离，使控股股东、公司的实际控制人很容易利用其独特的控股地位，运用其权力，通过关联交易来转移资产、收益，侵占上市公司及其中小股东权益。现实情况表明，在很多情况下，上市公司的控股股东、实际控制人往往是掏空上市公司的真正指使者和实际受益者。鉴于这种情况，《修正案》特别规定："上市公司的控股股东或者实际控制人，指使上市公司董事、监事、高级管理人员实施前款行为的，依照前款的规定处罚。""犯前款罪的上市公司的控股股东或者实际控制人是单位的，对单位判处罚金，并对其直接负责的主管人员和其他直接责任人员，依照第一款的规定处罚。"

利用关联交易侵占上市公司利益是我国上市公司目前面临的严重问题之一。但从公司运作角度讲，关联交易难以完全避免。我国法律、法规、规章及政策导向也并不禁止正当的关联交易。这样就有一个如何区分正当关联交易与不正当关联交易之间的界限问题，这也涉及如何准确把握罪与非罪的界限。由于具有关联关系的公司、企业与上市公司都是具有独立法人资格的市场主体，因此，判断一项关联交易是否正当，关键要看是否按照等价有偿的市场竞争原则进行，是否符合正常的或者公认的市场交易条件，以及在交易的决定过程中，上市公司的董事、监事、高级管理人员、控股股东和实际控制人是否利用了他们的控制权和重大影响力。虽然这种控制权和重大影响力的利用并不必然导致不正当关联交易的发生，但是，每一项侵害上市公司利益的关联交易背后，一定会发现非法利用对上市公司控制权和重大影响力的影子。因此，应当结合案件的具体情况具体分析，准确区分违法与犯罪。

重新颁布的《公司法》、《证券法》，明确控股股东滥用权利的法律责任，并在《刑法修正案（六）》中明确将上市公司的董事、监事、高级管理人员、控股股东和实际控制人与关联公司进行不正当关联交易、掏空上市公司的行为，增加规定为犯罪。这是我国公司制度完善的重要成果。但是，由于成文法典的原则性和商事活动复杂性，追索资金占用问题的法律责任，仍然存在诸多内在缺陷，执法效力仍不足以震慑上市公司资金占用问题的发生。这些内在缺陷是控股股东道德风险产生的一个重要外因，2006年以后资金占用问题没有大面积死灰复燃，但是也没有完全杜绝。因此，借鉴成熟市场经济国家的立法经验和成功实践，进一步健全相关法律法规是解决上市公司资金占用问题的必由之路。

在成熟市场经济国家和地区"上市公司资金占用问题"之所以销声匿迹，归功于严刑峻法，例如，在《法国商事公司法》中规定，股份公司的董事长、董事或总经理，明知违背公司的利益，为个人目的或为有利于他们有直接或间接利害关系的公司或企业而恶意使用公司的财产和信贷，将被处以5年的监禁及2500000法郎的罚金，或单处监禁或罚金。中国香港创维事件更是彰显"重典治乱"功效。因此，借鉴国际立法经验，在《刑法》中确立"侵占上市公司财产罪"，是治本之策，势在必行。鉴于法律制度修订程序的特殊性，目前应在相关法律法规方面明确权责范畴，进一步完善行政规章。

（2）积极推动出台《上市公司监督管理条例》、《上市公司独立董事管理条例》，强化上市公司资金占用问题违规性质的规定，强化独立董事在上市公司董事会的权利制衡作用，加大执法效力和行政处罚力度，建立"及时纠错"机制，坚决制止新发生资金占用问题，对于新发生资金占用的控股股东、上市公司责任人实施严格市场禁入，责令上市公司董事会建立对控股股东所持股份"占用即冻结"的机制，通过司法渠道变现股权清偿占用资金。

以实施新会计准则和内部控制规范为契机，规范上市公司关联交易。在会计准则解释中界定经营性占用、非经营性占用，明确禁止控股股东与上市公司进行的资金往来项目，包括：上市公司与控股股东或实际控制人、关联方进行商品销售、提供劳务、股权出售及让渡资产使用权等经济活动时，不签订具有明确结算期的经济合同，或虽然签订具有明确结算期的合同，但超合同正常结算期一年以上未予以结算；上市公司为控股股东或实际控制人、关联方提供经常性经营周转资金；上市公司签发没有真实交易和债权债务的票据，控股股东或实际控制人、关联方利用票据贴现套取银行和公司资金；上市公司与控股股东或实际控制人、关联方进行的借贷活动或变相借贷活动；上市公司通过金融信托机构为控股股东或实际控制人、关联方进行的委托放贷等。

2. 完善监管体制

上市公司资金占用问题是非正式制度公信力缺失的表现。建立具有公信力的内外部环境，需要建立社会诚信的综合监管体系。金融信用是社会诚信的基础，现阶段由证监会主导，会同国资委、银监会、证券交易所、司法机构以及地方政府等参与的证券市场联合监管体制，对遏制上市公司资金占用问题将发挥积极作用。应该说，这种联合监管体制既符合监管对象的特征，也符合国际金融市场的发展趋势。同时，这种体制可以弥补目前因证监会责任、权力、手段不匹配而造成的监管困境，它将极大提升监管效率，对推进我国证券市场的进一步发展有着深远的意义。

出现控股股东违规占用资金的上市公司以及被调查的机构投资者都对建立由证监会主导，银监会、国资委、司法机构以及地方政府等参与的证券市场联合监管体制寄予了厚望。由于联合监管体制涉及多个高级别部门，所以这项措施的成功推进需要得到国家机构改革的大力支持。在目前政府机构设置的基本框架下，可以考虑由国务院牵头成立一个更高层次的金融市场监管委员会，专司负责分业经营条件下三大金融监管机构以及它们与中国人民银行、国资委、证交所、各地政府的联合监管协调工作。在这种体制框架下，历史形成的上市公司资金占用问题有望在证监会会同国资委、银监会、司法机构以及地方政府等部门共同努力下得到彻底解决。

除了在组织结构上确保联合监管的可行性外，还应该在现有的三大监管主体以及证交所、国资委、司法机构、地方政府之间建立高效的信息共享、沟通机制，减少监管者的信息不对称。上述机构在解决控股股东违规占用上市公司资金问题时，需要密切配合，相互支持。例如，银监会应启动相应措施，将控股股东以及包括上市公司在内的关联方列入重点监管对象，甚至列为"黑名单"；国资委加强对国有企业的监管，在考核国有资产股权代表业绩时将是否有违规占用资金现象列为重要指标，为由于体制原因造成的资金占用提供优惠政策；证交所严格上市公司信息披露制度，根据定期报告定期质询占用情况的力度，对出现的问题进行及时通报；司法部门对已经发生的违法事件，从快、从严地进行审理及处罚，以保证上市公司及广大股民的合法权利；地方政府积极配合控股股东的改制重组，将原由企业承担的社会职能部门交给社会管理，减轻控股股东包袱等。

作为联合监管体制中的核心，证监会对已发生的违规资金占用，加大、加重处罚力度，发现问题后及时处理，督促控股股东制定切实可行的清偿方案，并进行持续的跟踪监管，并对相关责任方采取惩处措施。例如，不受理资金占用方及其关联公司首发或再融资申请，不批准其重组收购上市公司的申请；将相关公司的董事记入诚信监管档案，并给予证券市场禁入的处罚，市场禁入人员在禁入期间不得担任上市公司、证券公司、基金公司等公司高管人员；将资金占用方作为诚信不良企业通报给工商局建立的诚信信息平台。

3. 规范公司治理

上市公司资金占用问题是我国上市公司中强势利益集团借助其资本优势，利用公司制企业中权力配置的游戏规则，对弱势利益集团基本权益的侵害和剥夺。在企业权力配置游戏规则不变的前提下，必须致力于推动上市公司股权结构、公司治理结构、公司治理文化的嬗变，达到保护弱势群体、构建和谐公司运营环境的目的。

首先，以股权分置改革为契机，为上市公司股权结构的合理化提供有利的外部制度安排。在非流通股可以流通的情况下，让各个股东在自身利益的驱动下，按照市场信号自发调整投资组合，逐步改变"一股独大"的股权结构，建立合理的股权制衡机制。

其次，改善公司治理结构。随着股权结构的改变，使控股股东对上市公司董事会、监事会的控制力逐渐降低，为董事会诚信度和监事会工作效率的提高提供保障。监管部门应推广董事会下设专业委员会的成功经验，完善独立董事的提名制度和激励约束机制；拓展中小股东参与公司治理的途径，增加其表达意见、保障权利的渠道。

最后，积极倡导和培育健康的公司治理文化。公司治理文化对于我国的上市公司还属于新生事物，控股股东、上市公司的董事会、监事会、高层管理人员因对之比较陌生而不够重视。在解决包括控股股东占用上市公司资金在内的控股股东滥用控股权问题时，必须加强公司治理文化建设，提倡包括控股股东摆正自己在上市公司的位置，不"以强凌弱"；董事切实履行对所有股东特别是中小股东的诚信责任，平等对待所有的股东；董事会尊重其他利益相关者的合法权益；董事会勇于承担企业的社会责任等在内的健康公司治理文化。

4. 加强国有股东监管

国有经济是中国上市公司乃至中国社会主义市场经济的一大特色，这一特色既造就了中国社会主义市场经济的特色，也带来了一些经济发展中的"中国病"。

事实上，在我国建立社会主义市场经济的过程中，对于以国有企业为代表的国有经济一直存在着认识误区。例如，在构造合格的市场主体时，对国有企业的体制优越性片面夸大，忽略了国有企业在产业政策、增加就业、保障国家经济安全等方面承担的社会责任；在建立法治社会时，片面强调各种所有制企业的平等性，忽略了国有经济的特殊性等。在以上淡化特殊性、强调一般性的思路引导下，国内外专家、学者在研究上市公司资金占用问题时，无视国际经验，直接套用民营企业的标准对国有股东的行为进行评价，必然得出国有股东"为富不仁"的判断。鉴于历史和现实的原因，针对上市公司资金占用问题，对国有股东而言应当规范出资人行为，在加强国有股东监管方面，应当推动以下工作：

第一，积极探索制定适合国有企业的特殊法规。其目标是实现政企分开，在社会主义市场经济中，处于特殊领域的国有企业以及在一般领域中承担国家产业政策的国有企业，有着与普通民营企业不一样的经营目标和社会责任，是一个特殊的企业，不能和普通民营企业分享完全一样的公司法规。我国现行的《公司法》不可能涵盖国有企业的特殊性，立法部门应积极探索，建立适用于国有企业的特殊法规，明确国有企业的经营目标，政府和国有企业的权力界限，使国有企业能够正确行使国有出资人的职责。

第二，制定国有企业公司治理指引。作为全球公司治理运动的主导者和最佳实践的指引者，OECD 在 2004 年完成《OECD 公司治理原则》后，推出了《OECD 国有企业公司治理原则》，在《OECD 公司治理原则》的前提下，专门讨论国有企业公司治理的特定情况。令人遗憾的是，我国作为国有企业的大国，直到目前，学术界和实务界都还没有完全意识到国有企业公司治理的特殊性，导致相关规则的缺失。为改变这种尴尬局面，监管部门应和国有资产管理部门一道，参照国际经验，结合我国国情，尽快制定国有企业公司治理指引，和非国有企业分而治之。

第三，进一步完善国有资产管理体制，处理好执行国家政治任务、经济政策、社会政策与构建规范市场经济目标之间的关系。

5. 建立保护中小股东权益的有效机制

根据新修订的《公司法》规定，在上市公司中推行累积投票制度，增强小股东在公司治理中的话语权，制衡股权滥用；推动建立股东代位诉讼机制，完善证券市场民事赔偿诉讼制度，为小股东主张合法权益提供有效的司法救济；拓展现有投资者保护基金的作用，建立证券市场投资者权益保护中心，为中小投资者维护合法权益提供法律援助。

第六章 上市公司并购重组市场化

并购重组市场化是公司转型的必然趋势。并购重组是公司优化资源配置、实现快速发展的有效途径。并购重组市场化是指公司以市场为导向，自主决策，自愿交易，充分发挥市场在资源配置中的基础作用，以市场化的方式、手段和工具开展的并购重组活动。资本市场并购重组是中国经济中市场化程度相对较高的交易活动，资本市场发展 20 余年初步建立起以要约收购制度为主线的一整套制度体系。随着股权分置改革的完成，资本市场功能逐步健全，并购重组成为资本市场配置资源的重要方式之一，在"调结构、转方式"的国家发展战略中必将进一步发挥资本市场促进企业重组的积极作用。并购重组市场化与政府减少干预微观经济活动的职能调整目标是一致的。并购重组市场化的方向就是进一步放松管制，各市场主体归位尽责，充分发挥市场在资源配置中的基础性作用，促进企业兼并重组。本章从并购重组的概念分析入手，结合实践诠释我国资本市场并购重组制度发展沿革，探讨并购重组市场化发展趋势，着力规划资本市场并购重组市场化的方向和步骤。

第一节 并购重组的概念分析

并购重组是市场约定俗成的称谓，并非准确的法律概念，上市公司并购重组主要包括控制权转让（收购）、资产重组（购买、出售或者置换资产等）、股份回购、合并、分立等，对上市公司的股权控制结构、资产和负债结构、主营业务及利润构成产生较大影响的活动。并购与重组可以大致区分为：并购主要涉及公司股权结构的调整，其目标大多指向公司控制权变动，核心内容是"股东的导入"；重组则主要涉及公司资产、负债及业务的调整，其目标是优化公司的资产规模和质量、产业或行业属性，核心内容是"资产或者业务的导入"。但是，自出现以股权类证券作为交易支付手段后，两类"导入"可通过一项交易同时完成，因此两者之间的界限逐渐模糊。

一、上市公司收购制度分析

上市公司收购一般是指取得或巩固对上市公司的控制权的活动，包括投资者通过直接收购上市公司的股份成为上市公司的控股股东；或者虽不是上市公司股东，但通过直接或间接方式取得对上市公司的控制权的行为。

各国立法对并购活动监管的价值取向，大多持中立的态度。立法和监管部门努力的目标是：在并购中保护处于弱势的中小股东、防范内幕交易和操纵市场等欺诈活动。在公司制度下，股东权利构造的内在不足、证券交易制度的不足及由此产生的股东救济制度缺乏，是导致一个国家对上市公司并购活动进行干预的根本原因。基于对上市公司并购活动的价值判断、不同的公司治理模式以及不同的股权结构，各国确立了不同的并购制度，并对公司并购采取了不同程度的干预。

上市公司收购制度主要有两种基本制度：一是以英国为代表的强制性全面要约收购制度；二是以美国为代表的自愿要约收购制度。

以英国为代表的强制性全面要约收购制度，其立法和监管宗旨是要体现"实质公平"，要求收购人承担更多的社会成本，保障股东拥有公平分享控制权溢价的机会。立法和监管的意图是以股东平等待遇原则作为核心，体现法律对弱势群体的保护。强制性全面要约收购的主要特征是规定收购人在达到或超过能够取得一个公司实际控制权的股份触发点（Threshold）时，被强制要求向剩余的所有股东发出收购其全部股份的要约。即事先确定一个数量比例，将该比例作为公司控制权是否发生变化的判断标准，收购人持股数量一旦达到或超过该比例，收购人必须向被收购公司所有股东发出全面要约，该制度设计从两个方面体现充分保护中小股东的合法权益：一是给予其他股东公平的退出机会；二是给予其他股东分享收购人所获得的控制权溢价。实行强制性全面要约收购制度主要基于两个方面的考虑：一是在公司控制权发生转移后，会导致该公司的经营者和经营策略的改变，小股东可能会遭受伤害，因此应当给予他们退出的机会；二是基于高比例持股存在的对公司的控制价值，并不只属于持有该部分股份的股东，而是属于公司的全体股东，收购者为获得公司的控制权而付出的溢价应归公司的全体股东平均享有，因此，收购人有义务以其为获得控制权所付出的最高价格，向所有股东发出收购剩余全部股份的要约。各国家和地区对导致公司控制权发生转移的触发点的设置不尽相同（通常都是在20%~40%），例如，英国、德国、意大利、中国香港、新加坡为30%，法国、瑞典约为33%；新兴市场国家中，南非为20%，马来西亚为33%，捷克为40%，保加利亚为50%；而奥地利、巴西则以获得公司控制权为限。这实际上反映了各国监管机构对什么标准是获得一个公司实际控制权的不同解释。

以美国为代表的自愿要约收购制度，其立法和监管的宗旨是要体现"形式公平"，程序公正，活跃市场。自愿要约收购制度是建立在信息公开基础上的完全市场化的收购制度，要约的首要原则是股东受到平等对待。美国、加拿大、韩国少数国家实行此制度，对收购的比例没有限制，也没有强制要约方面的规定，而是允许自愿要约。之所以采取如此灵活的机制，原因在于上市公司股权高度分散、控制权集中在董事会、对中小股东提供充分的司法保护。美国对上市公司收购的监管，是以信息披露为核心的自愿要约收购制度，没有强制性要约收购的要求。这一监管体系的成功有赖于美国证监会（SEC）之外其他配套的市场监督和监管体系。可以说，美国联邦法律和美国证监会对公司收购的监管只是美国在此方面总体监管的一部分。首先，美国有强有力的州政府对收购交易进行实质性审查和监管；其次，上市公司董事会在公司收购中发挥重要作用，允许董事会针对收购活动采取反收购措施，例如实施向收购人以外的股东低价发行股份的"毒丸"计划等；再次，美国有强大的民事诉讼体系，包括《反托拉斯法》、并购方面专业法院和法官、专业律师等，会追究公司董事在收购与反收购中是否违背诚信义务；最后，行业自律组织、交易所监管、投行等中介机构自我约束机制的存在，使美国虽然没有实行强制性全面要约的机制，但在实际操作中，迫于公司董事诚信责任的要求和诉讼的压力，收购方必须给被收购公司小股东同等待遇，特别是"毒丸"计划的实施，使小股东低价获得公司股权，大大摊薄收购人的持股比例，导致收购人取得控制权的成本提高，其最终结果与以英国为代表的强制性全面要约收购制度大体相当。

此外，还有介于英国和美国模式之间的强制要约收购制度，以日本为例，在日本，投资者如拟通过交易所场外交易取得公司股份超过 1/3，必须采取要约收购的方式取得，即投资者必须发出公开的部分要约以取得控股权，但不必发出全面要约。

我国上市公司收购制度，可以说是介于强制要约和自愿要约制度之间的第三种制度，具有独创性。这套制度是基于中国经济发展现状、中国公司治理结构条件和现有市场结构环境综合平衡下的一种较优选择。其主要特征是坚持以控制权转移为监管触发点，在直接收购的情况下，收购人在持股达到30%以前，可以采取竞价收购、协议收购以及主动要约（最低限额5%）等多种方式增持股份。但是收购人在持股达到30%以后，除非证监会予以豁免，否则只有一种方式增持股份，即要约方式。在间接收购的情况下，如果收购通过控制上市公司的母公司间接控制了上市公司超过30%的股份，仍然执行强制要约制度。

我国上市公司收购制度的历史沿革大致分为三个阶段：

（1）借鉴强制全面要约收购制度阶段。1993年国务院颁布的《股票发行与交易管理暂行条例》，主要借鉴了英国、中国香港的模式，实行强制性全面要约收购制度。在此制度下，收购人持股超过30%时，必须向所有股东持有的全部股份发出收购要约，并按照二级市场流通股市价接受股东出售的所有股份。1998年，《证券法》将《股票发行与交易管理暂行条例》中的强制性全面要约收购制度确立下来。

（2）股权分置下强制全面要约收购制度阶段。2002年9月，中国证监会发布《上市公司收购管理办法》，仍然较多地借鉴了中国香港模式，实行强制性全面要约收购制度，但是针对流通股和非流通股股权分置的现状，实行不同的要约价格：流通股按收购人收购的最高价格与市价孰高发出要约，非流通股按收购人收购的最高价格与净资产孰高发出要约。

（3）股权分置改革完成后强制要约收购制度阶段。2006年，中国证监会对《上市公司收购管理办法》进行修订，将强制性全面要约收购制度调整为强制性要约方式。收购人可以根据自身的投资策略，以要约方式收购其他股东所持有的全部股份或部分股份，但不强制收购人承担对全部有意出售股份的收购义务。

2006年初发布的《上市公司收购管理办法》体现以下监管理念：

（1）充分体现鼓励收购的立法精神。对上市公司收购制度做出重大调整，将强制性全面要约收购制度调整为由收购人选择的要约收购方式，既不同于英国的强制性全面要约制度，也不同于美国的自愿要约收购制度，而是介于两者之间的一种折中的制度安排。在这一制度安排下，兼顾了对中小股东合法权益的保护与鼓励收购、提高效率的需要，并建立起两者之间的适度平衡，赋予收购人更多的自主空间，降低了收购成本，强化上市公司外部治理，有利于活跃并购市场，充分体现了鼓励上市公司收购的价值取向和立法精神。

（2）强化权益变动信息披露。以5%、20%、30%为触发点，递进提高信息披露要求：持股5%~20%的，编制披露简式权益变动报告书；持股20%~30%的，编制并披露详式权益变动报告书；持股30%以上的，编制并披露收购报告书。

（3）切实保护中小股东的合法权益。通过强制性信息公开披露、程序公正、公平对待股东、对收购人主体资格的规范、明确界定一致行动人，加大对控股股东和实际控制人的监管力度等多方面举措，维护市场公平，解决当前上市公司收购中存在的收购人无实力、不诚信，甚至掏空上市公司等突出问题，切实保护中小股东的合法权益。

（4）转变监管方式，减少过度监管。基于重要性原则，按照持股比例的不同采取不同的监管方式。对上市公司控制权转移的监管，由过去以事前审批为主的监管方式转变为事后监管与适当的事前监管相结合的方式，加大持续监管的力度。简化审核程序，减少对要约收购义务的豁免。

（5）充分发挥市场机制的作用，坚持市场化导向。建立财务顾问"明责、尽责、问责"制度，强化财务顾问等专业机构为投资者服务、为增加并购透明度服务的积极作用，充分发挥市场机制对上市公司收购活动的约束作用，提高市场效率。

（6）鼓励市场创新，允许换股收购。明确收购人可以通过取得上市公司向其发行新股的方式获得公司控制权，并可免于履行要约收购义务，鼓励上市公司通过定向发行，改善资产质量，优化股权结构；允许收购人以证券作为支付手段收购上市公司（换股收购），有效解决了上市公司并购手段不足的问题，有利于发挥证券市场优化配置资源的功能。

（7）将特殊收购主体予以规范。强化公司治理要求，对管理层收购严格监管。对于外资收购，与我国现行外资收购的相关规定相衔接，明确应符合国家产业政策和行业准入的规定，适用中国法律，服从中国的司法以及仲裁管辖，不得危害国家安全和社会公共利益。

（8）将不同收购方式纳入统一监管体系。对主要的收购方式予以规范，并揭开公司面纱，将间接收购和实际控制人的变化一并纳入上市公司收购的统一监管体系。

二、上市公司重组制度分析

上市公司重组，亦称上市公司重大资产重组，一般是指导致公司的资产结构、主营业务、盈利能力发生重大变化的重大购买、出售经营性资产行为（一般是指达到总资产、营业收入或净资产额的 50% 以上），但属于公司日常经营中的资产买卖行为和一般的经营性资产的处置行为不包括在内。

上市公司重大资产重组制度历史沿革主要经历了四个阶段：

（1）1998 年发布证监上市公司第 26 号文实行事前审批制。存在监管过度、抑制重组问题。

（2）2000 年发布证监上市公司第 75 号文实行事后备案制。实施效果并不理想，出现诸多虚假重组、资产不实、利用重组掏空上市公司和进行市场操纵等问题，市场对此提出了尖锐的批评。

（3）2001 年发布证监上市公司第 105 号文（《关于上市公司重大购买、出售、置换资产若干问题的通知》）对重大资产重组的条件、程序、信息披露要求等作了较具体的规定，明确上市公司实施重大资产重组实行事中审核。从实施效果看，105 号文对于遏制上市公司虚假重组、推动实质性重组起到了积极作用。但上市公司并购重组外部环境的不断变化，使 105 号文在执行中面临不少新问题，需要证监会及时总结经验，对现有监管制度作出必要调整和完善。

（4）2008 年发布《上市公司重大资产重组管理办法》（以下简称《重组办法》）。其基本立法理念是：

1）审核制度重大调整。《重组办法》将 105 号文的"事中审核备案制"调整为"事后核准制"。体现充分尊重股东自治，发挥市场主体积极性，增强市场活力。同时，在缺乏有效救济措施的市场环境下，实行事后核准制对上市公司虚假重组也起到有效的震慑作用。

——105 号文重组流程主线：董事会决议—证监会审核—股东大会决议—实施。

——《重组办法》重组流程主线：董事会决议—股东大会决议—证监会核准—实施。

2）强化保护中小股东合法权益手段。

——规范股东大会表决制度：根据《公司法》，强调股东大会 2/3 特别表决机制，并贯彻关联股东回避表决制度。

——引入网络及其他投票表决方式：股东大会应当提供网络或者其他方式为股东参加股东大会提供便利。

——盈利预测的持续披露义务：重组完成后三年内持续披露相关资产实际盈利数与评估预测利润数的差异情况。

——偏离盈利数值的补偿措施：对实际盈利数不足利润预测数的情况，交易对方应当提前作出可行的补偿安排。

3）强化中介机构的职责。《重组办法》明确独立财务顾问等中介机构职责，首次明确提出了独立财务顾问对实施重大资产重组的上市公司应履行持续督导职责，持续督导期限不少于一年。确立了财务顾问"明责、尽责、问责"制度。通过确立事后核准制度，强化了独立财务顾问、会计师事务所、律师事务所等中介机构对上市公司重大资产重组的事前把关职责。充分发挥市场机制作用，推进重组的市场化进程。

4）提高监管效率和工作透明度。优化重大资产重组的计算指标：《重组办法》在综合考虑因上市公司资产净额较小而容易引发资产重组的因素基础上，规定构成重大资产重组不仅须达到上市公司净资产额 50% 以上，且必须超过 5000 万元。

5）取消长期连续停牌机制。为保证投资者正常的交易需求，《重组办法》将原 105 号文规定的特别重大重组方案披露日起连续停牌制度予以取消，在充分信息披露的基础上实行短期的临时停牌制度。

6）加强信息管理。《重组办法》专章规定了重大资产重组的信息管理制度，细化信息保密要求和公平、及时披露机制。

7）提高监管效率和工作透明度。

——细化了"其他资产交易方式"的具体内容：将上市公司控股或控制的公司所进行的资产交易纳入监管范围，以减少监管盲点。

——配套文件同时实施：格式准则和若干规定与《重组办法》同时公布实施，增强重组规范的可操作性和审核透明度。

——增设审核异议申请制度：对证监会审核意见持异议的公司，可以申请提交重组委审议，在制度安排上保证公平性。

——披露方式法定化：重大资产重组的披露采取指定报刊披露与网上披露相结合的方式，有关中介机构为本次重组出具的意见须上网披露。

8）创新制度：发行股份购买资产。上市公司以发行股份作为支付方式向特定对象购买资产，目的是股权和业务整合而不是募集资金，通过向特定对象发行股份购买资产，分别可以实现整体上市、引入战略投资者、挽救财务危机公司、增强控股权等目的。同时，与现金认购的证券发行方式形成互补，进一步丰富了上市公司做优做强的手段。《重组办法》适应全流通市场实践的发展，专章增设了"发行股份购买资产"的相关内容。特别规定包括以下方面：

——明确发行股份购买资产应当符合的条件：①有利于提高上市公司资产质量、改善公司财务状况和增强持续盈利能力；有利于上市公司减少关联交易和避免同业竞争，增强独立性。②上市公司最近一年及一期财务会计报告被注册会计师出具无保留意见审计报告；被出具保留意见、否定意见或无法表示意见的审计报告的，须经注册会计师专项核查确认该保留意见、否定意见或无法表示意见所涉及事项的重大影响已经消除，或者将通过本次交易予以消除。③上市公司发行股份所购买的资产应当为权属清晰的经营性资产，并能在约定期限内办理完毕权属转移手续。④中国证监会规定的其他条件。例如，发行前符合非公开发行股票的相关要求；发行后，公司符合持续上市条件，符合有关上市公司治理的要求。

——明确发行股份购买资产的定价原则：①上市公司发行股份的价格不得低于本次发行股份购买资产的董事会决议公告日前 20 个交易日公司股票交易均价。②计算公式：交易均价=决议公告日前 20 个交易日公司股票交易总额÷决议公告日前 20 个交易日公司股票交易总量。③特定对象以现金或者资产认购上市公司非公开发行的股份后，上市公司用同一次非公开发行所募集的资金向该特定对象购买资产的，视同上市公司发行股份购买资产。

——明确发行股份的锁定期要求：特定对象以资产认购而取得的上市公司股份，自股份发行结束之日起 12 个月内不得转让；属于下列情形之一的，36 个月内不得转让：①特定对象为上市公司控股股东、实际控制人或者其控制的关联人。②特定对象通过认购本次发行的股份取得上市公司的实际控制权。③特定对象取得本次发行的股份时，对其用于认购股份的资产持续拥有权益的时间不足 12 个月。

9）细化监管措施，强化法律责任。针对与《重组办法》规定相违背的不规范行为，特别是违法违规行为，《重组办法》逐一提出了监管措施，包括责令改正、进行监管谈话、出具警示函、警告、罚款、实施市场禁入、追究法律责任等。对中介机构的监管措施包括责令改正、没收违法所得、罚款、实施市场禁入、取消业务资格、追究法律责任等。

三、上市公司回购制度分析

上市公司回购是指公司使用自有资金或非货币资产，以一定的价格购回公司已经发行的部分股份的行为。我国《公司法》对公司回购行为，采取"原则禁止，例外许可"立法原则，即规定除减少注册资本，原则上只有在公司合并、股权激励等特定情形下才能实施公司回购，公司回购须经出席股东大会股东持有股份2/3以上同意才能实施，并需履行债权人通知程序，设立异议股东保护条件。上市公司回购的方式可分为三种类型：协议回购、要约回购和竞价回购。现行上市公司回购制度，除《公司法》、《证券法》有关规定，主要部门规章是《上市公司回购社会公众股份管理办法（试行）》（2005年6月16日证监发〔2005〕51号）和《关于上市公司以集中竞价交易方式回购股份的补充规定》（证监会公告〔2008〕39号，以下简称《补充规定》）。

《补充规定》适用于上市公司按照《公司法》的相关规定，采用证券交易所集中交易方式收购本公司股份的行为，要求回购行为应当有利于公司的可持续发展，不得损害股东和债权人的合法权益，禁止操纵股票交易价格和内幕交易。在监管制度安排上，体现出以下特点：

（1）放松管制。借鉴国际成熟市场经验，推行完全市场化的操作，取消原有的对该回购方式的行政许可。

（2）加强监管。提高股份回购的透明度，强化上市公司在回购整个过程中的分阶段报告、公告义务。

（3）严防股价操纵和内幕交易。对回购价格和回购时间做出限制性规定，并且明确了不得回购股份的期限。

四、上市公司合并制度分析

在成熟资本市场，公司合并是企业做大做强的有效方式之一，如美国在线与时代华纳、惠普和康柏的合并都造就了行业巨无霸，从而备受关注、轰动一时。公司合并不但涉及原有公司股东利益保护问题，而且对债权人、公司员工等利益相关者产生重大影响，法律关系非常复杂。所谓的公司合并，是指两个以上的公司依照法定程序，不经过清算程序而结合为一个新公司或者并入存续公司，原有的公司或者其他公司予以解散，新公司或者存续公司承继解散的公司的权利、义务并接收其股东的法律事实。公司合并包括新设合并和吸收合并两种形式，由于新公司的设立程序较为复杂，涉及众多的税费，各国公司合并的普遍实践是吸收合并。

长期以来，公司合并的本质是什么引起了公司法学者的持续争论，其焦点是公司合并到底是人格合一还是现物出资的问题。认为公司合并是人格合一的学者提出，公司合并的本质是两个以上的公司合为一个公司，因合并而被解散的公司全部被存续公司或者新设公司的人格合一化或者人格合并。由此，公司财产的转移、股东的接收等都是人格合一的结果。相反地，现物出资的学者认为，合并的本质是通过以解散公司的全部业务而向存续公司或者新设公司以现物出资而形成的资本增加（吸收合并时）或者公司设立（新设合并时）。因合并引起的财产转移和股东的接收之间有内在联系，即解散公司的股东成为存续公司或者新公司的股东的根本原因在于其将在解散公司的权益转移给存续公司或者新公司。产生分歧的根本原因在于学者们更偏向将公司认定为一种财产的结合还是一种人的结合，偏向于公司的财产法特质还是社团法特质。对此，可以从以下三个不同的角度进行分析：

1. 公司合并和公司收购之间的关系

虽然实践中，人们往往把公司合并和公司收购合称"并购"，但公司合并和公司收购是两个不同的法律概念。公司合并和公司收购之间至少存在显著的不同：①公司合并是公司之间的行为，而公司收购是股东之间的行为，因此公司合并需要取得股东大会的同意，而股份公司的收购一般无须经股东大会批准。②公司收购存在明显的收购方，而公司合并并不存在明显的收购方，至少在新设合并中是如此。③公司合并决议对全体股东具有约束力，但在公司收购中，即使是要约收购，被收购公司股东也享有较大的自主权，可以自主决定在公司中的去留和是否将所持有的股份出售给收购人。④由于公司合并决定对全体股东具有约束力，为了对异议的少数股东提供救济，各国法律一般规定异议股东享有现金选择权或者司法估价权；而公司收购中，股东则不享有此种权力。⑤公司合并影响到至少一个公司的法人人格的独立性，被吸收合并公司或者原有公司将消亡；而公司收购则一般不会影响到公司法人人格的独立性，即使是收购被收购公司100%的股份而将其私有化，被收购公司仍然是一个独立的法人。⑥公司合并影响到公司人格的独立性，因此，公司合并具有对外效力，即解散公司的债权债务由存续公司或者新设公司所承继；而公司收购则不影响被收购公司原有的债权债务。

当然，公司合并和公司收购的区分并不是绝对的，如果一个公司以股份作为对价收购另一个公司所有股东的股票（换股收购）时，收购也可能导致公司合并。可能正是因为如此，《证券法》规定："通过要约收购或者协议收购方式取得被收购公司股票并将该公司撤销的，属于公司合并，被撤销公司的原有股票，由收购人依法更换。"

因此，公司合并与公司收购最大的区别在于公司合并是一种公司团体行为，合并决议对于全体股东具有约束力，而公司收购只是个别股东的行为，对其他股东并无约束力。这种约束力的来源，合理的解释是公司合并的实质在于人格合一，从而导致股东身份的转变。如果将公司合并认定为一种现物出资行为，就难以解释，既然是将在解散公司中的权益作为出资认购存续公司新增的股份或者新公司新发行的股份，为什么被解散公司的股东不可以拒绝认购，就如上市公司收购一样，成为个别股东的行为。

2. 公司合并与股份发行之间的关系

公司合并将导致存续公司股份的增加或者新公司发行股份，从而被解散公司股东所持有的股份替换为新公司的股票。如果将公司合并认定为现物出资，那么存续公司和新公司发行股票，都应当遵守公司立法中关于公司设立和股票发行的有关规定。根据证监会《首次公开股票并上市管理办法》，如果吸收方前三年中有一年出现亏损或者盈利能力不高的公司，将因为不符合新股发行条件而没有可以转换的股票，不可能进行吸收合并。[①] 值得注意的是，各国公司立法体例中，公司合并与公司设立和股份发行是分别规定的，两者也没有任何援引关系；[②] 而且我国也有亏损公司进行吸收合并的实践。[③] 合理的解释是立法者和监管者可能并没有把公司合并而引发的股份增加，认定为一种以现物出资认购股份的行为，更关注的是公司合并的人格合一属性，认为对于公司合并导致的股份增加这一附带产品无须予以规范。

此外，虽然公司合并将导致公司资本增加或者减少，同样具有债权人保护的问题，但我国《公司法》将公司增加、减少注册资本的行为归入第九章"公司合并、分立增资减资"的立法体例，并作出增加、减少注册资本按照认购新股缴纳股款的要求，混淆了公司合并、分立与一般公司增减资之间的关系，在逻辑上存在一定的缺陷，实践中也难以操作。

3. 公司合并与营业让与

公司合并的结果是被解散公司资产的转移。但在经济生活中，导致一个公司实质性资产转移的行为并不只公司合并，如将公司实质性资产转让给另一个公司的事实上的合并及营业让与等，均可以达到公司合并的效果。[④] 但是，这些行为并不导致公司股东转换身份，即不发生社团法上的效力。因此，资产转移并非识别公司合并的本质特征。

同时，现物出资说解决了存续公司的股份增加和新公司的设立基础，但是难以圆满解释原有公司解散的原因。因为即使将公司全部财产作为出资，也并不影

---

① 详见《公司法》第 137 条关于新股发行条件的规定。

② 我国《公司法》第五章是"股份有限公司的股份发行和转让"，而第九章是"公司合并、分立增资减资"，两者并无任何条款相互引用。

③ 如上市公司青岛双星 1999 年吸收合并下柜公司青岛华青时，并不符合连续三年盈利和盈利能力达到中国证监会增发的盈利指标。

④ 相关介绍参见：[韩] 李哲松:《韩国公司法》，吴日焕译，中国政法大学 2000 年版；中国证监会 2001 年《关于上市公司重大购买、出售、置换资产若干问题的通知》、香港联交所《上市规则》中非常重大资产购买（VSA）都有类似的规则要求。

响到公司的存在（净资产为负数并不是公司消亡的原因）。更重要的是，正如公司合并的定义中强调的一样，原公司的解散并未经历清算程序，因此，公司合并导致财产转移的原因并非在于通过公司破产清算，将公司原有资产作为出资注入新公司或者存续公司。

总体而言，公司合并既引发财产关系，又引发社团法上的人身关系。但是在追问两种关系之间的因果关系时，个人更加倾向于把人身关系的发生作为因，而把财产关系作为果，一如继承导致财产转移的原因在于继承人与被继承人之间的人身关系、婚姻导致财产合一的原因在于夫妻之间的人身关系。实际上，我国《公司法》关于公司合并时，合并各方的债权、债务，应当由合并后存续的公司或者新设的公司"承继"的表述印证了上述观点。

有意思的是，目前国际通行的公司合并的会计处理方法是购买法（Purchase）而不是权益集合法（Pooling），即认定公司合并是一种购买行为，应当按照公平的价格（Fair Value）记账，购买价格与公允价格之间的差异将记入商誉而逐年摊销；而不是像结婚一样，将两个公司的财产结合到一起即可。① 这反映了会计学界更倾向于把公司合并认定为一种现物出资而不是人格合一；更加关注公司合并的经济实质而不是公司合并的法律影响。

现阶段，我国在上市公司合并案例中被广泛采用的吸收合并，是《公司法》中"合并"情形之一。其所以被广泛采用，是因为上市公司吸收合并可以通过发行股份实施换股合并目标公司，由于涉及《证券法》的上市公司发行股份问题，同时可能涉及《证券法》的上市公司收购问题，因此构成行政许可事项。我国上市公司监管法规体系中尚无吸收合并监管制度，但是已有 50 多家上市公司进行了吸收合并的实践操作，主要有以下几种类型：

（1）上市公司吸收合并非上市公司。

1）非上市公司股东人数 200 人以下。

案例：

都市股份吸收合并海通证券

东软股份吸收合并东软集团

2）非上市公司股东人数达到或超过 200 人（涉及公发）。

（2）上市公司吸收合并上市公司。

案例：

中国铝业吸收合并包头铝业

攀钢钢钒吸收合并攀渝钛业和 ST 长钢

---

① 由于缺乏公允的市价和担心造成巨额的商誉而影响到存续公司合并后的盈利数额，目前我国上市公司合并均是采取权益结合法。但会计界对此提出众多的批评。

上海一百吸收合并华联商厦

（3）非上市公司吸收合并上市公司。

非上市公司符合 A 股 IPO 条件。

案例：

上港集团吸收合并上港集箱暨 IPO

上海电气吸收合并上电股份暨 IPO

五、上市公司分立制度分析

1966 年法国第一次在《商事公司法》中明确规定了公司分立制度，随后德国等大陆法系国家陆续就此做出规定。英美法系国家在公司法中没有特别明确的公司分立制度，但在其他有关制度中往往对此有所涉及，例如美国在 1954 年国内税收法后就新增了关于公司分立的规定。一般来说，公司分立分为两种：一种是新设分立，即一个公司的财产全部转移到两个或两个以上现在的或新设立的公司中，原公司消灭；另一种是派生设立，即一个公司分出部分财产设立一个或几个公司，而原公司继续存在。

我国《公司法》第 176 条、第 177 条和第 180 条规定，公司分立，其财产作相应的分割；应当编制资产负债表及财产清单；公司应当自作出分立决议之日起10 日内通知债权人，并 30 日内在报纸上公告；公司分立前的债务由分立后的公司承担连带责任，但是，公司在分立前与债权人就债务清偿达成的书面协议另有约定的除外。由上述表述可以看出，公司分立是指对一个公司重新进行资产和债务的分割，把一个公司变为两个独立的公司。成熟市场标准的公司分立是指一个母公司将其在某子公司中所拥有的股份，按照母公司股东在母公司中的持股比例分配给现有母公司的股东，从而在法律上和组织上将子公司从母公司分离出去，形成一个与母公司有着相同股东和持股结构的新公司。我国与成熟市场标准的公司分立在概念上的差别在于，前者是针对母公司进行的，后者是针对某个子公司进行的。

公司分立上市是公司分立行为与分立出来的公司上市行为组合操作。与公司分立上市相近的是公司分拆上市，以下就两种形式进行对比分析：

（1）分立上市（Spin-off）。标准的分立上市是指一个母公司通过将其在子公司中所拥有的股份，按比例分配给现有母公司的股东，从而在法律上和组织上将子公司的经营从母公司的经营中分离出去，同时该部分股份上市。这一般是在母公司是上市公司的情况下操作的。这时，有两家独立的股权结构相同的公司存在，而在此之前只有一家公司。在分立过程中，不存在股权和控制权向第三者转移的情况，因为现有股东对母公司和分立出来的子公司同样保持着权利。其间也没有货币的转手，公司的资产也没有进行重估，只是权益在两个独立的实体中划分。此类交易，可以被视为一种股票股利和一项免税的交易。

分立上市主要有两种实现形式：一是"子股换母股"。在这种方式下，母公司把其占有的所分拆出的一家或几家子公司的股份分配给母公司的股东，从此角度看，这种分拆是向现有股东支付红利的一种形式。美国 Florida Progress 公司在1996 年 1 月进行企业分拆时，就是采用的这种形式。在该公司散发给其股东的一份资料中，将企业分立定义为：企业分拆就是公司将一家新公司的股票作为一种特定的资产分配给其股东，这种分配可视为向股东发放的一次性股票红利。二是"完全析产分股"。这种方式是将原母公司分成几个独立的子公司，而原母公司将不复存在，这样母公司就将子公司的控制权移交给它的股东。在"完全析产分股"后，管理队伍无疑要发生变化，同时由于母公司选择不同的方式向其股东提供子公司的股票，所有权比例也会发生变化。

（2）分拆上市，或称切割上市（Equity Carve-outs），切割上市比较符合我国证券界对上市公司分拆上市的普遍理解，我国目前俗称的上市公司分拆上市就是指切割上市。切割上市是指母公司把一家全资子公司或控股子公司的部分股权拿出来向社会出售，但母公司通常会保留在这个子公司中的绝对控制权。按照分拆的母子公司是否属于同一行业，分拆上市行为可以划分为同行业分拆（Own-Industry Carve-outs）和跨行业分拆（Cross-Industry Carve-outs）。同行业分拆是指母公司从事的业务涉及某一产业链的不同阶段，将其中某一阶段的业务分拆独立上市，比如一汽集团下属一汽金杯和一汽四环等。跨行业分拆是指母公司属于业务多元化企业，其业务范围涉及不同行业和领域，母公司控制的资产和业务差异性很大，企业为优化资源配置，将与主业或者核心业务相距较远的某一行业或某类业务分拆上市。

我国资本市场现行的公司分立上市制度主要包括两种方式：一种是指分立上市，即上市公司将其在子公司所拥有的全部股份按比例派发给上市公司全体股东，分立形成的公司依法向证券交易所申请股份上市的行为。这种方式比较接近成熟市场标准的公司分立，在境内资本市场成功实施的案例是东北高速分立上市试点。另一种是指分拆上市，即上市公司有控制权的所属企业公开发行股票并上市的行为，现阶段该方式仅适用于两种情形：一是境内上市公司所属企业到境外市场分拆上市，即执行《关于规范境内上市公司所属企业到境外上市有关问题的通知》（证监发〔2004〕67 号）；二是境内符合条件的境内上市公司分拆子公司到创业板上市。境内上市公司分拆子公司到创业板上市需符合以下 6 个条件：上市公司公开募集资金未投向发行人业务；上市公司最近 3 年盈利，业务经营正常；上市公司与发行人不存在同业竞争且出具未来不竞争承诺，上市公司及发行人的股东或实际控制人与发行人之间不存在严重关联交易；发行人净利润占上市公司净利润不超过 50%；发行人净资产占上市公司净资产不超过 30%；上市公及下属企业董事、监事、高管及亲属持有发行人发行前股份不超过 10%。

六、借壳上市制度分析

借壳上市是市场约定俗成的称谓，不是严格意义的法律用语，通常是收购控制权与重大资产重组的组合操作，构成新业务（资产）主体上市的行为。在 2008 年发布《重组办法》中没有对借壳上市行为作出特别规定，而按照一般重大资产重组同等的条件和标准进行监管。

在境外市场针对借壳上市均无禁止性规定，由于借壳上市依托透明度相对较高的上市公司并购重组制度，各地区设定借壳上市监管规则，也不完全等同于 IPO，通常是对"激变"（在较短时间内发生控制权和主营业务的变更行为）实施监管，例如，香港对控制权变更 24 个月内进行 100%资产（或者业务）置换的行为，要求向香港证券交易所履行类似于 IPO 程序的上市申请，而香港证监会只关注收购过程的监管。其监管理念是 24 个月后资产（或者业务）累计发生的重大变更，因为"渐变"（完成收购后，主营业务逐渐被替代变更）在持续信息披露制度下，投资者有充分时间判断风险和选择投资，可以减少行政管制。在美国、日本均没有针对借壳上市的限制性规定，监管也相对宽泛，2010 年美国借壳上市案例频发，引起监管部门的关注，出台了相关加强监管的指引；日本对借壳上市采取事后监管的办法，即在发生借壳上市行为后，给予 3 年考察期后再决定其是否符合持续上市条件。从各地区的市场实践看，借壳上市频率通常取决于 IPO "门槛"的高低和上市资源的充裕程度，在美国、日本等成熟市场经济国家 IPO 条件相对较低，本国企业借壳上市相对较少，但是近年来有中国概念的公司纷纷到美国资本市场借壳上市，形成了所谓的中国概念股；中国香港资本市场借壳上市监管相对宽松，对内地充裕的上市资源有较大吸引力，使得香港市场实质上的借壳上市案例比较频繁。当前我国资本市场由于股权分置改革带来制度效应，转轨经济中面临的经济结构调整任务和地方政府对公众公司的维稳压力等因素综合作用，借壳上市频率相对较高。特别是 2008~2009 年房地产开发、矿产资源开发等行业相对过热，所属企业纷纷借壳上市，形成一轮借壳上市高潮，可以说这是特定阶段的特殊现象。因此，制定借壳上市行为标准，应当遵循境外市场成熟的监管理念和基本经验，远近结合，标本兼治，宽严适度。

第二节　并购重组发展趋势分析

并购重组是资本市场配置资源的重要方式之一。从 2005 年 5 月至 2006 年

12月底，股权分置改革经过一年半时间，已完成或进入改革程序的上市公司数量达到1303家，公司数量、市值、股本三个指标分别占到了97%、98%、95%，股权分置改革基本完成，全流通市场预期基本稳定，我国资本市场出现转折性变化。在大股东与中小股东利益一致化趋向、大股东行为模式得到改善和公司价值获得提升，以及股份对价、公允价值计量等因素影响下，上市公司并购重组活动日趋活跃。本节以2002~2005年和2006~2009年为两个样本周期，在全球视野下比较分析我国资本市场并购重组的发展状况和趋势。研究表明，资本市场的价格发现机制、股份对价方式和公开披露信息等基础性制度的逐步完善，为企业重组提供了市场化的操作平台。随着上市公司在国民经济中的影响力、带动力的提升，发挥资本市场推动企业重组的积极作用，促进加快转变经济发展方式和调整经济结构，成为资本市场服务国民经济发展的重要方面。同时，我国资本市场并购重组面临市场实践、制度建设、机制运行方面的问题和挑战，需要进一步规范、完善相关制度安排和机制设计。

一、我国企业并购重组发展状况

2002年我国企业并购重组交易总金额（含非上市公司的并购重组）仅为340亿美元，交易宗数1049宗；到了2009年，我国企业并购重组交易总金额（含非上市公司的并购重组）已经达到2103亿美元，交易宗数3699宗。我国企业并购重组交易规模2006~2009年累计金额比2002~2005年累计金额增长2.6倍。

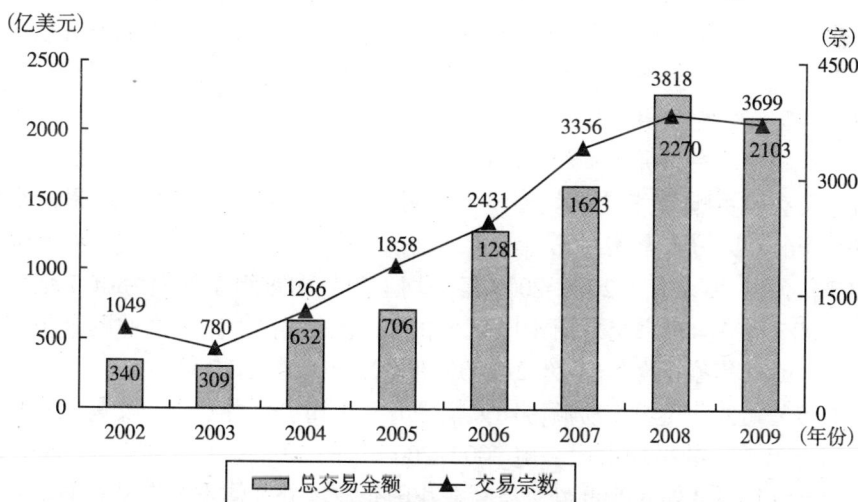

图6-1 我国企业并购重组发展状况概览

资料来源：Dealogic。

与此同时，2002 年以来，全球并购重组市场也呈现出爆发式增长的态势，2006 年在交易总金额和交易宗数上双双超过历史高点 2000 年的水平，并在 2007 年达到交易总金额 46082 亿美元，宗数 42556 宗的新高度。此后由于全球金融危机的爆发，并购重组市场活动受到较大影响，交易总金额和宗数在 2008~2009 年连续下降。

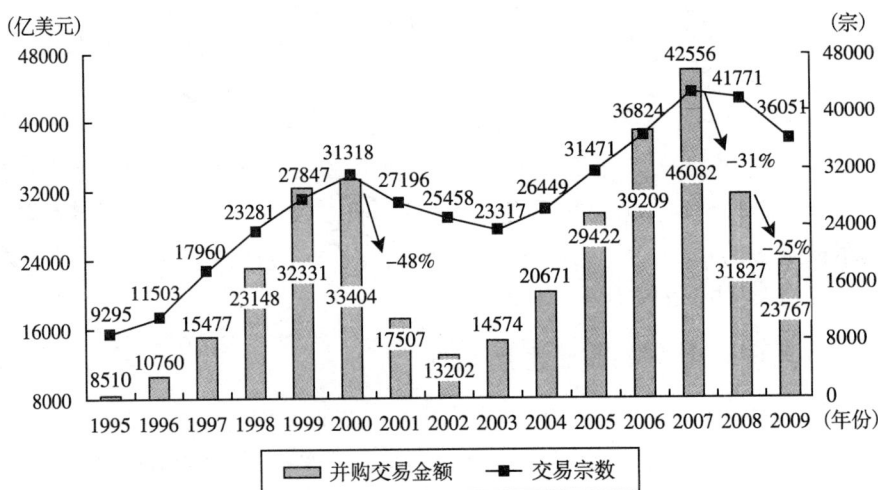

图 6-2　全球并购交易情况

资料来源：Dealogic。

对比我国与全球并购重组市场的发展状况，我国企业并购重组不仅在发展速度上快于全球市场，而且在面临全球金融危机的不利情况时，仍能保持稳定的增长，说明我国并购重组市场较成熟市场更具活力和发展潜力，也说明我国经济发展对并购重组的需求更为旺盛。

1. 我国上市公司并购重组发展迅猛

上市公司并购重组交易规模增大。最近 4 年（2006~2009 年）累计交易额 9109 亿元（以下均为人民币计值），是前 4 年（2002~2005 年）累计交易额 225.03 亿元的 40 多倍；2006~2009 年平均上市公司重组交易额为 46.7 亿元，是 2002~2005 年平均每宗交易额 4.17 亿元的 11 倍。我国上市公司并购重组交易规模 2006~2009 年累计金额比 2002~2005 年累计金额增长 7.7 倍。

上市公司并购重组交易额占比大幅提升。上市公司并购重组交易额在境内并购重组交易总额的平均占比，由 2002~2005 年的 18.25%上升到 2006~2009 年的 48%。上市公司境外并购重组交易额在我国企业境外并购重组交易总额的平均占比，由 2002~2005 年的 7.58%上升到 2006~2009 年的 34.5%。

（亿元）

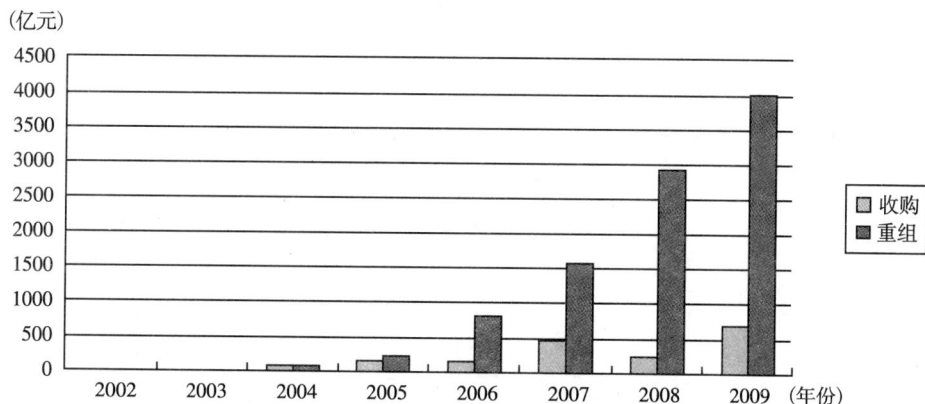

图6-3 A股上市公司2002~2009年并购重组概览

注：2006年后重大资产重组包括发行股份购买资产及吸收合并事项。

资料来源：Dealogic。

（%）

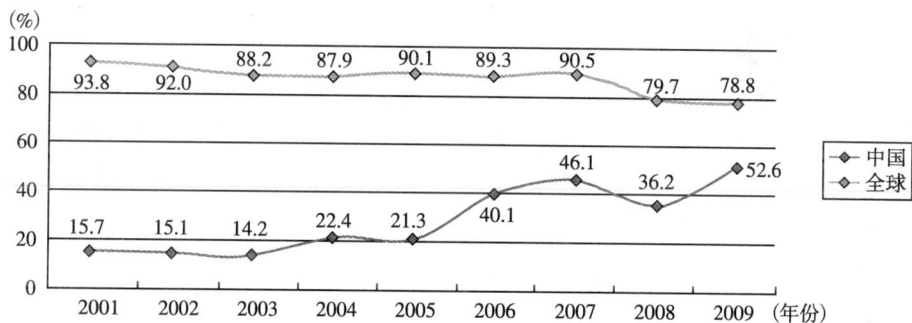

图6-4 上市公司并购重组在境内并购重组交易额比重及全球比较

资料来源：Dealogic。

（%）

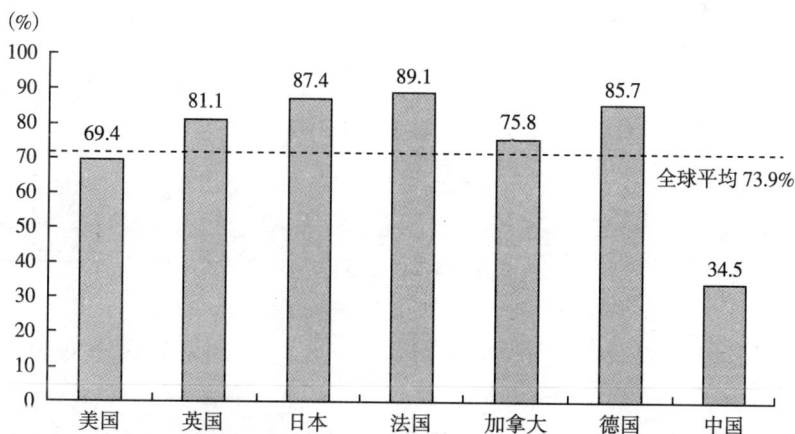

图6-5 2006~2009年各国上市公司海外并购占全部海外并购比重比较

注：我国上市公司指A股上市公司。

资料来源：Dealogic。

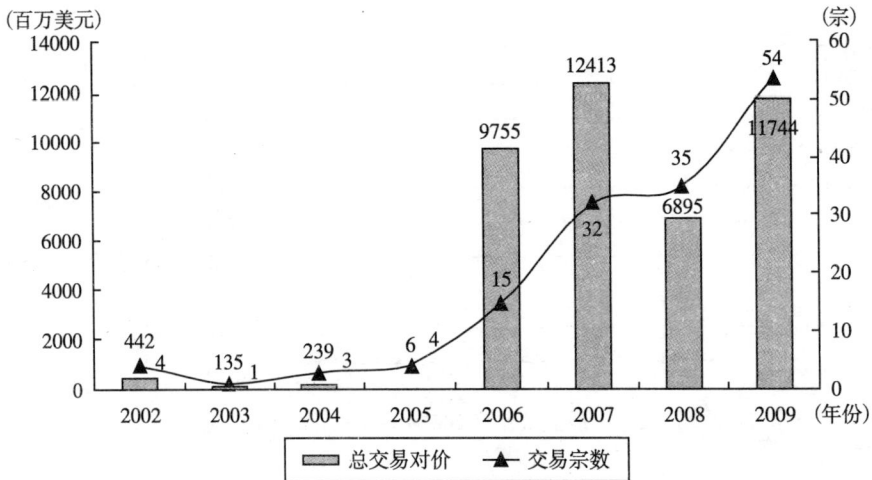

图 6-6　2002~2009 年中国上市公司跨境并购交易规模概览

资料来源：Dealogic。

2. 上市公司并购重组促进经济结构调整成效显著

截至 2010 年 6 月 30 日，1837 家境内上市公司资产总额约 68 万亿元，是我国国民生产总值的 1.98 倍，营业收入占 GDP 比重近 4 成，利润总额占规模以上企业利润总额的 64%，总市值 23 万亿元，占 GDP 的 64%。随着上市公司在国民经济中影响力、带动力的提升，充分发挥资本市场推动企业重组的作用，有利于加快经济发展方式转变和结构调整。

2006~2009 年，共有 114 家上市公司完成或正在进行产业整合式重组，交易金额累计达到 6410 亿元；2006 年进行的此类重组，完成后上市公司三年平均总资产、总收入和净利润比重组前分别增长了 306%、208% 和 187%。

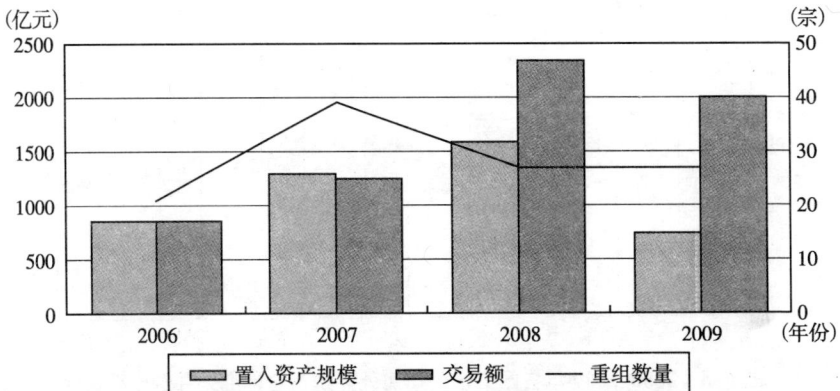

图 6-7　2006~2009 年产业整合重组数量、置入资产规模及交易额

资料来源：华泰联合证券。

2006~2009 年，共有 27 家上市公司通过并购重组进行或完成了产业升级，交易金额累计达到 2456 亿元。2006 年进行的此类重组，完成后上市公司三年平均总资产、总收入和净利润比重组前分别增长了 332%、318% 和 595%。

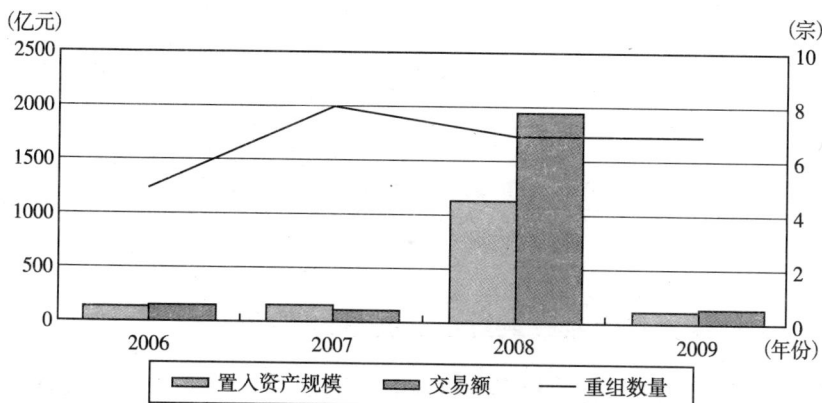

图 6-8　2006~2009 年上市公司产业升级数量、置入资产规模及交易额

资料来源：华泰联合证券。

2006~2009 年，共有 49 家亏损上市公司通过并购重组，淘汰落后产能，实现扭亏为盈。这类涉及交易总金额 1257 亿元，保障了 106 万名中小股东和数万名员工的权益。2006 年进行的此类重组，完成后上市公司三年平均总资产、净资产和总收入比重组前分别增长了 41%、32% 和 536%。

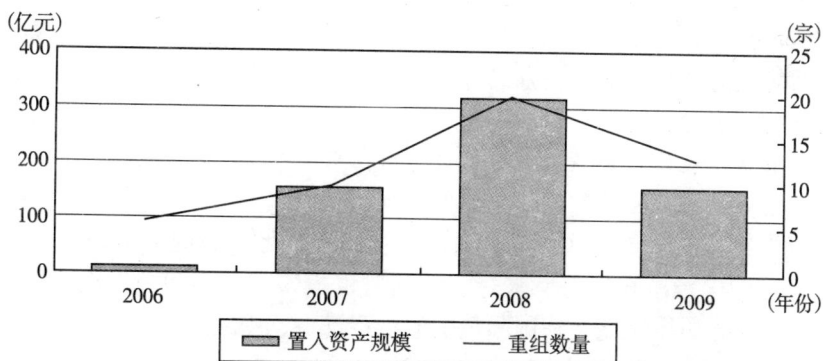

图 6-9　2006~2009 年 ST 公司重组数量及置入资产规模

资料来源：华泰联合证券。

2006~2009 年，共有 121 家国有控股上市公司进行或者完成战略性并购重组，交易金额为 8058 亿元。2006 年进行的此类重组，完成后上市公司三年平均总资产、总收入和净利润比重组前分别增长了 338%、200% 和 181%。

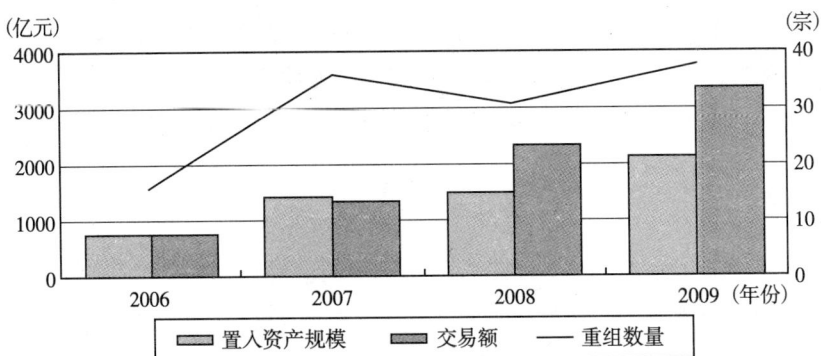

图 6-10 2006~2009 年国资重组数量、置入资产规模及交易额

资料来源：华泰联合证券。

二、我国资本市场并购重组发展趋势分析

近年来我国资本市场并购重组发展粗具规模，发展潜力和空间仍然较大。2009 年，我国上市公司并购重组交易总金额占当年 GDP 的比重仅为 1.9%，在世界主要经济体中仅略高于德国（1.5%），低于美国（4.1%）、日本（2.4%）、英国（2.5%）和法国（2.8%）（Dealogic）。这意味着，即使不考虑我国 GDP 的快速增长，我国资本市场并购重组与世界主要经济体相比也还有至少 30% 的增长空间。2009 年，我国上市公司并购重组交易总金额占境内并购重组交易总金额比重仅为 52.6%，低于全球平均的 78.8% 的水平。从增长趋势看，上市公司并购重组交易规模占境内并购重组交易规模的比重，2006~2009 年比 2002~2005 年增长了28.2%。随着我国经济证券化率的持续增长和资本市场的不断进步，资本市场并购重组将成为加快经济发展方式转变和经济结构调整的重要操作平台。我国资本市场并购重组的发展潜力源于三个方面：

1. 转变发展方式和调整经济结构的内在需求

随着中国经济发展的全球化进程日益加速，综合国力不断提升，中国经济已成为世界经济的重要组成部分，并时刻受到全球经济波动的影响。改革开放 30多年来，中国经济在取得巨大进步的同时也积累了一些问题，经济结构面临转型，发展方式亟待转变。在国际金融危机背景下，中国经济发展中的问题进一步暴露。部分行业出现结构性产能过剩，以电解铝行业和氧化铝行业为例，据估算2008 年底中国电解铝总产能为 1860 万吨，实际产量 1323 万吨，产能利用率仅71%；氧化铝总产能为 3283 万吨，实际产量为 2514 万吨，产能利用率仅 77%。部分行业结构分散、集中度偏低，以钢铁行业为例，我国已成为全球第一产钢大国，大小钢铁企业 1200 家，但前 10 大企业的行业集中度不到 40%，行业集中度低使得中国钢铁企业在与国际铁矿石企业价格谈判中处于劣势。表 6-1 列示了部分重点行业的现状和其整合目标之间的差距，说明行业整合空间仍然较大。总体来看，行业整合和转型是中国经济发展的必然选择。

表 6-1　部分重点行业现状与整合目标

重点行业	现状	整合目标
钢铁	2008 年前 5 大企业产量合计份额为 29%	排名前 5 位钢铁企业的产能占全国产能的比例达到 45% 以上，沿海沿江钢铁企业产能占全国产能的比例达到 40% 以上
汽车	2008 年前 10 大企业产量合计份额为 83%	产销规模占市场份额 90% 以上的汽车企业集团数量由目前的 14 家减少到 10 家以内
水泥	2008 年前 5 大企业产量合计份额为 14%	水泥企业前 10 户集中度"十一五"末要达到 30%，前 50 户集中度要超过 50%
装备制造	2008 年前 10 大企业市场份额合计为 6%	形成若干家具有国际竞争力的科工贸一体化大型企业集团，形成一批参与国际分工的"专、精、特"专业化零部件生产企业

当前我国经济发展到了转变经济发展方式和调整经济结构的关键时期，党的十七大报告明确提出"大力推进经济结构战略性调整"和"从制度上更好发挥市场在资源配置中的基础作用"的战略部署。2008 年《国务院关于当前金融促进经济发展的若干意见》，明确要求支持有条件的企业利用资本市场开展兼并重组，促进上市公司行业整合和产业升级，减少审批环节，提升市场效率，不断提高上市公司竞争力。2010 年《国务院关于促进企业兼并重组的意见》，提出"必须切实推进企业兼并重组，深化企业改革，促进产业结构优化升级，加快转变发展方式，提高发展质量和效益，增强抵御国际市场风险能力，实现可持续发展"，强调"充分发挥资本市场推动企业重组的作用"。近期国务院出台的《关于加快培养战略性新兴产业的决定》、《关于加强淘汰落后产能工作的通知》等，把推动市场化兼并重组作为行业整合和产业升级的有效实现途径。发挥资本市场推动企业并购重组的作用，是加快发展方式转变和经济结构调整的内在要求和重要战略举措。

从未来趋势看，产业发展到成熟阶段就需要通过并购重组来提高产业集中度和淘汰落后产能，产业整合将呈现快速增长，形成风起云涌的并购浪潮。以上市公司为平台的产业整合，交易成本相对较低，交易效率和市场化程度相对较高，必将成为产业整合的主战场。现阶段，产业整合式重组还主要表现在上市公司对非上市公司的整合，未来会进一步演化为上市公司与上市公司之间的整合。

2. 央企战略性重组的重要平台

截至 2009 年末，国资委直属中央企业户数已由 2003 年的 196 家，通过实施并购重组调整为 136 家。按照《国务院办公厅转发国资委关于推进国有资本调整和国有企业重组的指导意见》（国办发〔2006〕97 号）的精神，进一步推进国有资本向关系国家安全和国民经济命脉的重要行业和关键领域集中，到 2010 年国资委履行出资人职责的企业要调整重组至 80~100 家。为达成这一战略性目标，相关的、相近的企业整合不可避免，也必将涉及旗下的上市公司。表 6-2 列示了部分央企进行行业整合的需求分析。2008 年完成的我国电信行业重组，涉及境内外三个资本市场的总市值 7000 亿元的 3 家央企上市公司，更涉及 1.2 万亿元国有资产及 8.7 亿个电信用户，通过本次重组重新调整我国电信业的布局结构，推动形成了合理、有效的市场竞争格局，有利于促进电信行业的健康、协调、持续发展。

表 6-2　央企整体上市的行业需求分析

行　业	需求分析
军工	现有 11 家央企共持有 44 家上市公司股权，但所有央企的主要资产都未大比例进入旗下上市公司
装备制造	现有 7 家央企共持有 6 家上市公司股权，南车 1 家央企的主要业务已进入旗下上市公司
电子信息	现有 8 家央企共持有 23 家上市公司股权，彩虹、普天、中国电子信息产业集团 3 家央企的主要业务已进入旗下上市公司
电网电力	现有 8 家央企共持有 14 家上市公司股权，华能、大唐、华电、国电、电力投资 5 家央企的主要业务已进入旗下上市公司
建筑工程	现有 7 家央企共持有 11 家上市公司股权，中铁工、中铁建、中建工、中交建 4 家央企的主要业务已进入旗下上市公司
石油石化	现有 3 家央企共持有 14 家上市公司股权，中石油、中石化、中海油 3 家央企的主要业务已进入上市公司，但仍有重组上市公司平台的需要
有色金属	现有 6 家央企共持有 13 家上市公司股权，中钢、中铝、中金黄金、五矿、中色 5 家央企的主要业务已进入旗下上市公司
汽车	现有 2 家央企共持有 6 家上市公司股权，一汽、东风 2 家央企的主要业务已进入旗下上市公司，但东风尚未回 A，有一定整体上市需求
煤炭	现有 2 家央企共持有 3 家上市公司股权，神华、中煤 2 家央企的主要业务已进入旗下上市公司
航空	现有 3 家央企共持有 3 家上市公司股权，国航、东航、南航 3 家央企的主要业务已进入旗下上市公司
航运	现有 4 家央企共持有 14 家上市公司股权，中远、中海、长航、中外运 4 家央企的主要业务已进入旗下上市公司
钢铁	现有 4 家央企共持有 8 家上市公司股权，宝钢、鞍钢、武钢、攀钢、新兴铸管 5 家央企的主要业务已进入旗下上市公司

3. 全球配置资源成趋势，跨境并购将快速发展

随着我国经济和资本市场的快速发展，优势上市公司也开始利用上市平台在全球范围内进行资源配置和整合，尤其是 2008 年的金融危机更是给我国企业提供了跨境并购机会。近年来，我国上市公司出现多起跨境并购案例，2008 年 7 月，中海油要约收购挪威上市公司 Awilco；2009 年 5 月，中石油收购新加坡

石油公司；2009 年 8 月，兖州煤业收购澳大利亚 Felix 公司。我国企业跨境并购的动机主要集中在能矿类产业和技术、市场类产业，目的在于获得品牌、核心技术、稀缺资源或者海外市场等。

从未来趋势看，预计我国上市公司跨境并购将保持现有的，甚至实现更快的增长速度。主要原因在于，虽然我国企业跨境并购已经出现了快速发展，但相比于发达国家市场，我国上市公司跨境并购规模仍然有较大差距，占比仍较低（见图 6-11、图 6-12）。2006~2009 年我国上市公司跨境并购交易规模排名全球第 15位，占全球跨境并购的比例仅为 1.4%；2006~2009 年我国上市公司跨境并购交易总宗数排名全球第 16 位。这与中国经济在世界经济中的地位不相符，此外，全球性金融危机，将带来新一轮经济结构的调整和全球资源的重新配置，为中国企业跨境并购提供了机遇和平台，未来发展的空间巨大。

（百万美元）

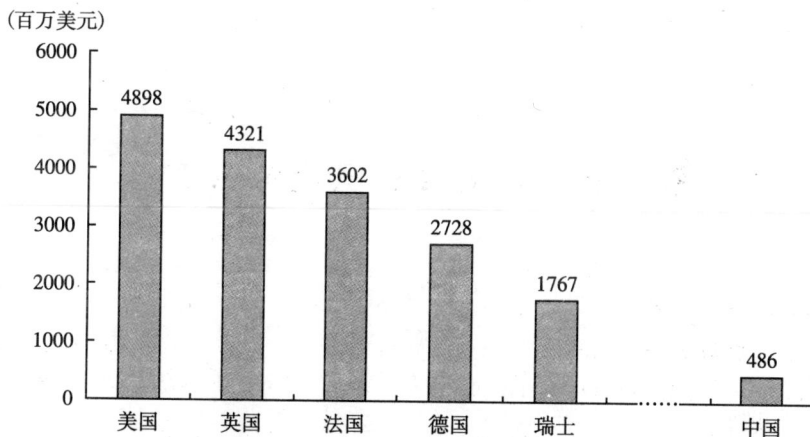

图 6-11　2006~2009 年各国上市公司跨境并购总规模比较

注：我国上市公司指 A 股上市公司。
资料来源：Dealogic。

跨境并购重组快速增长的趋势，给我国的上市公司带来了新的发展机遇，也给并购监管带来了新的挑战。我国上市公司跨境并购重组的过程，也是我国企业与国际资本市场和经济全球化接轨的过程。资本市场并购重组监管制度如何与跨境监管模式、国际操作惯例进行衔接，要求我们以国际视野、开放眼光和市场化思路改进现行并购重组监管。

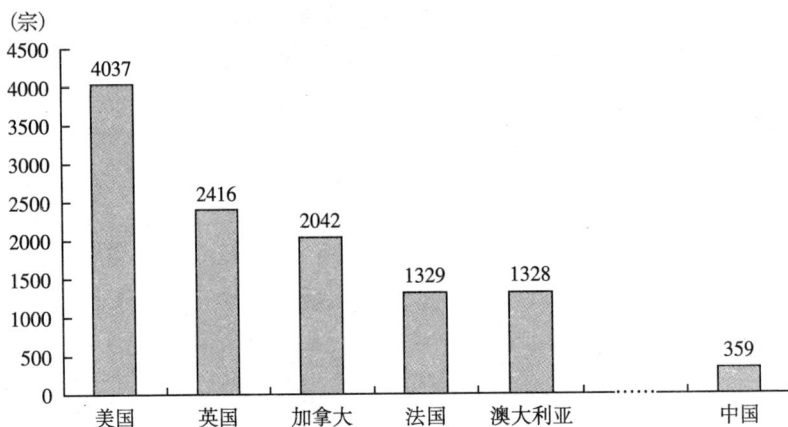

图 6–12　2006~2009 年各国上市公司跨境并购宗数比较

注：我国上市公司指 A 股上市公司。

资料来源：Dealogic。

第三节　并购重组制度现状分析

当前，我国上市公司并购重组具有发展空间大、市场化程度高、利益相关者多、内幕信息敏感、财富效应明显等特征，并且随着并购重组业务的迅速增长和渐趋活跃，引起社会各方广泛关注。本节针对上市公司在并购重组市场操作、制度建设和机制运行等方面市场化安排的不足之处，对监管措施在适当性、适应性和有效性等方面反映出来的问题进行梳理分析。

一、借壳上市问题

（1）"借壳上市"缺乏明确界定，没有专门设定许可条件、标准和程序，市场质疑被滥用。

（2）"借壳上市"被当作"保壳"措施，导致"垃圾股"炒作，市场质疑扰乱价格信号。以沪市为例，2006 年以来 ST 类公司共发生 2817 次异动，占异动次数总数的 52.19%。

（3）"借壳上市"较 IPO 门槛低、受市场波动影响小，在 IPO 受到市场约束时，形成借壳上市的冲动效应，尤其金融、房地产企业由于行业管制或者宏观调控措施影响，往往寻求借壳上市。据统计，2008~2009 年 103 家上市公司实施重大资产重组方案中，32 家为借壳上市，占 31%；16 家为房地产企业借壳上市，占 27%；房地产企业借壳上市占借壳上市总数的 50%。

（4）"借壳上市"涉及价格敏感信息，且决策程序冗长复杂，滋生内幕交易时空较大。

二、并购重组中资产、现金对价不配套问题

（1）并购重组中资产、现金对价组合操作：一是国家有关支持并购融资、促进行业整合和产业升级的政策导向；二是遵循市场客观规律，促进行业整合和产业升级的必要条件；三是为满足持续上市条件（公众股东持股10%~25%）和提高公众股东持股比例，需要引进以现金认购的战略投资者。

（2）并购重组中资产、现金对价组合操作，是提高并购重组绩效和质量的重要条件。按照现行部门职能分工，需要两次受理、两个审核、两次反馈、两次上会（并购重组委和发审委）、两个批文，不利于并购重组功能的有效发挥。

（3）并购融资工具不足，不利于提高并购重组的质量和效率。

三、以股份对价并购重组的政策导向不明确问题

上市公司以股份对价实施并购重组，是全流通市场的重要特征之一。股权分置改革后通过发行股份购买资产、换股收购、换股合并、换股分立，已成为并购重组市场主流趋势，特别是在以提高产业集中度和资源配置效率，实现规模化、集约化经营为目的的并购重组中发挥了十分重要的作用。当前，市场实践反映出主要存在三个层面的问题：一是向非关联方发行股份认购资产受试点政策限制，没有公开的标准和政策支持；二是以新增股份实施换股收购、换股合并的程序衔接和异议股东现金选择权问题，没有公开的标准和政策支持，例如潍柴动力、中国铝业等符合IPO条件公司通过向上市公司定向发行股份实施换股合并、东方电气以存量股份换股收购东方锅炉等创新实践，取得良好的市场效应，但是目前尚无明确的操作规则；三是以存量股份实施换股收购、换股合并，没有规范的程序、公开的标准和政策支持。

四、部分改制上市公司同业竞争、关联交易问题突出

资本市场发展初期，"额度管理"、"家数管理"、为国企解困服务等阶段性政策，形成了一些部分改制上市公司存在严重的同业竞争和关联交易问题，影响了法人财产的独立性和上市公司信息披露的真实性，成为制约上市公司提高质量、造成市场稳定风险、影响市场长远发展的突出问题之一。

五、现行并购重组法规的适应性、适当性和有效性问题

1. 关于上市公司收购制度方面

现行《收购办法》从立法技术考虑，没有明确界定收购的概念，在相关条款

中将取得控制权和巩固控制权（持股 30%以上股东增持股份）活动均纳入监管措施，从而形成收购概念外延的宽泛化，即实际上将取得控制权行为和控股股东增持股份行为，都视同收购行为，对收购人和控股股东在股份限售期、主体资格等方面秉持同样强度的监管尺度，这在一定程度上制约了控股股东实施并购活动的积极性。具体有两个方面的影响：一是《收购办法》对收购人的主体资格予以规制，如果控股股东存在历史过错，就不能通过上市公司发行股份方式注入优质资产，提高上市公司持续盈利能力；二是《收购办法》有关股份锁定期的安排，如果控股股东增持股份，那么其所持有全部股份将被适用"收购人"的锁定期，即需承诺 3 年内不转让其拥有权益的股份。这项制度安排，一方面制约了控股股东通过上市公司发行股份注入优质资产的积极性；另一方面提高了控股股东在公司股价被严重低估时，通过增持股份稳定本公司股价的成本。

2. 关于上市公司重组制度方面

（1）《重组办法》规定，上市公司用于购买资产的股份发行价格，应当不低于董事会公告日前 20 个交易日公司股票交易均价。在上市公司吸收合并实践中沿用了该定价方式。该定价机制的历史形成基于三个方面：一是与《上市公司发行股份管理办法》相衔接；二是在信息不对称条件下，保障公众股东权益，不因发行价格过低被过度摊薄原股东权益；三是资本市场的价格发现功能，为资产交易提供了定价平台，市场价格成为交易双方谈判的重要参考依据之一，得到了市场各方认可（包括国资管理部门）。但是，该定价机制在市场失灵情形下产生的非理性价格信号将制约并购重组的价格形成，主要表现在三个方面：一是外部因素干扰价格发现机制正常运行，例如 2008 年上证综指从 6000 点剧跌到 1600 点时，股价大幅下跌，一夜之间股价仅为前 20 日均价的 30%，重组方被迫放弃重组或者被迫接受高价发行（如攀钢重组案）；二是受重组预期影响，绩差公司股价不能真实反映公司价值（如 ST 股价虚高），从而制约重组方的积极性，助长市场投机；三是定价机制缺乏灵活性，引致重组方高估置入资产来对冲风险。

（2）《重组办法》规定，对资产评估机构采取收益现值法、假设开发法等基于未来收益预期的估值方法对拟购买资产进行评估并作为定价参考依据的，除要求上市公司应当在年度报告中单独披露相关资产的实际盈利与评估报告中利润预测数的差异情况外，同时要求交易对方与上市公司利润签订补偿协议。在并购重组实践中，一些补偿协议不具有可操作性，也未达到制约虚假高估的目的。

3. 并购重组的监管适当性影响市场效率问题

（1）关于上市公司收购。

1）《收购办法》在 2008 年 10 月补充规定了自由增持制度，即持有上市公司股本 30%~50%股份的股东在 12 个月内增持股份不超过总股本的 2%，可以采取事后备案式豁免要约收购义务。自由增持制度是一种市场化的巩固控制权和稳定股价机制，市场化程度高、灵活性强，监管关注点是信息披露、交易行为，不涉及太多的专业判断。沿用现行审核机制，环节多、效率低、工作量大，难以适应市场操作客观需求。从实践看，尽管实行了事后备案，其审核工作量仍占监管部门并购重组项目审核工作量近 1/3。

2）《收购办法》规定，持股 50%以上股东实施增持行为，仍然需要先到证监会办理豁免要约收购义务，然后才能实施市场操作。从立法理念上分析，此类增持行为没有发生控制权变更，对市场流动性、股权分布的影响已属完全对称信息，已无必要占用大量行政资源实施行政许可，现行做法是囿于法律沿革和理念衔接，在中国香港、英国等地，此类情形是不用申请豁免要约收购义务的。

3）《收购办法》规定，投资者发出全面要约收购报告书，需向监管部门提交行政许可申请。该制度实施 3 年来，市场只出现 7 单全面要约收购案例，且最后只有零星股东接受要约，没有达到制度设计所倡导的鼓励要约收购的目的。这主要是因为要约收购的时效性比较强，且要约人以高价收购的"吃亏"风险或买不到股票的风险比较大，监管部门采用事前核准要约收购的审核机制，有一定的时间成本，因此目前要约收购申请比较少。尤其是对持股 50%以上的股东以及已成为上市公司实际控制人的股东拟以要约方式增持的，由于不涉及上市公司控制权的变化，设置事前审核机制的必要性值得商榷。

（2）关于上市公司重组。根据《重组办法》规定，监管部门对不涉及股份发行，且上市公司拟出售或购买资产的资产总额、资产净额、营业收入占上市公司相应指标的 50%以上，且未达到 70%或仅有购买、出售单项行为的重大资产重组实施行政许可，但不需提交并购重组委审核。按照《公司法》，前述事项需提交股东大会表决，且需经非关联股东所持表决权的 2/3 以上通过。该表决机制在一定程度上为公众股东维护权利提供了保障。在中国香港，此类事项一般由股东自主决定。此类事项应属于股东自治的问题，设置行政许可不利于市场化的并购重组。

4. 并购重组制度不健全制约市场创新问题

上市公司合并、分立、分拆已有实践案例，但是相关规则尚未出台；上市公司回购股份的相关规定严重滞后。据统计，2006 年以来潍柴动力、中国铝业、上港集箱、海通证券等 50 多家公司实施公司合并方案，2010 年 3 月东北高速完成了分立试点工作，按照现行规则已有 10 多家上市公司实施了境外分拆上市。现行上市公司回购股份制度，仍然执行 2005 年 6 月股权分置改革前发布的《上市公司回购社会公众股份管理办法（试行）》，已不符合 2006 年修订的《公司法》规定和不适应股权分置改革后市场发展实践的需要。

六、中介机构的作用和责任问题

（1）事责不相应。中介普遍存在只重抓项目，不重做项目，只重项目数量，不重项目质量，其根源在于：一方面，并购重组项目个性特征明显，专业性强，法规体系复杂，比融资项目难度大，做好不容易，滥竽充数较多；另一方面，监管制度本身存在事责不清、问责不严问题，导致中介该尽职调查未尽责，制作申报文件错漏百出，甚至明知违规，心存侥幸，蒙混过关，例如，财务顾问两次向证监会报送一家公司重大资产重组申报文件，后经核查发现，重组方存在明显违规事实；有些负责审计的会计师对上市公司的造假行为有疑不问，知情不举，甚至共同舞弊；有些评估机构根据客户需求先确定评估结果再修正评估参数等；有些律师发表法律意见，仅依据其他中介意见而不做适当调查，对重大问题避而不谈，或罗列事实，避重就轻。

（2）责、权、利不对等。中介敷衍塞责的原因，一方面，并购重组项目不如融资项目收入高，利益驱动不足；另一方面，中介尽责督导、重组绩效好坏对其中介及其主办人员切身利益没有激励与约束。此外，财务顾问为并购重组活动所提供的服务单一，不能为并购融资提供有价值的服务，也制约财务顾问做好并购重组活动的积极性。

七、并购重组审核工作的质量、效率和透明度问题

（1）重复劳动，影响效率。在 2009 年审核的 66 个重大并购重组项目中，审核反馈意见涉及的共性问题为：①资产评估、估值公允问题，出现 62 次，占总比的 94%；②盈利能力、盈利预测问题，出现 46 次，占 70%；③资产权属问题，出现 39 次，占 59%；④同业竞争问题，出现 33 次，占 50%；⑤关联交易问题，出现 33 次，占 50%；⑥持续经营能力问题，出现 24 次，占 36%；⑦高管人员买卖问题，出现 21 次，占 32%；⑧债权人利益保护问题，出现 19 次，占 29%；⑨权属清晰问题，出现 18 次，占 27%；⑩过渡期间损益安排问题，出现 17 次，占 26%。上述 10 类问题的审核工作量，约占全部审核工作量的 60%以上。

（2）逾期未回复反馈意见，增加了审核周期跨度。并购重组涉及行政许可项目，按照有关法规规定均有明确的审核时间，如依据《行政许可法》（第 42 条）有关规定，行政许可项目审核期限为 20 个工作日，依据《证券法》（第 24 条）有关规定，非公开发行股份购买资产审核期限为 3 个月。虽然在相关规定中，要求申报人在 30 日内落实反馈意见，逾期未回复的应当披露原因。但是由于反馈意见通常涉及相关部门审批文件、产权过户等问题，解决周期较长，增加了审核跨度，形成证监会审核时间较长的误区。以 2008 年为例，监管部门组织审核了

46 家公司重大资产重组方案，从公司申报材料到监管部门公告审核结果的平均周期跨度为 97 个工作日，其间监管部门审核时间平均为 35 个工作日。

（3）审核进度不透明，模糊了审核工作与申报工作效率边界。2008 年监管部门对外信息平台上，公布并购重组项目审核流程，但是由于审核进度不透明，使得监管部门的审核工作与申请人的申报工作边界不清，对于二者的工作效率市场难以形成公正评价，也导致责任不明。

八、防控内幕交易问题

内幕交易问题是各国证券市场的通病，许多成熟市场与之斗争了上百年也不能防微杜渐，因此被称为"监管者的陷阱"。随着市场规模的逐步扩大，上市公司数量特别是并购重组业务不断增多，内幕信息涉及范围越来越广泛，防控和打击内幕交易的任务更加繁重和复杂。近年来，一些公司在并购重组过程中发生了内幕交易行为，例如广发证券、中关村等公司高层人士涉及内幕交易犯罪，中山公用、高淳陶瓷等公司涉及地方政府工作人员参与内幕交易，引起社会各方高度关注。并购重组中内幕交易频发，既有特殊国情背景，也有制度缺失的原因。一方面，国有控股上市公司并购重组审批环节长、知情人员多，难以杜绝内幕交易；民营控股上市公司控制关系不清晰、不透明，构成内幕交易的侥幸心理。另一方面，相关政府部门、交易主体内幕信息管理制度不健全，股票停复牌制度、股价异常波动监测和处置机制、内幕交易防控体系和查处效率等方面不配套，不足以有效遏制内幕交易。

九、风险监控和停牌安排问题

针对 2006 年以来部分上市公司在重组过程中长期停牌，公众股东交易权受到限制，投资者反应强烈的问题，2008 年 5 月监管部门发布了《上市公司重大资产重组管理办法》、《关于规范上市公司重大资产重组若干问题的规定》，要求上市公司在获悉相关重组信息时，应及时向证券交易所申请停牌，并根据有关法规编制并披露重组预案。沪深交易所配套发布了有关规则，要求重组停牌时间原则上不得超过 30 天。按照证监会《关于规范上市公司信息披露及相关各方行为的通知》要求，上市公司未能在规定时间内公布重组预案，应当立即申请复牌，并在 3 个月内不得启动重组程序。

上述规定在一定程度上实现了上市公司利益与投资者利益的平衡，保障了投资者的交易权。但 30 天的停牌时间限制与我国企业并购中普遍存在的国资审批链长、行业管制和政府干预较多的现实状况形成了突出矛盾，这在客观上造成了一些问题：一是短期内实现行政许可的不可操作性致使部分公司被迫放弃重组。据统计，自 2008 年 5 月上述规定实施以来，共有近 200 家上市公司停牌拟进行重大资产重组，42家公司在复牌后未能披露重大资产重组预案并暂时中止了重组。二是部分公司在相关各方重组意向确定时，为了有充足时间准备预案，不在第一时间申请停牌，而是等到标的资产整合基本完成、国资审批程序进行到一定程度后才申请停牌，这在客观上扩大了知情人范围，使限制内幕交易的难度进一步加大。作为特例，长江电力在实施整体上市过程中，其方案的形成需要国资委、财政部、税务总局、国土资源部、三峡办、工商总局等多个部委协商研究并报国务院审定，前后停牌时间历时1年多。

十、改善支持并购重组的外部政策环境问题

增强资本市场并购重组对经济的服务功能，涉及法律、会计、税收、外资政策等外部政策环境的改善。当前影响并购重组质量和效率的外部政策主要有以下几个方面：

（1）没有建立市场化退市制度。我国现行以经营亏损为条件的退市制度，不同于国际上通行的以股价、市值、股权分布、每股净资产为条件的退市标准，能够真正反映市场机制形成的优胜劣汰。以经营亏损为退市标准，将经营者的道德风险转嫁给公众投资者，带来了会计师造假、绩差股炒作、社会稳定风险等问题，制约了资本市场并购重组功能的有效发挥。

（2）支持上市公司实施跨境并购的外资管理政策、信息披露制度尚待完善。现行跨境并购法规滞后，限制实施"走出去"战略。目前规范跨境并购交易的主要法规为《外国投资者对上市公司战略投资管理办法》（以下简称《战略投资规定》）和《外国投资者并购境内企业规定》。《战略投资规定》对国外投资者资质、外资持股比例和投资后股份锁定期都作了较为严格的限制。其中，国外投资者必须满足"境外实有资产总额不低于1亿美元或管理的境外实有资产总额不低于5亿美元；或其母公司境外实有资产总额不低于1亿美元或管理的境外实有资产总额不低于5亿美元"的要求；外资持股比例不得低于上市公司已发行股份的10%，而且3年内不得转让。上述规定形式上是对境外投资者投资境内上市公司的规制，但是由于限制境内上市公司外资股东的资格，对境内上市公司以股份对价实施境外并购也产生了制约作用。具体表现在以下几个方面：

第一，对战略投资者资格标准要求过高，当国内上市公司以发行新股作为支付方式进行跨境并购时，由于涉及国外投资者取得国内上市公司股份问题，也需符合《战略投资规定》的相关要求。但由于被收购企业可能达不到成为我国上市公司战略投资者的要求，因而使跨境并购计划难以实施。

第二，外资退出机制不完备。根据《战略投资规定》，外国投资者成为我国上市公司股东后，三年内不得转让。在一定程度上影响了外国投资者的积极性。上述情况如果发生在我国上市公司通过换股收购国外公司时，最终影响的是我国自身利益。

第三，信息披露相对滞后。目前，我国没有针对上市公司进行跨境并购出台专门的信息披露规定。而上市公司进行跨境并购，尤其是被并购对象为非上市公司的情况下，投资者获取信息的途径十分有限。

（3）支持并购重组的税制尚不完善。现行的税收制度针对企业并购重组行为已有一些临时性、应急性、暂行性的政策支持，并取得了积极的效果。与成熟市场相比，我国现行的税收制度对支持并购重组尚缺乏系统性和灵活性，难以适应并购重组市场创新发展的需要。

第一，税收优惠的门槛仍旧较高。财政部、国家税务总局发布的《关于企业重组业务企业所得税处理若干问题的通知》（财税〔2009〕59号文）规定，在满足受让企业收购的资产或股权不低于标的企业全部资产或全部股权的75%、重组交易对价中涉及股权支付金额不低于其交易支付总额的85%等条件下（以下简称"75%及85%规定"），可以享受免税优惠。但是"75%及85%规定"仍然相对比较严格，这一比例也比美国的相关要求更为严格。

第二，并购重组中某些行为的税收优惠范围尚需扩大，对于部分并购重组行为给予一定的税收减免和扶持，除所得税外，在其他税种上也可考虑给予一定的税收优惠。例如，公司并购重组发生前为确保并购重组的顺利实施而先行进行的内部整合导致资产发生多次转移时，能否仅视为一次资产转让行为征收印花税、契税等，以注销为目的的回购股份行为在一定条件下可以免征印花税等。

第三，免税并购类型有待扩充。无论是吸收合并、新设合并还是资产收购、股权收购，都体现了不同的特点，法律应该尽量作出全面规定，并适时修订，以便适应现实经济的要求。

（4）支持并购重组方式创新的工商管理及相关会计制度有待健全。在工商登记管理制度方面，对公司分立、合并活动中设立股份有限公司的方式及程序缺乏明确规定；在会计制度方面，在诸如借壳上市中，借壳方被吸收合并、注销法人资格情况下如何编制合并后上市公司财务报告、借壳上市重组案例中上市公司留有少量业务情形下的商誉确认以及在大股东持股比例较低情况下如何认定"控制"等问题，缺乏会计政策支持。

（5）评估制度及评估机构尚需进一步健全和规范。近年来，并购重组中资产评估增值较高、缺乏依据等评估问题引起了各方的高度关注，究其原因，主要包括以下几个方面：一是虽然近年来资产评估、土地评估及矿业权评估准则体系已基本形成，但从实践操作来看，部分准则的规定比较宽泛，可操作性有待进一步提高，加之经济环境等客观情况的变化，部分准则需要调整、修订；二是目前我国具备证券从业资格的资产评估机构为数众多、规模较小，部分评估机构内部控制薄弱，在一定程度上存在恶性竞争问题，影响了评估结果的公正性及执业的独立性；三是评估行业自律监管机构对评估机构职业质量监督、检查及处罚力度有待进一步加强。

第四节　并购重组市场化设计

2010年8月，国务院发布《关于促进企业兼并重组的意见》（以下简称"国发27号文"），明确提出充分发挥资本市场推动企业重组的作用，促进加快转变经济发展方式和调整经济结构。为贯彻落实国发27号文的工作部署和要求，监管部门围绕有效发挥资本市场功能，支持促进并购重组，更好地服务于国民经济的总体要求，组织开展了推进上市公司并购重组市场化的专项研究工作。围绕推进并购重组市场化改革主线，以优先支持符合国家产业政策、有利行业整合、结构优化的并购重组活动为导向，形成推进上市公司并购重组市场化的十项工作安排。

一、上市公司并购重组市场化改革的背景

1. 宏观背景

我国经济到了转变发展方式和调整经济结构的关键时期，改革开放30多年来，我国经济增长主要是通过增量发展推动的，当前我国已成为全球第二大经济体，下一阶段我国经济增长必然是要以"存量价值整合和增量价值发现"为主要发展方式。无论是存量价值整合，还是增量价值发现，都离不开企业重组、行业整合、产业升级等内容，资本市场提供了一个最有效率的实现途径。资本市场促进企业重组，加快转变发展方式的作用，主要体现在以下几个方面：一是利用资本市场的价格发现功能，推动企业价值增长；二是利用资本市场的交易功能，推动存量资本的证券化；三是利用资本市场优化资源配置的功能，推动行业整合和产业升级；四是利用资本市场管理风险、公司治理的功能，提高持续盈利能力和核心竞争力。

2. 市场背景

2006年底股权分置改革完成后，我国资本市场并购重组功能逐步健全，我国经济市场化程度和证券化程度得到大幅提升，有力推动资源配置质量和效率的提高。随着基础性制度的逐步健全，股票市值、市盈率等国际通行指标逐渐成为资产定价、股权转让、企业绩效考核的重要参考，既为国有资产保值增值提供了比较价格，也逐步激活了市场化的并购重组，为盘活存量资产、促进结构调整和产业升级提供了有效渠道。与此同时，资本市场的股份对价和配套融资工

具，为兼并重组提供了大规模、高效率、低成本的操作平台，资本市场并购重组风起云涌。

3. 政策背景

2008 年 12 月《国务院办公厅关于当前金融促进经济发展的若干意见》提出：支持有条件的企业利用资本市场开展兼并重组，促进上市公司行业整合和产业升级，减少审批环节，提升市场效率，不断提高上市公司竞争力。2010 年 8 月，国务院发布《关于促进企业兼并重组的意见》（国发〔2010〕27 号）要求充分发挥资本市场推动企业重组的作用。进一步推进资本市场企业并购重组的市场化改革，健全市场化定价机制，完善相关规章及配套政策，支持企业利用资本市场开展兼并重组，促进行业整合和产业升级。支持符合条件的企业通过发行股票、债券、可转换债等方式为兼并重组融资。鼓励上市公司以股权、现金及其他金融创新方式作为兼并重组的支付手段，拓宽兼并重组融资渠道，提高资本市场兼并重组效率。

二、推进上市公司并购重组市场化改革的工作目标

1. 上市公司并购重组市场化改革的总体目标

以科学发展观为指导，遵循市场发展规律，远近结合，标本兼治，整体论证安排，逐项分步实施，兴利除弊，趋利避害，统筹解决存在问题，健全完善监管工作，规范引导并购重组活动，充分发挥资本市场推动企业重组的作用，促进转变经济发展方式和调整经济结构。

2. 上市公司并购重组市场化改革的功能性目标

（1）提高并购重组的质量和效率。支持部分改制上市公司整体上市，解决同业竞争、关联交易问题；支持优势上市公司进行深度整合，促进产业振兴和升级。

（2）规范、引导借壳上市活动。遏制市场投机炒作，根据退市机制和 ST 制度的改革进度，逐步协调统一借壳上市与 IPO 的审核制度。

（3）增强并购重组制度的适应性、适当性和有效性。支持上市公司以股权、现金、资产等对价方式实施并购重组，不断创新和丰富并购融资工具。

3. 上市公司并购重组市场化改革的规范性目标

（1）推行并购重组审核工作标准化、流程化、公开化，提高并购重组全过程的透明度，在具有替代机制的领域及环节，逐步简化或者取消行政审核。

（2）加大市场主体在并购重组中的作用和责任，建立以强化中介机构责任为导向，综合考量产业政策、交易类型、项目实效、监管要求和诚信状况等，构建并购重组绩效质量评价体系市场筛选机制。

（3）健全并购重组监管联动工作机制，形成审核与监管协调互动，规范上

市公司运作；构建综合防治内幕交易的工作体制，最大限度地减少发生内幕交易的时空。

三、推进上市公司并购重组市场化的工作方向

（1）加大资本市场支持并购重组的力度。一是拓宽并购重组融资渠道，支持符合条件的上市公司通过发行股票、债券、可转换债等方式为并购重组融资；二是规范、引导市场机构参与上市公司并购重组，增强证券公司等机构在上市公司并购重组的融资服务能力；三是支持包括设立并购基金等并购重组融资模式的探索，吸引社会资金参与上市公司并购重组；四是减少审核环节，支持符合条件的上市公司资产重组与融资同步操作，实行"一站式"审核。

（2）支持上市公司创新并购重组方式，提高资源配置效率。一是鼓励创新并购重组支付手段，支持上市公司以股权、现金及其他金融创新方式作为并购重组的支付手段，完善向非关联方发行股份购买资产的制度安排；二是鼓励创新并购重组实现形式，进一步完善以股份对价进行换股收购、换股合并的制度安排，提高并购重组的市场效率。

1）支持优势上市公司非公开发行股份购买优质资产，促进同行业务、市场、上下游整合和产业升级，增强市场、业务和财务协同效应。

2）进一步完善上市公司要约收购制度，允许以新增股份或者存量股份进行换股要约收购，建立股份发行与换股要约收购之间程序衔接，在换股要约收购中不强制要求异议股东现金选择权；在以终止上市为目的要约收购制度，探索建立少数股东通过协议安排退出制度。

3）进一步完善上市公司合并制度，允许以新增股份或者存量股份进行换股合并，建立股份发行与换股合并之间的程序衔接。

（3）推动部分改制上市公司整体上市，解决同业竞争、关联交易等历史遗留问题。支持条件成熟的上市公司通过并购重组整合业务，增强主营业务独立性、整体性和透明度，从根本上解决历史形成的同业竞争、关联交易问题，提高上市公司质量。

（4）进一步规范、引导借壳上市活动。统筹协调退市机制和 ST 制度改革，制定发布借壳上市的资质标准和监管规则，在产权清晰、治理规范、业务独立、诚信良好、经营稳定和持续经营记录等方面执行 IPO 趋同标准，在业绩标准等方面略低于 IPO 标准，要求拟借壳资产（业务）持续两年盈利。

制定借壳上市行为标准，应当根据退市机制和 ST 制度的改革进度，逐步协调统一借壳上市与 IPO 的审核制度。即借壳上市行为标准应当趋近并略低于 IPO 标准，既与相对较高的 IPO 审核标准相衔接，遏制监管套利行为，又兼顾了现阶段 IPO 市场供给不足和退出机制不畅对监管工作的影响。

（5）进一步健全市场化定价机制，完善相关规章及配套政策。积极推动《上市公司监管条例》出台，进一步健全完善上市公司并购重组法规体系，适时制定发布公司合并、分立、股份回购规则，推进定价机制的市场化改革，增强中介机构定价服务能力，区别情况、合理设定股份限售年限，提高监管的适应性、适当性和有效性。

1）关于《收购办法》的修订建议。

第一，通过细化《收购办法》第62、63条中关于"中国证监会为适应资本市场发展变化和保护投资者合法权益的需要而认定的其他情形"的豁免条款规定，在上市公司实施行业整合型收购时，在收购人承诺3年锁定期且经上市公司股东大会同意的，可以申请免于发出要约。

第二，为活跃并购市场，拟将《收购办法》对收购人的主体资格的规定调整为仅对收购股份后成为上市公司第一大股东或者实际控制人的情形进行限制。

第三，对股份锁定期限制实行新老划断。视收购人是否因本次取得新股而成为上市公司第一大股东或成为实际控制人而区别对待，对于收购人因本次取得新股而成为上市公司第一大股东或成为实际控制人的，为保证公司控制权的相对稳定，要求其承诺拥有的全部股份锁定3年；对于未导致上市公司第一大股东或实际控制人发生变化的，在此豁免条款里不做股份锁定期的规定，其股份锁定期执行《上市公司证券发行管理办法》、《重组办法》等有关法律法规。

2）关于《重组办法》的修订建议。

第一，以市场主体自主协商定价为方向，完善股东自治制衡机制和公众股东权益保护机制，积极稳妥推进定价机制改革。阶段性目标，可以考虑允许公司董事会在重大资产重组方案提交股东大会表决前，根据市场状况和交易双方协商意见，重新选择确定定价基期；暂停上市公司实施重大资产重组，可以按照2008年11月12日施行的《关于破产重整上市公司重大资产重组股份发行定价的补充规定》，实行协商定价和公众股东2/3表决。方向性目标是，在完善股东自治制衡机制和公众股东权益保护机制的基础上，允许交易双方自主协商定价，如果交易价格低于董事会召开前20日交易均价，上市公司独立董事应当聘请独立财务顾问就交易定价公允性发表意见，并提交参加股东大会的公众股东2/3表决同意。

第二，对于重组方应当与上市公司就相关资产实际盈利数不足利润预测数签订补偿协议的规定，建议将补偿主体限定在交易对方为上市公司的控股股东、实际控制人及其关联方，或者交易对方拟通过本次交易取得上市公司实际控制权的情形下，并鼓励以具有可操作性的股份回购、送派方式作为补偿措施。

3）关于完善收购监管制度的建议。

第一，针对现行2%自由增持和持股50%以上股东继续增持股份触发要约收购义务，有两种修订思路可以考虑：

一是规定自动豁免条款或者豁免审查程序。借鉴中国香港的做法，可采取制定自动豁免条款的方法，即在《收购办法》中规定证监会对前述两种情形自动豁免，收购人不必履行申报程序。2005年证监会发布的《关于上市公司控股股东在股权分置改革后增持社会公众股份有关问题的通知》（证监发〔2005〕52号）中规定，控股股东在上市公司股改方案通过股东大会表决后的两个月内增持社会公众股份而触发要约收购义务的，可以免于履行要约收购义务。虽然自动豁免只在很短一段时间内推行，但也给我们提供了有益的尝试和参考。采取该修订思路，需要对《中国证监会行政许可实施程序规定》做出相关适用意见。

二是取消对前述事项的行政许可。涉及对《证券法》第96条作出司法解释或修订问题。第96条规定："收购人收购或者通过协议、其他安排与他人共同收购一个上市公司已发行的股份达到30%时，继续进行收购的，应当发出全面或部分股份的要约，但是经国务院证券监督管理机构免除发出要约的除外。"一种理解为，豁免要约收购事项必须经过证监会同意。另一种理解为，收购人持股比例只有在跨越30%的情况下触发要约收购义务，如持股比例已达到30%以上，继续增持不需履行要约义务，因此也不需要豁免，按照前者理解，前述两项情形本身不涉及豁免申请，证监会可修订《收购管理办法》，取消此类情况下的行政许可。按照后者理解，取消该项行政许可，需要法律部门协调有关部门对《证券法》第96条作出司法解释或修订。

第二，针对收购报告书的行政许可项目，可以结合中介机构扶优限劣机制，考虑两种修订思路：

一是取消收购报告书的行政许可项目。采用该方式需要请求有关部门对《证券法》第90条有关收购人在"报送上市公司收购报告书之日起15日内，公告其收购要约"的有关规定作出解释。

二是保留许可项目，豁免审查程序。现行做法是收购人向证监会报送要约收购报告书后，证监会在15天内出具无异议函，收购人才能公告要约收购报告书。可以考虑调整为，收购人在向证监会报送的同时公告要约收购报告书，豁免事前审查程序。证监会在15天内发现该项目存在问题，可责令暂停要约收购或者终止要约收购，同时追究相关中介机构责任。采用该方式需要对《中国证监会行政许可实施程序》做出适用意见。

4）关于完善重大资产重组监管制度的建议。针对不涉及股份发行，且上市公司拟出售或购买资产的资产总额、资产净额、营业收入占上市公司相应指标的50%以上，且未达到70%或仅有购买、出售单项行为的重大资产重组项目，考虑两种修订思路：

一是取消该项行政许可项目。根据《行政许可法》的要求，对取消该项目做出制度安排，即要求须聘请财务顾问出具相关专业意见，在过渡期可由特定优质财务顾问负责该项目工作。

二是保留许可项目，豁免审查程序。即证监会受理特定优质财务顾问申报的该项目，豁免审查程序，并按照简易程序出具无异议函。采用该方式需要对《中国证监会行政许可实施程序》做出适用意见。

5）健全完善并购重组法规体系。适应市场客观需要，研究起草和推动出台《上市公司吸收合并管理办法》、《上市公司分立试行办法》、《上市公司控股子公司境内上市试行办法》、《上市公司回购股份管理办法》；总结实践案例，明确符合IPO条件公司向上市公司发行股份实施换股收购或者换股合并的政策导向和制度安排。

（6）进一步推动建立内幕交易综合防治体系，有效防范和打击内幕交易。会同监察部、公安部、国资委、法制办等部门，推动建立健全加强内幕信息管理防范内幕交易制度，推动落实内幕信息知情人登记制度，加大宣传教育力度，依法加大涉嫌内幕交易行为的查处力度，形成对内幕交易"齐抓共管、打防结合、综合防治"的长效机制，从制度机制上提高并购重组内幕信息管理的有效性和针对性。

（7）进一步完善停复牌制度和信息披露工作，强化股价异动对应措施。适应防控内幕交易的工作要求，强化分阶段实时披露信息要求，进一步提高并购重组全过程的透明度；增加停复牌制度的灵活性，促使上市公司及早公告、及时停牌，允许有条件延长停牌时间，解决信息不对称问题；完善异常交易实时监控和处置制度，健全并购重组项目股价异动主动排查机制和快速立案机制，明确并购重组行政审核与股价异动查处有机联动制度，实行"异动即核查、涉嫌即暂停、违规即终止"的监管措施。

（8）进一步加大中介机构在并购重组中的作用和责任，提高中介执业的效率和质量。一是在制订公开财务顾问执业质量标准，切实发挥中介机构诚信执业、合规把关、持续督导作用的基础上，依据财务顾问业务能力和执业质量，结合并购重组的交易类型、主体规范程度、产业政策等客观标准进行科学划分，构建市场筛选和绩效评价机制，优化行政许可程序，积极探索运用不同审核通道，有条件地逐步减少和淡化行政审核，加大市场化激励和约束机制的效用。二是加强对财务顾问、资产评估、独立审计、法律顾问等中介机构的监管问责措施，推动上市公司并购重组中介服务提升专业化、规范化水平。

1）推行并购重组审核分道制。基本思路是，以加大中介机构的作用和责任为导向，充分利用《证券法》赋予证监会的原则授权，优化行政许可程序，结合国家产业政策、交易类型、上市公司质量要求和股价波动情况等因素，在依据自动生成的客观标准对财务顾问业务能力、交易类型、交易主体、产业政策进行科学划分、评价的基础上，运用不同审核通道，有条件部分淡化行政审核，形成激励和约束机制，达到减少审核环节、提高市场效率的目的。具体设想是，拟将并购重组的 6 个行政许可涉及 10 个审核项目，分为简化环节、豁免审查、取消许可三个层级，在每个层级根据财务顾问业务能力、交易类型、交易主体、产业政策等分类情况，实施自动生成、对号入座的扶优限劣机制，每个层级既自成体系，又有机结合；既可循序渐进，又可齐头并进。

2）制定《上市公司并购重组财务顾问管理办法》的相关配套文件，完善财务顾问执业操作指引。制定发布《财务顾问从事上市公司并购重组业务的关注要点第 1~4 号》，制定《上市公司并购重组业务法律意见书格式准则》，明确和细化财务顾问的工作标准，在业务标准、业务规则、监督管理与法律责任方面规范财务顾问执业要求，明确事责，落实问责，督促其在尽职调查、专业服务、辅导工作、实质审核、持续督导等方面履行好职责，强化财务顾问在为投资者服务、增加并购重组透明度方面的积极作用。

3）结合在并购重组审核中建立激励约束机制工作方案，建立财务顾问执业评价机制。按照科学分类建立财务顾问指标评价体系，通过自评、公示、财务顾问自律机构组织专家评审，产生 A、B、C 三类财务顾问，在并购重组审核给予扶优限劣。

4）健全激励和约束机制，提升财务顾问的服务能力。

第一，加强财务顾问执业的正面激励机制，对于执业财务顾问执业评价优秀的证券公司，优先给予业务创新申报、优先评级加分。同时通过财务顾问自律组织规范财务顾问收费标准。

第二，支持财务顾问为并购重组提供融资服务。建议修订、出台相关法规，支持财务顾问发挥投资银行的作用，为并购重组提供融资服务，包括财务顾问以自有资金、集合理财计划资金、信托计划资金等参与并购重组项目融资，允许设立专门的并购股权投资基金。

第三，健全财务顾问持续督导制度。财务顾问持续督导责任期限，包括一年督导期，两年观察期。对于一年督导期内上市公司出现业绩下滑、重组过程中违规、重组方不履行承诺等情形的，财务顾问督导期延长至 3 年。持续督导职责履行情况与中介机构执业评价机制挂钩。

（9）进一步规范和改进并购重组行政审批工作。在并购重组行政许可工作中，推行标准化、流程化、公开化作业，实现审查条件标准化、客观化，定期向社会公示审核关注意见；审查过程公开化、流程化，向社会全程公示审核运转情况；进一步完善并购重组审核委和专家咨询委制度，增强其独立性、专业性和公信力。

1）推行审核条件标准化制度。一是统一、规范审核标准，按季度梳理审核中的共性问题，研究制定共性问题的解决标准和落实要求；二是在公开电子信息平台设置专栏，定期公布共性问题的解决标准和落实要求，要求在行政许可项目申报时必须满足相关标准和要求，财务顾问出具尽职调查意见；三是按照行政许可项目，分门别类针对共性问题制定达标审查表格（设计为"√"或"×"表格清单），财务顾问承担填报责任，监管部门审核人员进行形式复核。

2）推行流程"计时"制度。全面实施审核工作全程公开，在公开电子信息平台上，逐项目逐环节公布审核进展情况，主要节点包括"接收—补正—受理—初审—反馈意见—回复反馈意见—提交重组委会议审议—落实重组委意见"。

3）推行公开业务咨询制度。进一步完善上市公司监管业务咨询系统，开通与上市公司、财务顾问信息交流专线，专人收集整理业务咨询内容，集中研究答复意见，按照共性问题公开统一答复口径，个性问题点对点回复指导口径。

4）进一步完善并购重组审核委员会制度和并购重组专家咨询委制度。健全完善并购重组审核委员会选聘制度，不断提高专业水准、公信力；进一步发挥专家咨询委的作用，在重大创新的并购重组项目中引入专家咨询委意见。

（10）认真落实《国务院关于促进企业兼并重组工作的意见》明确的工作任务，配合有关部门积极改善上市公司并购重组的工商、会计、税收、外资政策环境，充分发挥资本市场推动企业重组的作用。

1）推动《证券法》修订工作。一是适应市场客观需要，以放松行政管制、提高市场效率为目标，完善我国资本市场并购重组制度；二是借鉴成熟市场经验，调整我国现行以亏损为条件的退市标准，建立以股价、流动性、股权分布、每股净资产为标准的退市机制，完善资本市场优胜劣汰机制。

2）积极配合工信部牵头十一部委组成的加快推进企业并购重组工作小组工作，实时向工信部通报推进资本市场并购重组市场化工作安排的情况，进一步推动财政、工商、税收、外资管理等部门完善并购重组相关政策，降低并购重组成本。

3）积极支持央企加快战略重组和行业整合步伐，提升央企上市公司整体竞争力。以提高上市公司质量为目标，梳理共同关注的问题，协调解决问题的结合点，推动央企控股上市公司在提高并购重组质量和综合防控内幕交易方面发挥表率作用。

4）改善跨境并购政策环境，积极推进上市公司利用境外优质资源开展并购重组。推动修订《外国投资者对上市公司战略投资管理办法》等法规，对我国上市公司为实现产业整合为目的实施的跨境并购，适当降低外国投资者进行战略投资的资格标准、适度放宽境外股东的退出限制、允许以股权为支付手段并购境外非上市公司。强化现行外资并购联合审查机制，加强与各部门的沟通协作，进一步简化审核程序，提升工作效率。

第一，鼓励上市公司以产业整合为目的发行新股作为支付方式开展跨境并购，对由此触发《战略投资规定》的，不再对外国投资者的资格标准进行限制，上市公司通过并购获取境外企业控制权的，适度放宽境外股东的退出限制，将其持股锁定期由三年调整为一年；同步修改《外国投资者并购境内企业规定》，允许上市公司以股权为支付手段并购境外非上市公司。

第二，研究出台上市公司跨境并购信息披露的相关规定，为跨境并购做好制度保障。

第三，强化现行跨境并购联合审查机制，加强与各部门的沟通协作，进一步简化审核程序，提升工作效率。

5）进一步降低享受税收优惠的门槛，扩大税收优惠范围，增加免税税种及优惠对象，扩充减免税并购重组类型，并会同有关部门进行前瞻性研究，根据拟推出的金融创新手段，制定相应的税收优惠措施，同步实施。

第一，进一步降低享受税收优惠的门槛。建议进一步降低"75%及85%规定"的相关比例，支持以"转方式和调结构"为目标并购重组。

第二，进一步扩大税收优惠范围，增加免税税种及优惠对象，扩充减免税并购重组类型。①除所得税外，在并购重组中的其他税种上也考虑给予税收优惠，如印花税、契税等。②目前并购重组税收优惠对象是企业，即针对一家企业购买另一家企业的股权或资产的情形。建议对自然人购买另一家企业的股权或资产（自然人收购上市公司）比照企业享受税收优惠，提高民营资本并购重组的积极性。③扩充减免税并购重组类型，使交易经济实质与经济功能相同或相似的并购重组（包括吸收合并、新设合并或是资产收购、股权收购等）享受同样的税收优惠，使重组方可以根据公司的总体运营策略和目标公司的实际情况选择合适的并购重组方式。

6）完善股权出资的相关登记规则，包括分立、合并等并购重组方式的登记规则、设立股份有限公司的方式及程序等。

7）建议相关会计主管部门，积极研究上市公司并购重组中遇到诸如同一控制、反向收购等问题，从实际出发给予合理支持。

8）建议有关部门进一步完善上市公司并购重组涉及的资产评估相关准则及规范，并借鉴我国支持会计师行业做大做强的模式，支持一批专业水平较强、职业操守较好的评估机构通过兼并等方式做大做强。同时，完善自律监管制度，通过现场检查、加强违规惩处力度等方式，强化对评估机构执业质量的监督。

四、推进上市公司并购重组市场化工作阶段性成效

推进上市公司并购重组市场化的工作目标和工作安排，是一项系统性和长期性的工作，需要逐项制订具体操作方案，统筹配套相关规则，成熟一项推出一

项。自 2010 年 10 月以来并购重组市场化工作取得了以下成效：

1. 围绕解决同业竞争和减少关联交易问题工作重点，推动整体上市工作

截至 2011 年底，136 家部分改制上市公司中，有 92 家落实了解决同业竞争问题和减少关联交易问题的方案，通过并购重组实现整体上市。

2. 推进提高审核透明度和提高审核效率工作两个基础层面的制度建设

在提高审核透明度方面，充分利用对外业务咨询平台，梳理并公开了 15 个并购重组共性问题审核意见关注要点和 30 个常见问题解答，公开发布 5 个法律适用意见，初步实现审核工作标准化、客观化，增强了透明度。

在提高审核效率层面，试行审核流程计时公示制度，推行日常监管与合规性审核联动双审制，制定发布上市公司并购重组委工作规程。

3. 推动落实了三个方面的规范工作

（1）强化股价异动对应监管措施：研究拟定《关于加强与上市公司股价敏感信息相关的股价异动监管的规定》，拟作为国务院转发五部委文件的主要配套规则之一，适时发布。

（2）推动构建内幕交易综合防控体系：2010 年会同公安部、监察部、国资委、预防腐败局制定《关于依法打击和防控资本市场内幕交易的意见》，并由国务院转发（国办发〔2010〕55 号）。为贯彻落实意见，证监会配套制定并发布了《内幕信息知情人登记制度》。

（3）规范引导借壳上市活动：制定发布《关于修改上市公司重大资产重组与配套融资相关规定的决定》（以下简称《决定》）及配套发布的《〈上市公司重大资产重组管理办法〉第十三条、第四十三条的适用意见——证券期货法律适用意见12 号》，对借壳上市标准和条件进行规范。

1）在监管范围方面，明确界定借壳上市是指自控制权发生变更之日起，上市公司向收购人购买的资产总额，占上市公司控制权发生变更的前一个会计年度经审计的合并财务会计报告期末资产总额的比例达到 100% 的交易行为（含上市公司控制权变更的同时上市公司向收购人购买资产的交易行为）。

2）在监管条件方面，要求拟借壳对应的经营实体持续经营时间应当在 3 年以上，最近 2 个会计年度净利润均为正数且累计超过 2000 万元。

3）在监管方式方面，相比较 IPO 是主体自身的规范上市而言，借壳上市主要关切上市公司与标的资产之间的整合效应、产权完善以及控制权变更后公司治理的规范，因此监管重点更加突出持续督导效果，明确要求在借壳上市完成后，上市公司应当符合证监会有关治理与规范运作的相关规定，在业务、资产、财务、人员、机构等方面独立于控股股东、实际控制人及其控制的其他企业，与控股股东、实际控制人及其控制的其他企业间不存在同业竞争或者显失公平的关联交易。同时强化了财务顾问对实施借壳上市公司的持续督导，要求财务顾问对借

壳上市完成后的上市公司的持续督导期限自证监会核准之日起不少于 3 个会计年度，并在各年年报披露之日起 15 日内出具持续督导意见，向派出机构报告并公告。《决定》要求借壳上市应当符合国家产业政策要求。另外，考虑到某些行业的特殊性，在中国证监会另行规定出台前，属于金融、创业投资等特定行业的企业，暂不适用现行借壳上市规定。

4）在适用范围和计算原则上，为防止化整为零规避借壳上市监管，要求严格执行拟注入资产须符合完整性、合规性和独立性规范。①执行累计首次原则，即按照上市公司控制权发生变更之日起，上市公司在重大资产重组中累计向收购人购买的资产总额（含上市公司控制权变更的同时上市公司向收购人购买资产的交易行为），占控制权发生变更的前一个会计年度经审计的合并财务会计报告期末资产总额的比例累计首次达到 100% 的。②执行预期合并原则，即收购人申报重大资产重组方案时，如存在同业竞争和非正常关联交易，则对于收购人解决同业竞争和关联交易问题所制订的承诺方案，涉及未来向上市公司注入资产的也将合并计算。

4. 推动落实四个方面的创新工作

（1）支持符合条件的上市公司资产重组与融资同步进行，提高市场效率。《决定》明确规定，上市公司发行股份购买资产的，可以同时通过定向发行股份募集部分配套资金，其定价方式按照现行相关规定办理。《决定》允许上市公司发行股份购买资产与通过定向发行股份募集配套资金同步操作，实现一次受理，一次核准，有利于上市公司拓宽兼并重组融资渠道、减少并购重组审核环节、提高并购重组的市场效率。为进一步拓宽并购融资渠道，不断创新和丰富并购融资工具进行了有益的探索。

（2）支持上市公司发行股份购买资产进行行业整合。《决定》在《上市公司重大资产重组管理办法》第五章关于发行股份购买资产的特别规定中，进一步明确上市公司为促进行业或者产业整合，增强与现有主营业务的协同效应，在其控制权不发生变更的情况下，可以向控股股东、实际控制人或者其控制的关联人之外的特定对象发行股份购买资产。为提高市场配置资源的效率，保障拟购买资产具备适当规模，充分体现行业整合和业务协同效应，同时规定向控股股东、实际控制人或者其控制的关联人之外的特定对象发行股份购买资产的，发行股份数量不低于发行后上市公司总股本的 5%；发行股份数量低于发行后上市公司总股本的 5% 的，主板、中小板上市公司拟购买资产的交易金额不低于 1 亿元人民币，创业板上市公司拟购买资产的交易金额不低于 5000 万元人民币。

（3）规范和强化中介机构在并购重组中的作用和责任。发布了《关于填报〈上市公司并购重组财务顾问专业意见附表〉的规定》（证监会公告〔2010〕30 号），对财务顾问从事并购重组业务的尽职调查工作提出明确具体的要求，以充分发挥财务顾问的把关作用；拟制定并完善财务顾问持续督导办法，细化财务顾问持续督导工作的标准要求和程序，结合实际情况对持续督导工作的具体内容和方式进行明确规定。

（4）研究论证并购重组审核分道制。根据推进上市公司并购重组市场化工作安排，并购重组审核分道制是加强改进监管工作、淡化和减少行政许可的市场化改革探索，其核心是在审核标准公开、流程透明的基础上，加大中介机构职责，促进各市场主体归位尽责，通过客观、公正、简捷宜行的评价标准，有条件地简化一批重组项目的行政审核程序，提高审核效率和公信力。监管部门正在积极改进完善相关配套支持系统，研究制定《上市公司并购重组分道制试行办法》，起步阶段将在具备条件的主体和区域先行实施，在实践中循序渐进。

第七章　上市公司退市机制探索

退市机制的探索是我国上市公司发展外部环境的重大变化，在促进公司转型的历史进程中具有重要意义。在成熟资本市场上，退市机制是市场主体自愿选择形成的内生机制，是投资者自主决策退出交易的结果。市场经济的天然属性是自主决策、自愿交易，在市场充分发现价格的条件下，价格信号发挥出风险评价和风险定价的作用，由此形成市场激励和约束机制，形成公司治理的外部环境。我国资本市场建立退市机制是在计划经济体制向市场经济体制转轨过程中，在新旧体制碰撞、新旧观念磨合中探索前行的。在全能政府和政企不分环境中成长起来的国有企业，虽然在形式上建立了现代企业制度，但是，从企业文化传统和经营管理理念方面，都是难以适应优胜劣汰的市场经济。建立上市公司退市机制，在市场层面的意义，是保持市场效率和保护投资者的信心；在公司层面的意义，却是一场新"制度"和新"文化"的植入和再造，促使上市公司彻底脱离原有的作为政府部门"附属物"残存的藕断丝连关系。迄今我国资本市场退市机制的探索和完善仍是人们广泛关注的话题，本章力图解析退市机制的引进、设计、推行过程，揭示退市机制在公司转型中的冲击效应。

第一节　上市公司退市的概念分析

上市公司退市，亦称"摘牌"（香港称"除牌"），是公司股票终止上市的通俗说法，实际上是指上市公司因某种原因被挂牌交易的证券交易场所取消上市地位。这里所说的证券交易场所既包括证券交易所，也包括其他能够提供交易的场所，如柜台交易场所、网上交易系统等。我国《公司法》第121条规定："上市公司是指其股票在证券交易所上市交易的股份有限公司。"因此，在我国，退市仅指上市公司股票在证券交易所市场摘牌。

从各国股市发展的历程来看，退市有自愿退市和强制退市两种方式。自愿退市是指上市公司从自身的需要出发，主动要求从所挂牌的证券交易所中退出。纽约证券交易所中大量发生的就是自愿退市。具体包括：①上市公司股东和高管人员认为股票市价与公司业绩长期不符，为了维护公司声誉、市场利益和长远发展，主动申请退市；②公司股东和高管人员为了防止公司被他人购并而主动申请退市；③公司股份因大量被收购并且购并者提出了全面收购要约，在购并后，公司流通在外的股份数量或股份分散程度已不符合上市条件，因而自动退市；④不同的证券交易所上市费用不同、融资成本不同，上市公司出于成本效益分析，在获得股东同意的情况下，可能从某些证券交易所退出而集中于其他证券交易所。

强制退市是指证券交易所根据相关的法律和规则对上市公司进行强制摘牌。全球各证券交易所都有自己的上市规则，在信息披露、财务状况、股本规模、公司治理等方面对在本所挂牌交易的股票和证券的初次上市、持续交易做出具体规定。如果上市公司不符合或不遵守这些规定，相应地有停牌或摘牌的要求。股票如果被摘牌，就是退市（Delisting）。

从纯理论的角度而言，不论哪一个市场，当上市公司出现以下情况时，其股票就应该终止上市交易：

（1）股票失去内在价值。买卖股票和赌博的根本区别在于前者本身有价值，而后者本身无价值，是一种"零和游戏"。判断公司是否应退出市场，其股票是否有实际价值是最基本的标准。如果公司失去持续经营能力，未来现金流量的贴现值不为正值，股票几乎毫无价值，继续交易就与赌博毫无分别，因此应予摘牌。

（2）股票失去流动性。股票上市的重要目的是通过股票的交易实现资本的流动，促进资源的优化配置。如果股票高度集中，或者市场没有足够的成交量，以致交易清淡、有行无市；或者少数人利用大量筹码操纵市场，扭曲了股票上市的价格发现功能，继续挂牌就失去了上市的意义。

（3）公司严重违反上市规则。股票上市交易应遵循"公平、公开、公正"的基本原则，上市规则是确保"三公"原则得以实现的重要保障。如果公司不遵守上市规则，如不按规定进行充分的信息披露，或者在信息披露中有弄虚作假的行为，将严重损害"三公"原则，产生"逆向选择"或"道德风险"等机会主义行为，引致股票交易陷入混乱。因此，严重违反上市规则的公司，其股票应终止上市。

（4）上市成本超过上市收益。从经济方面考虑，上市成本包括上市年费、信息披露费用、审计费用、律师费用以及因接受监管需要付出的成本。此外，作为上市公司还需要向公众股东支付必要的回报，这也可以视为上市成本。对于经营情况不良的上市公司来说，为了维持上市地位，还要进行资产重组，而资产重组也要付出昂贵的成本。上市的收益包括公开募集社会资金，这是上市的直接收益。通过上市，企业扩大了知名度，在企业信誉、产品销售、银行融资等方面可以获得益处，这可以视为上市的间接收益。对于经营状况恶化的上市公司，上市成本往往会超过上市收益。另外，对一些规模不大、影响较小、交易不活跃、投资者少的公司，上市成本也可能超出上市收益。在这两种情况下，企业选择终止上市可以说是一个明智的选择。

　　我国退市机制的制度安排，在 2005 年以前是在《公司法》中予以规范的。2005 年 10 月 27 日第十届全国人大常委会第十八次会议审议通过《公司法》、《证券法》修订案，将退市制度相关规定调整到《证券法》中予以规范。2006 年 1 月 1 日实施的《证券法》第 55 条、第 56 条具体规定由交易所决定上市公司股票暂停上市交易、终止上市交易的情形。证监会 2001 年根据原《公司法》发布的《亏损上市公司暂停上市和终止上市实施办法》，为衔接暂停上市规定，提出了恢复上市概念并延续至今，而在一些境外市场中，并没有暂停上市和恢复上市的概念。这里有必要对这三个概念进行简要的分析。暂停上市是指上市公司股票暂时停止在证券交易所交易；恢复上市则是指暂停上市的股票在符合一定的条件后，重新在证券市场上恢复挂牌交易。暂停上市和恢复上市与一般的停牌和复牌是不同的。在我国，停牌是指上市公司股票由于信息披露、发生重大事件（如召开股东大会、发行新股）等原因，为了防止信息不对称影响投资者的决策，暂时停止交易。复牌是指导致上市公司股票停牌的事件消除或结束后，如信息已经披露、重大事件已经结束、信息已经比较对称，股票恢复交易。停牌和复牌是证券交易所根据其交易规则，所采取的例行性的监管手段，并不涉及上市公司上市地位的问题。暂停上市则是因为上市公司出现了不符合上市条件的情形，由证券交易所采取的暂时停止其股票交易资格的措施。终止上市是上市公司在暂停上市之后，一段时期内仍然不能恢复到具备上市条件，证券交易所采取的撤销其上市资格的措施。与停牌、复牌相比，暂停上市和终止上市对上市公司产生的影响更大，证券交易所应履行的程序更为复杂。

资料链接

退市制度的国际比较

　　各国证券市场一般都有相应的上市公司退市制度。下面我们从批准权限、退市标准、退市程序等方面对各个市场的退市制度进行一个比较。

　　（一）上市公司退市的批准权限

　　境外证券市场将上市公司退市分为两种情况：一种情况是上市公司因不符合上市标准被交易所宣布退市，或称摘牌（Delisting, Cancellation of Listing）；另一种情况是原来在多个市场上挂牌交易的公司，经证券交易所批准，上市公司主动提出撤回上市（Withdrawal of Listing）。

交易所对上市公司退市一般具有较大的自主权。如香港联交所上市规则 6.04 规定，交易所对它认为不符合上市标准的公司，有权决定其终止上市。联交所作出终止上市的决定，无须经过证监会批准。纽约证券交易所上市规则 802.01 规定了上市公司退市的具体标准，同时指出，即使公司符合这些具体标准，在某些情况下，交易所仍有权对它认为不适合继续交易的公司作出终止上市的处理。与中国香港不同的是，美国 1934 年《证券交易法》规定，交易所在作出终止上市的决定之前，必须报请美国证券交易委员会（SEC）批准。

（二）上市公司退市的标准

纽约证券交易所和东京证券交易所对上市公司终止上市都作了比较具体的规定，这些规定主要涉及以下几个方面：

（1）股东数量达不到标准；

（2）股票交易量极度萎缩；

（3）因资产处置、冻结等失去持续经营能力；

（4）破产清算；

（5）财务状况和经营业绩欠佳；

（6）不履行信息披露义务；

（7）违反法律或上市协议。

香港联交所的退市标准比纽约交易所更为笼统。根据规定，公司出现以下情况时，公司股票暂停交易，并进入退市程序：

（1）公司出现财务困难，严重损害其继续经营能力，或导致其部分或全部业务终止经营；

（2）公司资不抵债。

（三）退市程序

境外证券交易所对作出上市公司退市的决定一般都比较谨慎，规定了非常复杂的程序。如纽约证券交易所上市规则 802.02 规定了以下程序：

（1）交易所在发现上市公司低于上市标准之后，在 10 个工作日内通知公司；

（2）公司接到通知之后，在 45 日内向交易所作出答复，在答复中提出整改计划，计划中应说明公司至迟在 18 个月内重新达到上市标准；

（3）交易所在接到公司整改计划后 45 日内，通知公司是否接受其整改计划；

（4）公司在接到交易所批准其整改计划后 45 日内，发布公司已经低于上市标准的信息；

（5）在计划开始后的 18 个月内，交易所每 3 个月对公司的情况进行审核，其间如公司不执行计划，交易所将根据情况是否严重，作出是否终止上市的决定；

（6）18 个月结束后，如公司仍不符合上市标准，交易所将通知公司其股票终止上市，并通知公司有申请听证的权利；

（7）如听证会维持交易所关于终止公司股票上市的决定，交易所将向 SEC 提出申请；

（8）SEC 批准后，公司股票正式终止交易。

由上述情况可见，交易所要决定某公司股票终止上市，最长要经过 22 个月的时间。

香港联交所的退市程序包括以下四个阶段：

（1）第一阶段：在停牌后的 6 个月内，公司须定期公告其当前状况。

（2）第二阶段：第一阶段结束后，如公司仍不符合上市标准，交易所向公司发出书面通知，告知其不符合上市标准，并要求其在 6 个月内，提供重整计划（Resumption Proposal）。

（3）第三阶段：第二阶段结束后，如公司仍不符合上市标准，交易所将发出公告，声明公司已经因无持续经营能力，将面临退市，并向公司发出最后通牒，要求其在一定期限内（一般是 6 个月），再次提交重整计划。

（4）第四阶段：第三阶段结束后，如公司没有提供重整计划，则交易所宣布公司退市。

东京证券交易所在处理上市公司退市上，采用了逐步退出的办法。发现公司低于上市标准时，首先对其进行特别处理（类似于我国的 ST 制度），并要求其在限期内重新达到上市标准，如果公司在限期内未达到上市标准，则对其交易作进一步限制（类似于 PT 制度），如仍未改善，则令其摘牌。

第二节　上市公司退市的实践意义

资本市场是由法律、法规、制度等一系列规则组成的虚拟市场，虽然存在一定数量的实物资产，如建筑物、电脑等，但显然，规则是资本市场的构成主体。规则相对于山、水等自然界原本存在的物质，最大的特点便是人造的。但是，人造物也必须符合自然界的内在规律，如同造水坝可以减轻水灾，但是水坝的建设违反了自然界的规律，反而会因之得祸，如埃及的阿斯旺大坝。没有退市机制，资本市场"新陈代谢"的功能不健全，必然影响到市场效率的发挥和市场标准的维护，制约了资本市场优化资源配置功能的发挥，不利于公司外部治理机制的形成。同时，退市机制的设计，也应当符合资本市场运行的基本规律，减少退市标准中财务性、道德性判断指标，形成市场化的以投资者自主选择、自愿交易为导向的优胜劣汰机制。

一、退市制度是规范完善公司制度的基础

公司制度的核心原则包括股东有限责任、法人人格属性和法人财产的独立性。在我国公司法意义上的公司，是指股东依照《公司法》的规定，以出资的方式设立，股东以其认缴的出资额或认购的股份为限对公司承担责任，公司以其全部财产对公司债务承担责任的企业法人。我国《民法通则》第三十六条规定："法人是具有民事权利能力和民事行为能力，依法独立享有民事权利和承担民事义务的组织。"上述公司制度原则和法律规定的意义在于表明股东与法人之间是风险隔离的，法人作为经营实体和市场竞争主体，必然要独立承担经营风险、债务风险和市场风险，与此相应，法人所承担的经营风险、债务风险和市场风险也构成了对法人权利和义务的激励和约束。可以说，市场机制的规范和完善必然促进公司制度的规范和完善。一方面，退市制度是市场机制的自我规范和完善，市场有进入标准就有退出标准，在市场约束机制发挥自我规范作用的同时，督导公司审慎经营、持续发展、规范行为、控制风险。另一方面，我国企业长期在计划经济体制下运行，习惯于"负盈不负亏"，市场风险意识淡薄，建立退市制度本身就是对传统企业制度的考验，也是对地方政府部门观念意识的考验。因此，建立退市制度，完善市场约束机制，是公司制度的基础性建设工作。

二、退市制度有利于资本市场优化资源配置

优胜劣汰是市场经济的基本法则，资本市场同样不能例外。资本市场具有的优化资源配置功能，决定了资本市场的准入必然要有一定标准，在经济周期作用下，个别上市公司难以持续维持上市标准，为了保持市场效率，避免"劣币驱逐良币"发生，资本市场需要不断吸纳优质公司上市，同时又不断淘汰劣质公司下市，通过吐故纳新的动态调整过程，为资本市场注入新的生机和活力，促使资源从低效率的劣质公司流向高效率的优质公司，提高上市公司整体质量，提高资本市场的资源配置效率。因此，资本市场必须是双向开放、有进有出的市场。对于一个市场来说，进入壁垒和退出壁垒的高低对于市场的平均利润水平和竞争程度有着显著影响。上市公司具有持续盈利能力是投资者投资价值的源泉，因此设立一定的进入壁垒是必要的，但缺乏有效的退出机制，则是不符合市场规律的。风

险管理是资本市场重要的内生机制，资本市场发挥风险管理功能，不断识别上市公司的风险状况，通过相应的制度安排，不断淘汰风险程度过高的公司，保持市场的基本品质和效率，实现优胜劣汰。上市公司是投资者投资价值的源泉，如果资本市场没有退市机制，大量高风险上市公司充斥市场，投资者就会对整个市场产生不信任而产生"逆向选择"问题，使得投机风气盛行，"劣币驱逐良币"现象泛滥，最终导致资本市场资源配置的功能严重扭曲，投资者选择退出市场。就如 20 世纪 90 年代捷克因上市公司被"掏空"现象普遍存在，导致其资本市场完全丧失功能。

退市机制的建立有助于市场形成优胜劣汰的竞争环境，上市公司要么当证券市场上的"常青树"，要么退出市场。退市机制，一方面对那些业绩不好的公司形成巨大的经营压力，千方百计地寻找扭亏为盈的方法，在提高资产质量、改善公司经营业绩上下工夫；另一方面对那些业绩尚可甚至优质的上市公司来讲也是一种挑战。正如产品具有生命周期一样，企业的生存和成长也具有自身的生命周期，由于不同的企业处于不同的产业周期，它们的经营业绩也总是会有波动的，如何维持其经营业绩的稳定性与增长性，成为市场中的"常青树"，对它们来讲是一个持续的挑战。退市机制正是通过这两种压力推动企业持续发展，实现优胜劣汰的市场经济法则。因此，退市机制是资本市场具有持续投资价值的重要机制，是资本市场健康发展的必然要求，成为世界各国的通行做法。

三、退市制度有利于引导资本市场价值投资理念

任何资本市场都既是投资的场所，也是投机的场所，适度的投机行为不仅不会危害资本市场，而且对资本市场的运行是有益的。但在我国资本市场，由于长期缺乏退市机制的约束，"ST"、"PT"类公司尽管业绩低下，但由于上市公司只生不死，且背负着一个金光闪闪，让人垂涎欲滴的"壳"，一些公司为规避首次公开发行股票（IPO）的严格条件要求和冗长程序，便以资产重组为名借"壳"或买"壳"入市，上演一幕幕"咸鱼翻身"、"乌鸦变凤凰"的好戏。其结果是一方面助长了投资者的投机心理，另一方面给市场操作者提供了利用亏损企业具有的重组可能来操纵股价的机会，使得"T"类股票一度成为上市公司资产重组的代名词，受到市场的大力追捧，戴上"T"帽，股价非但不下落，反而扶摇直上。相反，一些业绩优良、成长前景好的绩优股、蓝筹股，却由于盘子相对较大，缺乏资产重组想象力等所谓有号召力概念，而被市场投资者打入"冷宫"，股性长期呆滞，市场上甚至奉行"不亏不炒，越亏越好"，绩优股"红旗落地"，垃圾股"鸡犬升天"。中小投资者的投资决策不是建立在上市公司基本面、发展前景、投资价值上，而是追逐热点、寻找庄家、打探消息，全然没有上市公司会摘牌、会破产的概念。优不胜，劣不汰，劣质公司非但不能被淘汰出局，反过来还会吸引

市场疯狂炒作，有限的资本长期沉积在这类公司上而无法转移到优质公司得到有效运用。在此格局下，一些上市公司开始不把注意力放在搞生产经营，搞真实题材的资本运作上，却把相当大的精力放在创造所谓"有想象力的概念"上，市场投资理念被严重歪曲，市场的价格发现功能无以发挥。

退市制度的建立，借壳上市、资产重组的风险系数明显加大，资产重组概念股股价高扬、交投活跃的局面将难以延续，有利于投资者不断增强风险意识，遏制投机行为，逐步树立理性的投资理念，形成以业绩为本的市场投资氛围，这将引发上市公司行为的价值导向。因为在一个价值型投资市场中，上市公司的业绩和成长性是吸引投资者的重要筹码，有了这种动力，上市公司自然会努力提高公司的质地，不断改善公司的市场形象，以便更好地体现自己的投资价值，吸引更多的投资者，从而实现上市公司与投资者双赢的目标。

四、退市制度有利于改善上市公司治理

上市公司是证券市场的基石，而在决定上市公司质量的诸多因素中，公司治理具有基础性作用。公司治理是借以处理公司中的各种合约，协调和规范公司中各利益主体间关系的一种制度安排，这套制度安排的有效性不仅依赖于公司权力机构、决策机构和执行机构三者之间各负其责、协调运转、有效制衡，还依赖于控制权市场、经理人市场等外部环境的完善。上市公司治理的形同虚设及治理效率低下虽有国有资产监管的历史原因，但退市机制的缺乏却有推波助澜的影响。在由"公司治理、经营业绩、退市制度"三者构成的上市公司经济生态链中，存在着密切的依存关系，正是由于我国证券市场长期缺乏"退市"这一底部生态链节点，其逆向传导约束机制受到破坏，致使上市公司缺乏重塑治理结构的压力与动力，缺乏调整和优化经营机制的紧迫感，导致部分上市公司不思进取，企业经营机制并未真正改变，发行上市圈钱完毕便万事大吉，融到的巨额资金很快就会被其低效的运作消耗掉，经营状况每况愈下，业绩逐年滑坡，形成"一年优、二年平、三年亏"的独特现象。

退市制度的建立，辅之以严厉的证券违规处罚机制，将有效地加强对上市公司经理层的约束，把经理层的经营管理行为引导到合理合法的渠道上来，自觉地努力搞好经营，提升公司的经营业绩，抵制控股股东滥用控制权的问题。因为公司退市降低了公司管理者的人力资本，关系到管理者的个人荣辱、经济利益和职业前景，因而退市机制是对公司管理者改进经营管理、努力实现股东价值最大化的一项硬性约束。退市机制是上市公司治理的外部约束机制。因为公司退市降低了公司的市场信誉，增加了公司的融资成本，削弱了公司的发展能力，攸关控股股东的切身利益，可以有效促进控股股东履行对公司的督导、关注、监管的义务，促进上市公司治理结构的改善，提高上市公司的资源整合能力和市场运作效率。总

之，退市机制的建立，将为公司治理结构的建设和发展创造良好的外部环境，强化公司所有者与经营者之间的委托代理关系，形成有效的市场激励与监督机制。

第三节　上市公司退市制度概述

通过法律对上市公司退市做出规定，这是我国退市制度的一个基本特点。在国外成熟的证券市场上，退市既是一种常规性机制，更是一种市场化机制。尽管在新修订的《证券法》中体现了一定的市场化特点，而与发达国家的退市机制相比，沪、深证券交易所的退市机制具有较强的中国特色，是以成文法的形式来规范上市公司的交易所市场退出行为，属于法定退市。

一、关于退市机制的法律条款及立法解读

1994年实施的《中华人民共和国公司法》(以下简称《公司法》) 中明确规定了退市条件、执法机构，其后颁布的《中华人民共和国证券法》(以下简称《证券法》) 承接了《公司法》有关退市的规定（2005年两法修订时，将《公司法》中涉及上市公司退市的条款略经修订后转移至《证券法》中，解决了两法相互间的"越位"现象，清晰了两法间调整规范范围的界定。这次修订中，重要的是将原《公司法》中的执法主体国务院证券管理部门变更为证券交易所）。

原《公司法》中涉及退市的规定有：

第157条规定：上市公司有下列情形之一的，由证券交易所决定暂停其股票上市交易：

（1）公司股本总额、股权分布等发生变化不再具备上市条件；

（2）公司不按照规定公开其财务状况，或者对财务会计报告作虚假记载，可能误导投资者；

（3）公司有重大违法行为；

（4）公司最近三年连续亏损；

（5）证券交易所上市规则规定的其他情形。

第158条规定：上市公司有前条第（2）项、第（3）项所列情形之一经查实后果严重的，或者有前条第（1）项、第（4）项所列情形之一，在限期内未能消除，不具备上市条件的，由国务院证券管理部门决定终止其股票上市。公司决议解散、被行政主管部门依法责令关闭或者被宣告破产的，由国务院证券管理部门决定终止其股票上市。

2005年《证券法》承接原《公司法》有关退市的规定，具体表述如下：

第 55 条规定：上市公司有下列情形之一的，由证券交易所决定暂停其股票上市交易：

（1）公司股本总额、股权分布等发生变化不再具备上市条件；

（2）公司不按照规定公开其财务状况，或者对财务会计报告作虚假记载，可能误导投资者；

（3）公司有重大违法行为；

（4）公司最近三年连续亏损；

（5）证券交易所上市规则规定的其他情形。

第 56 条规定：上市公司有下列情形之一的，由证券交易所决定终止其股票上市交易：

（1）公司股本总额、股权分布等发生变化不再具备上市条件，在证券交易所规定的期限内仍不能达到上市条件；

（2）公司不按照规定公开其财务状况，或者对财务会计报告作虚假记载，且拒绝纠正；

（3）公司最近三年连续亏损，在其后一个年度内未能恢复盈利；

（4）公司解散或者被宣告破产；

（5）证券交易所上市规则规定的其他情形。

从上述条款可以看出，我国上市公司退市立法关注的有以下几个方面：

（1）保证股票的流动性。立法中将公司股本总额和股权分布不符合上市条件作为暂停上市和终止上市的原因之一。股本总额和股权分布不得低于法定数额，有利于增强股票的流动性，避免股票买卖发生困难，或者股价被人为操纵。公司上市的根本目的是通过资本的正常有序流动，促进资源的合理有效配置，如果股票高度集中，或者交易清淡以至于有行无市，造成股票缺乏流动性，则继续挂牌就失去了意义。

（2）强调上市公司的信息披露义务。立法中将不按照规定公开其财务状况或者对财务会计报告作虚假记载，都作为退市的条件。证券市场是一个信息市场，披露信息是解决市场信息不完全、不对称，防范"逆向选择"和"道德风险"的保障。将不按照规定披露信息作为退市条件，可以促使上市公司及时、准确、全面地披露公司信息，遏制隐藏行动和隐藏信息对投资者的侵害，提高上市公司的信用水平和市场的公信程度；保证投资者公平地享有对公司信息的知情权，在充分知情的情况下做出决策。

（3）保证上市公司质量。立法中将连续三年亏损作为暂停上市和终止上市的条件，这主要缘于证券市场发展初期，各方面都倾向于允许业绩优秀的公司股票上市，不允许效益差、经过"包装"、"捆绑"的公司股票上市，害怕挫伤投资者的积极性，把好不容易建立起来的证券市场搞乱。在当时的历史条件下，这种考虑一方面由于立法者的慎重，另一方面也由于审批制的历史背景，证券上市交易必须经过有关机关审批，证券交易所按照批准决定安排有关的证券挂牌交易。审批制作为传统计划经济的产物，希望由此保证上市公司质量的优良，避免上市公司一哄而起、优劣不一。在当时，中国的证券市场既是新兴的市场，又是处于从计划经济向市场经济转轨时期，市场发育不成熟，缺乏理性、成熟的投资者。在这样的现实条件下，"上市"、"下市"条件主要考虑在于如何保证上市公司质量，维护投资者信心和证券市场秩序，从而培育和发展中国证券市场这一新生事物，应当是符合国情和可以理解的。1993 年 12 月人大法工委"关于《中华人民共和国公司法》（草案）审议结果的报告"中，是这样陈述的："在股份有限公司的股份发行和转让一章中，专门写了上市公司一节，严格规定上市公司必须具备的条件和批准程序。如：股票已经国务院证券管理部门批准发行，公司股本总额不少于 5000 万元，开业三年以上，近三年连续盈利等。在实际执行中，应该把上市公司严格控制在少数确实符合条件的公司范围内"。与此相对应，从法律上规定连续亏损的上市公司应该暂停上市以至终止上市，从提高上市公司质量的角度看，也是合乎情理的。2005 年修订两法时认为，连续三年亏损是甄别上市公司素质的关键指标，即使有产业生命周期的影响，也能切实反映出上市公司的持续经营能力强弱，并且附有相对长的一个期限以便公司改善经营业绩，因而有必要继续保留。

（4）明确执法主体。原《公司法》统一规定上市、退市条件，并将上市核准权和退市决定权集中到国务院证券管理部门统一行使，有利于我国证券市场的统一调控、统一管理，进而保证证券市场交易安全和市场的稳定。但是，这种规定使得退市决定成为一种行政行为，作为证券交易的组织者——证券交易所在退市方面处于无所作为的地位。2005 年修订时，将退市决定权授予证券交易所，一方面是因为经过几年的退市实践，退市机制已得到了市场的广泛认同；另一方面是因为由证券交易所主导退市决定权，有助于减少退市的行政化色彩，是符合国际惯例的做法，真正实现市场化退市的原则。

2011 年 11 月，随着创业板市场的发展，根据创业板公司的特点，深圳证券交易所补充完善了有关创业板公司退市制度的规定，在《证券法》规定和主板退市规定的基础上，增加有关净资产为负、被交易所公开谴责等退市情形。2012 年 6 月，沪、深证券交易所发布了改进和完善退市制度的方案，力图构建多元化、市场化的退市指标体系，加大强制退市的力度。

二、退市机制的探索与发展

退市机制无疑是资本市场基础制度建设的重要环节，但是由于种种深刻的体制原因和社会原因，我国资本市场退市机制的建立经历了一个典型的新旧体制磨合的过程。这一过程从 1994 年《公司法》生效，到 2001 年我国正式实施退市，跨越了 8 年的时间。

（1）对高风险公司股票交易实行特别处理制度（"ST"）。1994 年我国上市公司首次出现亏损，而到 1996 年亏损上市公司已经达到 15 家。为了加强亏损上市公司的风险提示，督促上市公司尽快改变现状，上海证券交易所在 1997 年修订的《股票上市规则》中，增加了《上市公司状况异常期间的股票特别处理方式》一章。该章规定，对于上市公司连续两年亏损，或每股净资产低于每股面值，或发生其他异常状况导致投资者对该公司前景难以判断，可能损害投资者的情形，上交所将对股票实行另板公布和 5% 涨跌幅限制的特别处理，直到异常情况消除，并由公司报请上证所同意，方可取消特别处理。修订后的《股票上市规则》自 1998 年 1 月 1 日起施行。

证监会于 1998 年 3 月 16 日发布的《关于上市公司状况异常期间的股票特别处理方式的通知》（证监交字〔1998〕6 号）中规定：实行特别处理的公司，股票前加 "ST" 标记，特别处理股票的报价日涨跌幅限制为 5%，有条件的证券公司营业部应该使有 "ST" 标记的股票行情闪烁显示或另屏显示，指定报刊应另设专栏刊登特别处理股票的每日行情，不得将特别处理股票的每日行情与其他股票的每日行情混合刊登。"ST" 制度的实施，是建立退市制度的初步探索。对于连续两年亏损的公司，在股票简称前增加 "ST" 标志，客观上起到了向投资者提示投资风险的作用。ST 制度也向地方政府和大股东提示了公司存在的亏损及退市风险，促使他们积极行动起来，采取重组措施，使公司扭亏为盈。

（2）苏三山的暂停上市和特别转让制度的出台（"PT"）。在 1998 年上市公司年报披露期间，我国证券市场上第一家连续三年亏损公司——苏三山出现了。如何执行《公司法》有关退市规定的现实问题摆在了监管层面前，1998 年 9 月 14 日，证监会决定，苏三山因连续三年亏损，依据原《公司法》有关规定暂停上市。

原《公司法》第 143 条规定："股东持有的股份可以依法转让。" 苏三山股票暂停上市之后，很多投资者对股票不能转让变现反应强烈。为了解决股东转让股票的问题，需要设计一套制度来解决这个问题。在充分调查研究的基础上，经中国证监会批准，1999 年 7 月，上海、深圳证券交易所同时颁布了《上市公司股票暂停上市处理规则》。《规则》规定：公司股票暂停上市期间，证券交易所为投资者提供 "特别转让服务"。特别转让服务是指：

1）公司股票简称前冠以 "PT"（PT 为 Particular Transfer 的缩写）字样；

2）投资者在每星期五（法定节假日除外）开市时间内申报转让委托；

3）申报价格不得超过上一次转让价格上下 5%；

4）每周星期五收市后对有效申报按集合竞价方法进行撮合成交，并向证券交易所会员发出成交回报；

5）转让信息不在交易行情中显示，由指定报刊设专门栏目在次日公告；

6）公司股票不计入指数计算，成交数据不计入市场统计。

PT制度一方面在对上市公司进行警告的同时，给予其改善经营业绩的机会，另一方面也是向投资者提示退市风险。但是PT制度不符合市场经济优胜劣汰的基本原则，对于连续亏损的上市公司是一种纵容，既有损于政策的权威性和法规的严肃性，又对其不能产生很大的经营压力，难以形成有效的约束和激励机制，造成了上市公司整体素质低下；PT制度扭曲了证券市场的运行机制，降低了证券市场有效配置资源的功能，PT公司是亏损最严重的公司但是也是最有可能"乌鸦变凤凰"的公司，受到市场的热烈追捧，形成绩优股不香，绩差股不臭的局面，证券市场价格引导作用无法实现。

（3）退市制度的建立。PT制度作为一种特定环境下的过渡性制度安排，终将随着制度环境的改变而改变，这是由市场本身的客观规律所决定的。2000年初，监管层将研究连续三年以上亏损上市公司的退出问题列入了2000年十项工作任务之一。2001年2月22日，中国证监会发布了《亏损上市公司暂停上市和终止上市实施办法》，并据此在2001年4月决定PT水仙终止上市，标志着我国退市制度的正式建立和实施。但是由于各方面因素限制，《实施办法》只对《公司法》规定的应当退市的四种情况之中的一种情况做了规定，对此，证监会发言人在回答记者提问时指出："目前，市场对PT公司在规定期限内无法消除亏损情形而依法退市的结果是有心理准备的，社会舆论也要求连续亏损的上市公司依法退市。因此，针对连续亏损的情形制定上市公司暂停上市和终止上市的实施办法，条件比较成熟。至于《公司法》规定的因其他几种法定情节退市的实施办法，我们将在条件成熟时逐步推出。"

（4）退市机制的基本形成。我国资本市场退市机制的形成表现在四个方面：第一是证监会依法将决定上市公司暂停上市、恢复上市和终止上市的权限授予证券交易所，实现了与国际惯例接轨，体现了退市机制的市场化原则。第二是根据市场发展实践，在2003年将不按照规定如期披露定期报告（指年度报告和半年度报告）的公司、财务会计报告存在重大会计差错或虚假记载的公司、要约收购涉及股权分布不符合上市条件的公司如何适用退市机制的问题予以了明确，细化了上市公司触发各项法定退市条件的具体操作程序，减少了操作中的主观判断因素。第三是对面临退市的公司加强风险提示，建立了退市风险警示制度（即"*ST"），通过对公司股票简称加"*ST"突出显示的方式，对存在退市风险的公司股票交易向投资者进行风险警示，便利投资者区分哪些股票存在退市风险，哪些不存在退市风险。第四，是监管部门对公司退市之后的股东权益保护问题加强了研究，在2003年发布的《关于执行〈亏损上市公司暂停上市和终止上市实施办法（修订）〉的补充规定》中建立了公司退市之后进入代办股份转让系统的退市平移机制，2004 年在《关于做好股份有限公司终止上市后续工作的指导意见》中在 2003 年自愿进入"代办系统"的基础上，建立"自愿为主、指定为辅"的强制平移机制，明确公司退市后进入"代办系统"的期限，即规定公司在限期内不能进入"代办系统"转让股份的，由证券交易所为其指定主办券商在限期内办理完有关手续，以便投资者转让股份。同时明确退市公司只要符合上市条件，可以直接向证券交易所申请再次上市。

至此，对上市公司退市过程中的四个环节（退市风险警示、暂停上市、恢复上市和终止上市）都有了明确可行的规定，清晰界定了每个阶段中证券交易所、上市公司的权利和义务，是一个有着明确的退市权限归属、有效可行的退市标准、可操作性强的退市程序的制度安排，形成了一套适应中国国情的、操作性强的、股东权益得到有效保护的、较为完备的退市制度体系。

（5）退市机制的持续完善。2011 年 11 月 28 日，深圳证券交易所对外公布了《关于完善创业板退市制度的方案（征求意见稿）》，征求意见稿中的创业板退市制度主要包括：不支持暂停上市公司通过借壳方式恢复上市、新增加了"连续受到交易所公开谴责"和"股票成交价格连续低于面值"两个退市条件、缩短了资不抵债公司的退市时间、成交量过低公司直接终止上市、退市前有 30 个交易日的交易机会、明确了退市公司平移至代办股份转让系统等。深圳证券交易所将根据有关内容修订《创业板股票上市规则》，新的创业板退市制度于 2012 年第一季度正式实施。

2012 年 4 月 28 日，证监会发布了《关于改进和完善上市公司退市制度的意见》，针对现行退市标准适应性不足，主要执行连续三年亏损的退市条件，加上近年来新的会计制度实施以及其他因素影响，导致绩差上市公司"停而不退"，市场退市效率明显降低的情况，在总结过去 10 年里上市公司退市的实践经验，借鉴创业板完善退市制度的具体做法，进一步落实《证券法》关于暂停和终止股票上市交易的有关规定，增强对上市公司的市场约束、资本约束和舆论监督，尽量减少行政干预和强制性要求，建立多元化的退市标准体系，健全市场化的转板机制，全面和系统地改进主板、中小企业板的退市制度。具体内容包括：一是将非标准审计意见、净资产为负、没有营业收入且不能正常运行、股票交易严重萎缩等指标纳入退市标准；二是健全退市风险释放机制，设立"退市风险警示板"、"退市整理板"；三是进一步明确公司终止上市后的去向及安排，在统一的法律法规条件下，对所有退市公司适用相同的信息披露要求，实行统一的转让方式，每周提供 2~3 次的转让安排，允许退市公司自行选择在全国性场外交易市场、或者在符合条件的区域性场外交易市场，或者在证券交易所创建的退市公司股份转让系统挂牌转让股份，对于公司不作出选择的，由证券交易所作出安排；四是授权证券交易所依法建立终止上市公司重新上市制度。2012 年 6 月 28 日沪、深证券交易所根据上述监管要求正式发布了《关于完善上市公司退市制度的方案》。

（6）现行退市制度的主要内容见表 7-1~表 7-4。

表 7-1　财务类退市指标

净资产为负	1 年被退市风险警示
	2 年被暂停上市
	3 年被终止上市
营业收入低于 1000 万元	1 年被退市风险警示
	2 年被暂停上市
	3 年被终止上市
年度审计报告为否定意见或无法表示意见	1 年被退市风险警示
	2 年被暂停上市
	3 年被终止上市

表 7-2　市场类退市指标

主板公司股票累计交易量过低	（1）通过证券交易系统实现的股票累计成交量，连续 120 个交易日（不含停牌日）仅发行 A 股的上市公司低于 500 万股，仅发行 B 股的低于 100 万股，其股票将直接终止上市
	（2）同时发行 A 股、B 股的上市公司，其股票累计成交量同时达到上述情形的，其 A 股、B 股股票将直接终止上市
中小板公司股票累计交易量过低	通过证券交易系统实现的股票累计成交量，连续 120 个交易日（不含停牌日）低于 300 万股，其股票将直接终止上市
股价持续低于每股面值	（1）连续 20 个交易日（不含停牌日）每日收盘价均低于面值，其股票将直接终止上市
	（2）同时发行 A 股、B 股的上市公司，其股票每日收盘价同时达到上述情形的，其 A 股、B 股股票将直接终止上市

表 7-3　其他类退市指标

中小板上市公司连续受到交易所公开谴责	连续 36 个月被证券交易所公开谴责 3 次，其股票将被终止上市
暂停上市公司未披露定期报告	因财务类指标被暂停上市公司，在其股票暂停上市后未能在法定期限内披露首个年度报告的，其股票将被终止上市

表 7-4　退市相关安排

设立退市整理板	公司股票终止上市前，给予公司 30 个交易日的"退市整理期"，公司股票通过"退市整理板"进行另板交易
退市公司股份转让服务	股票终止上市后，可选择在全国性场外交易市场，或者在符合条件的区域性场外交易市场，或者在证券交易所创建的退市公司股份转让系统挂牌转让股份；对于公司不作出选择的，由证券交易所作出安排
重新上市安排	授权证券交易所指定重新上市制度安排，允许终止上市公司消除终止上市情形，符合重新上市条件时，可以申请重新上市

三、退市机制的中国特色

在中国，通过法律的形式来规定退市条件，运用行政机制来保障退市规定的贯彻执行，动员举国机制维护退市期间社会稳定，使得退市机制具有鲜明的中国特色：

（1）退市是一项动员机制。我国退市机制是在舆情导向下自上而下推动建立的。1994 年《公司法》颁布实施，在法律上已经确立退市制度，但是在实际执行中却与"转轨经济"体制发生激烈碰撞，一边是舆情汹汹，直斥滥竽充数之害；另一边是体制屏障，强调上市公司关系重大，不可轻举妄动。监管层是"两边余一卒，负戟独徘徊"，难以有所作为。《公司法》颁布实施 7 年之后，2000 年全国人大常委会开展《公司法》执法检查活动，要求有关部门坚决执行《公司法》有关上市公司退市的规定，在行政体制的广泛动员之下，建立资本市场退市制度才得以贯彻落实。2001 年退市制度在具体执行中，行政动员机制发挥了关键作用，首先确定在市场经济意识相对成熟的上海市启动退市"破冰"，上海市政府在符合退市条件的 5 家暂停上市公司中，选择股东、员工人数相对较少、规模相对较小、体制关联度较低的 PT 水仙成为首家终止上市公司，同时动用 15 亿元财政资金通过资产重组方式拯救其他 4 家公司满足恢复上市条件，将退市震动降到了最低程度。为实现退市工作的全面推开，监管层组织专业团队赴 11 个省市政府逐一展开动员工作，并逐地协助制定退市维稳工作预案。在举国机制的动员下退市工作才得以在艰难中蹒跚起步。

（2）退市是一种强制性机制。为维持市场的品质和效率，退市通常是一种强制机制，只有在市场化程度较高的并购重组活动中才会出现主动退市和自动退市的情形。在"新兴加转轨"市场上，退市成了一种强制性机制。在现实国情条件下，强制退市机制不可避免地会触及上市公司、投资者、员工、债权人甚至地方政府部门等多方利益调整，形成多方矛盾交织的格局。为缓解强制退市激化"转轨经济"中诸多特殊矛盾，各地政府创造性采取许多在特定阶段行之有效的风险隔离措施，例如"四缓"，即在退市期间采取针对退市公司"缓立案、缓受理、缓审判、缓破产"措施，使退市工作与违规追究、破产解散适度隔离，避免矛盾集中爆发影响社会稳定。在湖北"蓝田股份"退市工作中，在"四缓"的基础上，针对因退市引发公司经营停顿，由政府财政补贴方式解决当地 40000 农民失业后的生计问题。由于退市成本高企，当强制退市的行政动员趋缓时，退市工作必然难以为继。2006 年以后退市机制出现"停滞"现象，即新暂停上市公司大幅递减、已暂停上市公司数量"积压"，难以实现终止上市。特别是最近几年退市机制执行力减弱，最近 5 年退市公司数量剧减，退市机制的有效性受到广泛质疑，市场人士又开始关注加大强制退市力度的问题。在舆情关注下，2011 年、

2012 年监管层陆续出台完善创业板、主板、中小企业板退市制度的方案，继续保持强制退市的一贯指导思想。

（3）退市是一道检验机制。在转轨经济中，退市在一定程度上成为上市公司适应市场经济的检验机制。在成熟市场经济国家资本市场上退市犹如上市，是股市的一项正常的市场机制，是市场经济题中应有之义。但在"新兴加转轨"的中国资本市场，由于上市资源的稀缺性，上市公司与原体制保持着千丝万缕的关系，上市工作是体制推动的成果，退市也必然受到体制牵制。因此，退市机制本应是市场博弈的结果，在早期的中国资本市场却变成了政府与市场、中央与地方之间的博弈。这种博弈的过程，实际上是上市公司接受市场经济机制检验的过程，也是检验股东有限责任、法人独立人格属性等公司制度基本理念的实践；同时，通过退市实践不断检验政府与市场、政府与市场的边界，促进各司其职、归位尽责。随着我国经济市场化程度的深入，对退市机制的包容度在不断拓展，经过"试错"实践，各地政府已逐步减少为"保壳"而"保壳"的行为，逐步适应通过市场机制解决市场形成的问题。从这种意义上看，建立退市机制在促进公司转型的同时也在促进社会转型。

（4）"掏空"是上市公司退市的主要因素。2001 年 2 月至 2006 年底是退市机制建立的重要时期，在此期间，沪、深两市累计有 39 家上市公司退市，其中35 家公司都是因为连续亏损而被强制退市。大股东占用资金，导致上市公司被"掏空"，是这些公司被强制退市的主要原因。因大股东占用资金问题而退市的公司占 35 家公司的 70%。在股权分置和法人财产法律保障不足情况下，大股东占用上市公司资金一度盛行，其直接后果是，一方面侵害上市公司利益，使上市公司缺乏正常的营运资金以整合资源应对市场竞争，另一方面为维持生产活动的大量举债导致利息费用剧增，加剧了业绩下滑，导致公司逐步陷入退市深渊。这也是 2001~2006 年上市公司退市家数较为集中的重要原因之一。2006 年以后随着股权分置改革和清理大股东占用问题基本完成，因"掏空"问题退市公司数量大幅降低。

第四节　完善退市标准的再思考

2001 年 2 月我国证券市场建立退市机制后，PT 水仙成为第一家被摘牌的公司。随后，退市机制一直在持续建设之中，以 2005 年两法的修订为分水岭，由证券交易所执行的退市制度安排基本成形。经过十多年的实践，截至 2011 年底沪、深证券交易所共计依法终止了 45 家公司上市。2011 年、2012 年陆续出台了完善创业板、主板、中小企业板退市制度的方案，进一步推进退市标准的多元化和市场化，提高退市制度的执行力。退市制度相关安排及完善，其目的是保持市场的品质和效率，促进资本市场的健康发展，完善上市公司外部治理环境，提高资本市场和上市公司的核心竞争力，因而要遵循市场原则进一步完善退出机制，这既是中国资本市场规范发展的必然选择，也是提高上市公司质量的重要途径。

（1）现行退市机制的两大问题。其一是实行强制退市的社会成本较高。由于转轨经济体制形成的政府与市场、政府与企业边界模糊，上市公司与地方政府部门之间保持千丝万缕的关系，在退市过程中，客观上在上市公司、投资者债权人、员工甚至政府部门之间形成博弈关系。这种博弈关系的形成有其现实性，一方面上市公司通常是地方经济支柱，被视为地方经济的"融资渠道"而加以保护；另一方面上市公司关系到地方经济社会稳定，也必然受到地方政府的重视。加上，我国资本市场以散户投资者为主，风险承担意识不足，风险承受能力有限。因此，退市问题往往变成维稳问题，并需要为此做出多方面的预案，形成较大的社会成本。其二是我国退市机制本身具有明显行政化色彩，在退市标准中包含较多道德性指标和财务性指标，由于中介机构执业质量差距和诚信体系不完善，这些指标通常不得不由监管部门做出判断，而不是由投资者在知悉充分信息条件下做出自愿选择，于是监管部门被动成为上市公司"生与死"的裁决者。特别是在信息不对称条件下，退市公司往往股价居高不下、散户投资者数量众多，考虑到投资者、市场和社会的承受能力，使退市制度执行难度加大。

（2）完善退市机制的发展方向。第一，遵循市场规律完善退市机制。在深入推进资本市场基础制度建设的基础上，完善资本市场的价格形成机制，健全资本市场的风险管理功能，在市场有效的条件下，使得股权分布、交易价格和股票交易量等市场指标，能够真正反映投资者的价值判断和风险偏好，形成以投资者自主选择、自愿交易为导向的退市机制，尽量减少行政干预和强制退市带来的负面影响，降低退市机制造成的市场和社会冲击，形成真正市场化的退市机制。当然即使是以市场指标形成的退市机制，也需要循序渐进，充分考虑市场条件和投资者的承受能力，注意吸取2002年香港"仙股风波"引发市场震荡的教训。第二，遵循公司属性完善退市机制。根据我国《公司法》有关规定，公司具有以下属性：①法人财产独立。公司是企业法人，有独立的法人财产，享有法人财产权。②债务责任分担。公司以其全部财产对公司的债务承担责任，股东以其认购的股份为限对公司承担责任。③股东权利自治。公司股东依法享有资产收益、参与重大决策和选择管理者等权利；股东持有股份可以依法转让；公司经营管理发生严重困难，继续存续会使股东利益受到重大损失，通过其他途径不能解决的，持有公司全部股东表决权10%以上的股东，可以请求人民法院解散公司。完善退市机制的方向应当遵循公司属性的上述原则，准确界定退市机制所要体现的责任边界，避免市场机制"越界"损害股东权益，充分尊重公司自治原则和股东合法权益，需要强调关注三个方面：一是在因法人财产经营风险引发退市中，应当关注股东合法权益得到适当保护，切实保障股东依法转让股东的权利、股东依法享有资产收益、参与重大决策和选择管理者等权利不因退市机制而剥夺。二是退市机制应当符合市场主体自治原则，退市既然是市场机制就应当减少行政干预微观经济活动，把更多的退市标准交给市场去判断，交给投资者自主判断；区分退市机制与违规追究之间不同属性，减少把道德标准作为退市标准，把退市机制还给市场，把违规追究交给监管，各司其职，归位尽责。三是把退市机制与公司破产解散机制有机结合起来，退市机制与公司破产、解散机制同属于市场退出机制，在公司破产、解散中有法律规定的完整的司法程序和司法救济措施，比较而言，退市机制在"转轨经济"中主要依靠行政保护，没有司法力量的介入难以保障所有制度安排的公平正义性，因此，退市机制应当与公司破产、解散制度有机衔接起来，以弥补退市机制的程序性保障不足，从而有效减少强制退市对市场和社会带来的震荡，加大社会管理成本。在法制经济中，通常是通过司法介入来保护股东权益，从而减少侵害股东权益问题的发生，例如 2009 年香港法庭对电信盈科私有化退市过程中发生"种票"问题作出了司法裁定。退市机制引入司法程序，增加退市机制的社会公平正义基础，有利于增强社会公信力，降低社会稳定风险。

资料链接

"仙股退市"教训

所谓仙股是指那些股价长期偏低、只有几分钱港币的低价股（即 Penny Stock，在纳斯达克市场上，长期交易价在 1 美元以下的股票将会被打入另册，到次一级的 OTC 市场或者 OTCBB 市场上，交投量都会受到不同程度的限制）。

2002 年 7 月 24 日，星期四。香港联交所推出了一份名为《首次上市及持续上市资格及除牌程序有关事宜上市规则修订建议咨询文件》（以下简称《上市规则》)的报告，就上市条件、程序以及退市机制向市场进行全面咨询（详见《联交所咨询文件中的除牌标准》)，其中尤为引人注目的规定是，股价持续 30 天在 0.5 港元以下的上市公司将会被强令退出股市。

《上市规则》的修订一直是香港证券市场的重心，咨询文件更为市场司空见惯——2001 年度以证监会和联交所的名义发出的咨询报告即达 25 次之多。因此公布当日市场并无异样，相关评论也多趋于正面，退市机制似乎即将波澜不兴地平稳推出。

然而 7 月 25 日却风云突变，原因是许多持有低价股的散户收到券商通知，要为 0.5 港元股价下的股份（香港称为"仙股"，即股价在 0.1 港元以下，极言其市值之小）补充保证金，否则将会立遭斩仓。一时间仙股股价一泻如注，市值蒸发达上百亿港元，据香港传媒统计，366 家股价低于 0.5 港元的股份中，当天共有 259 家下跌，近 20 家股份跌幅超过 30%。随后事态愈演愈烈，从经济到政治，追究责任之广远远超出人们的想象。联交所行政总裁邝其志、证监会主席沈联涛、特区政府财经事务局及库务局局长马时亨，甚至财政司司长梁锦松都受到了追偿损失的冲击。邝、沈、马三人更被称为"仙股罪人"，香港报纸则形容其"场面变到一锅泡"。

第五节　退市公司股东权益保护

上市公司终止上市后，如果没有破产或者解散，仍然属于合法存续、公众投资者持股的股份有限公司。因而，公司退市之后，股东如何保障持股权益、如何依法转让股份，股东如何获取公司信息，就是投资者集中关心的问题。退市实践表明，只有有效地解决公司退市后的股东权益保护问题，公司退市才可能得到投资者的真正认同，两者之间具有正相关性。

一、公司退市后的股份转让与多层次市场体系建设

股东权益保护是退市机制的重要组成部分，退市机制得以顺畅运行的关键环节。在退市活动中，股东权益保护主要包括三个方面：一是如何保障持股权益，即在无纸化电子交易市场中股东持股权益凭证（股东名册）如何保障；二是如何依法转让股份，即作为非上市公众如何实现股份转让；三是股东如何获取公司信息，即非上市公众公司如何信息披露。在探索建立退市机制之初，由于多层次市场体系尚未破题，监管层在保护股东权益方面做了多方面的积极探索。1999 年推行 PT 制度，2001 年在证券公司建立针对退市公司的代办股份转让系统，2004年进一步完善"退市平移制度"。这些举措都是为确保退市机制稳步建立、有效运作，保护退市公司股权合法权益，探索多层次市场体系建设的有益尝试，是有效化解退市矛盾维护社会稳定的关键，可以说没有这项制度，就不可能有退市实

践的逐步展开。

证券公司"代办转让系统"是建立多层次市场体系的积极探索。公司退市后进入"代办转让系统",是使上市公司退出过程表现为一个流通性逐渐降低的过程,可以给企业、债权人和中小股东一个缓冲空间,改变一步退市后股东权益无保障的状况。因此,提高"代办转让系统"的流通性,改进"代办转让系统"的成分,做大做强"代办转让系统",推进多层次市场体系建设,使得不同品质的公司、不同风险偏好的投资者,可以在相应的市场层次中实现股份有序转让。多层次市场体系,是指在一个国家或地区内由若干个在上市条件、交易场所、信息披露、监管等方面存在差别的不同市场组成的体系。在很多国家或地区,存在由主板市场、二板市场甚至三板市场组成的多层次市场体系。从多层次资本市场的结构看,美国股票市场中,纽交所有 2311 家上市公司,纳斯达克 2717 家,场外电子柜台交易市场(OTCBB)2386 家,粉单市场 6199 家,灰色市场 6 万多家,大致呈金字塔状,结构相对稳定合理。而我国市场结构像一个倒金字塔:截至 2011 年 8 月,主板公司共 1405 家,中小板 610 家,创业板 258 家,中关村代办转让系统 115 家。我国亟待完善较低层次场外市场体系建设,为品质较低、规模较小、创业初期的企业提供股东权益转让平台。

2004 年以后,证券业协会积极推进了"代办转让系统"的建设,在"代办转让系统"内部进一步细分了层次,资质好的公司和资质较差的公司分别处于不同的层次,在交易便利和信息披露等方面也给予差别待遇。比如严重资不抵债、信息披露严重违规的公司每周只能交易一天;盈利能力良好、信息披露规范的公司每周可以交易五天。2012 年全国性的场外交易市场建设取得实质进展,2012 年 4 月在证监会发布的《关于改进和完善上市公司退市制度的意见》中明确,退市公司可以自行选择在全国性的场外交易市场、符合条件的区域性场外交易市场、交易所创建的退市公司股份转让系统转让股份。2012 年 6 月证监会《关于非上市公众公司监督管理办法》公开征求意见,为非上市公众公司提供股份转让服务场外交易市场建设取得实质进展,多层次市场体系的轮廓显现。

为规范推进场外交易市场建设,国务院 2011 年发布了《关于清理整顿各类交易场所切实防范金融风险的决定》(以下简称《决定》),明确除依法设立的证券交易所或国务院批准的从事金融产品交易的交易场所外,任何交易场所均不得将任何权益拆分为均等份额公开发行,不得采取集中竞价、做市商等集中交易方式进行交易;不得将权益按照标准化交易单位持续挂牌交易,任何投资者买入后卖出或卖出后买入同一交易品种的时间间隔不得少于 5 个交易日;除法律、行政法规另有规定外,权益持有人累计不得超过 200 人。同时明确除依法经国务院或国务院期货监管机构批准设立从事期货交易的交易场所外,任何单位一律不得以集中竞价、电子撮合、匿名交易、做市商等集中交易方式进行标准化合约交易;从事保险、信贷、黄金等金融产品交易的交易场所，必须经国务院相关金融管理部门批准设立。《决定》进一步明确了场内交易市场的边界，为集中统一、规范有序推进场外交易市场建设指明了发展方向。

二、支持退市公司重组，建立重新上市制度

市场化的退市机制应该是能上能下的机制。公司上市之后，如果经营情况不佳，则终止上市。反过来，终止上市的公司在转入代办转让系统后，经过重组，具备上市条件的，也可以申请重新上市。为了鼓励退市公司自动进入代办转让系统，推进退市公司重组，规范自身行为，中国证监会于 2003 年着手研究退市公司重新上市的有关政策问题，并在 2004 年 2 月 5 日发布了《关于做好股份有限公司终止上市后续工作的指导意见》（以下简称《指导意见》）。《指导意见》规定，股份有限公司终止上市后重新符合上市条件并具有持续经营能力的，可以直接向证券交易所提出其向社会公众发行的股票再次上市的申请。退市公司申请再次上市，须经所在地省级人民政府同意，须聘请上市保荐人并在再次上市后两年内接受上市保荐人的督导，须取得中国证券业协会对公司规范运作记录和无异议函。证券交易所根据中国证监会授权，依照法定条件和法定程序审核公司的重新上市申请并做出核准决定。2012 年 4 月证监会发布的《关于改进和完善上市公司退市制度的意见》，继承了《指导意见》开创的基本思路，明确授权证券交易所依法制定重新上市实施办法。

重新上市制度是针对"股票经国务院证券监督管理机构核准已公开发行"（《公司法》第 50 条第 2 款）的非上市公众公司，建立的从较低层次市场，向主板、中小板市场转板的制度。重新上市制度与首次公开发行证券上市和未经核准公开发行的非上市公众公司转板制度应有区别。可以借鉴 IPO 和借壳上市条件，考虑设立以下条件：

（1）符合《股票上市规则》规定的首次公开发行股票的上市条件；

（2）具备健全良好的公司治理结构和内部控制制度；

（3）公司与控股股东、实际控制人及其关联人在业务、资产、人员、机构、财务等方面相互独立，不存在同业竞争和显失公平的关联交易；

（4）公司的资产完整、权属清晰，不存在被控股股东、实际控制人及其他关联占用资金的情形；

（5）公司具备持续经营能力和持续盈利能力；

（6）公司最近两个会计年度净利润均为正数且累计超过 2000 万元人民币，净利润以扣除非经常性损益前后较低者为计算依据；

（7）公司最近两个会计年度的财务会计报告被注册会计师出具标准审计报告；

（8）公司在申请重新上市前进行重大资产重组的，所购买资产对应的经营实

体持续经营时间应当在三年以上，且在重组前的最近三年内，该经营实体的主营业务和董事、高级管理人员没有发生重大变化、实际控制人没有发生变更；

（9）公司及其控股股东、实际控制人不涉及重大诉讼、仲裁或股权纠纷，也不存在影响公司重新上市的其他纠纷。

三、公司破产制度和危机公司接管机制

实践表明，退市制度仅仅是企业退出市场的一个方面，如果没有一套比较完善的企业破产制度支持，是难以形成比较完善的上市公司退市制度的。退市制度和破产制度各负其责，可以解决当前证券市场上存在的退市制度承担本应由破产制度承担的情况。破产制度是为了清理不能清偿到期债务的债务人的财产，通过破产程序以使债权人获得公平清偿的法律制度。破产制度的价值有二：一是消灭已无法经营的企业的主体资格，避免资源的无端浪费。二是通过破产清算，使债权人的债权得到公平的清偿，避免债权人损失的进一步扩大。尽管我国《破产法》已经施行，但是就上市公司而言，即使债权人向法院提出了破产申请，地方政府从维护形象出发，经常出现干预司法的情况，要求法院不得受理破产申请。更重要的是，由于上市公司的公众股股东与国有股、法人股股东的持股成本相差很大，公司破产清算会造成中小投资者承担与其权利不对等的重大损失，极易引发社会稳定风险，这也是虽然公司实质上已经破产，但各方不启动破产程序所在。实际上，对于一些已经资不抵债、业务停顿的上市公司来说，不实行破产，如同在资本市场上维持着一个"死魂灵"，不仅资本市场的形象受到影响，债权人的利益也得不到保护，甚至会降低整体经济运行的效率。如果确有退市公司依照法律破产，中小投资者、债权人各自真正承担起应负的投资责任，将对市场恶意炒作"*ST"股票的侥幸心理、投机行为产生警醒作用，能进一步发挥退市机制促进优胜劣汰、优化资源配置的作用，大大减轻退市工作的压力。

随着破产实践的发展，破产制度本身也得以进一步完善。除传统的破产清算和破产和解外，一种新的制度——破产重整，走上了舞台，并逐渐成为人们关注的焦点。2007 年 6 月 1 日，新修订的《中华人民共和国企业破产法》正式实施，该法第一次全面规范了我国企业法人破产法律制度，确立了破产重整制度，适用对象由以前的全民所有制企业扩大到了上市公司，由此可以借助《破产法》中的破产重整程序来挽救亏损或濒临退市的上市公司。

很多上市公司濒临破产的同时也面临着股票被终止上市的风险，仅仅着眼于避免退市，通过财政补贴、债务和解方式进行的债务重整，难以帮助公司实现实质性提升。因此，唯有实质重组才能真正实现上市公司破产重整的最终目的，即恢复和再建公司的经营能力。而实质重组通常而言都是通过重大购买、出售、置换资产的方式加以实现。一旦破产重整申请被获准，相应退市执行程序被终止，

就可以为实质重组创造较为良好的外部环境。

企业重整制度使《破产法》不仅是一个市场退出法、死亡法，还是一个企业重生法、拯救法。绩差或陷入困境的上市公司有可能通过有效的重整避免破产，复苏再生，为企业提供了一个自我拯救、重生的机会，既有利于平衡债权人与债务人的利益关系，也有利于保护中小投资者和公司职工的合法权益，维护社会稳定和促进经济发展。与此同时，破产重整也是一把"双刃剑"，一旦重整失败，变为破产清算，对资本市场而言也具有积极的一面，它开辟了一条劣质公司退市的渠道，有利于提高市场资源配置效率，真正实现优胜劣汰机制。

与破产相对应的是，当公司经营陷入困境，或者出现董事会无法正常运作、失去控制的情形时，应该通过接管机制，根据"规范破产、鼓励重组"的要求接管公司，保持公司治理结构有效运行，保护投资者、债权人合法权益，推进重组，可以有效制止由于少数人的行为导致国家财产损失，激化社会矛盾；可以避免应该退出市场的千军万马挤"独木桥"的问题，这对于完善退市机制具有更为重要的意义。国外上市公司接管的经验也是值得我们学习借鉴的。在美国，如果公司失去控制，为了保护投资者权益，法院可以任命公司的财产管理人，SEC 还可以任命"特别顾问"，负责对公司过去的管理和文件中存在的错误进行调查，并且不仅向公司董事会汇报，还要向 SEC 汇报。法院或 SEC 可以任命一名或多名独立董事进入董事会，介入公司管理。在借鉴国外经验时要考虑我国具体国情。在美国，法院在经济管理中可以发挥较大的作用，这与我国的情况是不同的。在我国，地方政府在经济管理中发挥着重要作用，上市公司的接管可以考虑由地方政府或者地方法院主导进行。在这方面，《国务院批转证监会关于提高上市公司质量意见的通知》（国发〔2005〕34 号）中提出，地方各级人民政府要切实承担起处置本地区上市公司风险的责任，建立健全上市公司风险处置应急机制，及时采取有效措施，维护上市公司的经营秩序、财产安全和社会稳定，必要时可对陷入危机、可能对社会稳定造成重大影响的上市公司组织实施托管。《破产法》也对此作出了具体可行的规定。

资料链接

"仙股退市"教训

一、公司基本情况

1. 公司基本资料

上海水仙电器股份有限公司（以下简称"水仙电器"、"水仙"或"公司")前身为上海洗衣机总厂,创建于1980年,是我国家电行业中最早生产家用洗衣机的重点骨干企业之一,1992年5月5日,经上海市政府经济委员会批准改制为股份有限公司。1992年5月24日,经中国人民银行上海市分行批准,公司发行85778000元A股,每股面值10元,计8577800股。1993年1月6日,公司A股股票在上海证券交易所挂牌上市。1994年10月22日,公司又发行了1亿股B股。

水仙电器作为上海证券市场较早上市的公司之一,主营业务为生产、销售各类洗衣机、干衣机、燃气具、厨房吸油机及配套设备、其他家用电器等。在刚上市时,水仙电器业绩较好,1994年,公司洗衣机的年销量超过了100万台,市场占有率达到12%。然而好景不长,1995年水仙电器效益开始大幅滑坡,以后更是每况愈下,1997年终于首度出现亏损,且亏损额高达6000多万元。公司上市以来历年主要财务指标如附表1和附表2所示:

附表1

	1993年	1994年	1995年	1996年
主营收入(万元)	7527.46	97064.8	92257.10	75683.85
主营利润(万元)	408.13	7443.26	1236.89	467.00
净利润(万元)	3159.34	5711.7	2653.80	755.35
总资产(万元)	58333.97	93907.89	114622.51	120843.75
股东权益(万元)	25742.63	47615.24	48143.94	49732.23
每股收益(元)	0.275	0.266	0.123	0.033
每股净资产(元)	2.24	2.21	2.09	2.03
净资产收益率(摊薄)(%)	12.27	12.00	5.51	1.52
净资产收益率(加权)(%)	—	—	—	1.51

附表2

	1997年	1998年	1999年	2000年
主营收入(万元)	45317.55	18487.31	17477.99	11044.18
主营利润(万元)	9275.63	2314.36	2289.22	1420.90
净利润(万元)	45317.55	-13878.31	-19909.35	-14570.66
总资产(万元)	117871.29	102586.85	62378.62	42315.09
股东权益(万元)	43153.93	27797.05	8478.84	-5995.92
每股收益(元)	-0.281	-0.587	-0.84	-0.62
每股净资产(元)	1.76	1.18	0.36	-0.25
净资产收益率(摊薄)(%)	-15.41	-23.02	-234.81	243.01
净资产收益率(加权)(%)	-14.32	-38.81	-111.58	-1220.82

附表 2 显示，公司 1997~1998 年连续两年亏损，公司股票交易因此于 1999 年 5 月 4 日起被实施特别处理；1999 年，公司又巨亏 1.99 亿元，于 2000 年 5 月 8 日被暂停上市。2000 年再度亏损 1.46 亿元，公司向上海证券交易所申请宽限期未获得批准。2001 年 4 月 23 日，公司股票被终止上市。

2. 控制权变更情况

水仙电器的名义控股股东长期为纳塞斯投资发展中心（以下简称"纳塞斯"），其实纳塞斯只是水仙 B 股上市时为明晰产权设立的一个"空壳"，除了拥有水仙 21.60% 的股权外一无所有。公司的实际控股股东为上海轻工控股（集团）公司。

2001 年 1 月 18 日，公司拟实施资产重组计划：第一大股东纳塞斯将其持有的占总股本 21.6% 的股份协议转让 18.57% 给同步电子；第二大股东新工联将其持有的占总股本 13.47% 的股份协议转让 6.43% 给同步电子，3% 的股份转让给轻工控股，但由于债务重组流产，股权转让失效。

二、冰冻三尺，非一日之寒——公司经营失败分析

曾几何时，水仙电器是我国家电行业的佼佼者，更是上海家电业的骄傲。公司 A 股和 B 股分别在 1993 年和 1994 年挂牌上市，从证券市场募集到 1.57 亿元人民币和 2504 万美元。进入 20 世纪 90 年代，水仙在家电行业日趋激烈的竞争中开局良好，逐步扩大了市场优势，并有望成为中国洗衣机行业的领头羊。然而自 1997 年起，公司由于重大投资上的失误、新产品开发滞后导致产品单一以及内部管理问题等原因，此后不但未能摆脱困境，而且亏损额逐年加大。其中原因不得不让人深思。

1. 微观环境——水仙公司经营管理严重失误

总的来说，水仙电器衰落的原因一方面是公司新品开发和市场开拓一直不尽如人意，技不如人，加上经营管理不善，更使其在市场竞争中节节败退；另一方面，水仙电器在重大对外投资项目上均告失败，投资失误加速了水仙公司陷入经营绝境。

（1）产品结构不合理，市场开发不尽如人意。

1）产品结构不合理，产业升级换代步伐慢。20 世纪 90 年代，由于过度竞争和重复建设，国内洗衣机生产力严重饱和，当时我国洗衣机厂家的年生产能力已达到 2500 万台，而实际市场需求不超过 1500 万台，全国洗衣机的生产能力已经大量过剩。令人吃惊的是，此时水仙的主打产品仍然是老式双缸洗衣机，而其他厂家产品结构已调整完毕，并迅速占领市场。公司的主要竞争对手小鸭集团、青岛海尔、小天鹅和荣事达等都靠新产品大幅提高市场份额。面对众多竞争对手的产品优势，水仙明显感到力不从心。

2）市场开拓不力，销量大幅下滑。水仙的主业是洗衣机的生产和销售，经过 20 多年的发展，其年产销量已超过 100 万台。1994 年水仙的市场占有率超过 12%，但由于新产品开发落后，市场开拓不力，加上经营不善，导致其销售量从 1994 年的 120 万台滑落到 1997 年的 43 万台。

（2）投资失误是祸根。"水仙"的连年亏损之路，主要是在上海水仙能率有限公司及上海惠尔浦水仙有限公司等重大对外投资项目上的重大失败引起的。

早在 1994 年和 1995 年，公司就分别与日本能率株式会社和美国惠尔浦公司共同投资组建上海能率有限公司和上海惠尔浦水仙有限公司，总投资额分别为 2000 万美元和 7500 万美元，水仙电器分别占 50%和 45%的股份。应当说，水仙当初选择外资合作对象时还是相当认真的，其选择的对象无论从国际知名度还是在专业技术上都堪称出类拔萃。公司本来的意愿是希望借助国外产业巨头的资金和技术优势，结合自身的市场优势，使公司的规模和效益快速放大。可事与愿违，两家公司在经营中都连续亏损，反而加速了水仙经营效益的下滑。公司对上海水仙能率有限公司生产燃气热水器项目投资 1000 万美元，其合作方日本能率株式会社是日本著名的燃气具制造公司，热水器产品规格之多，技术之先进在日本国内也占领先地位。在 2000 年 6 月公司为了有效制止在水仙能率上的投资亏损，以 657 万美元向日本能率株式会社出让 45%的股权，以 73 万美元向上海轻工集团公司出让 5%的股权，至此完全退出上海能率。这次投资失败造成约 3000 万元的损失。

公司与美国惠尔浦公司的合资则酿成更大的悲剧。1995 年水仙在成功发行 B 股后与美国惠尔浦公司共同投资 7500 万美元组建上海惠尔浦水仙有限公司，水仙占 45%的股权，当时预计可在三年内达到年产 50 万台新一代全自动滚筒式洗衣机的生产能力，在给水仙带来良好经济效益的同时，也能为水仙在全自动洗衣机的技术开发方面引进一些先进的国际技术。惠尔浦是世界上最早生产洗衣机的电器制造商，其技术力量相当雄厚，而水仙经过十几年的经营，也构筑了一个遍布全国的庞大销售网络，这一投资项目在当时看来是"天作之合"。但事与愿违，水仙惠尔浦由于"水土不服"，不仅没能拉正在市场竞争中节节倒退的水仙一把，反倒给了水仙致命的一击。水仙惠尔浦在经营年度里连续亏损，1996 年就亏损 2446 万元，1997 年亏损进一步扩大为 5000 万元。造成亏损的原因是惠尔浦水仙内部出现了问题。当时美方并没有利用水仙现成的销售网络推销自己的产品，而是"避长就短"试图建立自己的销售队伍和销售渠道，造成惠尔浦水仙的经营成本大幅上升。事实上，惠尔浦在合资以后与水仙之间的合作并不默契，合资公司成立后不久，从生产、管理到销售便全部是由美方掌管，外方合资者似乎并不愿意水仙插手公司的"内部事务"。据有关知情人士透露，公司在与惠尔浦合资时，美方人员发现中方派出的采购人员开出的采购清单价与事实不符，而水仙方面对这种行为也没有采取切实有效的措施进行处理，从而直接造成合资双方的矛盾和不信任，也使惠尔浦水仙的"天作之合"最终变得名存实亡。到1998年，公司无法承受惠尔浦亏损给水仙带来的沉重压力，为了自保出让了25%水仙惠尔浦股权，在改用成本法进行核算后，水仙惠尔浦1998~1999年共亏损26389万元，仍对水仙产生了-5278万元的影响。

水仙在与美国惠尔浦和日本能率合资的同时，还挺进房地产、国际贸易、模具制造、电气等行业，企图通过多元化经营打开局面，然而战线过长、资源分散，再加上不谙市场，美梦难圆。水仙翻然悔悟，然而已病入膏肓。尽管采取了许多止亏措施，水仙在投资及控股子公司方面的"出血点"仍是触目惊心的，亏损面仍是有增无减。除上述两项合资项目以外，水仙还拥有水仙房地产开发经营公司、国际贸易公司、苏州模具制造公司、金山水仙电器公司、水仙进出口公司五大全资附属及控股子公司，其中三家为亏损企业，1999年的亏损总额达到578万元。这些年来投资失误为水仙带来的不仅是经济上的损失，更加严重的后果是资金的沉淀使公司在技术改造方面资金匮乏，裹住了水仙电器原本可以在全自动洗衣机方面发挥出的技术优势，使水仙产品的技术含量一直未能明显提高，丧失了跟其他竞争对手同场竞技的能力，水仙由此走向了衰败之路。

（3）应收款和负债居高不下，周转资金极度匮乏。债务负担沉重、应收账款数额巨大是水仙最终崩溃的直接原因。

1）过度举债，导致信用丧失。公司资产负债率从1994年的46%逐年上升到2000年的114%，退市时已经资不抵债了。过度负债的不良结果是，一方面增加了利息支付的负担，以2000年为例，其净利息费用支出达2547万元，而同期的主营业务收入仅为11044万元，高额的财务费用使公司生产经营受到极大影响，更使公司的扭亏背上了沉重的财务负担；另一方面公司的信用逐步降低，最后彻底丧失了融资能力。

2）应收账款失控。水仙为了打开销售市场，大量采用赊销的营销方式，使应收账款大幅上升，从1994年的9340万元一路攀升，1997年达到最高峰39848万元，增加426%，而与此同时，公司的产品销售却逐年下降，从1994年的每年120万台下降到43.01万台。虽然董事会年年强调清理应收账款，但收效甚微，到2000年还有31228万元的应收账款。公司虽然意识到销售中的虚销和应收账款问题严重，直接威胁到公司的生存，但由于在销售和清理应收账款上采取措施的力度不够大，结果一边清理老的应收账款，一边产生新的应收账款。公司曾对分布在全国的销售部门进行全方位的调研，发现下属销售部门和人员存在克扣修理费、私设"小金库"等行为，且一些销售部门账目非常混乱。公司此时如果对这些行为进行清理整顿，水仙或许也还会有转机，遗憾的是，公司在这方面的工作力度非常不够。

负责公司审计的会计师在查账过程中发现，来自销售部门的所谓1~2年、2~3年的应收账款其实根本无法收回。1999年公司对应收账款提取了1.2亿元的坏账准备金，但会计师依然认为这些准备金不足以抵消公司实际存在的坏账损失，因此在审计意见中提出"无法估计公司的坏账准备是否足够谨慎和充分"。会计师还表示，公司在1999年底的营运资金为-18367万元，银行借款35721万元，其中无力偿还的逾期借款为14836万元，因银行借款而质押货币资金1278万元，这些原因综合起来足以对公司的持续经营能力产生重大影响，因此对水仙最近公告中扩大生产、开拓非洲市场等提法表示怀疑。

立信会计师事务所本次对PT水仙的年报发表了"拒绝表示意见"的审计报告，报告对公司提取的坏账准备金、存货跌价准备金是否足以弥补跌价损失表示怀疑，并指出公司负债中无力偿还的为27356万元，被抵押和质押的资产达12033万元。报告重申，会计师事务所无法确认该公司依据"持续经营原则"编制财务报表的合理性。

债务负担沉重和巨额的应收账款，始终压得水仙抬不起头来。这使水仙的资金状况同样十分危险，现金流似乎处于中断边缘，水仙的现金所余无几，货币资金已降至仅239万元，现金及现金等价物净增加额为负数，周转资金极度匮乏，加上生产、销售的持续委靡，使来自协作配套单位的经济纠纷案急剧增加，公司的经营活动极可能出现瘫痪。

2. 宏观环境——20世纪90年代上海家电业从辉煌走向没落

上海作为我国工业发祥地之一，有着数百万素质较高的产业工人、优良的装备设施，拥有历史上形成的与世界联络的快捷便利的信息通道。然而也许正是这种与生俱来的"龙头地位"，使上海家电业产生了盲目乐观的思想，忽视了市场经济所特有的规律。

20世纪80年代家电行业可谓是上海企业的天下，水仙洗衣机、金星彩电、双鹿冰箱等家电产品都是畅销全国的著名品牌。上海家电产业真正出现危机是在1995年，当时广东、山东和四川的一些家电企业异军突起，并始占据了全国销售排行榜前列，到1996年、1997年，上海的彩电、冰箱、空调器、洗衣机等大家电产销量全面萎缩，在销售额、出口额和利税三项指标中，上海家电企业排名均十分靠后。

上海家电业走下坡路的原因在于：以行政命令手段将上海几个大企业合并成集团，并希冀这样的集团尽快形成规模优势，最终走向世界舞台。事实证明，虽然这一愿望是好的，但是却违背了市场经济的规律。企业家更迭太频繁。上海某家电企业在短短5年间，换了6任董事长或总经理。每换一任总经理，就必须重新制定企业发展目标。所有者和经营者分开的问题没有解决，阻碍了企业的发展。基础管理跟不上资产膨胀速度，没有建立与之相适应的企业管理系统。水仙也正是在这一大环境下走向衰败的。

2001年4月18日，水仙电器公布的2000年年报显示，尽管该公司当年取得了1420多万元的主营业务利润和570多万元的其他业务利润，但仍亏损了1.4亿元，每股收益为-0.62元。至此，水仙电器负债总额为4.7多亿元，公司短期借款及一年内到期的长期负债合计为32906万元，占负债总额69.48%。其中无力偿还的逾期借款为27356万元，已抵押、质押及冻结的资产金额占总资产的44%，公司净资产为-5996万元，公司实质上已丧失持续经营能力。

第八章 我国上市公司影响力研究

公司转型的核心目标是促进生产力的发展。上市公司由于发展的内外部环境发生了深刻变化，使上市公司在公司治理、并购机制、投融资机制等方面具备了先进的制度优势和优越的发展环境。随着我国资本市场的持续发展，上市公司的规模、结构、质量、效益不断改善，成为推动企业改革和经济增长的中坚力量，在提高经济运行质量，加快转变发展方式方面发挥着中流砥柱的作用。截至2011年12月底，我国境内上市公司达到2342家，总资产102.89万亿元，营业收入23.32万亿元，占GDP的49%，利润总额2.61万亿元，占规模以上工业企业利润总额的48%；上市公司缴纳的所得税占全国企业所得税的34%，上市公司现金分红总额6068亿元，比2010年的4996亿元增加21%；总市值21.48万亿元，排名由2005年的全球第13位跃居第3位。

本章以1990~2010年为比较研究期间，对我国上市公司发展状况进行多维度实证分析。

（1）数量分析表明，上市公司控股性质数量情况反映了社会主义市场经济的微观经济基础状况；上市公司行业分布数量情况反映了我国产业结构布局和发展趋势，上市公司区域分布数量情况反映了我国区域经济的发展状况和市场化程度。

（2）结构分析表明，上市公司资产、营业收入、利润和市值等指标的市场集中度状况，反映了我国上市公司成长性、规模化、龙头化发展趋势。总体来看，就市值水平而言，我国资本市场已出现上万亿元市值的超大型上市公司，市值在百亿元、千亿元以上的上市公司队伍也在不断壮大，说明我国资本市场规模和效率已取得重大进步，上市公司在国民经济中的代表性和带动力不断增强。

（3）质量分析表明，从1990年以来上市公司的资产增长、盈利能力、融资能力看，我国上市公司表现出较强的成长性和发展优势，体现了我国资本市场在配置资源中的基础作用，促进资源向国有大中型企业、创新型中小企业集聚。2006年后各项指标增长全面提速，上市公司在国民经济中的支柱作用、龙头地位进一步确立，成为推动经济增长的强大动力。在这一时期，金融类上市公司、央企上市公司成为我国资本市场稳定发展的骨干力量。

（4）经济相关性分析表明，上市公司与国民经济具有较为强烈的相关性，一方面是通过对上市公司市值增长率、市盈率曲线与 M2 CPI 的关联度分析，反映出资产价格与流动性的相关性关系，揭示出股票价格变动传导的宏观经济运行信息；另一方面通过对比上市公司与规模以上企业（工业企业）的经济效益状况，反映出我国经济的微观运行状况，上市公司的发展优势和对经济增长的带动力。

分析表明，我国上市公司在数量上已具有支柱企业的代表性，在结构上已成为区域经济发展的发动机，在质量上已具备可持续发展的核心竞争力，在经济相关性上已成为国民经济的"晴雨表"，上市公司在国民经济中具有重要的战略影响，在市场导向、发展导向的中国经济改革中，资本市场可以发挥更加积极的作用，上市公司可以成为支持中国经济可持续增长的战略引擎。

第一节　我国上市公司发展状况数量分析

截至 2010 年底，我国上市公司增加到 2062 家，对比 1990 年股票市场初创时期增长约 257 倍，其中，沪市上市公司 893 家，深市主板上市公司 485 家，中小板上市公司 531 家，创业板上市公司 153 家。

1990 年以来我国上市公司数量增长情况如图 8-1 所示。

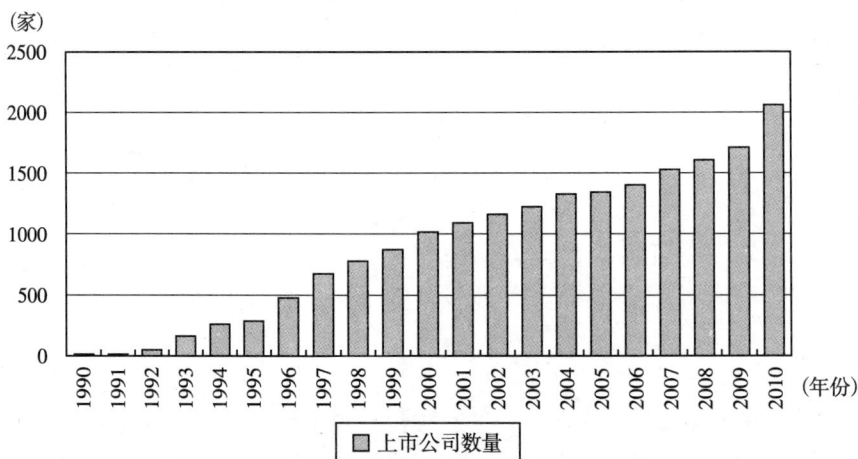

图 8-1　1990~2010 年我国上市公司数量增长情况

资料来源：Wind。

我国上市公司的数量变化情况，反映出以下几个方面特点：

（1）上市公司控股性质数量变化情况基本反映了社会主义市场经济的微观经济基础状况。通过对 2062 家上市公司上市时间及实际控制人情况数据采集和集成分析，1990 年以来每年新上市公司控股性质变化情况如图 8-2 所示（图 8-2至图 8-11 见本书最后彩页）。

1990 年以来上市公司控股性质情况如图 8-3 所示。

如图 8-3 所示，上市公司控股性质数量变化情况反映出资本市场 20 年大致经历了初期支持股份制试点、中期为国有企业改革发展服务、近期支持创新型国家建设的历史进程，上市公司大体保持了以公有制为主，多种经济形式共同发展的经济格局。截至 2010 年底，国有控股的上市公司共计 1008 家，约占上市公司总数的 48.91%，民营控股的上市公司共计 898 家，约占上市公司总数的 43.57%。随着中小板、创业板的快速成长，截至 2011 年 4 月 30日，2141 家上市公司控股性质就家数而言国有控股与民营控股已大致持平，如图 8-4 所示。

（2）我国上市公司行业分布数量情况基本反映了我国产业结构布局和发展趋势。根据国家统计局发布的数据，截至 2008 年底，我国三大产业的国内生产总值占比分别为 11.3%、48.6% 和 40.1%。截至 2010 年底，我国上市公司按照三大产业划分的市值比重分别为 0.69%、57.24% 和 42.07%，二者大致吻合，资本市场在资源配置中的基础作用已初步显现。1990 年以来每年新上市公司行业分布情况如图 8-5 所示。

1990 年以来上市公司的行业分布情况如图 8-6 所示。

我国上市公司行业分布数量变化情况基本反映了 20 年来国民经济运行的总体趋势，产业结构调整历经了由工业、商业和综合类为主，转向以钢铁、冶金、港口、化工、电子、汽车、电力、能源等基础产业、支柱产业为主导的新格局。如图 8-7 所示，截至 2010 年底，拥有最多上市公司数量的行业是机器、设备、仪表，石油、化学、塑胶、塑料，金属、非金属以及信息技术业，即泛制造业。上述四大行业分别拥有 357 家、214 家、164 家和 160 家上市公司，合计占全部上市公司的 43.43%。上市公司行业结构以制造业为主，总体反映了现阶段我国以第二产业为主的经济结构。

（3）我国上市公司地理分布数量情况，基本反映了我国区域经济的发展状况和市场化程度。1990 年以来每年新上市公司地理分布情况变化如图 8-8 所示。

按照行政大区分布，1990 年以来每年新上市公司地理分布情况变化如下：东北：辽宁、吉林、黑龙江；华北：河北、山西、内蒙古、北京、天津；华东：山东、江苏、安徽、浙江、福建、江西、上海；华中：河南、湖北、湖南；华南：广东、广西、海南；西南：云南、贵州、四川、西藏、重庆；西北：新疆、陕西、宁夏、青海、甘肃。

如图 8-9 所示，就覆盖面而言，我国上市公司已分布在除台湾外的各个省、自治区、直辖市，从区域分布的增长趋势看，由东向西逐次递增，东部地区具有带动作用。在地区分布上，华东地区上市公司 823 家占全部公司的比例为 40%，西北地区 116 家，占全部公司比例的 5.62%，基本反映了区域经济市场化程度差异。

1990 年以来，上市公司的地理分布情况如图 8-10 所示。

按照行政大区划分，1990 年以来上市公司地理分布情况如图 8-11 所示。

如图 8-11 所示，我国资本市场建立伊始，上市公司主要来自经济最发达的华东及华南地区，一方面这两个地区是改革开放的前沿，具有区位优势和先发优势；另一方面随着中西部地区经济的增长，中西部上市公司数量占比也在不断提升。总体来说，上市公司年递增数量、分布状况与区域经济发达程度、市场化程度呈现显著的正相关关系。截至 2010 年底，浙江、山东、江苏、上海、广东、北京的上市公司分别有 186 家、125 家、168 家、177 家、296 家以及 165 家，分别占当年上市公司总家数的 9.02%、6.07%、8.15%、8.59%、14.36%、8.01%。

第二节　我国上市公司发展状况结构分析

上市公司结构分析通常是以市场集中度指标来描述，包括资产、营业收入、利润和市值等指标的市场集中度分析。上市公司市场集中度状况反映了我国上市公司成长性、规模化、龙头化发展趋势。为准确反映资本市场支持实体经济发展的效果，分析上市公司的市场集中度情况剔除了金融行业上市公司。

一、资产的市场集中度分析

如图 8-12 所示，早期上市公司由于数量有限，代表性不强；1993~1999 年市场集中度不明显；2000 年以后随着大中型国有企业改制上市，市场集中度特征逐步显现。2006 年股权分置改革基本完成后，资本市场出现转折性变化，一大批关系国计民生的国有企业进入 A 股市场，同时资本市场孵化功能进一步发挥，一批大型上市公司逐步成长起来，上市公司资产的市场集中度上升趋势日益显著。截至 2010 年底，前 20% 的上市公司总资产占全部上市公司总资产比例达到 95.89%。

(%)

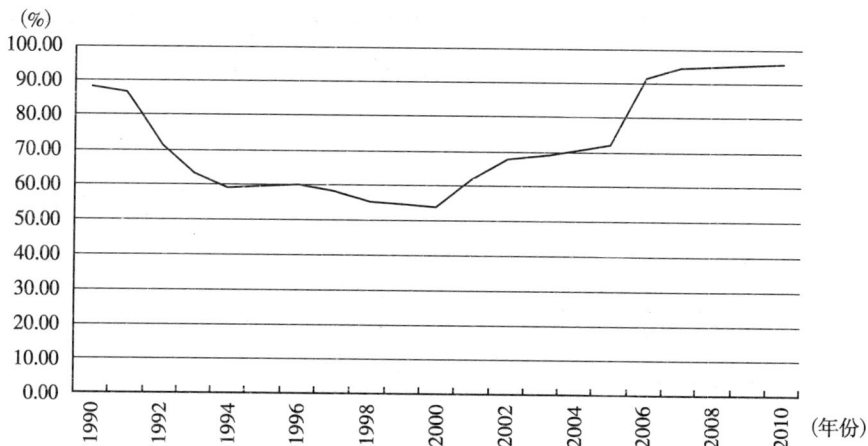

图 8-12 前 20%上市公司总资产占比 (1990~2010 年)

资料来源：Wind。

二、营业收入集中度分析

如图 8-13 所示，上市公司营业收入自 1999 年以后保持了持续稳定递增趋势。截至 2010 年底，前 20%的上市公司营业收入占全部上市公司营业收入的比例达到 88.34%。

(%)

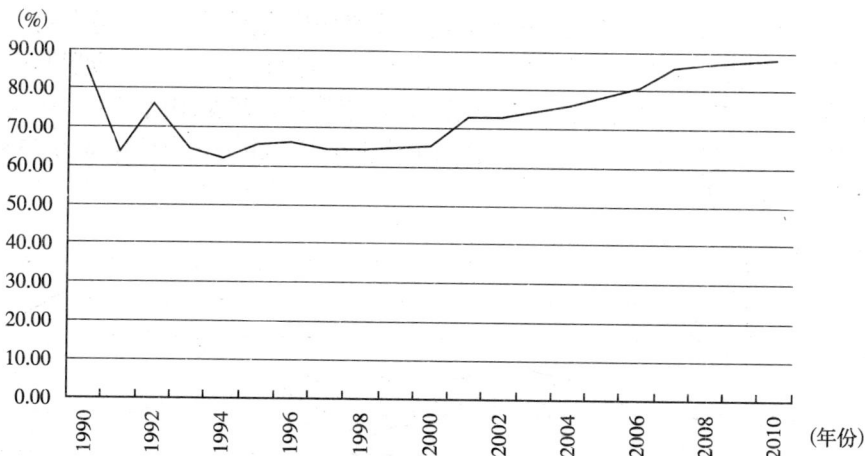

图 8-13 前 20%上市公司营业收入占比 (1990~2010 年)

资料来源：Wind。

三、利润的市场集中度分析

如图 8-14 所示，利润的市场集中度曲线相对平滑，1999 年后开始稳中有升。值得注意的是，在 2005 年和 2008 年前 20%的上市公司利润占全部上市公司利润总额的比例都超过 100%，分别达到 107.49%和 102.45%，随后都出现了向下波动。

一是说明 2005 年实体经济增长较快，随后两年金融类上市公司数量规模增长，对市场集中度有明显影响；二是 2008 年金融危机以后，实体经济增速减慢。

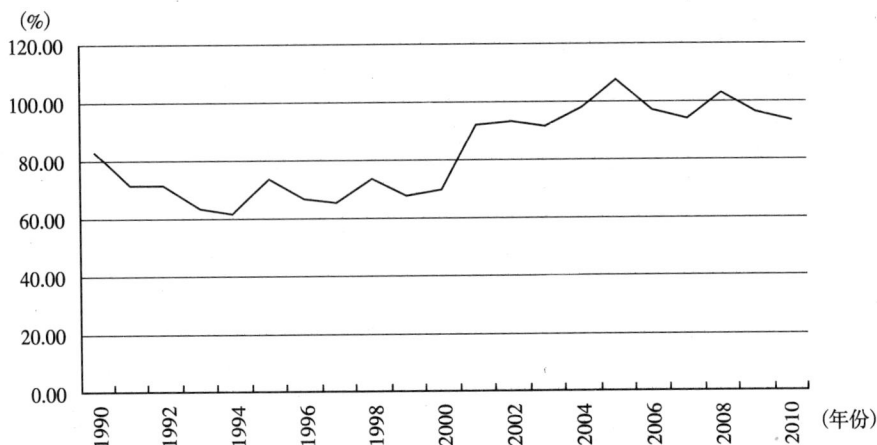

图 8-14 前 20%上市公司利润总额占比（1990~2010 年）

资料来源：Wind。

四、股票市值的市场集中度分析

如图 8-15 所示，前 20%上市公司市值的市场集中度指标，与收入的市场集中度指标走势较为相似。2008 年以后市值集中度有所下降，一是表明实体经济受到了金融危机影响；二是中小板、创业板的快速扩容，以及大盘股与中小盘股的估值水平差异（中小盘股高市盈率），对市值的市场集中度产生了影响。截至 2010 年 12 月 31 日，前 20%上市公司市值占全部上市公司市值比例为 75.83%。

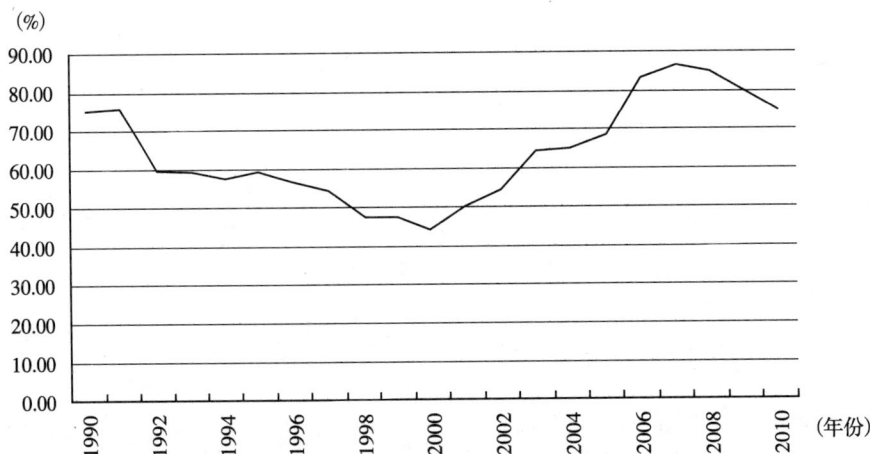

图 8-15 前 20%上市公司市值占比（1990~2010 年）

资料来源：Wind。

　　值得注意的是，目前境内上市银行有 16 家，包括工农中建交五大商业银行，从资产总量、股份总量、市价总值等指标看，16 家银行在境内证券市场已经占有相当大的权重。2010 年年报显示，全部上市公司资产总计为 85 万亿元，总股本为 3.3 万亿元，其中，16 家上市银行总资产合计为 63.6 万亿元，占全部上市公司总资产的 74.8%；股本总计为 1.43 万亿元，占全部股本的 43.24%。上市银行各项指标的市场集中度较高，既是特定历史阶段我国资本市场的重要特点之一，也是我国资本市场发展值得关注的问题之一。

　　总体来看，就市值水平而言，如图 8-16 所示，我国资本市场已出现上万亿元市值的超大型上市公司，市值在百亿元、千亿元以上的上市公司队伍也在不断壮大，说明我国资本市场规模和效率已取得重大进步，上市公司在国民经济中的代表性和带动力不断增强。

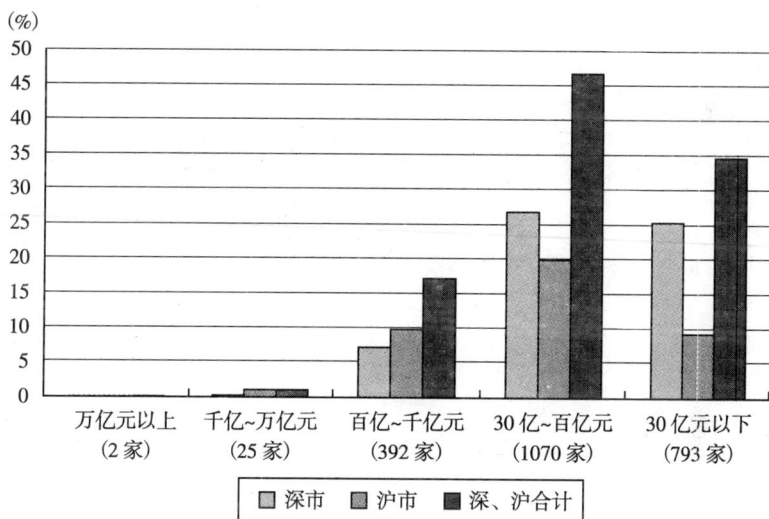

图 8-16

资料来源：沪、深证券交易所。

第三节　我国上市公司发展状况质量分析

　　上市公司质量是投资者在资本市场投资价值的源泉。质量分析的指标一般关注资产状况、盈利能力、融资能力等方面，通过质量分析可以揭示上市公司的可持续发展能力和核心竞争力状况，同时体现了我国资本市场在配置资源中的基础作用，促进资源向国有大中型企业、创新型中小企业集聚。金融类上市公司、央企控股上市公司对上市公司整体质量影响较大，本节对其进行了分析。

一、上市公司资产质量分析

上市公司资产质量分析，包括对上市公司总资产、净资产、总股本的状况分析。

1990年以来，上市公司资产总量及平均总资产变化情况如图8-17所示。

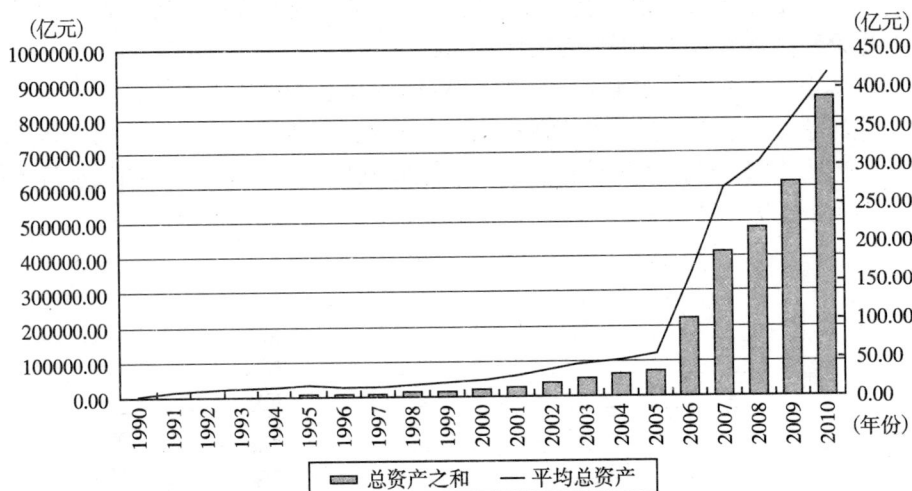

图 8-17　上市公司资产总量及平均总资产变化情况（1990~2010年）

资料来源：Wind。

1990年以来，上市公司净资产及平均净资产值变化情况如图8-18所示。

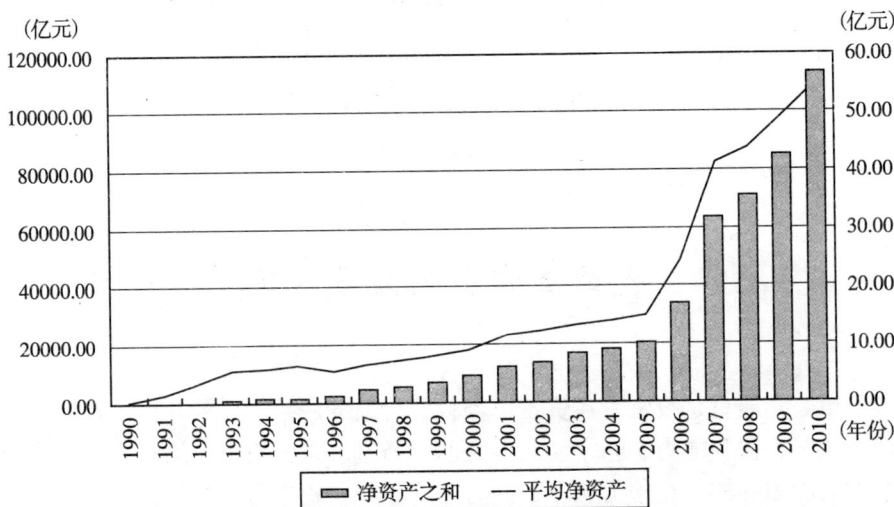

图 8-18　上市公司净资产及平均净资产值变化情况（1990~2010年）

资料来源：Wind。

1990 年以来，上市公司总股本和流通股本变化情况如图 8-19 所示。

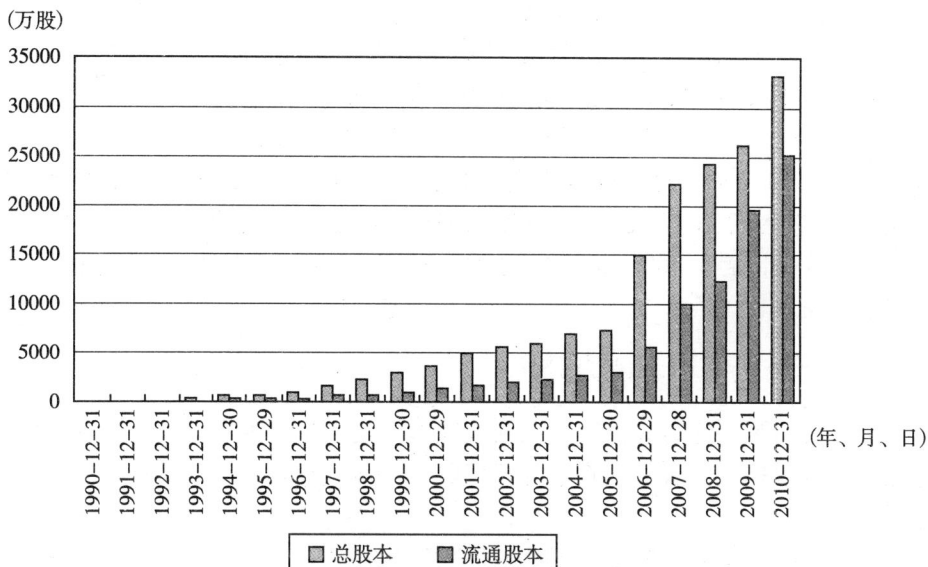

图 8-19 上市公司总股本和流通股本变化情况（1990~2010 年）

资料来源：Wind。

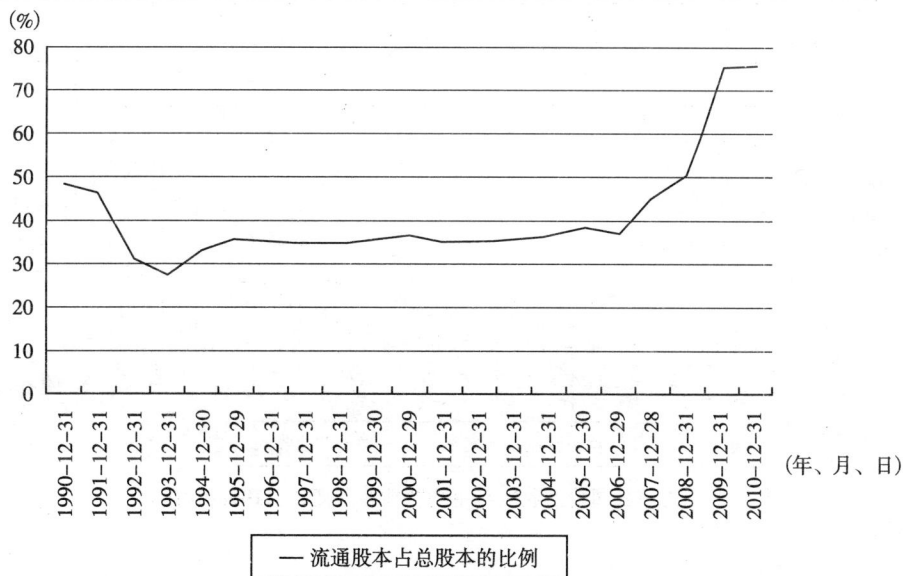

图 8-20 流通股本占总股本的比例（1990~2010 年）

注：根据 Wind 数据的统计口径，图中流通股在股权分置改革以后不包含已取得流通权但尚在限售期内的股本。

由上述各图可知，我国上市公司总资产规模和平均总资产水平、净资产和平均净资产值、总股本和流通股本变化情况呈现大致相近的特征，即在 2006 年后出现转折性变化，2005~2010 年总资产规模的年复合增长率达到 65%，平均总资产水平则从 2005 年的 53.02 亿元增至 2010 年底的 418.24 亿元，年复合增长率为 51.14%；2005~2010 年净资产规模年复合增长率达到 42.00%，平均净资产年复合增长率为 30.35%。截至 2010 年底，上市公司总股本达 33184 亿股，上市公司平均总股本达到 16.09 亿股。1990~2005 年流通股占总股本的平均比例为 36.14%，这一比例在 2006~2010 年达到了 56.86%，增长 57.33%，全流通市场格局初步形成。

二、上市公司盈利能力分析

上市公司盈利能力分析，既包括代表即期盈利水平的营业收入、净利润指标分析，也包括代表成长性水平的每股收益、每股净资产、净资产收益率指标分析。

1. 上市公司营业收入、净利润状况分析

1990 年以来，上市公司营业收入与平均营业收入变化如图 8-21 所示。

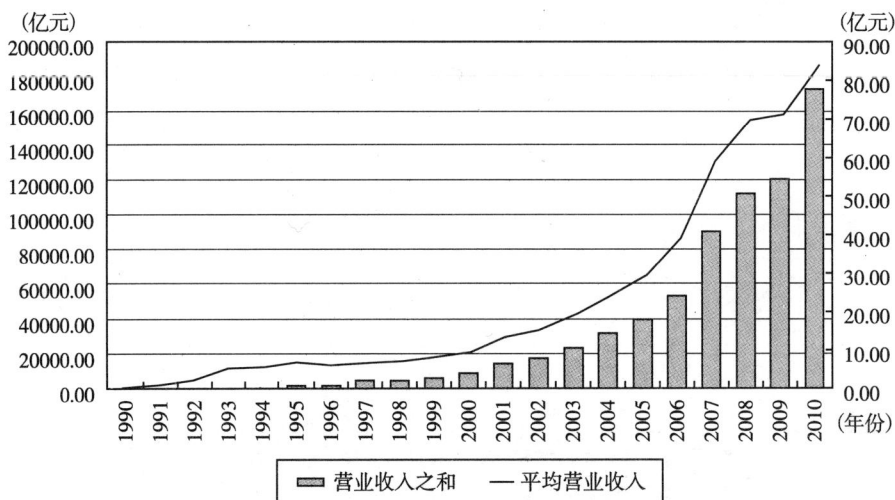

图 8-21　上市公司营业收入与平均营业收入变化（1990~2010 年）
资料来源：Wind。

1990 年以来，上市公司净利润与平均净利润变化如图 8-22 所示。

由图 8-21、图 8-22 可知，整体而言，上市公司营业收入、净利润总体保持持续增长趋势，2005 年开始明显增长提速。从指标上来看，2005~2010 年上市公司营业收入之和年复合增长率为 34.52%，平均营业收入年复合增长率为 23.50%。

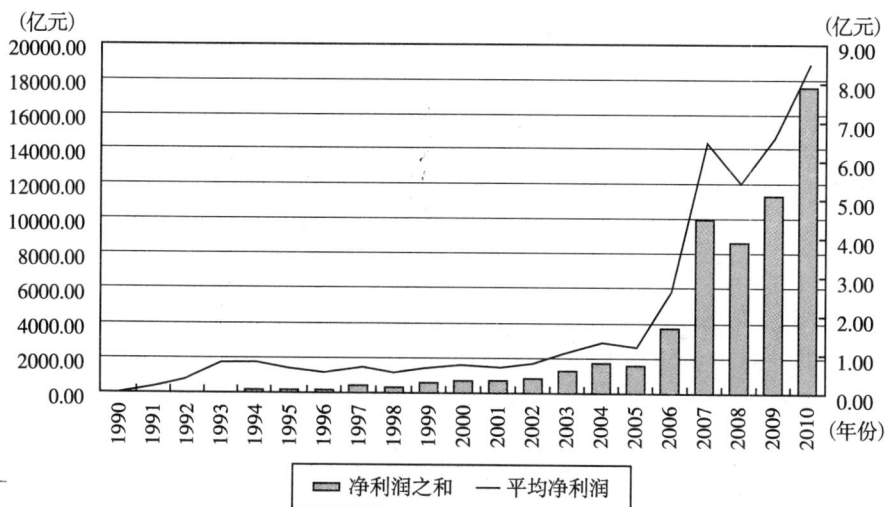

图 8-22　上市公司净利润与平均净利润变化（1990~2010 年）

资料来源：Wind。

自 2000 年至今，平均净利润保持了 35% 的增速，高于同期规模以上企业平均净利润增速 26% 的水平。两项指标增速均高于同期 GDP 平均 10% 的增长速度，反映了资本市场对企业持续盈利能力的支持作用。

2. 上市公司平均每股收益、每股净资产、净资产收益率状况分析

1990 年以来，上市公司平均每股收益、每股净资产、净资产收益率如图 8-23 所示。

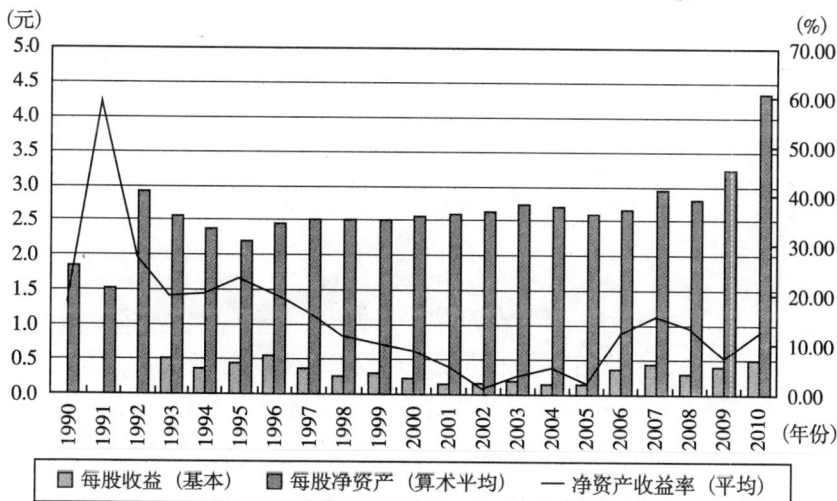

图 8-23　上市公司平均每股收益、每股净资产、净资产收益率（1990~2010 年）

资料来源：Wind。

整体来看，1990~2010年我国上市公司平均每股净资产从1990年的1.85元/股上升到2010年的5.35元/股，年复合增长率为4.37%，保持持续增长态势。每股收益缺少1990~1992年的统计数据，1993~2002年大致是一个下降趋势，到2005年末平均每股收益为0.17元/股，只有1993年0.51元/股的1/3。这与股权分置期间资本市场缺乏共同的利益基础有较大关系，股权分置改革基本完成后，这种状况得到了改变。2005年以后，上市公司的平均每股收益出现增长，2006~2010年，我国上市公司平均每股收益为0.41元/股，大幅高于1993~2005年的0.30元/股。净资产收益率与每股收益变化情况相似，即在2005年之前呈现一路走低的格局，从1991年高点时的59.82%下降至2005年的2.21%，从2006年开始逐渐回升，2006~2010年平均净资产收益率为12.37%。

三、上市公司股权融资状况分析

1990年以来，资本市场股权融资募集资金数量如图8-24所示。

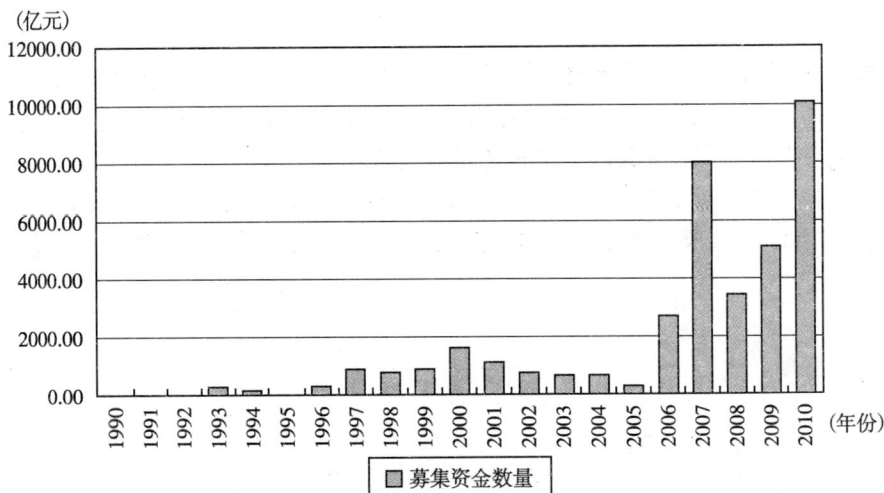

图8-24　募集资金数量（1990~2010年）

资料来源：Wind。

我国资本市场股权融资规模在2005年以前相对保持较低的水平，2006年实施股权分置改革的新老划断后，情况发生了转折性变化，随后推进发行体制改革，进一步提升了资本市场发行体制的市场化程度和股权融资效率。截至2010年底，上市公司通过资本市场共筹集资金超过38170亿元。其中，通过首发A股筹资19225亿元，通过配股筹集资金4215亿元，增发筹资14730亿元。

四、金融类上市公司的质量分析

截至2011年6月30日，金融类上市公司共有37家，其中，上市银行和上市证券公司各 16 家，上市保险公司 3 家，另有 2 家为信托公司；金融类上市公司总资产 74.64 万亿元，占上市公司资产总额的 78.08%；净资产 4.69 万元，占上市公司净资产总额的 37.8%；总股本 1.53 万亿元，占上市公司总股本的 43.87%。由于近年来金融企业估值水平降低，金融类上市公司的总市值在上市公司总市值的比重逐年下降。截至 6 月末，金融类上市公司总市值为 5.48 万亿元，在上市公司总市值的比重下降为 20.8%，接近历史最低水平。

2011 年上半年，金融类上市公司实现营业收入 1.57 万亿元，同比增加 25.96%，占上市公司营业收入总额的 15.11%，占同期 GDP 的 7.7%；实现利润 5059.59 亿元，占上市公司利润总额的 50.68%。金融类上市公司的收入和净利润在保持增长的同时，对全部上市公司的贡献度也不断增强。从盈利能力来看，截至 2011 年 6 月 30 日，金融类上市公司平均净利润率为 32.99%，同期上市公司整体平均净利润率仅为 9.6%；每股收益 0.33 元/股，高出上市公司整体平均值 0.29 元/股的 15.51%。

五、央企控股上市公司的质量分析

1990 年以来，央企控股上市公司相关指标占上市公司比例如图 8-25 所示。

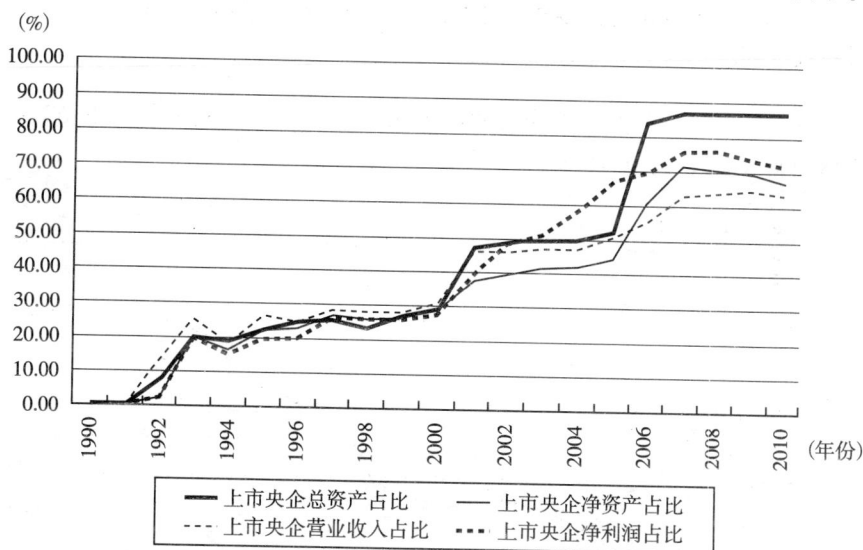

图 8-25　央企控股上市公司相关指标占上市公司比例（1990~2010 年）

资料来源：Wind。

如图 8-25 所示，1990 年以来，央企控股上市公司质量指标占全部上市公司的比例逐年提高，其中，总资产权重最高，净资产次之，营业收入和净利润占比稍低。

从单项指标来看，截至 2010 年 12 月 31 日，央企控股上市公司的净资产占全部上市公司的 62.35%，低于总资产的 77.21%。净资产占比低于总资产，与央企较为宽松的信贷环境有一定关系，如图 8-26 所示。

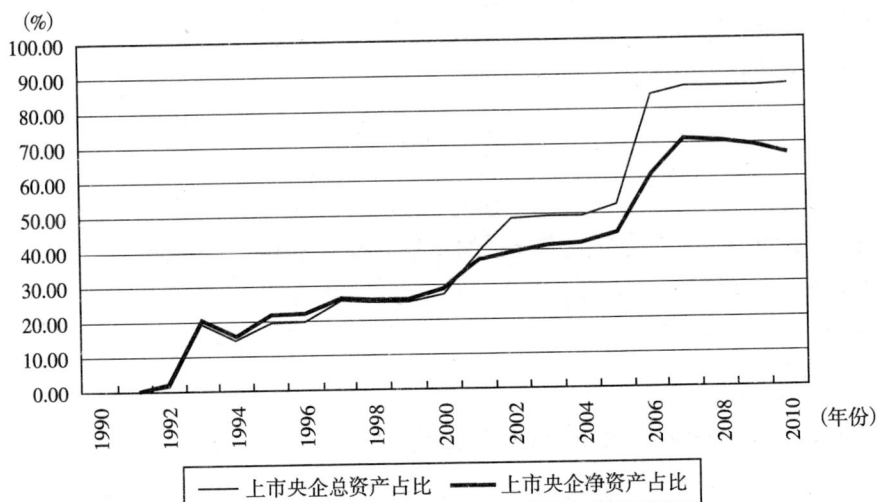

图 8-26　上市央企总资产占比、净资产占比（1990~2010 年）

资料来源：Wind。

2010 年，央企上市公司的营业收入占全部上市公司营业收入的 60.32%，低于净利润的 66.28%，如图 8-27 所示。

图 8-27　上市央企营业收入占比、净利润占比（1990~2010 年）

资料来源：Wind。

第四节　我国上市公司发展状况的经济相关性分析

上市公司与国民经济的相关性主要基于两个方面：一是股票价格信号传导的宏观经济运行信息，其一般关注两组关系，股票市值与证券化率、GDP的关系，市值增长率、市盈率曲线与M2、CPI的关系；二是上市公司经济效益反映的微观经济运行状况，通常是对比上市公司与规模以上企业（工业企业）的经济效益状况。

一、股票价格信号传导的宏观经济运行信息

1. 上市公司市价总值与经济证券化率、GDP的关系

在现代市场经济中，经济证券化率通常被视为金融发达程度和经济市场化程度的重要标志之一。我国上市公司市价总值与经济证券化率和GDP的关系如图8-28所示。

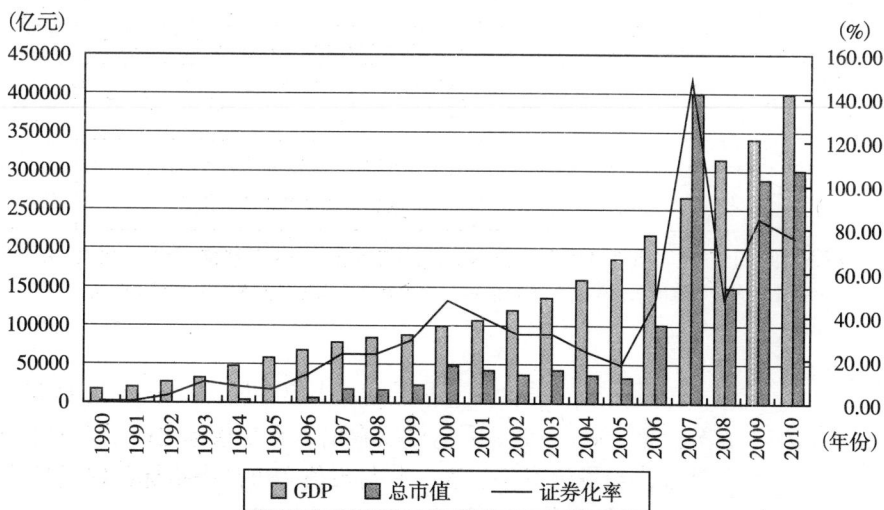

图8-28　我国上市公司市价总值与经济证券化率和GDP的关系（1990~2010年）
资料来源：Wind. 证券化率是指上市公司市价总值与GDP之比。

国际上一般认为经济证券化率与该国家或者地区经济发达程度、市场化程度、金融化程度密切相关，发展中国家股票市值通常显著低于GDP，低收入国家一般在20%~30%，中等收入国家一般在50%，市场经济发达的国家，其股市市值大体与GDP持平。全世界股票市场总市值与GDP的比例约为92%，美国、英国、日本等股票市场的市值占当地GDP的比例均超过了100%，韩国和印度市场

也分别达到 88% 和 70%。如图 8-28 所示，1990 年以来，整体来看，我国证券化率不断提高，2000~2005 年一度出现下降，但仍保持在 30% 左右的水平。2006 年以后，经济证券化率有较大幅度增长，2008 年金融危机前后有较大波动，但是仍然保持了中等水平，截至 2010 年底，我国证券化率达到了 76.17%。

2. 上市公司市值增长率、市盈率曲线与 M2、CPI 的关系

上市公司市值增长率、市盈率曲线与 M2、CPI 关联度分析反映了资产价格与流动性的相关性关系，如图 8-29 所示。

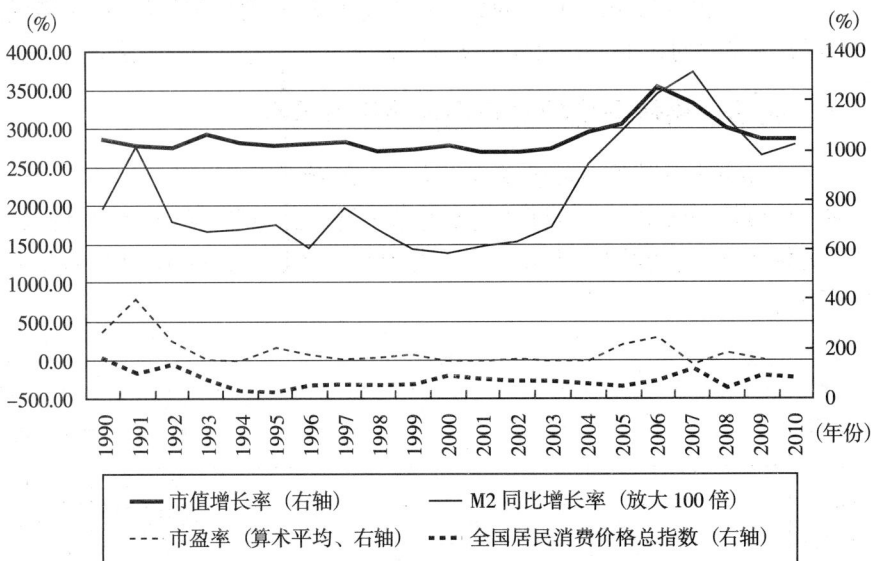

图 8-29 上市公司市值增长率、市盈率曲线与 M2、CPI 关联度（1990~2010 年）

注：市盈率的计算为当年年底价格与上年年报的每股收益之比，剔除负值和大于 500 的样本。
资料来源：Wind。

为使几个指标在图形上的联动性更为明显，将 M2 同比增长率放大 100 倍、全国居民消费价格总指数放大 10 倍后，可以看出，几个指标之间的联动性非常明显。M2 反映了货币供给量的宽松程度，其与市值和市盈率指标的联动性表明，资金对我国证券市场的走势有较大的影响。

上市公司市值增加主要来自三个方面：新增市值、估值水平提升和盈利水平提高而带来的价格增长，新增市值是和融资规模有关的，从前述数据可以看到，近期融资规模的增长比较快，尤其是 2006~2007 年以后，对市值的增加起到了重要推动作用。估值水平的变化受资金推动的影响比较大，从图 8-29 可以看出 M2 同比增长率和全国居民价格消费指数都对估值水平产生了重大影响，这种影响基本上是同步的，当然估值水平的变化对市值的变化影响也比较显著。而企业利润的增长对于股票市值的影响则没有那么明显，或者说并不是完全同步的。

二、上市公司经济效益反映的微观经济运行状况分析

1. 上市公司营业收入及利润与规模以上工业企业比较分析

1990 年以来，上市公司营业收入及利润与规模以上工业企业的关系如图 8-30 和图 8-31 所示。

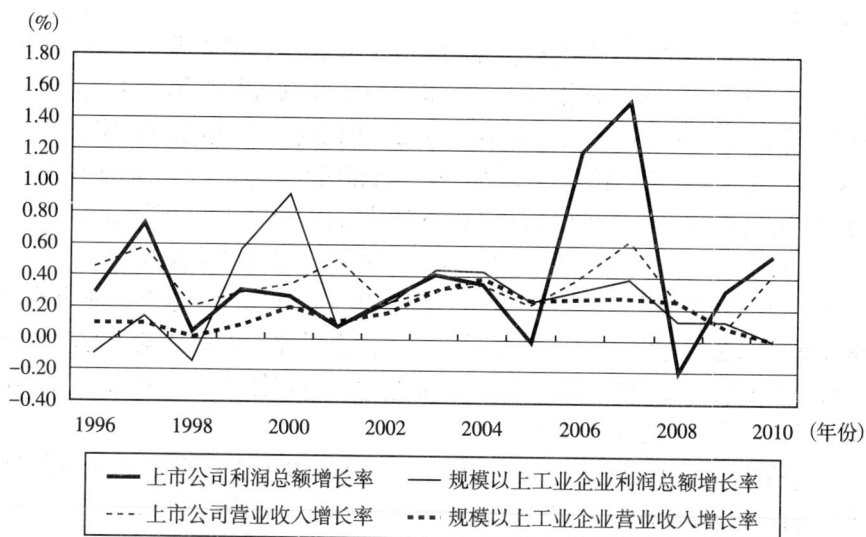

图 8-30 上市公司与规模以上工业企业利润总额及营业收入增长率对比（1990~2010 年）

资料来源：Wind。

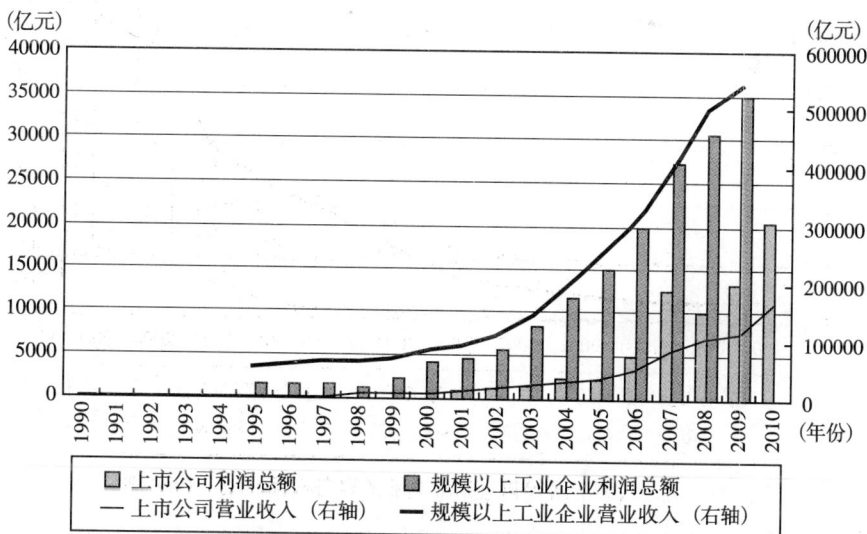

图 8-31 上市公司与规模以上工业企业利润总额及营业收入对比（1990~2010 年）

资料来源：Wind。

根据国家统计局的口径，规模以上工业企业的界定，近年来发生了多次变化。1998~2006 年，规模以上工业企业是指全部国有企业及年主营业务收入达到500 万元及以上的非国有工业法人企业；2007 年开始，规模以上工业企业的统计范围为年主营业务收入达到 500 万元及以上的工业法人企业；2011 年纳入规模以上工业企业统计范围的工业企业起点标准从年主营业务收入 500 万元提高到2000 万元。

整体来说，规模以上工业企业的统计口径较广，工业类的上市公司也大都在这一统计口径内，因此规模以上工业企业的相应财务指标均大于上市公司的相应财务指标。但 1990 年以来，随着资本市场的发展，上市公司的相应财务指标占规模以上工业企业的比例显著增高——利润总额占比从 1990 年的不到 1%上升到2009 年的 38.61%，营业收入占比从 1990 年的不到 1%上升到 2009 年的 21.18%。其中，利润占比显著高于营业收入占比，说明上市公司的盈利能力高于规模以上工业企业的平均水平。从增长趋势上看，由于上市公司中也以工业企业为主，而且大部分都超过规模以上企业的标准，其代表了经济中最具竞争力的部分，因此上市公司的收入和利润与规模以上工业企业的数据保持了一致的形态；从绝对增速上看，上市公司的水平要略高一些。

选取煤炭开采和采选业的上市公司与规模以上工业企业的财务指标进行比较，如图 8-32 所示。

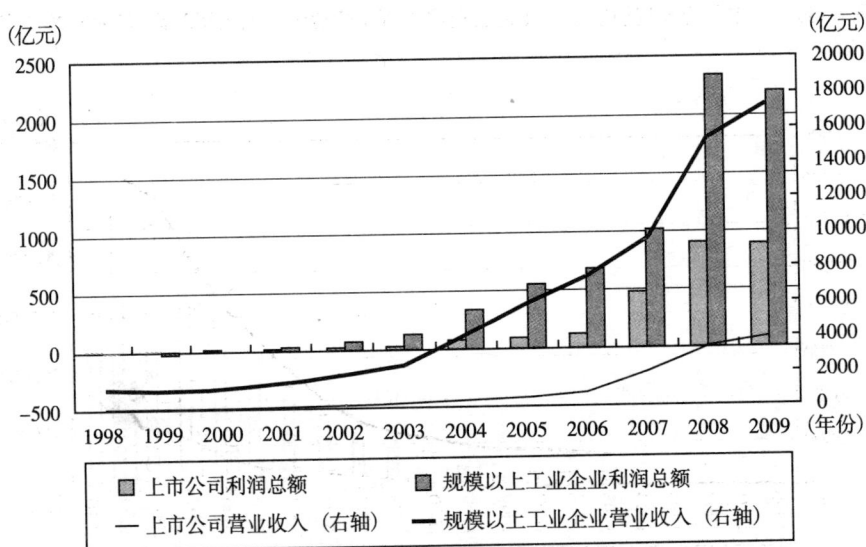

图 8-32　上市公司与规模以上工业企业的财务指标比较（1998~2009 年）

资料来源：Wind。

如图 8-32 所示，截至 2010 年，上市公司利润总额占规模以上工业企业利润总额的 40.47%，高于营业收入占比的 22.41%，表明上市公司的盈利能力显著强于规模以上工业企业的平均水平。

选取规模以上工业企业中的通信设备、计算机及其他电子设备制造业与上市公司行业中的信息技术业进行比较，如图 8-33 所示。

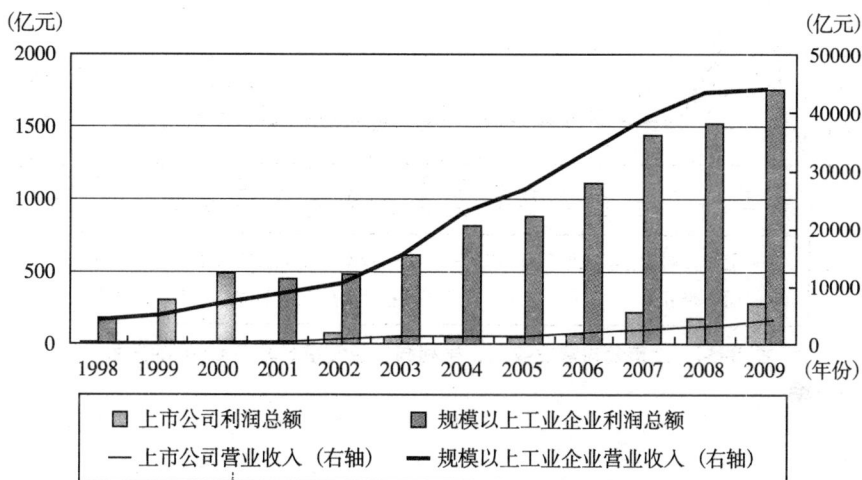

图 8-33 上市公司与规模以上工业企业利润总额比较（1998~2009 年）

资料来源：Wind。

如图 8-33 所示，截至 2010 年，上市公司利润总额占规模以上工业企业利润总额的 15.93%，高于营业收入占比的 9.11%，表明上市公司的盈利能力显著强于规模以上工业企业的平均水平。

2. 上市公司营业收入、净利润、融资增长率与 GDP 增长率的比较分析

1990 年以来，上市公司营业收入、净利润、融资增长率与 GDP 增长率的关系如图 8-34 所示。

如图 8-35 所示，上市公司营业收入增长率和 GDP 增长率之间的相关性很强，上市公司净利润增长率与资本市场融资规模增长率关联度也较高，一方面存在企业为了融资而释放利润；另一方面企业融资后也促进了企业净利润的增长。

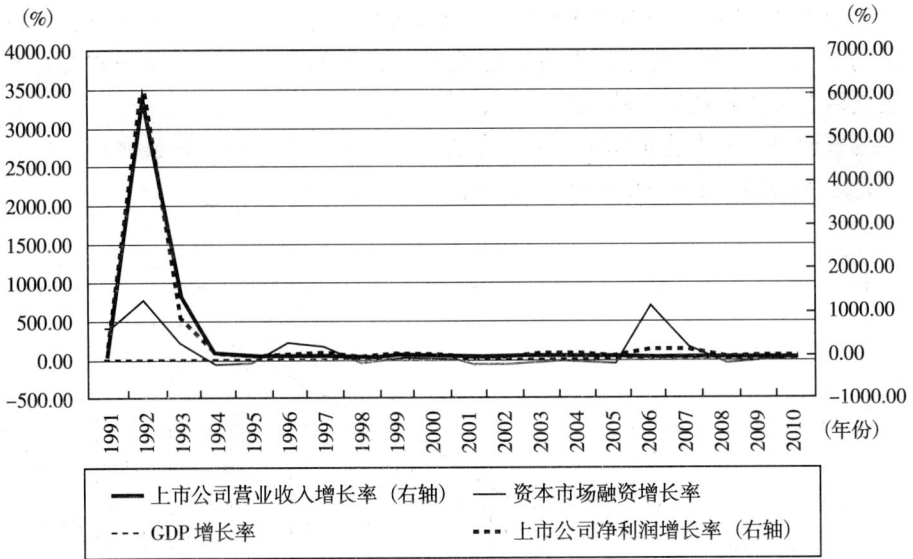

图 8-34 上市公司营业收入、净利润、融资增长率与 GDP 的关系

资料来源：Wind。

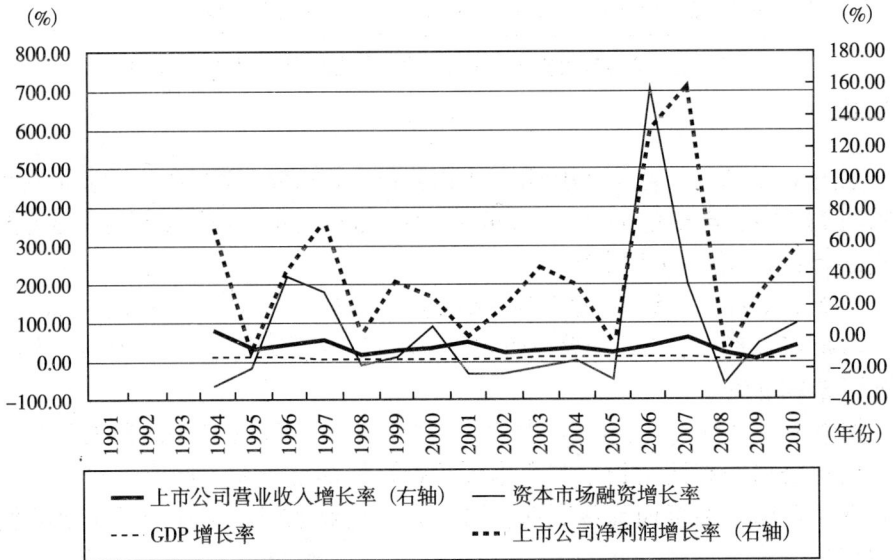

图 8-35 上市公司营业收入增长率和 GDP 增长率之间的相关性

资料来源：Wind。

第五节　结　语

　　综上分析，我国上市公司在国民经济中已具有重要的战略影响，基本代表中国经济的核心竞争力。在市场导向、发展导向的中国经济改革中，资本市场不仅承担提高直接融资比重的作用，更重要的是通过对上市公司的培育、孵化作用，直接服务于实体经济转变发展方式。在新的历史阶段，资本市场的重要任务之一，是支持上市公司在中国经济改革发展中，继续发挥以下5个方面战略影响力：一是发挥资本市场优化资源配置的作用，加快转变发展方式，支持国民经济全面协调可持续发展；二是发挥资本市场促进企业重组的作用，推动经济结构调整，提高经济运行的质量和效益；三是发挥资本市场风险管理功能，支持创新型中小企业的发展，服务于创新国家建设；四是发挥上市公司治理规范、信息透明的制度优势，推动我国企业深化改革、完善财务管理基础工作；五是形成激励价值创造、回报股东、促进公平正义的企业发展机制，促进市场经济和和谐社会建设同步发展。

参考文献

陈清泰、吴敬琏：《国有企业攻坚 15 题》，中国经济出版社 1999 年版。

陈清泰：《国有企业走向市场之路》，中国发展出版社 2000 年版。

陈清泰主编：《中国发展研究——国务院发展研究中心报告选》，中国发展出版社 2001 年版。

成思危：《诊断与治疗：揭示中国的股票市场》，经济科学出版社 2003 年版。

郭树清：《改革攻坚的思考》，经济管理出版社 1997 年版。

郭树清：《稳定的变迁》，香港和平出版社 2005 年版。

郭树清：《体制转轨与宏观调控》，中国人民大学出版社 2006 年版。

郭树清：《直面两种平衡》，中国人民大学出版社 2007 年版。

郭树清：《郭树清改革论集》，中国发展出版社 2008 年版。

胡汝银：《中国资本市场的发展与变迁》，格致出版社 2008 年版。

李扬、王国刚：《中国金融改革开放 30 年研究》，经济管理出版社 2008 年版。

李扬主编：《中国金融发展报告（2008~2009）》，社会科学文献出版社 2009 年版。

刘鸿儒：《刘鸿儒论中国金融体制改革》，中国金融出版社 2000 年版。

刘鸿儒：《探索中国资本市场发展之路——理论创新推动制度创新》，中国金融出版社 2003 年版。

刘鸿儒：《突破——中国资本市场发展之路》，中国金融出版社 2008 年 12 月第 1 版。

周小川：《周小川改革论集》，中国发展出版社 2008 年版。

周小川：《系统性体质转变——改革开放进程中的研究与探索》，中国金融出版社 2008 年版。

朱从玖：《投资者保护——国际经验与中国实践》，复旦大学出版社 2002 年版。

屠光绍、朱从玖主编：《公司治理——国际经验与中国实践》，人民出版社 2001 年版。

宁向东：《公司治理理论》，中国发展出版社 2005 年版。

祁斌主编：《资本市场：中国经济的锋刃》，中信出版社 2010 年版。

青木昌彦、钱颖一主编：《转轨经济中的公司治理结构：内部人控制和银行的作用》，中国经济出版社 1995 年版。

王国刚：《建立多层次资本市场研究》，人民出版社 2006 年版。

吴敬琏：《大中型企业改革：建立现代企业制度》，天津人民出版社 1993 年版。

谢平：《中国金融制度选择》，上海远东出版社 1999 年版。

张维迎：《博弈论与信息经济学》，上海人民出版社 1996 年版。

张育军：《中国证券市场发展的制度分析》，经济科学出版社 1998 年版。

中国社会科学院博士后管理委员会主编：《后危机时期：全球化下的中国经济学（2010）》，经济管理出版社 2010 年版。

中国证监会主编：《中国资本市场发展报告》，中国金融出版社 2008 年版。

中国证监会主编：《中国上市公司发展报告》，中国经济出版社 2009 年版。

中国证监会主编：《中国上市公司发展报告》，中国金融出版社 2011 年版。

中国证监会主编：《中国证券期货统计年鉴（2005）》，学林出版社 2005 年版。

中国证监会主编：《中国证券期货统计年鉴（2006）》，学林出版社 2006 年版。

中国证监会主编：《中国证券期货统计年鉴（2007）》，学林出版社 2007 年版。

中国证监会主编：《中国上市公司年鉴（2007）》，中国经济出版社 2007 年版。

中国证监会主编：《中国证券期货统计年鉴（2008）》，学林出版社 2008 年版。

中国证监会主编：《中国上市公司年鉴（2008）》，中国经济出版社 2009 年 5 月版。

中国证监会主编：《中国证券期货统计年鉴（2009）》，学林出版社 2009 年 10 月版。

中国证监会主编：《中国上市公司年鉴（2009）》，中国经济出版社 2010 年 3 月版。

中国证监会主编：《中国证券期货统计年鉴（2010）》，学林出版社 2010 年 9 月版。

中国证监会主编：《中国上市公司年鉴（2010）》，中国经济出版社 2011 年 2 月版。

中国证监会主编：《中国证券期货统计年鉴（2011）》，学林出版社 2011 年 9 月版。

中国证监会、中国上市公司协会主编：《中国上市公司年鉴（2011）》，中国财政经济出版社 2012 年版。

中国证监会研究中心主编：《资本市场与中国经济转型》，2010~2011 年中国证监会研究中心研究报告集。

深圳证券交易所综合研究所主编：《股权分置改革的回顾与总结》，深证综研字第 0147 号 2006 年版。

道格拉斯·诺斯：《经济史上的结构与变革》，厉以平译，商务印书馆 1992 年版。

哈瑞·丹特：《下一轮经济周期》，刘念、熊祥译，中信出版社 2009 年版。

康芒斯：《制度经济学》，于树生译，商务印书馆 1981 年版。

G.M.霍奇逊：《现代制度主义经济学宣言》，向以斌译，北京大学出版社 1993 年版。

科斯、阿尔钦、诺斯：《财产权利与制度变迁——产权学派与新制度学派译文集》，刘守英等译，上海人民出版社 2004 年版。

柯武刚、史漫飞：《制度经济学》，韩朝华译，商务印书馆 2000 年版。

斯蒂格利茨：《自由市场的坠落：谁说政府干预不可取？》，李俊青、杨玲玲等译，机械工业出版社 2010 年版。

罗伯特·鲁宾：《在不确定的世界》，李晓刚、王荣军、张凡译，中国社会科学院 2004 年版。

罗纳德·哈里·科斯：《企业、市场与法律》，盛洪、陈郁译，上海三联书店 1990 年版。

沈联涛：《十年轮回：从亚洲到全球金融危机》，杨宇光、刘敬国译，上海远东出版社 2009 年版。

思拉恩·埃格特森：《新制度经济学》，吴经邦译，商务印书馆 1996 年版。

约翰·C.科菲：《看门人机制：市场中介与公司治理》，黄辉、王长河等译，北京大学出版社 2011 年版。

约翰·S.戈登：《伟大的博弈》，祁斌译，中信出版社 2004 年版。

安青松：《我国上市公司质量问题和改进建议》，《证券市场导报》2004 年第 3 期。

安青松：《"以股抵债"解决"资金占用问题"研究》，《证券市场导报》2004 年第 9 期。

安青松：《民营企业控股多家上市公司的问题探讨》，《证券市场导报》2004 年第 12 期。

安青松：《上市公司持续上市条件的股权分布问题探讨》，《证券市场导报》2006 年第 8 期。

安青松：《股权分置改革：科学发展观指导下中国资本市场的创新实践》，《中共中央党校学报》2008 年第 1 期。

安青松：《论股权分置改革的公平正义基础》，《证券市场导报》2009 年第 3 期。

安青松：《我国资本市场并购重组发展趋势分析》，《证券市场导报》2010 年第 12 期。

安青松：《我国上市公司并购重组发展趋势》，《中国金融》2011 年第 16 期。

安青松：《我国上市公司质量状况分析》，《中国金融》2012 年第 12 期。

白重恩：《中国上市公司治理结构的实证研究》，《经济研究》2005 年第 2 期。

李维安：《中国上市公司治理评价》，《中国金融》2012 年第 12 期。

莱昂尼德·赫维奇：《市场经济的缺陷与政府干预》，《重庆商学院学报》2000 年第 4 期。

刘诗白：《市场经济与公共产品》，《经济学家》第 112 期。

唐宗明、蒋位：《中国上市公司大股东侵害度实证研究》，《经济研究》2002 年第 4 期。

田国强：《信息效率与激励机制设计》，《经济学》2003 年第 2 期。

田利辉：《国有股权对上市公司绩效影响的 U 型曲线和政府股东两手论》，《经济研究》2005 年第 10 期。

Doidge, G.A. Karolyi, R.M. Stulz, "Why Do Countries Matter so Much for Corporate Governance?", http: //ssrn.com/abstract=589010, NBER Working Paper, No.w 10726, 2004.

Dyck A., Luigi Zingales, "Private Benefits of Control: An International Comparison", http: //papers.ssrn.com/abstract_id =297337, NBER Working Paper, No.w8711, 2002.

Guohua Jiang, Charles M. C. Lee, Heng Yue, "Tunneling in China: The Surprisingly Pervasive Use of Corporate Loans to Extract Funds from Chinese Listed Companies", http: //ssrn.com/abstract=861445, Johnson School Research Paper Series No. 31–36, 2005.

Lucian Bebchuk, Refiner Kraakman, George Triantis, "Stock Pyramids, Cross – Ownership, and Dual Class Equity: The Creation and Agency Costs of Separating Control from Cash Flow Rights", http: //papers.ssrn.com/sol3/papers. cfm?abstract_id=147590, NBER Working Paper, No.6951, 1999.

Ming Jian, T.J.Wong, "Earnings Management and Tunneling through Related Party Transactions: Evidence from Chinese Corporate Groups", Chinese University of Hong Kong, http: //ssrn.com/abstract=424888, Working Paper, 2004.

Baysinger, B.D., H.N. Butler, "Corporate Governance and the Board of Directors: Performance Effects of Changes in Board Composition", *Journal of Law, Economics and Organization*, Vol. 1, 1985, pp. 101–124.

Bennedsen, M., D. Wolfenzon, "The Balance of Power in Closely Held Corporations", *Journal of Financial Economics*, Vol. 58, 2000, pp. 113–139.

Bertrand Marianne, Paras Mehta, Sendhil Mullainathan, "Ferreting Out Tunneling: An Application To Indian Business Groups", *The Quarterly Journal of Economics*, *MIT Press*, Vol. 117, 2002, pp. 121–148.

Bhagat, Black, "Independent Directors and the Long–term Performance", *Journal of Corporation Law*, Vol. 17, 2001.

Bloch, Francis, Ulrich Hege, "Multiple Large Shareholders and Control Contests", *Mimeo*, *HEC*, 2001.

Brickley, J.A., J.L. Coles, R.L. Terry, "Outside Directors and the Adoption of Poison Pills", *Journal of Financial Economics*, Vol. 35, 1994, pp. 371–390.

Byrd, J., Hickman, K., "Do Outside Directors Monitor Managers? Evidence from Tender Offer Bids", *Journal of Financial Economics*, Vol. 17, 1992, pp.195–221.

Claessens, Stijn, Simeon Djankov, Larry H.P, Lang, "The Separation of Ownership and Control in East Asian Corporations", *Journal of Financial Economy*, Vol. 58, 2000, pp.81–112.

Claessens, S., S. Djankov, J. Fan, H. P. Lang, "Disentangling the Incentive and

Entrenchment Effects of Large Shareholdings", *Journal of Finance*, Vol. 57, 2002, pp. 2741-2771.

Yan-leung Cheung, P.Raghavendra, Rau, Aris, Stouraitis, "Tunneling, Propping and Expropriation Evidence from Connected Related Party Transactions in Hong Kong", *Journal of Financial Economy*, Vol. 82, 2005, pp. 343-380.

Cotter, James F., Anil Shivdasani, Marc Zenner, "Do Independent Directors Enhance Target Shareholder Wealth during Tender Offers?", *Journal of Financial Economics*, Vol. 43, 1997, pp.195-218.

DeAngolo, H., DeAngolo, L., "Proxy Contests and the Governance of Publicly Held Corporations", *Journal of Financial Economics*, Vol. 23, 1989, pp.29-59.

Eisenberg, T., S. Sundrgen, Wells, M., "Larger Board Size and Decreasing Firm Value in Small Firms", *Journal of Financial Economics*, Vol. 48, 1998, pp. 35-54.

Faccio, Mara, Larry H.P. Lang, Leslie Young, "Dividends and Expropriation", *American Economic Review*, Vol. 91, No.1, 2001, pp. 54-78.

Faccio, Mara, Larry Lang, "The Ultimate Ownership of Western European Companies", *Journal of Financial Economic*, Vol. 65, 2002, pp. 365-395.

Fama, Eugene, Michael Jensen, "Agency Problems and Residuals Claims", *Journal of Law and Economics*, Vol. 26, 1983, pp. 327-349.

Francis, Jennifer, Abbie Smith, "Agency Costs and Innovation Some Empirical Evidence", *Journal of Accounting and Economics*, Vol. 19, 1995, pp. 383-409.

Gomes, "Going Public without Governance: Managerial Reputation Effects", *Journal of Finance*, Vol. 55, 2000, pp. 615-646.

Goyal, V., C. Park, "Board Leadership Structure and CEO Turnover", *Journal of Corporate Finance*, Vol. 8, 2002, pp. 49-66.

Grossman, Sanford, Oliver Hart, "Takeover Bids, the Free-Rider Problem, and the Theory of the Corporation", *Bell Journal of Economics*, Vol. 11, 1980, pp.42-64.

Klaus Peter Gugler, Dennis C. Mueller, B. Burcin Yurtoglu, "Corporate Governance and the Returns on Investment", *Journal of Law and Economics*, Forthcoming, 2003.

Hanson, Song, "Managerial Ownership, Board Structure, and the Division of Gains in Divestitures", *Journal of Corporate Finance*, Vol. 6, 2000, pp. 55-70.

Hermalin, B., Weisbach, M., "The Determinants of Board Composition", *RAND*

Journal of Economics, Vol. 19, 1988, pp. 589–606.

Kee –Hong Bae, Jun –Koo Kang, Jin –Mo Kim, "Tunneling or Value Added? Evidence from Mergers by Korean Business Groups", *Journal of Finance*, Vol. 6, 2002, pp. 2695–2740.

Lang, M.H., Lins, K.V., Miller, D., "ADRs, Analysts, and Accuracy: Does Cross Listing in the Undted States Improve a Firm's Information Environment and Increase Market Value?", *Journal of Accounting Research*, Vol. 41 No.2 May 2003, pp.317–345.

La Porta, Rafael, Florencio Lopez –Silances, Andrei Shleifer and Robert W. Vishney, "Law and Finance", *Journal of Political Economy*, Vol. 106, 1998, pp.1113–1155.

La Porta, Rafael, Florencio Lopez –Silances, Andrei Shleifer and Robert W. Vishney, "Corporate Ownership Around the World", *Jouranl of Finance*, Vol. 54, 1999, pp.471–517.

La Porta, Rafael, Florencio Lopez –Silances, Andrei Shleifer and Robert W. Vishney, "Investor Protection and Corporate Governance", *Journal of Financial Econimics*, Vol. 58, 2000, pp. 3–27.

La Porta, Rafael, Florencio Lopez –Silances, Andrei Shleifer and Robert W. Vishney, "Government Ownership of Banks", *Journal of Finance*, Vol. 57, 2002, pp. 265–301.

Lehn, K., Poulson, A, "Free Cash Flow and Shareholder Gains in Going Private Transactions", *Journal of Finance*, Vol. 44, 1989, pp. 771–788.

Lipton, M., Lorsch, J., "A Modest Proposal for Improved Corporate Governance", *Business Lawyer*, Vol. 48, 1992, pp. 59–77.

Maury, B., A. Pajuste, "Multiple Large Shareholders and Firm Value", *Journal of Banking and Finance*, Vol. 29, 2005, pp. 1813–1834.

Darius P. Miller, "The Market Reaction to International Cross –listings: Evidence form Depositary Receipts", *Journal of Financial Economics*, Vol. 51, 1999, pp. 103–123.

Randall Morck, Andrei Shleifer, Robert W. Vishny, "Alternative Mechanism for Corporate Control", *American Economic Review*, Vol. 79, 1989, pp. 842–852.

Marco Pagano, Ailsa Röell, "The Choice of Stock Ownership Structure: Agency Costs, Monitoring, the Decision To Go Public", *Quarterly Journal of Economics*, Vol. 79, 1998, pp. 187–225.

Palia, Lichtenberg, "Managerial Ownership and Firm Performance: A Re –

examination Using Productivity Measurement", *Journal of Corporate Finance*, Elsevier5, Vol. 4, 1999, pp. 323–339.

Oded Palmon, Wald, "Are Two Heads Better than One: The Impact of Changes in Management Structure on Performance by Firm Size", *Journal of Corporate Finance*, Vol. 8, 2002, pp. 213–226.

Jensen M. C., William Meckling, "Theory of The Firm: Managerial Behavior, Agency Costs and Ownership Structure", *Journal of Financial Economics*, Vol. 3, 1976, pp.305–360.

Jensen, Michael, "Agency Costs of Free Cash Flow, Corporate Finance, and Takeovers", *American Economic Review*, Vol. 76, 1986, pp. 323–329.

Jensen, Michael, "Takeovers: There Causes and Consequences", *Journal of Economic Perspectives*, Vol. 2, 1988, pp. 21–48.

Michael C. Jensen, "The Modern Industrial Revolution, Exit, and the Failure of Internal Control System", *Journal of Finance*, Vol. 48, 1993, pp. 831–880.

Johnson Simon, Peter Boone, Alasdair Breach and Eric Friedman, "Corporate Governance in the Asian Financial Crisis", *Journal of Financial Economics*, Vol. 58, 2000, pp.141–186.

Shivdasani, Anil, "Board Composition, Ownership Structure and Hostile Takeovers", *Journal of Accounting and Economics*, Vol. 16, 1993, pp. 167–198.

Shleifer, Vishny, "Large Shareholders and Corporate Control", *Journal of Political Economy*, Vol. 94, 1986, pp. 461–488.

Shleifer, Vishny, "Politicians and Firms", *Quarterly Journal of Economics*, Vol. 439, 1994, pp. 995–1026.

RenéM. Stulz, "Managerial Control of Voting Rights: Financial Policies and the Market for Corporate Control", *Journal of Financial Economics*, Vol. 20, 1988, pp. 25–54.

Paolo F. Volpin, "Governance with Poor Investor Protection: Evidence from Top Executive Turnover in Italy", *Journal of Financial Economics*, Vol. 64, 2002, pp. 61–90.

Michael S. Weisbach, "Outside Directors and CEO Turnover", *Journal of Financial Economics*, Vol. 20, 1988, pp. 431–460.

Heitor Almeida, Daniel Wolfenzon, "A Theory of Pyramidal Ownership and Family Business Groups", Harvard University, Department of Economics, Mimeo, 1998.

Sonia M. L. Wong, Sonja Opper, Ruyin Hu, "Shareholding Structure,

Depoliticization and Firm Performance: Lessons from China's Listed Firms", *Economics of Transition*, Vol. 20, 2004, pp. 29–66.

Yermack, D., "Higher Market Valuation of Companies with a Small Board of Directors", *Journal of Financial Economics*, Vol. 40, 1996, pp. 185–211.

Jeffrey Zwiebel, "Block Investment and Partial Benefits of Corporate Control", *Review of Economic Studie*, Vol. 62, 1995, pp. 85–161.

Leonid Hurwicz, David Schmeidler, Hugo Sonnenschein, *Social Goals and Social Organization*, New York: Cambridge University Press, 2005.

Leonid Hurwicz, David Schmeidler, Hugo Sonnenschein, *Designing Economic Mechanism*, New York: Cambridge University Press, 2006.

索　引

H

后　记

　　书稿付梓，悠然轻安。"背灯和月就花荫，十年踪迹十年心"，最近十年亲历了股权分置改革、规范公司治理、清理资金占用、控制权市场形成和退市机制建设的过程，作为实践者、建设者和思考者之一，常在其间寻找内在联系，遂成此书。李扬老师、王国刚老师一直十分支持我的思考。李扬老师在推荐此书时评价："本书是安青松博士在博士后研究工作成果的基础上，结合对近年来上市公司实践的深入思考和理论提炼形成的一部公司制度在中国实践创新的最新理论成果。该专著提出了公司制度在我国实践发展的三个阶段划分，上市公司在推动公司制度变革中的积极作用以及深度揭示公司制度在中国实践的规律性等方面具有独创性和代表性。从近十年来上市公司治理规范、清理资金占用、股权分置改革、并购重组市场化、建立退市制度等典型事件展开理论分析视野，深刻揭示深化公司制度改革取得的理论和实践进步，并上升为具有较高学术水准的理论成果，充分印证了经济学产生于活跃的经济之中的事实。作者以亲历者视角所进行的概念分析是基础性的，具有较高的实践价值和理论价值，这也是本专著最宝贵的学术成就之一。"王国刚老师亦认为："以企业改革为重点的微观改革，是中国经济体制改革的重要组成部分，规范完善公司制度是增强微观经济主体核心竞争力的基础。研究公司制度改革的新情况、新问题、新进步具有重要的理论价值与实践意义。上市公司治理规范、清理资金占用、股权分置改革、并购重组市场、建立退市制度是中国资本市场最近十年具有里程碑意义的几个重要事件，由此带来的公司制度的规范和完善无疑代表了我国公司制度改革的最新成就和最新理论成果。本书以事件亲历者的视角，从概念分析入手，俯察发现问题、解决问题的过程，仰观制度创新的成果和效应，以实证性分析、基础性表述，力图揭示出中国式公司制度发展的最新成果是本书具有的独创性和学术价值。专著优于其他同类题材作品之处还在于研究贴近经济实践，作者收集了许多实践一线的一手资料，内容丰富而鲜活，概念分析生动而准确；另外，作者熟练运用了现代经济学、金融学的分析方法，对实践问题进行了系统性的研究，成果较为令人信服。"李扬老师和王国刚老师的鼓励，使我更加深刻地体会到古人所说的"纸上得来终觉浅，绝知此事要躬行"的深刻含义。

　　人生就是在经受与寻找的过程。上善若水，因缘合和，一道波浪是一种见解，一次映照是一种审美，但愿诸君能以常乐我净之心分享这份映照之果，并借以感谢一路走来为我指路、引路、开路、铺路的君师亲友！

搁笔之时，耳旁又回响起母亲在电话中的话语，"儿子，我已两年多没见到你了"，酸楚时时揪心。谨以此书献给我的母亲陈崇芳和妻儿，正是她们百般的耐心和宽容，才使拙著问世。

安青松

2012 年 7 月 15 日

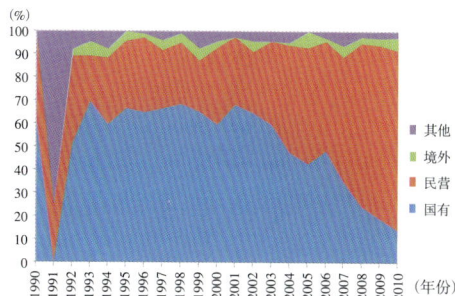

图 8-2　新上市公司控股性质变化情况
（1990~2010 年）

资料来源：Wind。

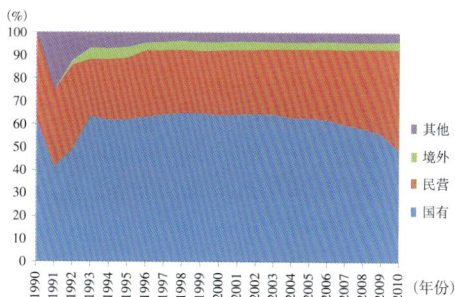

图 8-3　上市公司控股性质情况
（1990~2010 年）

资料来源：Wind。

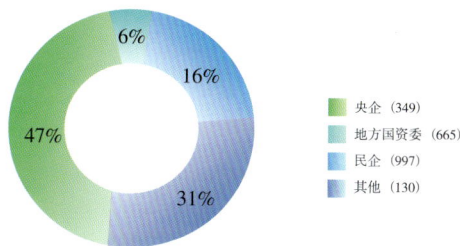

图 8-4　上市公司控股性质

注："国有"包括统计表中实际控制人为大学、地方国有企业、地方国资委、地方政府、国务院国资委、中央国家机关以及中央国有企业的上市公司；"其他"包括统计表中股权较为分散没有实际控制人的、实际控制人为集体企业、职工持股会以及其他的上市公司；"实际控制人"的定义根据《上市公司收购管理办法》第 84 条：有下列情形之一的，为拥有上市公司控制权：（一）投资者为上市公司持股 50% 以上的控股股东；（二）投资者可以实际支配上市公司股份表决权超过 30%；（三）投资者通过实际支配上市公司股份表决权能够决定公司董事会半数以上成员选任；（四）投资者依其可实际支配的上市公司股份表决权足以对公司股东大会的决议产生重大影响；（五）中国证监会认定的其他情形。

资料来源：Wind。

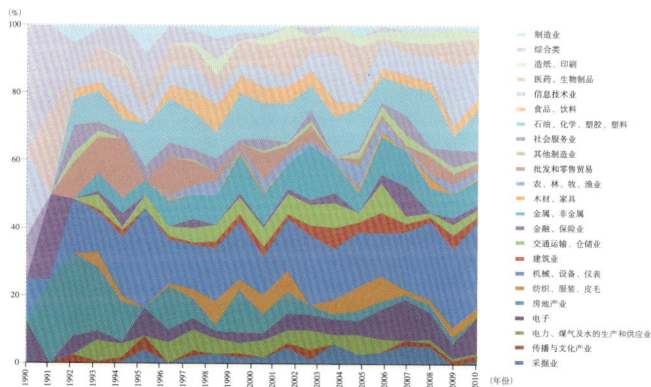

图 8-5　新上市公司行业分布情况（1990~2010 年）

资料来源：Wind。2005 年由于新上市公司数量显著地低于前后两年，为避免异常分布，将 2005 年数据合并入 2006 年。

(%)

制造业
综合类
造纸、印刷
医药、生物制品
信息技术业
食品、饮料
石油、化学、塑胶、塑料
社会服务业
其他制造业
批发和零售贸易
农、林、牧、渔业
木材、家具
金属、非金属
金融、保险业
交通运输、仓储业
建筑业
机械、设备、仪表
纺织、服装、皮毛
房地产业
电子
电力、煤气及水的生产和供应业
传播与文化产业
采掘业

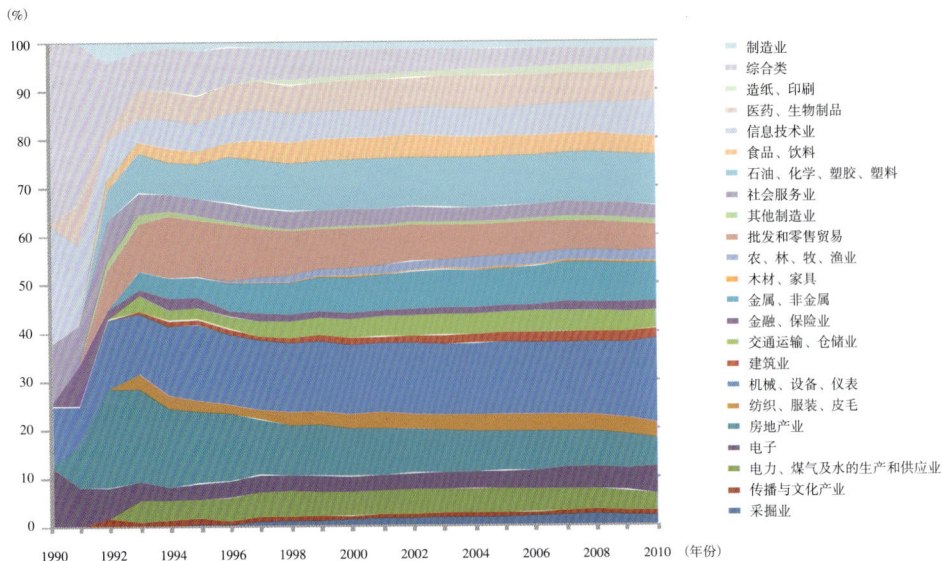

图 8-6　上市公司行业分布情况（1990~2010 年）

资料来源：Wind。

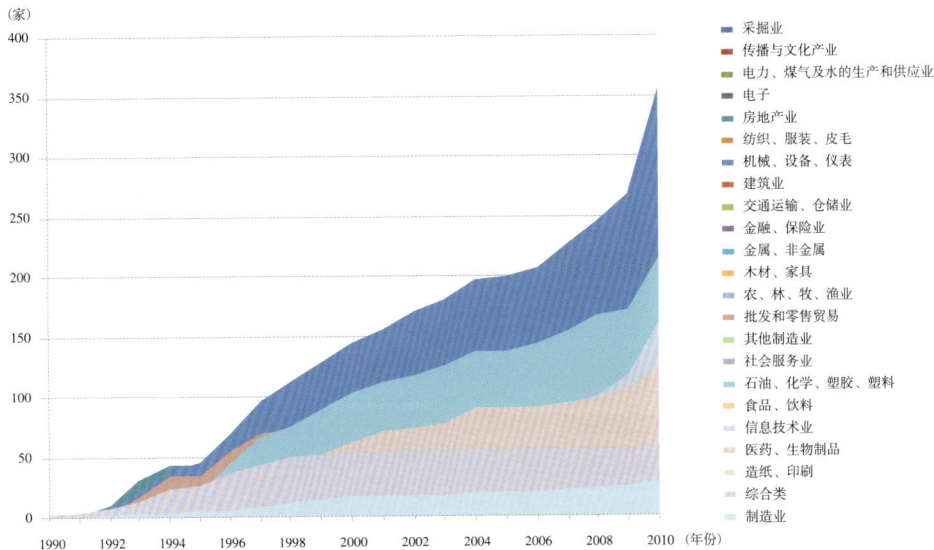

(家)

采掘业
传播与文化产业
电力、煤气及水的生产和供应业
电子
房地产业
纺织、服装、皮毛
机械、设备、仪表
建筑业
交通运输、仓储业
金融、保险业
金属、非金属
木材、家具
农、林、牧、渔业
批发和零售贸易
其他制造业
社会服务业
石油、化学、塑胶、塑料
食品、饮料
信息技术业
医药、生物制品
造纸、印刷
综合类
制造业

图 8-7　上市公司行业分布数量变化情况（1990~2010 年）

资料来源：Wind。

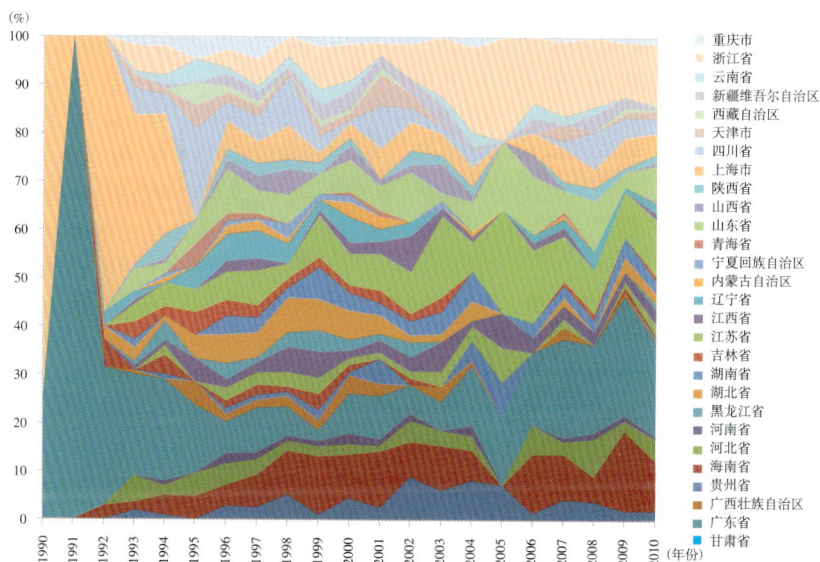

图 8-8　新上市公司地理分布情况（1990~2010 年）

资料来源：Wind。

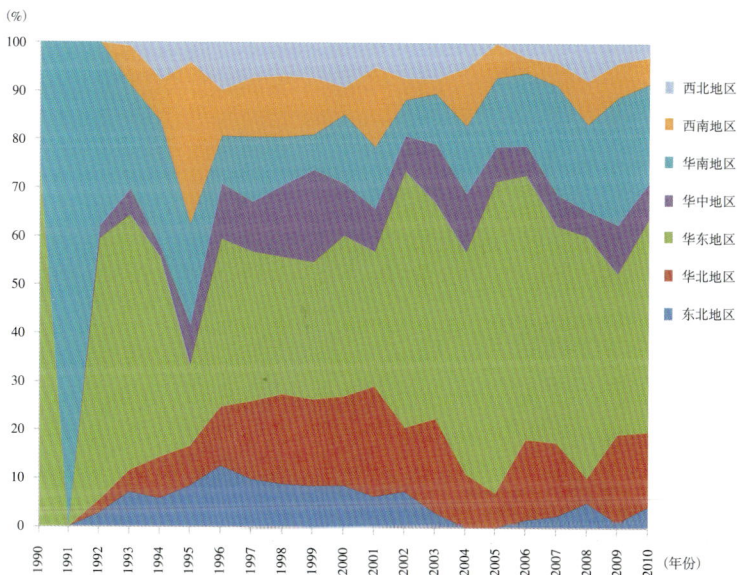

图 8-9　每年新上市公司地理分布情况（1990~2010 年）

资料来源：Wind。

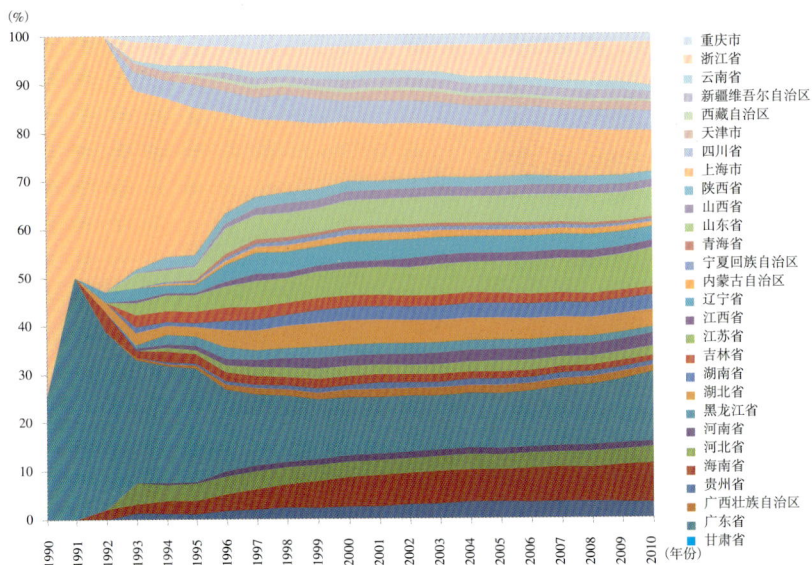

图 8-10　上市公司地理分布情况（1990~2010 年）

资料来源：Wind。

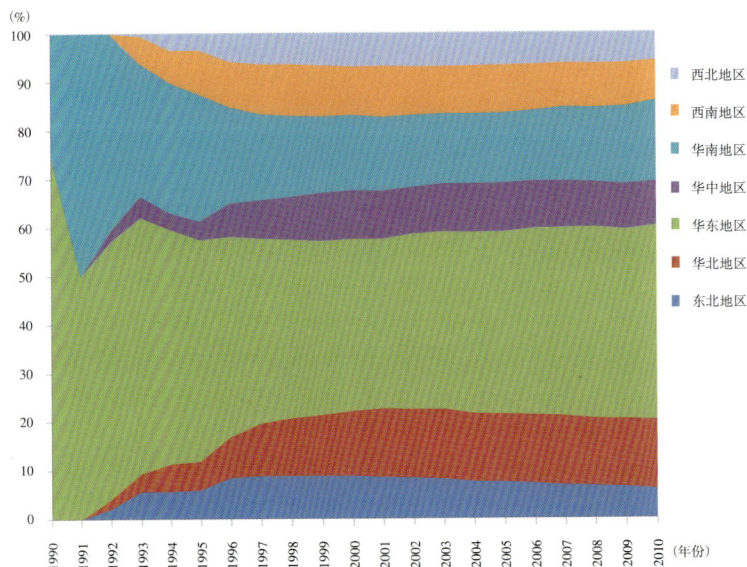

图 8-11　上市公司地理分布情况（1990~2010 年）

资料来源：Wind。